Marketing

SCHÄFFER
POESCHEL

Iris Ramme

Marketing

Einführung mit Fallbeispielen, Aufgaben und Lösungen

2000
Schäffer-Poeschel Verlag Stuttgart

Praxisnahes Wirtschaftsstudium

Herausgegeben von Bernd P. Pietschmann und Dietmar Vahs
Prof. Dr. Bernd P. Pietschmann, Fachhochschule Aachen –
Prof. Dr. Dietmar Vahs, Fachhochschule Esslingen –
Hochschule für Technik
Prof. Dr. Iris Ramme, Fachhochschule Nürtingen

Hilfsmaterial für die Lehre

Dozenten können ab April 2000 eine CD-ROM mit allen Abbildungen der Reihe »Praxisnahes Wirtschaftsstudium« beim Verlag bestellen. Von dieser CD-ROM lassen sich Transparentfolien zum Einsatz in Lehrveranstaltungen ziehen. Richten Sie Ihre Bestellung an den

Schäffer-Poeschel Verlag
Vertrieb
Werastraße 21–23
D-70182 Stuttgart
Fax 07 11/21 94-119

Bestellnummer CD-ROM: 3-7910-1623-7

Die Deutsche Bibliothek – CIP Einheitsaufnahme

Ramme, Iris:
Marketing : Einführung mit Fallbeispielen, Aufgaben und Lösungen /
Iris Ramme. – Stuttgart : Schäffer-Poeschel, 2000
(Praxisnahes Wirtschaftsstudium)
ISBN 3-7910-1033-6

Gedruckt auf chlorfrei gebleichtem, säurefreiem und alterungsbeständigem Papier

www.schaeffer-poeschel.de
info@schaeffer-poeschel.de
Einbandgestaltung: Willy Löffelhardt
Satz: A & M dtp, Stuttgart
Druck: Franz Spiegel Buch GmbH, Ulm
Printed in Germany

Schäffer-Poeschel Verlag Stuttgart
Ein Tochterunternehmen der Verlagsgruppe Handelsblatt

Vorwort der Herausgeber

Die Reihe *Praxisnahes Wirtschaftsstudium* bietet eine lebendige und praxisorientierte Vermittlung aktuellen betriebswirtschaftlichen Wissens.

Dazu trägt vor allem die langjährige Praxiserfahrung sämtlicher Autoren und Autorinnen dieser Reihe bei. Durch ihre Tätigkeit als Führungskräfte in Unternehmen, als Hochschullehrer und als Wirtschaftsberater verfügen sie sowohl über fundierte Fachkenntnisse als auch über umfassende praktische Erfahrungen.

Die Reihe *Praxisnahes Wirtschaftsstudium* umfaßt mehrere Bände, die in Aufbau und Gestaltung derselben Systematik folgen. Dadurch finden sich die Leserinnen und Leser in den einzelnen Wissensgebieten schnell zurecht und können die Themen leichter miteinander »vernetzen«. Der leichteren Orientierung dienen auch die Marginalien am Rande des Textes und die Kennzeichnung von Beispielen mit einem B und von Definitionen mit einem D. Die Bücher bestehen aus jeweils drei Elementen:

- In einem **Thementeil** werden die Lehrinhalte systematisch und anhand einer Vielzahl von erklärenden Graphiken und Beispielen aus der Wirtschaft erläutert.
- **Beispiele** führen realitätsnah durch die verschiedenen Bereiche eines Unternehmens und ermöglichen die unmittelbare Anwendung des erarbeiteten Wissens.
- Das ausführliche **Stichwortverzeichnis** am Ende jeden Buches macht die Reihe zu einem Nachschlagewerk, in dem sich die Leserinnen und Leser schnell zurechtfinden.

Wo immer dies sinnvoll ist, wird jeder Abschnitt des Thementeils durch Kontrollfragen zur Überprüfung des Lernfortschritts ergänzt.

Die Bücher der Reihe *Praxisnahes Wirtschaftsstudium* wenden sich insbesondere an zwei Adressatengruppen:

- **Studierende** an Fachhochschulen, Universitäten, Akademien und sonstigen Einrichtungen, denen in dieser Reihe Lehrbücher angeboten werden, die wissenschaftliche Grundlagen mit konkretem Praxisbezug verbinden und die durch ihren Aufbau auch über das Studium hinaus als Nachschlagewerk dienen.

- **Praktiker,** die im Rahmen ihrer Tätigkeit mit betriebswirtschaftlichen Problemen konfrontiert werden und sich schnell und systematisch einen fundierten Einblick in den gegenwärtigen Stand der Betriebswirtschaftslehre und einiger wichtiger Nachbardisziplinen verschaffen wollen.

Für Hinweise, die einer Verbesserung der Reihe *Praxisnahes Wirtschaftsstudium* dienen, sind die Herausgeber jederzeit dankbar.

Aachen und Stuttgart

Bernd P. Pietschmann
Dietmar Vahs

Vorwort der Autorin

Dieses Buch ist aus meinen Vorlesungen an der FH Nürtingen entstanden. Es wendet sich vorwiegend an Studierende von Universitäten, Fachhochschulen, Berufsakademien oder ähnlichen Institutionen. Es richtet sich aber auch an Praktiker, die ihr Wissen auffrischen wollen oder aber aufgrund eines Jobwechsels erstmalig mit Marketingaufgaben konfrontiert werden.

Dies sind die Lernziele:
- Ein Verständnis dafür erhalten, was Marketing überhaupt ist
- Wichtige Marketingbegriffe kennenlernen
- Mit den Marketinginstrumenten Produktpolitik, Preispolitik, Distributionspolitik und Kommunikationspolitik umgehen können
- Verständnis für unterschiedliche Zielgruppen gewinnen
- Eine Marketingkonzeption erstellen können, von der Formulierung der Marketingziele über die Ausarbeitung von Strategien bis zur Planung der Marketinginstrumente
- Einsicht in die Notwendigkeit von Marketingcontrolling erhalten
- Einen Überblick über die Marktforschung erhalten.

Am Ende eines jeden Kapitels stehen Aufgaben und Fallstudien. Hier unterscheide ich Studierende, die nur eine Einführung in das Marketing haben wollen und solche, die tiefer einsteigen wollen. Die Wiederholungsfragen sind für die Einsteiger gedacht, um Lernfortschritte beim Verständnis und bei der Reproduktion zu messen. Fortgeschrittene Marketingstudenten sollten die Fallstudien lösen können, d.h. Transferleistung und problemlösendes Denken beherrschen.

Die Fallstudien beziehen sich auf die fiktive *Speedy GmbH*. Die *Speedy GmbH* ist ein international tätiger Hersteller von Automobilen mit Marktschwerpunkten in Deutschland und dem europäischen Ausland. Eines der Kernprodukte der *Speedy GmbH* ist der familienfreundliche Personenkraftwagen *Speedster Family*. Dieses Fahrzeug ist auf dem neuesten technischen Stand. Er wird mit einer Brennstoffzelle betrieben und in verschiedenen Produktvarianten angeboten. Mit 9.000 Einheiten pro Jahr und 1.200 Beschäftigten erreichte die *Speedy GmbH* im soeben abgelaufenen Geschäftsjahr einen Umsatz von 420 Mio. DM. Davon werden zur Zeit rund 90 Prozent im Inland und zehn Prozent im europäischen Ausland erzielt. Das Unternehmen verfolgt eine langfristige Wachstumsstrategie, die auch neue dem Kerngeschäft nahestehende Geschäftsfelder erschließen soll. Bisher sah es so aus, als ob die Wachstumsziele erreicht werden. Durch das Auftreten von Fahrzeugherstellern aus dem südostasiatischen Raum ist der Erfolg der Unternehmensstrategie jedoch in Frage gestellt. In letzter Zeit zeigte sich mehrfach, daß die Wettbewerber mit qualitativ teilweise höherwertigen Produkten schneller am Markt waren – und das mit Preisen, die um zehn bis zwanzig Prozent unter den eigenen Verkaufspreisen lagen. In der Folge gingen Marktanteile verloren, insbesondere im deutschen Markt. Der Kostendruck und die in der jüngsten Vergangenheit geradezu dramatisch rückläufige Ergebnisentwicklung haben in der Geschäftsführung Zweifel u.a. daran aufkommen lassen, ob das Marketing der *Speedy GmbH* noch auf der Höhe der Zeit ist. Die Aufgabenstellung wird dann am Schluß der Kapitel näher konkretisiert.

Die Lösungshinweise bei den Wiederholungsfragen sind als Wegweiser durch die einzelnen Kapitel zu verstehen. Die Hinweise bei den Fallstudien sind ausführlicher dargestellt. Allerdings sollten diese nicht als einzig richtige Musterlösung aufgefaßt werden, sondern als Anregung, wie die Aufgabe angegangen werden kann. Insbesondere empfehle ich den Studierenden, die Fallstudien zusammen mit anderen zu lösen. Das macht nicht nur mehr Spaß, sondern es fördert die Kreativität und läßt manchen erkennen, daß das, was auf den ersten Blick so einfach aussah, gar nicht so einfach ist – oder umgekehrt. Zudem wird in der Praxis immer mehr Teamarbeit verlangt, so daß auch dadurch der Forderung nach einer praxisnahen Ausbildung an den Hochschulen Rechnung getragen wird.

An dieser Stelle möchte ich ein ganz herzliches Dankeschön an meine studentischen Hilfskräfte Stefan Mareien, Rüdiger Marx und André Gauss aussprechen, die sich in der Literaturrecherche verdient gemacht, Textvorschläge geliefert und Korrektur gelesen haben. Dank gilt auch den Studierenden in meinen Seminaren, die Ideen eingebracht haben, den Teilnehmern meiner Vorlesungen, die kritisch waren und Verbesserungsvorschläge gemacht haben. Ich danke aber auch den Studierenden, deren Klausuren ich korrigiert habe und die mir aufgezeigt haben, was genauer erklärt und erläutert werden muß.

Schließlich möchte ich alle Leserinnen und Leser bitten, mit Lob, Kritik und Verbesserungsvorschlägen – im Sinne eines aktiven Beschwerdemanagements (siehe Kapitel 1.4.3) – nicht zu sparen und sich direkt an mich zu wenden. Hier meine Adresse:

Prof. Dr. Iris Ramme
FH Nürtingen
Neckarsteige 6–10
72622 Nürtingen
Tel. 07022/201-304
Fax 07022/201-303
E-Mail: ramme@fh-nuertingen.de

Stuttgart, im Januar 2000

Inhaltsverzeichnis

Abbildungsverzeichnis

Abkürzungsverzeichnis

AMA	American Marketing Association
AWA	Allensbacher Werbeträger Analyse
B-to-B	Business to Business
B-to-C	Business to Consumer
DDV	Deutscher Direktmarketing Verband
DRTV	Direct Response TV
E-Commerce	Electronic Commerce
E-Mail	Electronic Mail
F&E	Forschung und Entwicklung
FMDS	Finanzmarktdaten-Service
GfK	Gesellschaft für Konsumforschung
GWB	Gesetz gegen Wettbewerbsbeschränkungen
IVW	Informationsgemeinschaft zur Feststellung der Verbreitung von Werbeträgern e.V.
Kfz	Kraftfahrzeug
KVA	Kids Verbraucher-Analyse
LBS	Landesbausparkasse
LMBG	Lebensmittel- und Bedarfsgegenständegesetz
MA	Media-Analyse
MAIS	Marketinginformationssystem
Pkw	Personenkraftwagen
PLZ	Postleitzahl
POS	Point of Sale
POP	Point of Purchase
PR	Public Relations
RabattG	Rabattgesetz
RfStV	Rundfunkstaatsvertrag
TKP	Tausenderkontaktpreis
TV	Television
UWG	Gesetz gegen unlauteren Wettbewerb
VDZ	Verband Deutscher Zeitungsverleger
ZAW	Zentralverband der deutschen Werbewirtschaft

1 Grundlagen

Lernziele

Im ersten Kapitel soll der Leser

- Lernen, was Marketing ist
- Etwas über die Entwicklung des Marketing erfahren
- Unterschiedliche Sichtweisen der Marktbearbeitung kennenlernen
- Marketingziele und Unternehmensziele einordnen können
- Etwas über Neukundengewinnung und Kundenbindung erfahren
- Die Bedeutung des Beziehungsmarketing und der Kundenzufriedenheit einschätzen können.

1.1 Begriffserklärung

Die Ursprünge des Marketing gehen auf die Jahrhundertwende zurück. Damals ging es – insbesondere in den USA – um die Vermarktung vorwiegend landwirtschaftlicher Produkte zur Ernährung der Bevölkerung. Die Verteilung der Güter stand im Vordergrund. Hier mußte vor allem der »optimale« Marktplatz gesucht werden, an dem die Anbieter und Nachfrager zusammenkommen konnten, ohne einen allzu langen Weg zurücklegen zu müssen (vgl. *Meffert* 1997, S. 13). Wichtig war dies vor allem im Westen der USA, wo es nur eine unterentwickelte Infrastruktur gab. Daher kommt auch der Begriff Marketing aus den USA. Marketing heißt in der Übersetzung »auf den Markt bringen« (vgl. *Sellien/Sellien* 1980, Sp. 215).

D

Es gibt viele verschiedene Definitionen des Begriffs Marketing, z.B. von *Tietz/Meffert/Kotler* oder *Köhler*. In *Kotler* und *Bliemel* werden einige genannt (vgl. *Bennet* 1995 zitiert in *Kotler/Bliemel* 1999, S. 45):

1. »Marketing ist der Prozeß, durch den eine Organisation auf kreative, produktive und gewinnbringende Weise eine Beziehung zum Markt herstellt.«
2. »Marketing ist die Kunst, Kunden auf gewinnbringende Weise zu finden und zufriedenzustellen.«
3. »Marketing bedeutet, die richtigen Waren und Dienstleistungen zur richtigen Zeit an die richtigen Leute am richtigen Ort zum richtigen Preis und mit Hilfe der richtigen Kommunikations- und Absatzförderungsaktivitäten zu bringen.«

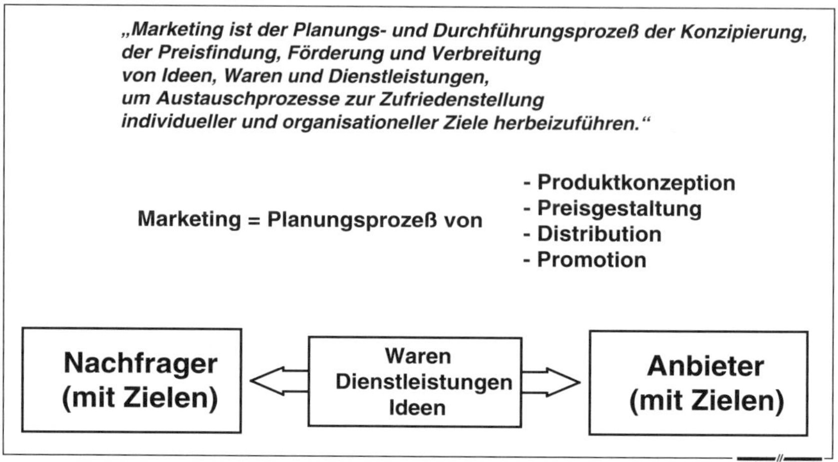

SCHÄFFER POESCHEL

Abb. 1: Definition Marketing der American Marketing Association
Quelle: *American Marketing Association* zitiert in *Kotler/Bliemel* 1999, S. 17

Die Definition der American Marketing Association lautet: »Marketing (Management) is the process of planning and executing the conception, pricing, promotion, and distribution of ideas, goods, and services to create exchanges that satisfy individual and organizational goals« (*Kotler* 1997, S. 15). In der Übersetzung von *Kotler/Bliemel* heißt es: »Marketing(-Management) ist der Planungs- und Durchführungsprozeß der Konzipierung, Preisfindung, Förderung und Verbreitung von Ideen, Waren und Dienstleistungen, um Austauschprozesse zur Zufriedenstellung individueller und organisationeller Ziele herbeizuführen« (*Kotler/Bliemel* 1999, S. 17). Weis übersetzt etwas anders: »Marketing ist der Planungsprozeß der Konzeption, Preisgestaltung, Promotion und Distribution von Produkten und Dienstleistungen, um Austauschprozesse zu erreichen, die individuelle und organisationale Ziele erfüllen« (*Weis* 1997, S. 18).

Diese Definition erscheint zweckmäßig, da dabei sowohl die vier Marketinginstrumente und die Ziele der Austauschpartner als auch die unterschiedlichen Produkte, nämlich Güter, Dienstleistungen und Ideen, berücksichtigt werden.

1.2 Entwicklung des Marketing

Wie bereits erwähnt, geht die Geschichte des Marketing über hundert Jahre zurück und spielte vorerst nur in den USA eine Rolle (vgl. *Hansen/Bode* 1999, S. 23ff. zu einer umfassenden Darstellung. Einen Überblick liefert *Sabel* 1998, S. 106ff.). In Deutschland beschäftigte sich 1930 Oberparleitner erstmals mit den *Handelsfunktionen*, nämlich der Überbrückung von Diskrepanzen zwischen Produzent und Abnehmer im Hinblick auf Zeit, Ort, Menge, Sortiment und Kaufmodalitäten. 1955 sprach *Gutenberg* von Absatzmethode, Preispolitik, Werbung und Produktgestaltung – also eine Art Vorläufer für die heute gebräuchlichen 4 Ps Price, Product, Promotion und Place, die 1960 von McCarthy entwickelt wurden (vgl. *Meffert* 1998, S. 3). Insbesondere der Preispolitik wurde in den fünfziger Jahren eine hohe wissenschaftliche Aufmerksamkeit geschenkt. So war auch *Gutenberg* der »Vater« der doppelt geknickten Preis-Absatz-Funktion.

Absatzwirtschaft

Im Mittelpunkt des Interesses war jedoch bis dahin das Produkt des Herstellers, das es zu verkaufen galt. Die Wissenschaft befaßte sich damals mit Absatzwirtschaft. Unter *Absatzwirtschaft* sind Maßnahmen oder auch betriebliche Organe und externe Institutionen zu verstehen, die damit befaßt sind, das Ungleichgewicht zwischen Angebot und Nachfrage zu beseitigen (vgl. *Nieschlag/Dichtl/Hörschgen* 1997, S. 9). Erst später wandelte sich diese Sichtweise dahingehend, daß die Problemlösung für den Kunden wichtig wurde. Jetzt erst setzte ein Paradigmenwechsel ein (siehe Abbildung 2). Die ersten Lehrstühle mit der Bezeichnung Marketing gab es in Deutschland in den siebziger Jahren. So erschien auch noch 1974 das Handwörterbuch der Absatzwirtschaft, das inzwischen aber auch Handwörterbuch des Marketing heißt.

Grund für diese Entwicklung von der Absatzwirtschaft zum Marketing liegt im wesentlichen in der Wandlung der Märkte, und zwar vom Verkäufermarkt zum Käufermarkt (vgl. *Weis* 1997, S. 17).

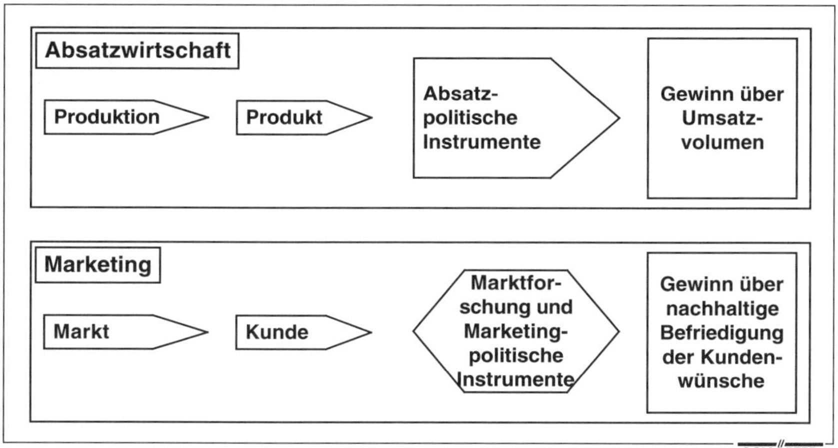

Abb. 2: Absatzwirtschaft und Marketing
Quelle: in Anlehnung an *Weis* 1997, S. 26

D

Ein Verkäufermarkt ist ein Markt, bei dem die Nachfrage das Angebot übersteigt und die Anbieter daher Problemlösungen für Produktion, Finanzierung und Beschaffung suchen (vgl. *Weis* 1997, S. 17).

Verkäufermarkt

Solche Märkte gibt es in den Industrieländern inzwischen nur noch vereinzelt und meistens nur zeitlich begrenzt. So waren der Ölmarkt während der Ölkrise 1974 oder der Stuttgarter Wohnungsmarkt insbesondere Ende der achtziger bis Anfang der neunziger Jahre *Verkäufermärkte*. Ein Wohnungssuchender in Stuttgart traf auf ein sehr geringes Angebot, so daß er weder zwischen verschiedenen Wohnungen wählen konnte, noch die Chance hatte, über den Kaufpreis oder die Miete zu verhandeln. Der Verkäufer bzw. Vermieter brauchte sich um den Zustand seines Angebots (Produktpolitik) keine Gedanken machen. Die Preise konnte er hoch ansetzen (Preispolitik), da er sicher sein konnte, einen Nachfrager zu finden, der den verlangten Preis zahlen konnte. Gleiches galt für die Kommunikationspolitik: teure Anzeigen in Zeitungen brauchten oft nicht einmal geschaltet werden, da sich ein Objekt allein über kostenlose Mund-zu-Mund-Propaganda verkaufen oder vermieten ließ. Auch hinsichtlich der Distributionspolitik hatte es ein Wohnungseigentümer leicht, so daß er sich bei der Standortwahl keine Gedanken machen mußte und auch auf die Einschaltung eines Maklers verzichten konnte oder die Maklergebühren vom Käufer bzw. Mieter zahlen lassen konnte. In dieser Zeit wurden im Raum Stuttgart viele Neubauwohnungen erstellt, da hohe Renditen lockten, so daß sich der Stuttgarter Wohnungsmarkt langsam zum Käufermarkt entwickelte.

Ein extremer Verkäufermarkt war Ende der siebziger Jahre der Markt für *Mercedes-PKWs*, als Kaufverträge für einen *Mercedes* vor der Auslieferung weiter verkauft wurden. Diese wurden um so höher gehandelt, je näher der Auslieferungstermin rückte.

Immer wieder tauchen kurzfristige Verkäufermärkte auf, wenn das Angebot nicht auf eine Spitzennachfrage ausgerichtet werden kann, wie z.B. Urlaubsreisen über Weihnachten, Ostern oder in den Sommerferien. Auch bei neuen Produkten kommen zuweilen Verkäufermärkte zustande, weil durch eine frühzeitig einsetzende Kommunikationspolitik ein Nachfragestau künstlich ausgelöst wird. Dies ist häufig in der Automobilbranche anzutreffen, wo sich der Verkäufermarkt dann in anfangs langen Lieferzeiten niederschlägt. Dies war z.B. 1997 beim A3 von *Audi*, beim *SLK* von *Mercedes-Benz* oder beim *Wagon R+* von *Suzuki* der Fall.

Diese kurzfristig auftretenden Verkäufermärkte verwandeln sich aber schnell wieder in Käufermärkte, weil das Angebot entsprechend ausgedehnt wird oder weil es sich – wie im Fall der Urlaubsreisen – um saisonale Schwankungen handelt und eine Ausdehnung des Angebots bis an die Spitzennachfrage sich für die Anbieter nicht lohnt.

D

Ein Käufermarkt ist ein Markt, bei dem das Angebot die Nachfrage übersteigt und die (potentiellen) Kunden auf dem Markt aus einer Vielzahl von Angeboten auswählen können (vgl. *Weis* 1997, S. 17).

Käufermarkt

Käufermärkte sind in der heutigen Zeiten fast die Regel. Daher fällt es auch schwer, konkrete Beispiele zu nennen. Typische Käufermärkte sind z.B. die Märkte für Joghurt, Kaffee, Bier, Kosmetik, Waschmittel, Computerchips oder Lastkraftwagen.

Die Wandlung vom Verkäufermarkt zum Käufermarkt hat in Deutschland ganz langsam in den fünfziger Jahren begonnen (in den USA schon nach dem Ersten Weltkrieg). Damit ergab sich die Notwendigkeit der marktorientierten Unternehmensführung und damit auch der Beschäftigung mit Marketing als Wissenschaft (vgl. *Weis* 1997, S. 17). Abbildung 3 zeigt noch einmal im Überblick die Entwicklung des Marketing.

Abb. 3: Überblick über die Entwicklung des Marketing
Quelle: *Meffert* 1997, S. 21

1.3 Marktbearbeitungsphilosophien

Nach *Kotler* und *Bliemel* werden fünf Marktbearbeitungsphilosophien unterschieden, welche die unterschiedlichen Sichtweisen von Unternehmen widerspiegeln, wie Märkte bearbeitet werden sollen:

- Produktionskonzept
- Produktkonzept
- Verkaufskonzept
- Marketingkonzept
- Wohlfahrtsbedachtes Marketingkonzept (vgl. *Kotler/Bliemel* 1999, S. 20ff.).

Produktionskonzept

Unter dem *Produktionskonzept* wird eine hohe Effizienz in der Leistungserstellung verstanden, die zu niedrigen Kosten führt. Diese werden in Form von niedrigen Preisen an die Konsumenten weitergegeben. In Dienstleistungsunternehmen geschieht dies häufig durch Beteiligung des Nachfragers an der Leistungserstellung (Externalisierung). In Produktionsunternehmen wird versucht, durch ein flächendeckendes Distributionssystem die Nachfrager an sich zu binden. Bei diesem Konzept geht man davon aus, daß die niedrigen Preise und die flächendeckende Versorgung sich ihre Nachfrager schaffen. Ein Beispiel dafür ist die *Tin Lizzy* von *Ford*. Dies war das erste Auto, das für die breite Bevölkerungsschicht gebaut worden war. Durch Fließbandproduktion und vollkommene Standardisierung (z.B. nur schwarze Lackierung) wurden die Kosten niedrig gehalten, so daß die *Tin Lizzy* günstig angeboten werden konnte. Mit der *Tin Lizzy* gelang die erste Motorisierungswelle der amerikanischen Gesellschaft in den zwanziger und dreißiger Jahren.

Produktkonzept

Verfolgt ein Unternehmen eine Marktbearbeitungsstrategie nach dem *Produktkonzept*, heißt dies, ein qualitativ hochwertiges Produkt anzubieten, das sich über die hervorragende Qualität verkauft. Der Anbieter konzentriert sich auf gleichmäßig hohe Qualität und weitere Verbesserungen. Ausgangspunkt ist die Idee, daß hervorragende Produkte immer ihre Abnehmer finden. Problematisch wird es dann, wenn der Markt dies nicht so sieht. So ist es der *AEG Olympia* in Wilhelmshaven ergangen, deren Schreibmaschinen eine hervorragende Qualität besaßen. Im Zuge der zunehmenden PC-Verbreitung in den 80-er Jahren waren Schreibmaschinen aber fast nur noch von kleinen Unternehmen oder von Privatleuten gefragt, die mehr Wert auf einen niedrigen Preis als auf hohe Qualität legten (vgl. *Kotler/Bliemel* 1999, S. 22).

Verkaufskonzept

Ein weiteres Konzept ist das *Verkaufskonzept*. Basis ist die Überlegung, daß die Nachfrager von sich aus das Produkt oder die Dienstleistung nicht in ausreichendem Maße in Anspruch nehmen, so daß der Anbieter aggressiv verkaufen muß. Hier wird nicht der Nachfrager mit seinen Präferenzen in den Mittelpunkt des Interesses gerückt, sondern das zu verkaufende Produkt. Anfang der 80-er Jahre hatten die deutschen Buchclubs (z.B. *Bertelsmann*, *Deutscher Bücherbund*, *Europäische Bildungsgemeinschaft*) mit sinkenden Mitgliederzahlen zu kämpfen. Die Gründe dafür waren vielfältiger Natur. Das zunehmende Angebot von günstigen Taschenbüchern machte die bisherigen Preisvorteile der Buchclubs zunichte. Die geringere Bedeutung des Buches als Bildungsgut und die geringere Bereitschaft der potentiellen Nachfrager zur Kaufverpflichtung bei gestiegener Angebotsvielfalt führten ebenfalls zur mangelnden Akzeptanz der Buchclubmitgliedschaften. Die Buchclubs reagierten mit massivem Einsatz von Vertretern, die mit aggressiven Verkaufsmethoden Mitglieder gewannen. Dies hat jedoch zu einer nachhaltigen Rufschädigung und noch weiter sinkenden Mitgliederzahlen geführt. Zu finden ist das Verkaufskonzept in Deutschland auch bei vielen Zeitschriftenwerbern oder bei Kaffeefahrten, bei denen die Teilnehmer unter Gruppendruck und der Last des schlechten Gewissens aufgrund des günstigen Fahrtpreises sich zu einem Kauf genötigt sehen. Zeitschriftenwerber beginnen das Verkaufsgespräch häufig mit der Frage, ob Vorurteile gegenüber Strafgefangenen (oder anderen Gruppen, gegenüber denen es Vorurteile gibt) bestehen. Diese Frage bejaht niemand gern. Damit wird der potentielle Zeitschriftenabonnent unter einen psychologischen Druck gesetzt, indem der Werber nun argumentiert, daß einer Unterschrift unter einen Abonnementvertrag bei einem ehemaligen Strafgefangenen wie ihm ja nun jetzt nichts mehr im Wege stehe.

Marketingkonzept

Dahingegen stellt das *Marketingkonzept* die Bedürfnisse und Wünsche des Zielmarktes in den Vordergrund. Es gilt, diese zu ermitteln und das Angebot so anzupassen, daß die Präferenzen der potentiellen Nachfrager befriedigt werden und die Produktion wirtschaftlich erfolgen kann. Basis des Marketingkonzepts ist (vgl. *Kotler/Bliemel* 1999, S. 26ff.):

- Fokussierung auf den Markt
- Orientierung am Kunden
- Ganzheitliches Marketing
- Gewinn durch zufriedene Kunden.

Als Beispiel mag hier der Versender *Land's End* dienen, der seit einiger Zeit auch auf dem deutschen Markt tätig ist und seinen Kunden eine lebenslange Garantie auf alle Produkte bietet. Dieser Versender ging so weit, daß er nicht nur versuchte, den Geschmack seiner Kunden bei der Auswahl der Kollektion zu treffen, sondern bot darüber hinaus noch eine lebenslange Garantie für den Fall, daß der Kunde nach dem Kauf mit dem Produkt nicht zufrieden ist. Allerdings darf *Land's End* nach einem Urteil im Jahre 1998 in Deutschland mit diesem Argument nicht mehr werben, da es gegen den lauteren Wettbewerb verstößt.

Wohlfahrtsbedachtes Marketingkonzept

Das *wohlfahrtsbedachte Marketingkonzept* stellt eine Erweiterung des Marketingkonzepts dar. Zusätzlich wird die Lebensqualität der Gesellschaft berücksichtigt. So hat es sich der *Body Shop* zum Ziel gesetzt, vorwiegend Kosmetikprodukte auf pflanzlicher Basis anzubieten, Rohstoffe aus den Entwicklungsländern zu beziehen, Tierversuche nicht zu unterstützen und einen Anteil seines

Gewinns für soziale Zwecke zu spenden (vgl. *Kotler* 1997, S. 28. Weitere Beispiele liefern *Kotler/Bliemel* 1999, S. 38f.).

Fraglich ist jedoch, ob ein Unternehmen die gesellschaftlichen Auswirkungen seiner Unternehmenstätigkeit bedenkt, um die Lebensbedingungen der Menschen langfristig zu sichern oder ob es sich um ein abgeleitetes Ziel handelt. So werden beispielsweise in einer umweltbewußten Gesellschaft, wie es die der Bundesrepublik Deutschland ist, nur solche Produkte von den Verbrauchern akzeptiert, die ökologische Mindeststandards einhalten. Vor zwanzig Jahren hätte eine solche Umweltorientierung keine Imagevorteile verschafft. Je nach Zielgruppe hat die Umweltorientierung eine mehr oder weniger große Bedeutung. So haben die Kunden der *Weleda AG* ein ausgeprägtes Umweltbewußtsein. Daher ist es auch zwingend notwendig – und nicht nur Unternehmensphilosophie – für die Produktion der Arzneimittel und Körperpflegeprodukte nur Rohstoffe aus dem biologisch-dynamischen Anbau zu verwenden, nur ätherische Öle zu verarbeiten oder auf Tierversuche zu verzichten.

Die unterschiedlichen Konzepte stellen die unterschiedlichen Philosophien von Unternehmen dar. Dabei ist nicht auszuschließen, daß für ein Unternehmen die Niedrigpreisstrategie mit hohem Externalisierungsgrad die beste ist. Der entscheidende Unterschied zwischen Produktionskonzept und Marketingkonzept ist die Orientierung an den Bedürfnissen der Nachfrager. Genauso kann eine Hochpreisstrategie mit qualitativ hochwertigem Angebot für ein anderes Unternehmen die richtige Marktbearbeitungsstrategie sein. Der Unterschied zwischen Produkt- und Marketingkonzept ist wiederum die Berücksichtigung der Präferenzen der Nachfrager. So ist das Marketingkonzept wohl nicht nur die beste, sondern womöglich auch die einzige langfristig mögliche Strategie der Marktbearbeitung. Nur dort wird interaktiv zwischen Angebot und Nachfrage ein Gleichgewicht hergestellt, so daß sich langfristig das Angebot an der Nachfrage orientiert, wie es in einem Käufermarkt erforderlich ist.

1.4 Ziele des Marketing

1.4.1 Verschiedene Arten von Zielen

D

Als Ziel wird ein zukünftiger Zustand bezeichnet, der aufgrund einer Präferenzordnung des Entscheiders angestrebt wird und aufgrund von unternehmerischen Maßnahmen erreicht werden soll (vgl. *Becker* 1998, S. 14, der eine ausführliche Beschreibung von Marketingzielen liefert).

Marketingziele leiten sich aus den Unternehmenszielen ab und stehen dabei neben den anderen Teilzielen des Unternehmens wie den Beschaffungs-, Produktions- oder Finanzzielen. Dabei werden quantitative und qualitative Marketingziele unterschieden (vgl. *Weis* 1997, S. 24). *Quantitative Ziele* sind solche Ziele, die unmittelbar in Zahlen ausgedrückt werden können, wie zehnprozentige Umsatzsteigerung, Rendite von fünf Prozent, Marktanteil von 50 Prozent oder Gewinnerhöhung auf 50 Mio. DM. *Qualitative Ziele* können nur schwer in Zahlen ausgedrückt werden. Erst über meist mehrstufige Operationalisierungen wird das Ziel faßbar. Dabei versteht man unter *Operationalisierung* die Meßbarmachung eines nicht direkt meßbaren Phänomens (vgl. z.B. *Schnell/Hill/Esser* 1995, S. 117f.). Beispiele für qualitative Ziele sind: Vertrauen der Kunden zurückgewinnen, das Image verbessern oder qualitativ bessere Produkte anbieten.

Quantitative Ziele

Qualitative Ziele

Gerade bei den qualitativen Zielen sind hohe Anforderungen an die Operationalität der Zielformulierung zu stellen. Wichtig ist dies zum einen, um den Mitarbeitern klar zu machen, in welche Richtung sich das Unternehmen entwickeln möchte. Zum anderen ermöglicht erst eine sorgfältige Operationalisierung des Ziels, daß eine Erfolgskontrolle angeschlossen werden kann. Denn nur bei einer klar formulierten operationalen Zielvorgabe kann das Ergebnis mit dem gesteckten Ziel verglichen werden. Beispiele für die Marketingziele eines Versicherungsunternehmens könnten sein:

- Die Höhe der Prämieneinnahmen soll um 5 Prozent auf 1 Mrd. DM steigen.
- Der Gewinn soll um 7 Prozent auf 80 Mio. DM steigen.
- Der Marktanteil des Unternehmens soll von 30 Prozent auf 31 Prozent steigen.
- Der ungestützte Bekanntheitsgrad soll von 80 Prozent auf 85 Prozent gesteigert werden.
- Das Image soll von bieder/seriös in Richtung modern/fortschrittlich bewegt werden.
- Die Qualität der Kundenbetreuung soll verbessert werden (Kundenbetreuung nur durch ausgebildete Versicherungskaufleute, telefonische Erreichbarkeit in der Schadensabteilung rund um die Uhr, Auszahlung nach spätestens drei Tagen).

Außerdem werden ökonomische und außerökonomische Ziele unterschieden. *Ökonomische Ziele* knüpfen unmittelbar an den Erwerbszielen des Unternehmens wie Umsatz, Marktanteil, Gewinn oder Absatz an. *Außerökonomische Ziele* (auch psychographische oder marktpsychologische Ziele genannt) richten sich auf kognitive, affektive und konative Prozesse der Nachfrager. Beispiele sind Bekanntheitsgrad (kognitiver Prozeß), Sympathie für eine Marke (affektiver Prozeß) oder Kaufbereitschaft für ein Produkt (konativer Prozeß) (vgl. *Weis* 1997, S. 23).

Ökonomische Ziele

Außerökonomische Ziele

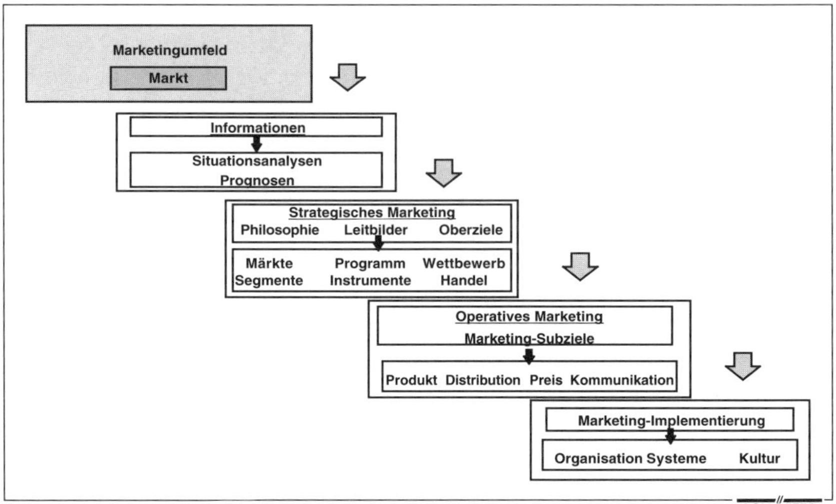

Abb. 4: Marketing-Managementprozeß
Quelle: in Anlehnung an *Meffert* 1997, S. 33

Strategische und operative Ziele

Eine weitere Unterscheidung der Ziele geschieht durch die Unterteilung in *strategische* und *operative* (taktische) *Ziele*. Strategische Ziele beziehen sich auf die Philosophie des Unternehmens, z.B. welche Marktsegmente bearbeitet werden sollen, welchen Wettbewerbern besondere Relevanz eingeräumt werden soll oder welche Preisstrategie eingeschlagen werden soll. Das operative Marketing bezieht sich auf den Einsatz der marketingpolitischen Instrumente wie Preispolitik, Produktpolitik, Kommunikationspolitik und Distributionspolitik. Die Abbildung 4 veranschaulicht diese Beziehung, die als Marketing-Managementprozeß bezeichnet wird.

1.4.2 Neukundengewinnung versus Kundenbindung als Marketingziele

Bedeutung Kundenbindung

Neukundengewinnung und Kundenbindung gelten als fundamentale Optionen des Marketing (vgl. *Bliemel/Eggert* 1998, S. 37). Dabei findet Kundenbindung seit den 90-er Jahren zunehmend Beachtung (vgl. *Bliemel/Eggert* 1998, S. 37f.). Dies geschieht nicht ohne Grund, da viele Märkte gesättigt sind und Wachstum dann nur noch auf Kosten anderer Wettbewerber möglich ist.

Zudem geht man davon aus, daß es einfacher und folglich kostengünstiger ist, einen bestehenden Kunden zu halten bzw. zu binden, als einen neuen zu gewinnen. Dies hat mehrere Gründe. Zum einen muß ein potentieller neuer Kunde zuerst einmal kontaktiert

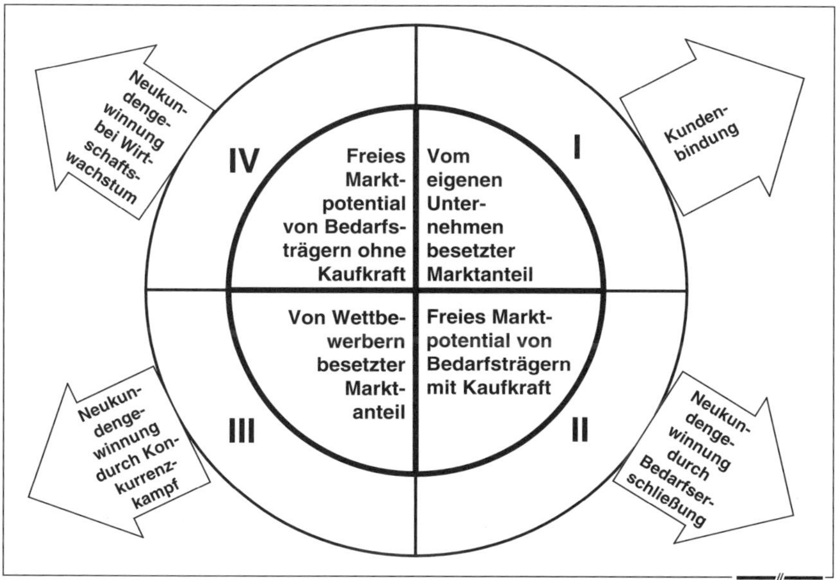

Abb. 5: Neukundengewinnung und Kundenbindung

und dann von den Vorteilen des Anbieters überzeugt werden. Der Bestandskunde dagegen hat bereits (hoffentlich positive) Erfahrungen mit dem Anbieter gemacht und muß nicht mehr über die Vorzüge aufgeklärt werden. Die Akquisitionskosten entfallen daher. Je länger die Kundenbeziehung dauert, desto stärker steigen zudem noch die Erträge. Ein Bestandskunde kauft öfter und hat meist höhere Rechnungen. Er kauft noch weitere Produkte (Cross-Selling oder Cross-Buying), empfiehlt das Unternehmen weiter und ist gegenüber Preisaufschlägen weniger sensibel. Außerdem ergeben sich niedrigere Betriebskosten, wenn Kostendegressionseffekte zum Tragen kommen (vgl. *Reichheld,/Sasser* 1991, S. 109–111 sowie *Kuhnert/Ramme* 1998, S. 126f.). Abbildung 6 zeigt den Zusammenhang von Ertrag und Dauer der Kundenbeziehung.

Kundenverluste

Folglich wäre es nur konsequent, die Anstrengungen auf die Kundenbindung zu konzentrieren und die Neukundengewinnung so zu gestalten, daß lediglich unvermeidbare Kundenabgänge durch Neukunden ersetzt werden. Diese unvermeidbaren *Kundenverluste* hat z.B. ein Anbieter von Babywindeln oder Kinderwagen zu verkraften, sobald für das Kleinkind keine Windeln mehr erforderlich sind bzw. es laufen gelernt hat. Ebenso gilt dies für einen Verleger einer regionalen Tageszeitung, dessen Kunden aus der Region wegziehen und sich nicht mehr für Nachrichten aus der alten Region interessieren. Auch gibt es Unternehmen, wie etwa Fahrschulen, die in der Regel nur »Einmalkunden« haben.

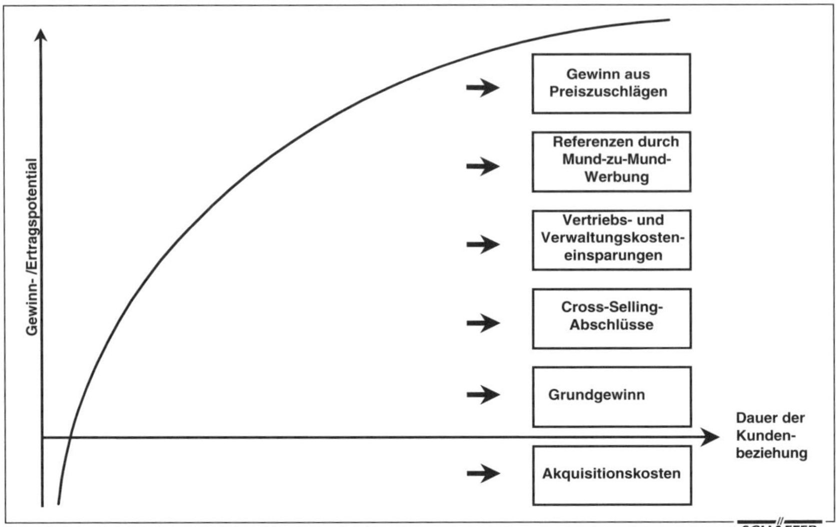

Abb. 6: Zusammenhang von Ertrag und Dauer der Kundenbeziehung.
Quelle: *Reichheld/Sasser* 1991, S. 111, dargestellt nach *Kuhnert/Ramme* 1998, S. 127

Was man nun unter *Kundenbindung* versteht, ist in der Literatur noch nicht hinreichend präzisiert (vgl. z.B. *Diller* 1996, S. 81, *Bliemel/Eggert* 1998, S. 38).

D

»Unter Kundenbindung versteht man die Schaffung und Intensivierung einer dauerhaften Beziehung zwischen Abnehmer und Kunde und den Aufbau einer Geschäftstreue oder Markentreue beim Kunden« (*Zentes* 1996, S. 230).

Dies basiert auf einer rein systematischen Sichtweise der Geschäftsbeziehung zwischen Anbieter und Kunde, wobei die Art des Gutes zunächst keine Rolle spielt.

D

Nach *Diller* liegt Kundenbindung vor, »wenn innerhalb eines als zweckmäßig definierten Zeitraums wiederholte Informations-, Güter- oder Finanztransaktionen zwischen zwei Geschäftspartnern stattgefunden haben (ex post-Betrachtung) bzw. geplant sind (ex ante-Betrachtung)« (*Diller* 1996, S. 84).

Die Bindung des Kunden an den Anbieter ist also um so höher, je öfter er seine Leistung in Anspruch genommen hat und/oder neh-

Aspekte	Gebundenheits-strategie	Verbundenheits-strategie
Kundenbindende Aktivitäten des Anbieters	Aufbau von Wechselbarrieren	Management der Kundenzufriedenheit und des Kundenvertrauens
Bindungs-wirkung	Nicht-Wechseln-Können	Nicht-Wechseln Wollen
Freiheit der Kunden	Eingeschränkt	Uneingeschränkt
Bindungs-interesse	Geht vom Anbieter aus	Geht vom Kunden aus
Bindungs-zustand der Kunden	Gebundenheit	Verbundenheit

Abb. 7: Verbundenheits- und Gebundenheitsstrategie
Quelle: *Bliemel, Eggert* 1998, S. 44

men will. Die Bindung eines Kunden an ein Unternehmen ist sehr unterschiedlich und kundenindividuell. Unterschiede bestehen vor allem hinsichtlich Grad, Qualität und Zustandekommen der Bindung.

Kundenbindungsaktivitäten

Verbundenheit

Ein Unternehmen kann durch seine *Kundenbindungsaktivitäten* die Kundenbindung steuern. Dies geschieht durch Erhöhung der Verbundenheit und der Gebundenheit (Abbildung 7). *Verbundenheit* entsteht, wenn der wahrgenommene Nutzen des Nachfragers seinen Erwartungen entspricht oder übertroffen wird (vgl. *Bliemel/Eggert* 1998, S. 39). In diesem Sinne entspricht Verbundenheit dem Konstrukt der *Zufriedenheit* (vgl. *Bliemel/Eggert* 1998, S. 39). Zufriedenheit wird meist als Differenz zwischen Erwartung und Leistung definiert (vgl. *Kuhnert/Ramme* 1998, S. 29). *Gebundenheit* entsteht durch den Aufbau von Wechselbarrieren für den Kunden. Der Kunde tätigt einen Folgekauf, weil er an einen Vertrag gebunden ist (Beispiel: Buchclub), weil es technologisch nicht anders möglich ist (Beispiel: Abstimmung von Softwareprodukten auf Betriebssysteme bei PCs), weil es die Situation nicht anders erlaubt (Beispiel: einziger Metzger am Ort) oder weil es ökonomisch sinnvoll ist (Beispiel: Bahncard). *Meyer* und *Oevermann* unterscheiden die situative, rechtliche, ökonomische, technologische und psychologische Bindungsfaktoren, wobei die psychologische Bindungsursache inhaltlich der Verbundenheit im Sinne von *Bliemel* und *Eggert*, mithin der Kundenzufriedenheit entspricht (vgl. *Meyer/Oevermann* 1995, Sp. 1341).

Ver- und Gebundenheitsstrategie

Die *Verbundenheitsstrategie* (siehe Abbildung 7) impliziert eine freiwillige Bindung des Nachfragers an den Anbieter, während die

Gebundenheitsstrategie darauf setzt, dem Kunden den Anbieterwechsel durch rechtliche, technologische, ökonomische oder situative Faktoren zu erschweren. Alle genannten Faktoren lassen sich letztlich durch ökonomische Restriktionen abbilden, da auch eine rechtliche Bindung über einen Vertrag mit entsprechendem finanziellen Aufwand (z.B. gegen Schadensersatzzahlung) kündbar ist oder eine technologische Bindung durch kompletten Systemwechsel (mit entsprechendem finanziellen Aufwand) aufgehoben werden kann. Auch situative Faktoren wie etwa Bequemlichkeit können mit monetärem Aufwand ausgeglichen werden (Kauf von Wurst und Fleisch im nächsten Ort per Taxi).

Die Gebundenheitsstrategie geht vom homo oeconomicus aus, der seinen Nutzen aus der gebotenen Leistung gegen seine finanzielle Gegenleistung aufwiegt. Ein Nachfrager, der vor der Wahl steht, mit der Deutschen Bahn oder einem Mietwagen zu fahren, wird seinen Nutzen aus den beiden Transportmöglichkeiten hinsichtlich Schnelligkeit, Bequemlichkeit, Flexibilität, Sicherheit etc. bewerten und diesem Nutzen die Kosten für beide Alternativen gegenüberstellen. Benutzt der Nachfrager die *Bahncard*, werden die Durchschnittskosten für die Inanspruchnahme des Bahnangebots im Vergleich zum Mietwagenangebot gesenkt. Sobald die Bahn aber Leistungsdefizite zeigt, kann die Verhaltensdisposition des Kunden umkippen. Vier theoretische Fälle sind denkbar:

- Der Kunde ist pseudo-loyal: Er nutzt das Angebot zwar weiterhin, plant aber bei nächster Gelegenheit einen Wechsel.
- Der Kunde ist resignativ loyal: Er nutzt das Angebot weiterhin, da ihm der psychische Aufwand für einen Wechsel als zu hoch erscheint.
- Der Kunde ist nicht loyal: Ein anderer Anbieter bietet soviel zusätzlichen Nutzen, daß der durch den Wechsel entstehende Nachteil (über-)kompensiert wird.
- Der Kunde zeigt Reaktanz: Auch wenn Nachteile für ihn entstehen, wechselt er den Anbieter, weil er höchst unzufrieden ist.

Die Gebundenheitsstrategie birgt also die Gefahr in sich, daß andere Anbieter mit noch besseren Angeboten eine Anspruchsspirale in Gang setzen. Daher sollten nur wettbewerbsstarke Unternehmen diese Strategie wählen. Ferner sollten sie den Kunden die zukünftige Leistungsfähigkeit und den Leistungswillen glaubhaft klarmachen können. Ansonsten wird der Kunde nicht bereit sein, eine Bindung einzugehen. Die Strategie ist also keineswegs für wettbewerbsschwache Unternehmen geeignet, die aus Verzweiflung versuchen, ihre Kunden an sich zu binden bzw. zu fesseln (vgl. *Bliemel/Eggert* 1998, S. 42). Außerdem können freiheitsliebende Kunden so nicht gehalten werden (vgl. *Bliemel/Eggert* 1998, S. 44).

B

Genau hier ist der Grund für die mangelnde Nachfrage nach Buchclubmitgliedschaften in Deutschland zu finden. Bis in die siebziger Jahre hinein war das Leistungsangebot der Buchclubs sehr attraktiv. So waren die Buchclubausgaben erheblich günstiger als die Originalausgaben. Erst das Taschenbuch bot eine noch günstigere Alternative. Zusammen mit dem gesellschaftlichen Wandel, der sich u. a. in geringerem Bindungswillen ausdrückt, führte dies dazu, daß die Buchclubs immer mehr Mitglieder verloren und es immer schwerer wurde, neue Kunden zu gewinnen. Anfang der achtziger Jahre versuchten die Buchclubs, mit aggressiven Verkaufsmethoden dieser Entwicklung Einhalt zu gebieten (siehe Verkaufskonzept in Kapitel 1.3). Dies führte lediglich zu einem nicht mehr wiedergutzumachenden Imageschaden.

Um die Kundenbindung zu erhöhen, sind diverse Maßnahmen möglich. Neben den Gebundenheitsstrategien, die nur insofern eingesetzt werden sollten, als sie dem Kunden einen echten Nutzenvorteil versprechen und das Unternehmen diese Strategie auch längerfristig durchhalten kann (z.B. *Bahncard*, *Lufthansa Miles & More*, Frühbucherrabatte in der Reisebranche etc.), können die Unternehmen von den Verbundenheitsstrategien Gebrauch machen. Diese setzen am Management der Kundenzufriedenheit oder am Beziehungsmarketing an.

1.4.3 Beziehungsmarketing zur Stärkung der Kundenbindung

Ziel beim Beziehungsmarketing (auch Relationshipmarketing) ist es, eine individuelle Beziehung zum Kunden herzustellen. Dabei muß eine Abgrenzung zum Individualmarketing (auch One-to-One-Marketing oder 1:1-Marketing), Massenmarketing und Customized Marketing (auch Mass Customization) erfolgen (siehe Abbildung 8). *Individualmarketing* entspricht einer detaillierten Segmentierung, wobei ein Segment aus einem einzigen Kunden besteht. Die Marketingaktivitäten werden auf jeden einzelnen Kunden zugeschnitten. Dies setzt intensive Kommunikation mit dem Kunden voraus und ist nur bei einer geringen Anzahl von Kunden wirtschaftlich tragbar. Beim Massenmarketing erfolgt keine Differenzierung des Marketing. Der individuelle Kunde und seine Beziehung zu ihm ist unbedeutend. *Customized Marketing* versucht, trotz einer hohen Kundenzahl eine differenzierte Marktbearbeitung durch Berücksichtigung individueller Wünsche zu erreichen. So bietet der Jeanshersteller *Levi Strauss* seinen US-amerikanischen Kunden an, eine Jeans nach den individuellen Maßen des Kunden zu fertigen. Die Maße läßt der Kunde in einem *Levi's Store* abnehmen. Dann kann er aus einer Vielzahl von Modellen, Farben und Stoffarten wählen. Der Kunde kann die individuell gefertigte Jeans im Levi's Store ab-

Individualmarketing

Customized Marketing

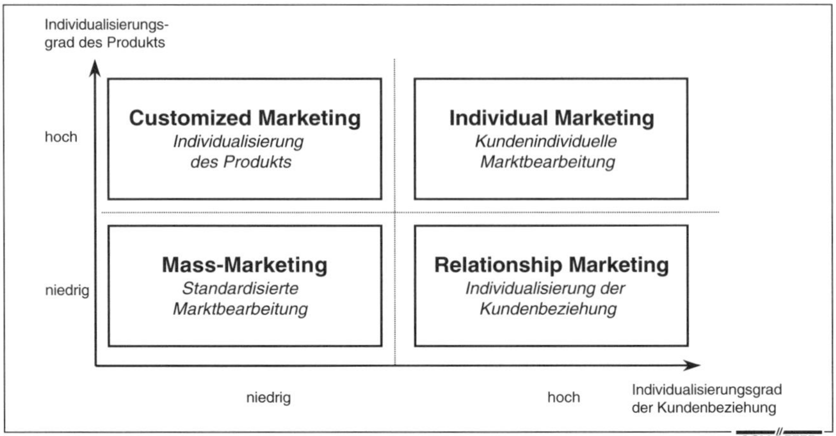

Abb. 8: Strategische Optionen der Marktbearbeitung mit den Parametern Individualisierungsgrad von Produkt- und Kundenbeziehung
Quelle: *Hildebrand* 1997, S. 3

holen oder sich die Jeans schicken lassen (vgl. *http://www.levi.com/originalspin/how.asp*). Ein weiteres Beispiel für Mass Customization im Textilbereich liefert das Warenhausunternehmen *Kaufhof*. *Kaufhof* bietet unter eigenem Label maßgeschneiderte Herrenhemden und -anzüge an. Die Fertigung erfolgt durch kleinere Hersteller. Auch in der Musikbranche gibt es Anwendungsmöglichkeiten. So installiert *Deshima Musik* Terminals in Kaufhäusern, an denen Kunden aus einer Musikdatenbank mit 15.000 Titeln ihre eigenen CDs zusammenstellen können (vgl. *Piller* 1999, S. 84).

Relationship-marketing

Beim Customized Marketing kommt es auf die Individualisierung des Produkts an, während die Beziehung zum Kunden nicht von großer Bedeutung ist. Beim *Relationshipmarketing* dagegen versucht ein Unternehmen durch Individualisierung der Kontakte die Beziehung zum Kunden aufzubauen und zu intensivieren. Die übrigen einzelnen Marketingaktivitäten sind jedoch nicht auf den individuellen Kunden ausgerichtet.

Vor dem Hintergrund eines fehlenden Marktwachstums und des zunehmenden Wettbewerbsdrucks ist die Bedeutung des Beziehungsmarketing gestiegen. Dies äußert sich z.B. darin, daß zu den neuen Berufen im Marketing der Relationship-Manager gehört (vgl. *Schütz* 1998, S. 66ff.), der sich um Themen wie Beschwerdemanagement, Stabilisierung gefährdeter Kundenbeziehungen (Customer Retention), Storno-Management oder Kreation von Welcome-Paketen für Neukunden kümmert. Weitere Maßnahmen sind Kundenclubs, Verbrauchertelefone bzw. Hotlines oder Rückgewinnung von Kunden (Regain Management) (vgl. z.B. *Stauss* 1997), die einem Unternehmen den Rücken gekehrt haben. Die genannten Maßnahmen basieren alle darauf, Kontakte zu generieren, Kontakte zu intensivieren (daher auch Keep-In-Touch-Programme genannt) oder in schwierigen Situationen wie Kündigung oder Beschwerde den Kontakt entsprechend positiv zu gestalten. In diesen Bereich fällt auch das Konzept des Recovery Managements (vgl. *Auerbach/Bednarczuk/Büttgen* 1997, S. 78ff.). So führen Verspätungen im Luftverkehr zu Unzufriedenheit, insbesondere bei Geschäftsleuten. Für einen solchen unvorhergesehenen Störfall vorzusorgen – z.B. hier durch Bereitstellung eines Handys – gehört zu den Aufgaben im Recovery Management. Denn »Doing the job right the first time« (*AVIS*-Slogan) ist zwar besser, aber nicht immer möglich (vgl. *Kuhnert/Ramme* 1998, S. 106).

1.4.4 Kundenzufriedenheit als Marketingziel

Kundenzufriedenheit ist wie das Phänomen Kundenbindung zu einem Modethema geworden (siehe zu diesem Abschnitt *Kuhnert/Ramme* 1998, S. 96ff.). Ähnlich wie Theorien der Arbeitszufriedenheit zu Anfang der siebziger Jahre in einer Zeit des Arbeitskräftemangels die wissenschaftliche Diskussion befruchtet haben, ist es jetzt der »Kundenmangel«, der die Erforschung der Kundenzufriedenheit anregt (vgl. *Kuhnert*/Ramme 1998, S. 96f.). So wird das nachlassende Bemühen um den Kunden in den USA darauf zurückgeführt, daß die Binnennachfrage wieder gestiegen ist und der Zwang zum Wettbewerb um den Kunden zurückgegangen ist (vgl. *Baumann/Hohensee* 1999, S. 55). Wie wichtig Kundenzufriedenheit gerade für wettbewerbsintensive Branchen ist, zeigen einige Binsenweisheiten (vgl. z.B. *Kotler/Bliemel* 1999, S. 28).

- Ein zufriedener Kunde kauft wieder und bleibt dem Unternehmen länger treu.
- Ein zufriedener Kunde kauft weitere Produkte des Unternehmens.
- Ein zufriedener Kunde beachtet Marken und Werbung der Wettbewerber weniger.
- Ein zufriedener Kunde empfiehlt das Unternehmen weiter.
- Ein zufriedener Kunde liefert dem Unternehmen gern Ideen für neue Produkte oder Produktverbesserungen.
- Ein zufriedener Kunde ist kostengünstiger zu betreuen, da Geschäfte mit ihm zur Routine werden.

Kundenzufriedenheit und Kundenbindung

Dennoch ist *Kundenzufriedenheit* nicht mit *Kundenbindung* gleichzusetzen. Auch zufriedene Kunden können hinsichtlich eines Wiederkaufs Vorbehalte hegen, z.B. weil sie einmal einen anderen Anbieter ausprobieren wollen (sogenannte Variety Seeker) oder weil kein Bedarf mehr für das Produkt besteht. So geben 90 Prozent aller Automobilkäufer an, mit der gewählten Marke zufrieden zu sein.

Der Anteil der tatsächlichen Wiederkäufer liegt aber oft bei nur 40 Prozent (vgl. *Groothuis* 1998, S. 162). Dies sind Ergebnisse einer *GfK-Studie*. Auch andere Untersuchungen kommen auf Wiederkaufraten zwischen 30 und 60 Prozent (vgl. *Bauer/Dichtl/Herrmann* 1996, S. 119) bzw. Wiederkaufabsichten, die zwischen 23 und 74 Prozent liegen (vgl. *Korte* 1995, S. 11) und liegen damit weit unter 90 Prozent.

Umgekehrt gibt es auch unzufriedene Kunden, die dem Unternehmen treu bleiben wie der oben beschriebene resignativ-loyale oder pseudo-loyale Kunde. Doch auch dies darf nicht zu der Fehlinterpretation führen, daß der Unzufriedenheit nicht begegnet werden müsse. Denn der Anteil unzufriedener, aber trotzdem treuer Kunden ist eher gering; er variiert je nach Wettbewerbsintensität und Kundenerfahrungen von Branche zu Branche.

Zufriedenheits-controlling

Weil Kundenzufriedenheit eine entscheidende Bedeutung hat, muß ein Unternehmen auch über diese Erfolgsgröße informiert sein. Zum Controlling im Sinne eines Soll-Ist-Vergleichs von Erfolgsgrößen gehört damit auch die Messung der Kundenzufriedenheit. Mit ihrer Hilfe können Aussagen darüber gewonnen werden, wo das Unternehmen steht, wie die Anstrengungen des Unternehmens nach Kundenzufriedenheit vom Kunden gesehen werden und wo es Verbesserungspotentiale gibt. Das *Zufriedenheitscontrolling* ermöglicht auch einen Vergleich innerhalb des Betriebes oder mit anderen Unternehmen, seien es Mitbewerber oder Unternehmen anderer Branchen. Ein solches Benchmarking kann zu wertvollen Erkenntnissen hinsichtlich der Stärken und Schwächen eines Unternehmens beitragen und Möglichkeiten der Verbesserung durch den direkten Vergleich mit anderen aufzeigen. Unter *Benchmarking* versteht man den Vergleich verschiedener Einheiten wie Unternehmen oder Abteilungen. Ziel ist es, die kritischen Erfolgsfaktoren des jeweils besten zu kopieren (vgl. z.B. *Kotler/Bliemel* 1999, S. 406ff.). Eine Benchmarkingstudie, die auf die Unterschiede zwischen Unternehmensbereichen abzielt, führt zum Beispiel die *Deutsche Bank* durch. Erstmals im Oktober 1996 wurden 250.000 Kunden danach gefragt, welche Qualitätskriterien ihnen wichtig erscheinen und inwiefern diese von der *Deutschen Bank* erfüllt werden. Die Ergebnisse können aufgrund der hohen Fallzahl auf die 1.600 Filialen heruntergebrochen werden und sind somit ein Anhaltspunkt für ein internes Benchmarking. Daß Kundenzufriedenheit einen hohen Stellenwert eingenommen hat, belegt das folgende Zitat eines Vorstandsmitglieds der *Deutschen Bank* »An der Kundenzufriedenheit muß ich meine Arbeit letztendlich messen lassen« (*Diekhof/Waschek* 1997, S. 57).

Auch die *Lufthansa* fragt seit über zwanzig Jahren systematisch ein Prozent aller Passagiere nach ihrer Zufriedenheit. Damit ergeben sich jährlich etwa 270.000 Fragebögen. Es werden Aspekte erhoben wie Produkt- und Betreuungsqualität, Freundlichkeit, Effizienz und Informationsbereitschaft der Mitarbeiter, Zufriedenheit mit dem Check In, dem Einsteigevorgang, dem Sitzkomfort, dem Mahlzeiten- und Getränkeservice und der Unterhaltung. Aus diesen Teilaspekten wird ein Customer Service Index berechnet. Damit können nicht nur Veränderungen im Zeitablauf, sondern auch besondere Problembereiche erkannt werden.

Bei der Messung der Kundenzufriedenheit gibt es kein allgemeingültiges Rezept oder gar einen universell einsetzbaren Fragebogen. In einem ersten Schritt kann man sich aber dem Ziel annähern, indem sich ein Unternehmen z.B. über die Frage nach einem besonders positiven oder besonders negativen Erlebnis des Kunden mit dem Unternehmen (*Critical Incident Technique*) einen ersten Eindruck über die Erfahrungen des Kunden mit dem Unternehmen verschafft. In einem zweiten Schritt kann dann ein auf dieser Basis entwickeltes, standardisiertes Instrument eingesetzt werden. Jedoch muß man hier Vorsicht walten lassen, da nicht nur solche Merkmale zu berücksichtigen sind, die das Unternehmen als wichtig erachtet, sondern solche, denen der Kunde eine große Bedeutung beimißt. Aus den erhobenen Unzufriedenheits- und Zufriedenheitsmomenten des Kunden können Ansatzpunkte für Qualitätsstandards abgeleitet werden. Anschließend ist ein regelmäßiges Zufriedenheitscontrolling erforderlich, um dieses Kundenfeedback für eine optimale Ausrichtung an den Kundenbedürfnissen einzusetzen. Aus diesen Qualitätsstandards können Garantien für den Kunden entwickelt werden, die wiederum Ansatzpunkt für Neukundengewinnung und Kundenbindung sind.

Neben der Erhebung der Zufriedenheit als Controllinginstrument führt allein schon die Frage danach zu mehr Kundenzufriedenheit und eben auch zur Kundenbindung. Der Kunde merkt, daß er wichtig für das Unternehmen ist und gegebenenfalls sogar Einfluß auf dessen Angebot nehmen kann. So ist das Schließen von Betreuungslücken – z.B. durch die Schaffung möglichst vieler Kontaktpunkte – eine wichtige Voraussetzung für eine positive Beurteilung des Unternehmens durch den Kunden. Eine Zufriedenheitsbefragung stellt einen solchen Kontaktpunkt dar. Der Kunde wird im Rahmen einer Befragung an das Unternehmen erinnert, er denkt über es nach und hat die Möglichkeit, eine eventuell vorliegende Unzufriedenheit darzulegen. Insofern schöpft eine Zufriedenheitsbefragung das Potential derer ab, die zwar unzufrieden sind, sich aber nicht beschweren würden, vielleicht weil es ihnen zu aufwendig erscheint. Genau diese Kunden hätten sich womöglich still und leise vom Unternehmen abgewandt und zu einem Wettbewerber gewechselt.

Kundenbarometer

Die größte deutsche Studie zum Thema Kundenzufriedenheit dürfte wohl das *Deutsche Kundenbarometer* sein. Die von der

Deutschen Marketing-Vereinigung e. V. und der *Deutschen Post AG* unter der wissenschaftlichen Leitung von *Prof. Dr. Anton Meyer* herausgegebene Studie befragt seit 1992 jährlich etwa 32.000 Kunden verschiedener Branchen hinsichtlich ihrer globalen Zufriedenheit und ihrer Zufriedenheit mit einzelnen Merkmalen (vgl. *Bruhn* 1999, S. 393ff.). Daneben werden noch Kundenbindungsaspekte erhoben wie z.B. Dauer der Kundenbeziehung, Kaufhäufigkeit, Wiederkaufbereitschaft, Cross-Buying-Absicht und Weiterempfehlungsbereitschaft (vgl. zum Aufbau des Deutschen Kundenbarometers *Meyer/Dornach* 1997, S. 173ff.). Die Befragten geben an, welche Dienstleistungen sie nutzen bzw. welche Güter sie kaufen, so daß Auswertungen nach Branchen erfolgen können (Benchmarking). Die Anzahl der Befragten, die auf eine Branche entfällt, variiert zwischen 1.000 und 12.000 (vgl. *Meyer/Dornach* 1996, S. 150f.).

So kann das Kundenbarometer eingesetzt werden, um die Schwachstellen der eigenen Branche zu erkennen. Vielen Unternehmen muß noch klar werden, welche »Zeitbombe« möglicherweise in ihrem Kundenstamm hinsichtlich der (Un-)Zufriedenheit und der darauf ggf. folgenden Abwanderung »tickt«. Aber auch in anderen Ländern werden Kundenbarometer eingesetzt, um ein Benchmarking hinsichtlich der Kundenzufriedenheit zu ermöglichen (vgl. *Bruhn* 1998, S. 94ff., der das Schweizer Kundenbarometer SWICS (Swiss Index of Customer Satisfaction) im Vergleich zu anderen nationalen Kundenbarometern darstellt. Zu weiteren nationalen Barometern vgl. *Bruhn* 1999, S. 385ff.).

Das Deutsche Kundenbarometer bezieht sich allerdings nur auf den Business-to-Consumer-Bereich. Zum Thema Kundenzufriedenheit im B-to-B-Bereich finden sich weniger Studien (vgl. grundsätzlich z.B. *Rudolph* 1998. Eine empirische Untersuchung mit Bezug auf Rudolph hat *Schürle* 1999 durchgeführt).

Eines darf im Zusammenhang mit der Diskussion um Kundenzufriedenheit nicht übersehen werden: Für zufriedene Kunden zu sorgen, ist nicht nur Aufgabe der Mitarbeiter mit Kundenkontakt, sondern aller Mitarbeiter. Dieser Gedanke muß insbesondere beim Topmanagement noch stärker verankert werden, denn es ist hiervon genauso wenig ausgenommen wie die Angehörigen betrieblicher Servicebereiche. Die Mitarbeiter und Führungskräfte müssen lernen, mit Kritiken des Kunden umzugehen und diese als Chance für Veränderungen zu begreifen.

So ist Kundenzufriedenheit immer noch die beste Voraussetzung für Kundenbindung und Neukundengewinnung und damit gleichzeitig auch für den Erfolg eines Unternehmens. Allerdings kann ein Unternehmen, das beispielsweise seine Kosten nicht im Griff hat oder die zukünftigen Marktchancen und -risiken nicht berücksichtigt, trotz zufriedener Kunden langfristig nicht überleben. Insofern ist Kundenzufriedenheit ein abgeleitetes Unternehmensziel.

Aufgaben

1. Was versteht man unter Marketing?
2. Beschreiben Sie den Paradigmenwechsel, der sich letztlich in der Verwendung des Begriffes Marketing anstelle des Begriffes Absatzwirtschaft zeigt.
3. Erläutern Sie den Unterschied zwischen einem Verkäufer- und einem Käufermarkt.
4. Erläutern Sie das Produktionskonzept als Marktbearbeitungsphilosophie eines Unternehmens.
5. Nennen Sie Beispiele von Unternehmen, die nach dem Verkaufskonzept arbeiten und begründen Sie Ihre Auswahl.
6. Erklären Sie den Unterschied zwischen dem Produktkonzept und dem Marketingkonzept.
7. Nennen Sie Beispiele für quantitative und qualitative Marketingziele eines Marktforschungsinstituts, einer staatlichen Tourismuszentrale, eines Herstellers von Fertigpudding, eines Anbieters von Stanzmaschinen.
8. Erläutern Sie den Unterschied zwischen operativem und strategischem Marketing.
9. Warum wird der Kundenbindung im Vergleich zur Neukundengewinnung in letzter Zeit mehr Relevanz eingeräumt?
10. Erläutern Sie den Unterschied zwischen der Verbundenheits- und der Gebundenheitsstrategie.
11. Erklären Sie die Begriffe Beziehungsmarketing, One-to-One-Marketing, Massenmarketing und Customized Marketing.
12. Nennen und beschreiben Sie mögliche Maßnahmen im Rahmen des Beziehungsmarketing.
13. Welche Bedeutung hat die Kundenzufriedenheit als Marketingziel?
14. Was versteht man unter der Critical Incident Technique im Rahmen der Kundenzufriedenheitsforschung?
15. Der Vertriebs- und Marketingleiter der *Speedy GmbH* Herr Dirk Süßlich möchte die Folgekaufrate beim *Speedster Family* erhöhen. Wie die neuesten Zahlen aus der Marktforschung zeigen, kaufen nur 15 Prozent der *Speedster-Family-Käufer* ein weiteres Mal einen *Speedster Family*. Aus seiner Tätigkeit bei *DaimlerChrysler* weiß Süßlich, daß die Folgekaufrate bei *Mercedes* bei über 70 Prozent liegt. Süßlich ist sehr besorgt. Er befürchtet, daß die Kunden mit dem Produkt nicht zufrieden sind. Was sollte Süßlich veranlassen?

2 Theoretische Grundlagen der Marktforschung

Lernziele

Im zweiten Kapitel soll der Leser

- Lernen, was Marktforschung ist
- Die Bedeutung von Marktforschung kennenlernen
- Den Unterschied zwischen Primär- und Sekundärforschung lernen
- Verschiedene Datensammlungstechniken und insbesondere die Befragung kennenlernen
- Forschungsdesigns und dabei insbesondere die Querschnittsuntersuchung, das Panel und das Experiment kennenlernen.

Obwohl Marktforschung die Basis für Marketingentscheidungen ist, soll hier nur kurz auf einige wesentliche Aspekte in der Marktforschung eingegangen werden. Das Themengebiet der Marktforschung ist derart umfangreich, daß bei intensiver Beschäftigung der Fokus dieses Buches zu weit weg vom Marketing führen würde (siehe vielmehr *Kamenz* 1997, erschienen in dieser Reihe).

2.1 Begriff Marktforschung

Marktforschung (auch Marketing, Absatzforschung oder Marketing Research) stellt Instrumente bereit, die das Marketingmanagement bei der Lösung der verschiedenen aktuellen wie zukünftigen Entscheidungsprobleme unterstützen (zur Begriffsabgrenzung vgl. z.B. *Berekoven/Eckert/Ellenrieder* 1996, S. 30 oder *Meffert* 1992, S. 15). Die Marktforschung bezieht sich auf:

Aufgaben der Marktforschung

- die Analyse der Marketingaktivitäten hinsichtlich interner und externer Wirkungen der Preis-, Produkt-, Kommunikations- und Distributionspolitik,
- die Analyse des Absatzmarktes hinsichtlich Marktpotential, Absatzpotential, Marktvolumen,
- die Analyse des Beschaffungsmarkts (Arbeitsmarkt, Kapitalmarkt, Rohstoffmarkt) (vgl. *Meffert* 1992, S. 15).

2.2 Informationsgewinnung in der Marktforschung durch Primär- und Sekundärforschung

Grundlage jeglicher Marktforschung sind Informationen über den Markt. Diese können über Sekundär- oder Primäranalysen gewonnen werden. Bei *Sekundäranalysen* wird auf bereits vorhandenes Datenmaterial zurückgegriffen, das für einen anderen Zweck erhoben wurde. *Primäranalysen* werden eigens für die interessierende Problemstellung durchgeführt. Der Vorteil von Sekundärstudien liegt in der Einsparung von Mitteln durch die Verwendung bereits existierender Daten. Der Nachteil liegt in der ggf. vorhandenen geringeren Aktualität und in der Problematik der Beschaffung der passenden Daten. Hier müssen häufig Indikatoren (im Sinne von Stellvertretergrößen) für die eigentlich gewünschten Variablen gesucht werden. Darüber hinaus muß die Stichprobe der Sekundäruntersuchung mit der interessierenden Zielgruppe übereinstimmen (vgl. *Schnell/Hill/Esser* 1995, S. 241, *Hüttner* 1997, S. 194). Zudem wird die Herkunft des Datenmaterials nicht immer hinreichend exakt angegeben, so daß ein vorsichtiger Umgang mit Sekundärdaten anzuraten ist (vgl. auch *Aaker/Kumar/Day* 1998, S. 106).

Sekundärforschung

Mögliche *Datenquellen* für Sekundäranalysen sind (vgl. *Schnell/Hill/Esser* 1995, S. 241f., *Berekoven/Eckert/Ellenrieder* 1996, S. 39ff.):

Datenquellen

- interne Quellen, z.B. Absatzstatistik, frühere Primärerhebungen
- amtliche Statistik (Statistisches Bundesamt, statistische Landesämter, kommunale statistische Ämter)
- Internationale Organisationen (EU, UN, OECD, ...)
- staatliche oder halbstaatliche Einrichtungen (Bundesversicherungsanstalt, Krankenkassen, Ministerien, IHK, Handwerkskammer, Kraftfahrtbundesamt, ...)
- Verbände und Berufsorganisationen (Deutscher Direktmarketing Verband, Bundesverband des Deutschen Versandhandels, Ring Deutscher Makler, Zentralausschuß der Werbewirtschaft, Ärztekammer, Architektenkammer, Verband der privaten Bausparkassen, ...)
- wirtschaftswissenschaftliche Institute, Hochschulen
- sozialwissenschaftliche Datenarchive, z.B. das Zentralarchiv für empirische Sozialforschung an der Universität zu Köln
- Firmenveröffentlichungen (Geschäftsberichte, Prospekte, ...)
- kommerzielle Institutionen (Banken, Warenhauskonzerne, Versicherungen, ...)
- Informationen von Adreßverlagen, Beratungsunternehmen
- Online-Dienste über Broker oder direkt über Internet, wie z.B. Ifo-Institut, statistische Ämter, Börsen)
- Werbeträger, hier vor allem die großen Verlage mit ihren umfangreichen Publikationen (*MADIS* und *Typologie der Wünsche*

von *Burda*, *SIAM* von *Bauer*, *MARIA* von *Gruner & Jahr*, *Soll und Haben* von *Spiegel*, *MarkenProfile* der Zeitschrift *Stern*, *FAME* der *Verlagsgruppe Milchstraße*, *LAE* (Leseranalyse Entscheidungsträger) der *Verlagsgruppe Handelsblatt*, etc.)
- Veröffentlichungen in Form von Büchern, Fachzeitschriften, Seminaren, Podiumsdiskussionen und Kongressen.

Greift man auf bereits erstellte Studien zurück, die von Marktforschungsinstituten für einen anderen Auftraggeber oder ohne konkreten Auftrag erstellt wurden, handelt es sich ebenfalls um eine Sekundärstudie, da keinerlei Einflußnahme auf die Erhebung mehr möglich ist. Im Falle der Auftragsforschung ist eine Weitergabe selbstverständlich nur mit Einverständnis (und ggf. gegen Kostenverrechnung) des ursprünglichen Auftraggebers möglich. Der Vorteil dieser Studien besteht darin, daß die Daten sofort zur Verfügung stehen. Eine Sonderstellung nimmt die sogenannte *Omnibusbefragung* ein (Lateinisch omnibus=für alle). Hier werden Fragen zu verschiedenen Themen gestellt. Dies findet häufig Verwendung in Marktforschungsinstituten, die kleine Aufträge von mehreren Unternehmen zusammenfassen oder ohne speziellen Auftrag vorgehen, um die Ergebnisse später weiterzugeben. Zum Teil existieren auch fest installierte Omnibusbefragungen, die aus aktuellem Anlaß noch um weitere Fragen ergänzt werden können (vgl. *Berekoven/Eckert/Ellenrieder* 1996, S. 117f.). Je nach Einflußmöglichkeit der beteiligten Unternehmen handelt es sich eher um eine Primär- oder Sekundärstudie.

Omnibusbefragung

Der Vorteil der Omnibusbefragung ist die kostengünstige Durchführung der Studie, da das Institut Fixkosten verteilen kann. Außerdem ist das Interview für die Befragten meistens interessanter und weniger ermüdend. Allerdings muß das Institut die Übergänge zwischen den Themenkomplexen geschickt gestalten und darauf achten, daß die Beantwortung der Themen sich nicht wechselseitig beeinflußt (vgl. *Berekoven/Eckert/Ellenrieder* 1996, S. 117f.).

Syndikatsstudie

Ähnlichkeit mit der Omnibusbefragung hat die *Syndikatsstudie*. Hier schließen sich mehrere Unternehmen zusammen und geben eine Studie in Auftrag. Zwar wird die Untersuchung mit allen Beteiligten abgestimmt, jedoch ist auch eine gewisse Kompromißbereitschaft erforderlich. In jedem Fall sind die auftraggebenden Unternehmen über die Erhebungstechniken informiert. Beispiel für eine Syndikatsstudie ist das FMDS von *Infratest* (Finanzmarktdaten-Service). Dort wird zehnmal im Jahr eine telefonische Befragung zu den Themen Bank, Versicherung und Bausparen durchgeführt. Verschiedene Finanzdienstleister beteiligen sich an dieser Befragung, indem sie einen jährlichen Beitrag zahlen und die Ergebnisse dafür regelmäßig erhalten. Vorteil ist, daß die Kosten zwischen den Beteiligten aufgeteilt werden. Da den Beteiligten alle Informationen geliefert werden, besteht allerdings die Gefahr – oder auch Chance –, daß auch der Wettbewerber sehr genaue Auskünfte über Präferenzen, Einstellungen oder Kundenstrukturen erhält, die man möglicherweise nicht gern preisgeben würde.

Primärforschung

Im Gegensatz zu Sekundärstudien kann bei Primärerhebungen der interessierende Sachverhalt vom Marktforscher selbst operationalisiert und erhoben werden. Primärstudien werden entweder selbst durchgeführt oder bei einem Marktforschungsinstitut in Auftrag gegeben. Einen Überblick über die Marktforschungsbranche liefert das BVM Handbuch der Marktforschungsunternehmen (vgl. *Bundesverband Deutscher Markt- und Sozialforscher* 1999). Der größte Nachteil der Primärstudie besteht in den hohen Kosten. So sind 100.000 DM für eine Studie mit 1.000 Probanden nichts Ungewöhnliches. Ferner muß eine gewisse Zeit für die Erhebung eingeplant werden. Von der Operationalisierung bis zur Auswertung und Präsentation vergehen oft mehrere Monate. Bei einer Primärerhebung geht man in folgenden Schritten vor (vgl. dagegen *Berekoven/Eckert/Ellenrieder* 1996, S. 31f. oder *Meffert* 1992, S. 179):

- Entwicklung der Problemstellung
- Operationalisierung der Begriffe
- Auswahl der Datensammlungstechniken
- Auswahl der Forschungsformen und Entscheidung für Auswahlverfahren
- Erhebung und Aufbereitung der Daten
- Auswertung der Daten
- Interpretation der Ergebnisse
- Darstellung der Befunde.

2.3 Datensammlungstechniken am Beispiel der Befragung

2.3.1 Überblick über Datensammlungstechniken

Beobachtung

Zu den Datensammlungstechniken gehören die Befragung, die Beobachtung und die Inhaltsanalyse. Unter einer *Beobachtung* versteht man die Erfassung von sinnlich wahrnehmbaren oder instrumentell meßbaren Sachverhalten im Augenblick ihres Auftretens. Einzelne Verhaltensweisen werden dabei als Indikatoren für das eigentlich interessierende Phänomen herangezogen. Gemessen wird die Häufigkeit und/oder die Intensität einer beobachteten Verhaltensweise. Beispiele für Beobachtungen sind Blickverlaufsanalysen beim Betrachten einer Werbeanzeige oder die Beobachtung der Gesichtsmimik bei Produkttests.

Inhaltsanalyse

Die *Inhaltsanalyse* dient dazu, anhand von Dokumenten Aussagen über die Ausprägungen vorab festgelegter Merkmale zu gewinnen (vgl. *Schnell/Hill/Esser* 1995, S. 372ff.). Die Medien, die analysiert werden können, sind dabei so vielfältig wie die Materialien, auf denen Menschen ihre Spuren hinterlassen: Zeitschriftenartikel, Werbeanzeigen, Plakate, Werbefilme, Bücher, Prospekte, Aktennotizen, Korrespondenz etc. Beispiele sind Beschwerdebriefe von Kunden, Mailings, Anzeigen oder Prospekte der Mitwettbewerber oder Medienresonanzanalysen im Rahmen der PR-Arbeit. Mit einer Medienresonanzanalyse untersucht ein Unternehmen, wie die Berichterstattung über das betreffende Unternehmen in den Medien erfolgt (*Fitzner* 1998 stellt dies anhand der Berichterstattung über den Stuttgarter Flughafen dar).

Befragung

Bei einer *Befragung* wird auf die verbalen Äußerungen eines Probanden abgestellt, wie etwa bei der Messung von Einstellungen, der Zufriedenheit oder des Bekanntheitsgrads. Da die Befragung die in der Marktforschung am häufigsten verwendete Technik ist, erfolgt hier eine Konzentration auf die Befragung.

Zwei wichtige Voraussetzungen müssen im Falle einer Befragung gegeben sein, nämlich die Auskunftswilligkeit und -fähigkeit des Befragten. Die Auskunftswilligkeit bezieht sich auf die Bereitschaft des Probanden, überhaupt zu antworten. Dies beeinflußt die Rücklaufquote. Die Auskunftswilligkeit umfaßt auch die ehrliche und unbeeinflußte Antwort des Probanden, was sich auf den Wert der Ergebnisse auswirkt. Die Auskunftsfähigkeit beinhaltet die Sprach- und Sachkompetenz. Sprachkompetenz ist die Fähigkeit des Probanden, Fragen und Begriffe zu verstehen sowie sich auszudrücken. Sachkompetenz entspricht der Fähigkeit, über das betreffende Thema angemessen urteilen zu können.

2.3.2 Befragungsformen

2.3.2.1 Gruppendiskussion

In einer Gruppe von meist sechs bis zehn Teilnehmern wird über ein vorgegebenes Thema unter Leitung eines Moderators diskutiert. Einsatzgebiet sind Produktkonzepttest, Werbetest, Verpackungstest, Namensfindung, Imagestudien oder auch die Erforschung heikler Themen. Häufig werden Gruppendiskussionen auch als Pilotstudie für nachfolgende Breitenstudien eingesetzt.

Standardisierungsgrad

Der *Standardisierungsgrad* ist im Vergleich zu den weiter hinten dargestellten Interviews gering. Die Standardisierung bezieht sich auf die Festlegung der Frageformulierung, die Reihenfolge der Fragen und die Vorgabe von Antwortmöglichkeiten. So gibt es bei Gruppendiskussionen meist einen Leitfaden für den Moderator.

Die Reihenfolge der Fragen und die Formulierung liegen jedoch nicht genau fest. Es werden viele offene Fragen ohne Antwortvorgaben verwendet.

Zum Zwecke der Dokumentation werden meist Videoaufzeichnungen gemacht. Auswertungsschwerpunkte sind eine Ablaufanalyse des Meinungsbildungsprozesses, die Ermittlung der Diskussionsschwerpunkte sowie eine Bewertung der Körpersprache. Generell ist die Auswertung erheblich schwieriger und zeitaufwendiger als beim standardisierten Interview, da die Diskussionsbeiträge erst klassifiziert und dann ausgezählt werden müssen. Dabei ergeben sich große Interpretationsspielräume (Problem der Objektivität) (vgl. *Berekoven/Eckert/Ellenrieder* 1996, S. 86).

Ein weiteres Problem entsteht dadurch, daß gruppendynamische Prozesse entstehen können. Diese können dazu führen, daß sich einzelne Probanden zu einem Thema gar nicht äußern, oder daß sie die Meinung von dominanten Gruppenmitgliedern oder die der Mehrheit annehmen (Bildung von Gruppennormen) (vgl. *Berekoven/Eckert/Ellenrieder* 1996, S. 95ff.).

Bei standardisierten Befragungen, die im folgenden dargestellt werden, liegen im Gegensatz zu den weniger standardisierten Gruppendiskussionen Formulierung, Reihenfolge und Antwortmöglichkeiten exakt fest. Voraussetzung ist, daß der Fragebogen hinsichtlich Verständlichkeit, Antwortverhalten etc. getestet ist. Ziel der Standardisierung ist eine möglichst hohe Vergleichbarkeit der Befragungsergebnisse (vgl. *Berekoven/Eckert/Ellenrieder* 1996, S. 94).

2.3.2.2 Persönliches Interview

Das standardisierte persönliche Interview gilt als eines der bedeutendsten Instrumente, wenn es auch möglicherweise bald von den Telefoninterviews überholt werden wird (siehe Abbildung 9).

Der Interviewer füllt im Beisein des Befragten einen Fragebogen aus. Auf diesem sind nicht nur die Fragen und die Einleitungen abgedruckt, sondern auch Anweisungen an den Interviewer, wie zum Beispiel Filterführung oder Feldverschlüsselung (vgl. *Berekoven/Eckert/Ellenrieder* 1996, S. 94).

PAPI und CAPI

Persönliche Interviews werden zur Zeit noch meistens mit Papier und Bleistift durchgeführt (PAPI = Paper and Pencil Interview, im Gegensatz zu CAPI = Computer Assisted Personal Interview) (vgl. *Müller/Kesselmann* 1996, S. 193). Ein Beispiel für die Benutzung der CAPI-Methode ist die Untersuchung des Deutschen Kundenbarometers. 1996 wurde die Befragung in den Neuen Bundesländern aufgrund der damals noch geringeren Telefondichte mit CAPI durchgeführt (vgl. *Meyer/Dornach* 1997, S. 174).

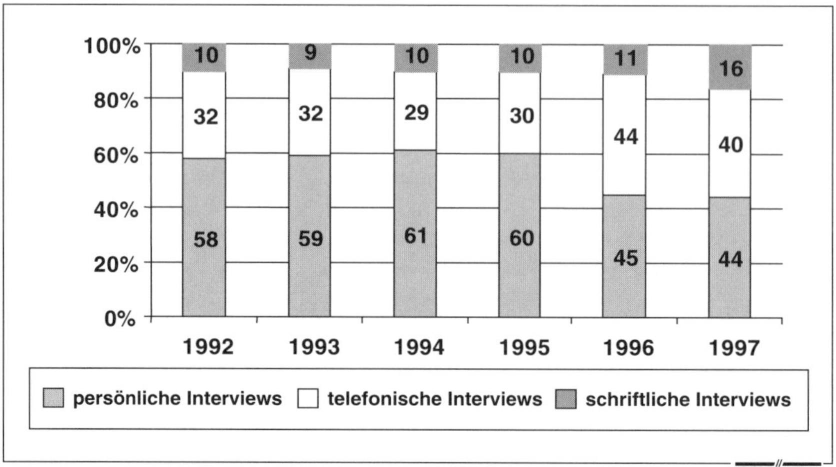

Abb. 9: Entwicklung der Anteile verschiedener Befragungsformen
Quelle: *ADM* zitiert in *Braunschweig* 1999, S. 32

Die Computerunterstützung hat den Vorteil, daß der Druck der Fragebögen entfällt, daß die Filterführung einfacher ist, daß offene Antworten lesbar sind und daß die Daten sofort ausgewertet werden können, so daß Zwischenergebnisse schnell zur Verfügung stehen (vgl. *Müller/Kesselmann* 1996, S. 193).

Trotzdem setzt sich der Einsatz von CAPI erst langsam durch. Zum einen ist die Ausstattung mit Laptops für die Interviewer teuer, die Schulung aufwendiger, insbesondere bei Interviewern, die nur ab und zu für das Marktforschungsinstitut arbeiten (vgl. *Müller/Kesselmann* 1996, S. 193). Zum anderen wird befürchtet, daß die Akzeptanz bei den Befragten möglicherweise nicht immer gegeben ist. Einer Untersuchung von *Müller und Kesselmann* zufolge gibt es allerdings keine Unterschiede zwischen PAPI- und CAPI-Probanden hinsichtlich der Einschätzung der Interviewatmosphäre (vgl. *Müller/Kesselmann* 1996, S. 195). Zudem wird von Schwierigkeiten berichtet, die Laptops nach einem Interviewereinsatz wieder zurückzuerhalten (vgl. *Berekoven/Eckert/Ellenrieder* 1996, S. 107).

Einsatzgebiete

Persönliche Interviews werden insbesondere bei komplexeren Fragestellungen eingesetzt, die der Befragte auf Anhieb oder ohne Hilfe des Interviewers nicht beantworten könnte. So hat die *LBS-Gruppe* 1994 eine Studie zur Finanzierung von Wohneigentum durchgeführt. Neben Fragen zur Beratungsqualität und Image der *LBS* wurde auch der Aufbau der eigenen Finanzierung erfragt, die zum Zeitpunkt des Interviews zum Teil schon ein Jahr zurücklag. Dies war in den meisten Fällen nur durch Zugriff auf Unterlagen und durch Mithilfe des Interviewers möglich.

Bei persönlichen Interviews kann der Proband länger beansprucht werden als bei einem telefonischen Interview, da der Besuch des Interviewers in der Regel angekündigt wurde und da ein persönliches Interview abwechslungsreicher und damit weniger anstrengend für den Befragten gestaltet werden kann. Während in einem Telefoninterview die Sprache das einzige Kommunikationsmedium ist, können beim persönlichen Interview dagegen Visualisierungstechniken, wie Abbildungen, Kärtchen mit Markennamen oder Listen mit Antwortvorgaben etc. eingesetzt werden. Eine Grenze für die zeitliche Belastbarkeit des Probanden ist erfahrungsgemäß bei 45 bis 60 Minuten zu ziehen.

Kosten

Die durchschnittlichen *Kosten* für persönliche Interviews sind in der Regel durch die zeitliche Beanspruchung des Interviewers (Terminvereinbarung, Anwesenheit und Fahrzeit), die Fahrtkosten sowie die höhere Vergütung der Interviewer durch die meist höheren Anforderungen an die Qualifikation höher als bei schriftlichen Befragungen oder bei Telefonbefragungen.

Interviewereffekt

Dadurch, daß eine Befragung ein sozialer Prozeß ist, bei dem zwei Rollenträger (der Forscher/Interviewer und der Proband) zu einem bestimmten Zeitpunkt und an einem bestimmten Ort zusammentreffen, wirken sowohl die Interaktion zwischen Interviewer und Befragtem einerseits und das Befragungsumfeld andererseits auf die Ergebnisse ein (vgl. *Berekoven/Eckert/Ellenrieder* 1996, S. 104ff.). Der Interviewer selbst beeinflußt über folgende Faktoren die Befragungsergebnisse (sogenannter *Interviewereffekt*):

- persönliche Merkmale wie Alter, Geschlecht, ethnische Gruppe
- äußeres Erscheinungsbild wie Frisur, Kleidung
- Sprachstil
- Verhalten des Interviewers wie Ruhe oder Unruhe beim Sitzen, Anschauen des Befragten, Reaktion auf die Antworten (Blickkontakt, Bestätigung, Kopfnicken)
- eigene Einstellungen und Erwartungen des Interviewers durch selektive Wahrnehmung der Antworten, beim Tonfall der Fragestellung, bei der Unterstellung einheitlicher und konsistenter Einstellungs- und Antwortstrukturen
- Ansehen des Instituts.

Um den Interviewereffekt zu minimieren, müssen die Interviewer gezielt ausgewählt werden und in Richtung auf das gewünschte Interviewerverhalten geschult werden. Mindestvoraussetzung ist eine eindeutige und ausführliche schriftliche Intervieweranweisung.

Letztlich haben auch Zeit und Ort einen Einfluß auf die Befragungsergebnisse. Im Betrieb werden vielleicht andere Antworten über das Verhalten von Vorgesetzten gegeben als zu Hause. Morgens wird eventuell über die Wirkung von Deodorants anders geurteilt als abends. In der Rush Hour fällt die Antwort über die Vorzüge des öffentlichen Nahverkehrs möglicherweise anders aus als am Wochenende. Störungen durch andere Personen wie Familienmitglieder, Kollegen oder Vorgesetzte, Lärm, Zeitmangel, etc. sind ebenfalls Bestandteile der Interviewsituation.

2.3.2.3 Telefonbefragung

Einsatzgebiete

Bei der Telefonbefragung wird der Kontakt zum Probanden telefonisch hergestellt. Ebenso wie beim persönlichen Gespräch sind Rückfragen bei ggf. auftretenden Verständnisproblemen möglich.

Probleme bei der Telefonbefragung ergeben sich durch die schwierige Erreichbarkeit mancher Personengruppen (Berufstätige, Schichtarbeiter, sehr aktive Personen), durch den zunehmenden Einsatz von Anrufbeantwortern, die den Interviewer nicht »durchlassen« und die zunehmende Anzahl von Personen, die keinen Eintrag im Telefonbuch und folglich auch nicht bei der Auskunft wünschen. Beschränkungen bei Telefoninterviews ergeben sich neben der begrenzten Länge, die ca. 20 Minuten nicht überschreiten sollte, auch durch das einzig einsetzbare Kommunikationselement, die Stimme.

Kosten

Die häufig zitierten hohen *Kosten* bei Ferngesprächen (vgl. *Berekoven/Eckert/Ellenrieder* 1996, S. 108) sprechen jedoch nicht mehr gegen den Einsatz von Telefonbefragungen. Seit der Liberalisierung des Telekommunikationsmarktes betragen die Telefonkosten selbst bei einem Interview von maximal zumutbaren 20 Minuten Länge je nach Telekommunikationsanbieter, Uhrzeit, Entfernung und gewählter Tarifart weit weniger als 5 DM.

Auch das Problem der fehlenden Repräsentanz durch die soziale Schieflage bei der Versorgung mit Telefonanschlüssen besteht schon seit vielen Jahren nicht mehr. Die Ausstattung privater Haushalte mit Telefonen ist im früheren Bundesgebiet flächendeckend (nahe 100 Prozent). Auch in den Neuen Ländern liegt die Ausstattungsquote bei über 95 Prozent (vgl. *Statistisches Bundesamt* 1998, S. 544f.).

CATI

Telefoninterviews werden von großen Marktforschungsinstituten schon seit einigen Jahren nur noch mit *CATI* (= Computer Assisted Telephone Interview) durchgeführt (vgl. *Berekoven/Eckert/Ellenrieder* 1996, S. 109f. sowie *Müller/Kesselmann* 1996, S. 193). Hard- und Software sind zwar eine erhebliche Investition (ca. 1.300 DM pro Arbeitsplatz laut *Müller/Kesselmann* 1996, S. 193), in größeren Instituten überwiegen jedoch die Vorteile. Dabei wird die Verbindung zum Probanden mit einem an einen Computer angeschlossenen Wählmodem hergestellt. Die inzwischen auf Datenträgern vorhandenen Telefonnummern aller im Telefonbuch verzeichneten Telefonanschlußbesitzer können über einen EDV-Abgleich eingespielt werden. Dann werden die Fragen des Fragebogens vom Bildschirm abgelesen und die Antworten gleich in den Computer eingegeben. Die Interviewer benutzen keinen Telefonhörer sondern eine Hörsprechgarnitur, um eine schnelle Dateneingabe zu gewährleisten. Eine Zwischenauswertung ist jederzeit möglich, so daß z.B. bei häufig auftretenden Verständnisproblemen gleich eingegriffen werden kann.

2.3.2.4 Schriftliche Befragung

Einsatzgebiete

Die Kommunikation zwischen Befragtem und Forscher ist bei einer schriftlichen Befragung (vgl. ausführlich *Berekoven/Eckert/Ellenrieder* 1996, S. 112ff. oder *Hüttner* 1997, S. 70ff.) auf den schriftlich vorliegenden Fragebogen beschränkt. Daher muß er sorgfältig gestaltet werden (eindeutige Filterführung, konkrete Antwortvorgaben, gute Lesbarkeit, Verständlichkeit, an die Zielgruppe angepaßtes Layout).

Zwar entfällt bei schriftlichen Befragungen der Interviewereffekt, allerdings sind auch keine Verständnis- bzw. Nachfragen möglich. Ein schriftlicher Fragebogen sollte daher nur eingesetzt werden, wenn die Verständlichkeit hinreichend getestet wurde. Die Erhebungssituation (außer bei Gruppenbefragungen unter Aufsicht) läßt sich nicht kontrollieren, so daß die Fragebögen eventuell gar nicht von den Zielpersonen ausgefüllt werden. Ferner kann eine eventuell erforderlich werdende Änderung des Fragebogens nicht mehr erfolgen, sobald die Fragebögen verschickt wurden. Dies unterstreicht, daß der Einsatz von schriftlichen Fragebögen auf standardisierte Situationen beschränkt bleiben sollte, für die bereits Erfahrungen vorliegen.

Rücklaufquote

Die *Rücklaufquoten* liegen je nach Thema, Zielgruppe und Aktivierungstechnik zwischen 10 und 50 Prozent. Der Rücklauf ist erfahrungsgemäß höher bei Personen mittleren Alters, bei Personen mit höherer Schulbildung und mit eher »schreiborientierten« Berufen. Abhängig ist der Rücklauf auch vom Involvement der Befragten. So antworten Gourmets eher als Schnellimbißbesucher auf Fragen zur Essensqualität in Restaurants, Kunden eher als Nichtkunden und Jugendliche eher bei Musik- als bei Gesundheitsthemen.

Gravierende Probleme ergeben sich dann, wenn der Rücklauf kein repräsentatives Abbild der Fragebogenempfänger ist, wenn also der Rücklauf verzerrt ist. Solch ein systematischer Fehler gefährdet die Repräsentanz der Untersuchung in größerem Maße als eine zu geringe Stichprobe. Der Rücklauf kann durch folgende Techniken gesteigert werden:

- Prüfung der Richtigkeit von Namen und Adresse (bei Unternehmensbefragungen sollte sichergestellt werden, daß der richtige Ansprechpartner den Fragebogen erhält)
- Versprechen der vertraulichen Behandlung der Daten
- ggf. mehrmalige Nachfaßaktionen
- Personalisiertes Anschreiben, vor allem bei Befragungen im Unternehmen
- Versprechen, die aggregierten Ergebnisse an den Befragten weiterzugeben, vor allem bei Befragungen in Unternehmen
- Ausdruck des Dankes an die Antwortenden (»Danke«, Teilnahmemöglichkeit an einem Gewinnspiel, Geschenk, Bezahlung)
- adressierter Rückumschlag mit Aufdruck »Antwort« oder Frankierung.

Auch die Formulierung und Gestaltung des Anschreibens hat einen großen Einfluß auf das Antwortverhalten. So sollte ein Anschreiben folgende Elemente enthalten:

- Warum wurde gerade dieser Empfänger ausgesucht (alle in Zielgruppe, Zufallsauswahl aus Zielgruppe, besondere Kompetenz ...)?
- Woher stammt Adresse (Kundendatei, alle Unternehmen der XY-Branche, Zufallsauswahl aus Telefonbuch ...)?
- Was ist das Ziel der Untersuchung (wissenschaftliches Interesse wie z.B. Diplomarbeit, Verbesserung des Produktangebots für Kunden, Analyse des Marktpotentials für ein neues Produkt ...)?
- Wie viel Zeit nimmt das Ausfüllen des Fragebogens in Anspruch?
- Gibt es eine Gegenleistung für das Ausfüllen (Geschenk, Teilnahme an Gewinnspiel, Ergebnisse ...)
- Wer ist der Auftraggeber der Untersuchung (Hochschule, Unternehmen, Marktforschungsinstitut ...)?
- Was passiert mit den Daten (anonyme oder nicht anonyme Verwendung, Speicherung, Weitergabe ...)?
- An wen und wie (Fax, E-Mail, Brief ggf. im Rückkuvert ...) soll der Fragebogen zurückgeschickt werden?
- An wen kann sich Empfänger wenden, wenn noch Fragen offen sind (Ansprechpartner mit Telefonnummer)?

Kosten

Die variablen *Kosten* für eine schriftliche Befragung durch Druckkosten, Portokosten und eventuell Rückporto liegen erheblich unter den Kosten für persönliche Interviews wie auch für Telefoninterviews. Dies gilt auch dann, wenn die Rücklaufquoten geringer sind als bei persönlichen oder telefonischen Interviews.

CSAQ

Eine Besonderheit stellen *CSAQ-Befragungen* (CSAQ = Computerized Self Administered Questionnaire) dar. Diese bauen auf die Mitarbeit der Probanden. Sie werden vom Interviewer in die Bedienung des Computers eingewiesen und geben die Antworten selbst in den Computer ein (vgl. *Müller/Kesselmann* 1996, S. 192). Bei einer Befragung durch Versand einer Diskette oder über DV-Netze (z.B. Internet) entfällt sogar die Einweisung durch den Interviewer. Prognosen zufolge werden in fünf Jahren 30 Prozent aller Befragungen über das Internet abgewickelt. Problematisch ist zur Zeit das Ziehen repräsentativer Stichproben und die Programmierung eines netzfähigen Fragebogens (vgl. *Braunschweig* 1999, S. 33).

2.3.3 Techniken der Fragebogengestaltung

2.3.3.1 Offene und geschlossene Fragen

Offene Fragen

Bei *offenen Fragen* gibt es keine festen Antwortkategorien. Der Interviewer notiert die Antwort wörtlich. Bei der Auswertung erfolgt eine Zuordnung zu Kategorien. Dieser Aufwand ist beträchtlich, und es kann zu subjektiven Verzerrungen bei der Auswertung kommen (Problem der Objektivität). Daher sollte man insbesondere bei größeren Stichproben offene Fragen auf ein Mindestmaß beschränken. Sinnvoll ist es in vielen Fällen, die Kategorie »Sonstiges und zwar ...« vorzugeben. Eine weitere Mischform ergibt sich dadurch, daß die Frage zwar offen gestellt wird, der Interviewer die Antwort aber gleich zu vorgegebenen Kategorien zuordnet. Er kann im Zweifel beim Probanden noch einmal nachfragen. Dies erfordert aber einen routinierten Interviewer.

Geschlossene Fragen

Bei *geschlossenen Fragen* sind die Antwortkategorien festgelegt. Mögliche Fragen sind solche mit den Antwortvorgaben »ja/nein«, einfache Alternativfragen oder Ankreuzen bei Skalafragen. Bei Dialogfragen ist einer Aussage von Personen (oft in Comicform mit Sprechblase) zuzustimmen. Nicht vergessen werden sollten die Antwortvorgaben »Weiß nicht« und »Trifft nicht zu«. Wichtig ist es, vorher zu überprüfen, ob alle möglichen Anworten in den vorgegebenen Kategorien enthalten und ob die Antworten überschneidungsfrei sind, wenn Mehrfachantworten ausgeschlossen werden sollen. Hier werden in der Praxis viele Fehler gemacht.

2.3.3.2 Filterfragen

Mit einem Filter werden für einige Personengruppen Fragen ausgeklammert, für die bestimmte Voraussetzungen nicht zutreffen (vgl. *Berekoven/Eckert/Ellenrieder* 1996, S. 99). Zum Beispiel werden Fragen zum Thema Rauchen nur an Raucher gestellt oder zum Thema Flugreisen nur an Personen, die schon einmal mit dem Flugzeug unterwegs waren. Der Filter muß gut zu erkennen sein – bei einer persönlichen Befragung für den Interviewer, bei einer schriftlichen Befragung für den Befragten.

2.3.4 Techniken zur Erhöhung der Auskunftsfähigkeit und -bereitschaft

2.3.4.1 Einfachheit, Eindeutigkeit und Neutralität

Einfachheit

Das Postulat der *Einfachheit* impliziert die Orientierung am Informationsstand des Befragten. Das heißt, Begriffe sind zu erläutern, die dem Befragten unbekannt vorkommen könnten und Gedächtnishilfen sind anzubieten, um das Untersuchungsergebnis nicht durch mangelnde Erinnerungsfähigkeit zu verfälschen. So können z.B. in einer Befragung von Ärzten zum Qualitätsstandard unseres Gesundheitswesens durchaus medizinische Fachbegriffe verwendet werden. In einer Befragung von Patienten sollte dies nicht der Fall sein. Die Verwendung unbekannter Begriffe, z.B. Fremdwörter, Abkürzungen oder Eigennamen, kann dazu führen, daß der Befragte trotzdem irgend etwas antwortet, um nicht »dumm dazustehen«.

Eindeutigkeit

Begriffe, die dem Befragten zwar bekannt sind, aber für ihn eine andere Bedeutung haben könnten, sollten ebenfalls vermieden werden (Postulat der *Eindeutigkeit*).

Neutralität

Fragen dürfen ferner nicht so formuliert werden, daß der Befragte allein aufgrund der Formulierung zu einer bestimmten Antwort tendiert (Postulat der *Neutralität*) (zu den Postulaten vgl. *Berekoven/Eckert/Ellenrieder* 1996, S. 101).

Solche Tendenzformulierungen können entstehen durch:

- unterschiedliche Formulierungslänge der Alternativen
- Verwendung von wertenden Wörtern
- Ungleichheit der positiven und negativen Antwortalternativen
- bestimmte Betonung in einem mündlichen Interview.

Dazu zählen auch die *Suggestivfragen*, die meist mit »Sie sind doch auch der Meinung, daß ....?« beginnen. Suggestivfragen sollen dem Abbau von Antworthemmungen dienen, sind aber nicht unbedenklich, da die Grenze zur Manipulation von Antworten oft überschritten wird.

2.3.4.2 Zielgruppenorientierung

Neben der Forderung nach Neutralität, Einfachheit und Eindeutigkeit der Frage ist die *Zielgruppenorientierung* die wichtigste Technik zur Erhöhung der Fähigkeit und Willigkeit des Probanden, bei einer Befragung mitzumachen. Ebenso wie beim Verkauf eines Produkts oder Angebot einer Dienstleistung gilt es hier, sich auf die Zielgruppe der Probanden einzustellen, indem ihre Ausdrucksfähigkeit, ihr Umfeld, ihre zeitliche Disposition etc. berücksichtigt werden.

Ziel des Marktforschers ist es, einen vollständig und richtig ausgefüllten Fragebogen zu erhalten. Der Befragte muß dafür Zeit opfern und erhält in der Regel keine Gegenleistung. Der Marktforscher muß daher Marketing für seinen Fragebogen machen im Sinne einer konsequenten Ausrichtung an den Bedürfnissen der Abnehmer.

Orientierung an den sprachlichen Ausdrucksfähigkeiten heißt, daß das sprachliche Niveau der Befragten berücksichtigt werden soll (vgl. *Berekoven/Eckert/Ellenrieder* 1996, S. 103). Satzbau und Wortwahl in einer Befragung von Kunden eines Schnellrestaurants sollten einfacher gestaltet sein als bei einer Umfrage unter Führungskräften nach den in ihrem Unternehmen durchgeführten Maßnahmen zur Erhöhung der Kundenzufriedenheit. Das heißt, Interviewer und Befragter sollten dieselbe Sprache sprechen. Dieses Problem gehört zu den zentralen Schwierigkeiten bei der Konstruktion von Fragebögen. Besondere Relevanz erhält dieses Thema in der internationalen Marktforschung (vgl. *Simmet-Blomberg* 1998).

2.3.4.3 Eisbrecher- und Trichterfragen

Eisbrecherfragen

Eisbrecherfragen werden auch Einleitungsfragen genannt. Diese werden dem Befragten zur Auflockerung und Entspannung gestellt und sind für den Forscher uninteressant. Eine ähnliche Funktion haben Überleitungsfragen, die insbesondere bei Omnibusbefragungen zum Einsatz kommen.

Trichterfragen

Bei *Trichterfragen* geht man von allgemeinen zu speziellen Fragen über. Trichterfragen kommen bei psychologischen Hemmungen bezogen auf einen Fragenkomplex zum Einsatz. Möchte man beispielsweise Fragen zum Alkoholkonsum stellen, ist der Befragte möglicherweise nicht bereit zuzugeben, daß er viel Alkohol trinkt. Beginnt man aber mit Fragen zum Getränkekonsum allgemein, taut der Befragte langsam auf und gewinnt Vertrauen, so daß er die Fragen schließlich ehrlich beantwortet.

2.3.4.4 Indirekte Frage

Während direkte Fragen unmittelbar auf den interessierenden Sachverhalt schließen lassen, stimmt bei indirekten Fragen der für den Probanden erkennbare Frageinhalt nicht mit dem Untersuchungszweck überein. Sie werden gestellt, wenn beim Probanden mit fehlender Auskunftswilligkeit oder -fähigkeit gerechnet werden muß. Eingesetzt werden sie bei Tabuthemen, bei heiklen Fragen oder wenn soziale Erwünschtheit bestimmter Antworten angenommen werden muß. Dann werden Indikatoren gesucht, die mit dem Untersuchungszweck übereinstimmen. Die Wahl dieser Indikatoren ist eine schwierige Aufgabe und berührt insbesondere die Frage der Validität. Besteht zum Beispiel die Vermutung, daß Kunden ihre Erwartungen an die Servicequalität eines Hotels nicht äußern wollen, weil sie als zu anspruchsvoll gelten würden, kann etwa gefragt werden: »Was glauben Sie, welche der folgenden Serviceleistungen (andere) Gäste besonders schätzen?« Die Frage, ob Germanistikstudenten Goethes Faust gelesen haben, könnte so formuliert werden, daß gefragt wird, ob sie beabsichtigen, dieses Buch in nächster Zeit zu lesen. Befragte, die das Buch noch nicht gelesen haben (obwohl es sich für einen Germanistikstudenten »gehört«), können angeben, daß sie es in nächster Zeit tun werden (vgl. *Berekoven/Eckert/Ellenrieder* 1996, S. 103).

2.3.4.5 Vorgabe von breiten Antwortklassen

Bei einer Vorgabe von breiten Antwortklassen sind viele Probanden eher bereit, eine Antwort zu geben, weil sie sich nicht bis ins Detail offenbaren müssen. Dies ist zu berücksichtigen, wenn z.B. nach dem Einkommen gefragt wird. In Deutschland geht man mit dieser Information noch sehr vorsichtig um. Daher bietet es sich an, hier sehr große Klassen zu bilden. Allerdings sollten sie nicht so groß gewählt werden, daß der Untersuchungszweck nicht mehr verfolgt werden kann. Gleiches gilt z.B. bei der Frage nach dem Körpergewicht oder zuweilen auch beim Alter.

2.3.4.6 Verharmlosung, Überrumpelung und Mitläuferbrücken

Verharmlosung

Durch *Verharmlosung* wird negativ sanktioniertes Verhalten entschärft. Ein Beispiel zum Thema Ladendiebstahl bei Jugendlichen soll diese Technik verdeutlichen: »Wie oft haben Sie schon einmal eine CD aus dem Kaufhaus mit nach Hause genommen?« Durch die Frage nach der Häufigkeit statt nach der Tatsache des Diebstahls erscheint das kriminelle Vergehen als harmlos.

Überrumpelung

Bei der *Überrumpelungstechnik* wird dem Probanden keine Zeit und Gelegenheit gegeben, die »Gefahr«, die in der Frage liegt, zu erkennen. Um beim obigen Beispiel zu bleiben, würde die Frage dann lauten: »Wann ist es Ihnen das letzte Mal gelungen, eine CD aus dem Kaufhaus mit nach Hause zu nehmen?«

Mitläuferbrücken schlagen eine Brücke vom normalen Verhalten der Mehrheit zum negativ sanktionierten Verhalten, das erforscht werden soll. Das negativ sanktionierte Verhalten wird als normal dargestellt. Hier würde die Frag so lauten: »Es ist ja bekannt, daß die meisten Jugendlichen ab und zu einmal eine CD aus dem Kaufhaus mitnehmen. Haben Sie auch schon einmal ....?«

Mitläuferbrücken

Diese Techniken zum Abbau von Antworthemmungen sind bedenklich, da die Antworten durch die Frage beeinflußt werden können, indem die Befragten aus Imponiergehabe oder Mitläufertum angeben, gestohlen zu haben, obwohl dies überhaupt nicht der Fall ist.

2.3.5 Häufige Fehler bei der Fragestellung

Zum Schluß sollen noch einige häufige Fehler bei der Erstellung eines Fragebogens aufgelistet werden. Diese Aufzählung kann als Checkliste bei der Erstellung eines Fragebogens dienen:

- zu allgemeine Frageformulierungen
- extreme Formulierungen
- mehrdeutige, unklare Formulierungen
- unklarer Antwortbezug: Ort, Zeit und Zusammenhang für Befragte unklar
- Fremdwörter, Dialektausdrücke, Wörter mit Doppelbedeutung (Homographen)
- mehrere Gedanken pro Aussage, Item oder Frage
- Negationen
- zu lange Formulierungen, Aussagen
- Bezug zu aktuellen Ereignissen
- suggestive oder stereotype Formulierungen
- bei unvertrauten Sachverhalten keine Erläuterungen oder Beispiele
- inkonsistente Anwortvorgaben
- Vergessen von »trifft nicht zu« oder »weiß nicht« bei Antwortvorgaben
- Fragen ohne Bezug zum Thema oder ohne Verwendungsbezug (wenn nicht Eisbrecherfrage oder Überleitungsfrage bei Omnibusbefragungen).

2.4 Forschungsdesigns

Die im folgenden beschriebenen Forschungsdesigns dürfen nicht mit den bereits dargestellten Datensammlungstechniken verwechselt werden, wie dies leider auch in einigen Lehrbüchern vor allem bei der Einordnung des Experiments immer wieder geschieht. Vielmehr stellen die Forschungsdesigns empirische Vorgehensweisen dar, in deren Verlauf die unterschiedlichen Datensammlungstechniken eingesetzt werden können.

Je nach Unterscheidungskriterium können Forschungsdesigns gemäß Abbildung 10 klassifiziert werden.

Unterscheidungskriterium	**Forschungsdesign**
Natürlichkeit des Umfeldes	Feldstudie/Laborstudie
Anzahl Fälle	Fallstudie/Breitenstudie
Wiederholung mit gleichen Variablen Wiederholung mit gleichen Variablen und gleichen Erhebungsobjekten Wiederholung mit gleichen Variablen und »geburtsgleichen« Erhebungsobjekten	Längsschnitt-, oder Trenduntersuchung Paneluntersuchung Kohortenanalyse
Manipulation der unabhängigen Variablen	Experiment

Abb. 10: Klassifizierung von Forschungsdesigns SCHÄFFER POESCHEL

Hier soll auf die Querschnittsuntersuchung, das Panel und das Experiment näher eingegangen werden, da sie die am häufigsten verwendeten Forschungsdesigns in der Marktforschung darstellen.

2.4.1 Querschnittsuntersuchung

D

Bei Querschnittsuntersuchungen werden mehrere Untersuchungsobjekte zu einem Zeitpunkt untersucht, während im Rahmen einer Fallstudie Daten einer einzigen Untersuchungseinheit gesammelt und ausgewertet werden. Der untersuchte Fall kann eine Person, ein Unternehmen, eine Abteilung etc. sein.

Repräsentationsschluß

Querschnittsuntersuchungen sind in der Marktforschung am häufigsten vertreten. Der Informationsgehalt ist meistens geringer als bei Fallstudien, dafür ist ein Repräsentationsschluß unter gewissen Umständen möglich. Dieser ist zulässig, wenn die Untersuchungsobjekte zufällig ausgewählt wurden und wenn es keinen systematischen Fehler durch Antwortverweigerungen gibt. Verschiedene Auswahltechniken sind in der folgenden Abbildung 11 dargestellt.

Auswahltechnik	Vorgehen	Beispiel
zufällige Auswahl		
Einfache Zufallsauswahl	jedes x-te Element der Grundgesamtheit wird ausgewählt	Jeder 10. Kunde aus der Kundenkartei wird befragt
Geschichtete Zufallsauswahl mit proportionaler Schichtung	bei bekannter Verteilung von Merkmalen (z.B. Altersklasse und Geschlecht) in der Grundgesamtheit wird in jeder Untergruppe jedes x-te Element ausgewählt	in der Grundgesamtheit gibt es 1.000 Frauen unter 35 Jahre, 500 über 35 Jahre, 200 Männer unter 35 Jahre und 800 Männer über 35 Jahren; in jeder der vier Untergruppen wird jede 5. Person ausgewählt
Geschichtete Zufallsauswahl mit disproportionaler Schichtung	bei bekannter Verteilung von Merkmalen (z.B. Altersklasse und Geschlecht) in der Grundgesamtheit wird in jeder Untergruppe jedes x-te Element ausgewählt, allerdings wird in jeder Gruppe ein anderer Anteil gezogen	in obigem Beispiel wird in der Gruppe der jungen Männer jeder zweite ausgewählt, in der Gruppe der älteren Männer jedoch nur jeder achte
Klumpenauswahl	bei gleicher Verteilung der Merkmale auf mehrere Klumpen in der Grundgesamtheit wird ein Klumpen zufällig ausgewählt	Bei einer Befragung spanischer Studenten wird eine spanische Universität per Zufallsprinzip ausgewählt. Von dieser Universität werden alle Studenten befragt
Bewußte (auch nicht-zufällige) Auswahl		
Quotaverfahren	Die Stichprobenelemente werden nach einem Quotenplan für die Randsummenverteilungen bestimmter Merkmale festgelegt	Der Quotenplan lautet: Wähle 20 Männer, 25 Frauen, 30 Personen unter 35 Jahren und 50 Personen über 35 Jahren aus
Konzentrationsprinzip	Es werden die Stichprobenelemente ausgewählt, die konzentriert auftreten	Bei einer Befragung junger Mütter in Ghana wird die Befragung nur in der Hauptstadt Akkra durchgeführt
Typische Auswahl	Es werden typische (charakteristische) Elemente ausgewählt	Bei einer Befragung in Deutschland werden nur Bayern befragt

Abb. 11: Auswahlverfahren
Quelle: *Berekoven/Eckert/Ellenrieder* 1996, S. 49ff.

Das Auswahlverfahren hat bei Querschnittsuntersuchungen eine große Bedeutung, da nur bei den Techniken der zufälligen Auswahl auch auf die Grundgesamtheit geschlossen werden kann. Nur wenn jeder Fall aus der Grundgesamtheit eine berechenbare Wahrscheinlichkeit hat, in die Stichprobe zu gelangen, kann der *Repräsentationsschluß* gezogen werden. Allerdings wird häufig der Begriff der *Repräsentativität* falsch verwendet. So wird oft nur eine genügend große *Stichprobe* gefordert, um Repräsentativität zu erreichen (2.500 gilt für Deutschland als magischer Wert). Dies hat jedoch nur etwas mit der Genauigkeit der Ergebnisse zu tun.

Ein Beispiel soll dies verdeutlichen. Eine Bank mit 500.000 Kunden will eine repräsentative Befragung zur Kundenzufriedenheit durchführen. Dazu werden 2.000 Kunden per einfachem Zufallsprinzip aus der Kundendatei ausgewählt. Diese Kunden werden vom Bankpersonal während ihrer Arbeitszeit angerufen und nach verschiedenen Aspekten der Zufriedenheit befragt. Aus Pretests ist bekannt, daß ca. 80 Prozent der Kunden zufrieden sind und etwa 20 Prozent Kritik üben. Bei einer vorgegebenen *Irrtumswahrscheinlichkeit* von 95 Prozent berechnet sich die Fehlertoleranz nach der Formel (vgl. *Berekoven/Eckert/Ellenrieder* 1996, S. 66).

$$e = \frac{z \cdot \sqrt{p} \cdot \sqrt{q}}{\sqrt{n}}$$

z = Sicherheitsfaktor (entspricht 1,96 bei 5 Prozent Irrtumswahrscheinlichkeit)
p = Anteil zufriedener Kunden (hier 80 Prozent)
q = Anteil unzufriedener Kunden (hier 20 Prozent)
n = Stichprobe (hier 2.000)

wie folgt

$$e = \frac{1{,}96 \cdot \sqrt{80} \cdot \sqrt{20}}{\sqrt{2000}} = 1{,}8$$

Fehlertoleranz

Die *Fehlertoleranz* liegt also bei 1,8 Prozentpunkten. Die telefonische Befragung hat für die Stichprobe ergeben, daß 90 Prozent der Kunden zufrieden sind. Bei einer Irrtumswahrscheinlichkeit von 5 Prozent liegt der Wert für die Grundgesamtheit aller Kunden zwischen 88,2 und 91,8 Prozent. Falls es der Bank gelungen ist, alle zufällig ausgewählten Kunden aus der Kundenkartei auch tatsächlich zu erreichen, ist ein Repräsentationsschluß möglich. Konnte aber nur mit einem Teil der 2.000 ausgewählten Kunden ein Gespräch geführt werden, muß geprüft werden, ob der Grund für die »Ausfälle« eine systematische Verzerrung darstellt. So könnte in diesem Fall möglicherweise die Uhrzeit des Anrufs (während der Arbeitszeit der Bankmitarbeiter) ausschlaggebend dafür sein, daß Berufstätige nur selten erreicht wurden, die über die Bank möglicherweise anders denken als Personen, die nicht berufstätig sind. Neben der Verkleinerung der Stichprobe durch die Ausfälle und der damit größer werdenden Fehlertoleranz muß hier also mit einer systematischen Verzerrung gerechnet werden. Je größer die Ausfälle (bei einer schriftlichen Befragung je niedriger die Rücklaufquote), desto größer ist die Gefahr, daß eine Verzerrung der Ergebnisse vorliegt und der Repräsentationsschluß nicht gezogen werden kann.

2.4.2 Panelstudien

2.4.2.1 Panelbegriff

Bei einem Panel werden dieselben Versuchspersonen zu den gleichen Sachverhalten aber zu verschiedenen Untersuchungszeitpunkten untersucht.

Als Datensammlungstechniken können telefonische, schriftliche und persönliche Befragung sowie Beobachtung eingesetzt werden. Nicht verwechselt werden sollten Panels mit Befragungen, die in mehreren Wellen, aber mit jeweils unterschiedliche Personen durchgeführt werden wie z.B. FMDS von Infratest (vgl. *Berekoven/Eckert/Ellenrieder* 1996, S. 123).

Mit einem Panel können *interindividuelle* (im Zeitablauf zwischen Personengruppen) und *intraindividuelle* (im Zeitablauf bei ein- und derselben Person auftretende) Veränderungen festgemacht werden. Intraindividuelle Veränderungen werden interne Fluktuation oder auch turnover genannt. Interindividuelle Veränderungen heißen auch Nettoveränderungen (siehe Abbildung 12).

Während im Oktober noch 870 Personen ihrem Partner etwas schenken wollten, waren es im Dezember 900 Personen. Die zunehmende Nähe des Weihnachtsfestes hat womöglich die Einstel-

	Oktober	**Dezember**
werde eines kaufen	**870**	**900**
werde keines kaufen	**130**	**100**
Summe	**1000**	**1000**

Abb. 12: Beispieldaten »Kauf eines Weihnachtsgeschenks für den Partner« – Darstellung der Nettoveränderung

	Oktober	Dezember	
werde eines kaufen	870	→ 850	werde eines kaufen
		→ 20	werde keines kaufen
werde keines kaufen	130	→ 50	werde eines kaufen
		→ 80	werde keines kaufen
Summe Dezember	1000	→ 900	werde eines kaufen
		→ 100	werde keines kaufen

Abb. 13: Beispieldaten »Kauf eines Weihnachtsgeschenks für den Partner« – Darstellung der Wanderungsbewegung

lung geändert. Ob es aber genau die 30 Personen waren, die vorher nicht schenken wollten und nun doch, kann mit Hilfe dieser Tabelle nicht beantwortet werden. Es hätte auch sein können, daß 50 Personen im Oktober kein Geschenk kaufen wollten, im Dezember aber doch, und 20 Personen im Oktober ein Geschenk kaufen wollten, im Dezember aber nicht mehr.

Aussagen über Wanderungsbewegungen sind mit der internen Fluktuationstabelle möglich (siehe Abbildung 13) (vgl. *Schnell/Hill/Esser* 1995, S. 229ff.).

2.4.2.2 Panelformen

Man unterscheidet Panelformen nach dem Untersuchungsobjekt in *Verbraucherpanel*, in denen das Verhalten von Haushalten oder Individuen untersucht wird, und *Handelspanel*, in denen Einzel- und Großhandel die Untersuchungsobjekte sind (vgl. *Hüttner* 1997, S. 188, der verschiedene Panels beschreibt).

Verbraucherpanel

Beim *Verbraucherpanel* füllen die Panelteilnehmer einen Berichtsbogen mit Datum des Einkaufs, Einkaufsstätte und gekauften Produkten (Produktgruppe, Marke, Preis, Menge ...) periodisch aus. Damit können Käuferzahlen (nicht nur Absatzzahlen aus der Absatzstatistik), Einkaufsmengen, Zusammensetzung von Einkäufen, Marktanteile, Durchschnittspreise etc. ermittelt werden. Über die aggregierten Daten hinaus können Käufertypologien ermittelt werden, die eine Grundlage für die Marktsegmentierung bilden.

Handelspanel

Beim *Handelspanel* werden die Absatzmengen i.d.R. über das Warenwirtschaftssystem erfaßt. Mit dem Handelspanel können wert- und mengenmäßige Marktanteile und Distributionsraten (nach Händler- und Umsatzanteilen) berechnet werden und nach Geschäftstypen, Umsatzklassen, geographischer Lage etc. ausgewertet werden.

Fernsehpanel

Ein intensiv genutztes Panel ist das von der *GfK Fernsehforschung* durchgeführte *Fernsehpanel*. Das Sehverhalten von 5.200 Haushalten mit etwa 12.000 Personen wird mit dem sogenannten *GfK-Meter* beobachtet. Mit Hilfe dieses elektronischen Meßgerätes wird erfaßt, welcher Haushalt gerade welches Fernsehprogramm eingeschaltet hat. Daraus werden die Einschaltquoten der Fernsehsender berechnet, die jeden Morgen um 9.30 Uhr bekannt gegeben werden. Neben diesen für die Sender, die Werbekunden und die Agenturen wichtigen Quoten können darüber hinaus Aussagen über das Programmwechselverhalten der Zuschauer getroffen werden (vgl. *Isenbart* 1999, S. B4).

2.4.2.3 Methodische Probleme beim Panel

Bei einem Panel treten einige methodische Probleme auf (vgl. *Schnell/Hill/Esser* 1995, S. 231ff., *Hüttner* 1997, S. 191f.). Zum einen ist hier die Sicherstellung der *Konstanz der Meßergebnisse* zu nennen. Streng genommen müssen immer die gleichen Variablen und Meßverfahren angewendet werden. Meßinstrumente müssen aber dem Wandel der Zeit angepaßt werden (Modewörter, neue Erhebungstechniken, neue Einkaufsmöglichkeiten, neue Produkte). Damit sind die Ergebnisse dann nicht mehr vergleichbar.

Konstanz der Meßergebnisse

Panelsterblichkeit

Die *Panelsterblichkeit*, auch unter den Begriffen Ausfallrate, Drop-Out-Rate oder auch Panelmortalität zu finden, gilt als schwerwiegendstes Problem. Personen sind im Lauf der Zeit nicht mehr bereit oder fähig mitzumachen (Tod, Krankheit, keine Motivation, Umzug ohne Adreßangabe an Institut, nicht mehr in Zielgruppe durch Heirat, Scheidung, Änderung der Einkommensklasse, etc.). Diese Personen müssen dann wieder ersetzt werden, so daß die interne Fluktuation über einen größeren Zeitraum nicht mehr berechnet werden kann.

Repräsentativität

Ein weiteres Problem liegt darin, ein *repräsentatives Panel* aufzustellen. Durch hohe Verweigerungsquoten (bis zu 50 Prozent), die mit Alter und Einkommen korrelieren, und durch hohe Panelsterblichkeit (bis zu 50 Prozent nach drei Perioden) ist Repräsentativität schwierig zu erreichen. Darüber hinaus sind meistens aufgrund der benötigten Sprachkenntnisse nur Deutsche enthalten, obwohl der Ausländeranteil in manchen Städten Deutschlands über 20 Prozent ausmacht.

Paneleffekt

Ferner ändern die Panelteilnehmer aufgrund der Teilnahme oft ihr Verhalten (*Paneleffekt*). Dies geschieht z.B. durch bewußteres

Einkaufen, Ausbildung von freundschaftlichen Beziehungen zwischen Interviewer und Teilnehmer, Lerneffekte bei Fragen, Kaufimpuls durch Erhebungsbogen, Overreporting (mehr aufschreiben) aus Prestigegründen oder Underreporting (weniger aufschreiben) aus Ermüdungserscheinungen.

Um die Panelsterblichkeit so gering wie möglich zu halten, wird das Panel gepflegt. Zur Aufrechterhaltung der Motivation wird ein Honorar gezahlt und ein häufiger Kontakt zu den Panelteilnehmern gehalten. Aufgrund der o. a. Probleme müssen Panelteilnehmer regelmäßig ersetzt werden, so daß eine ständige Akquisition von Teilnehmern erforderlich ist. Diese *Panelpflege* ist kostenintensiv und stellt ein weiteres Panelproblem dar.

Kostenintensive Panelpflege

2.4.3 Experiment

2.4.3.1 Begriff

D

Das Experiment wird von manchen Autoren als Datensammlungstechnik betrachtet. Jedoch handelt es sich um eine Art der Versuchsanordnung, mithin um ein Forschungsdesign.

Ein Experiment ist eine wiederholbare Forschungsanordnung unter kontrollierten Bedingungen, wobei die unabhängigen Variablen so manipuliert werden, daß eine Kausalaussage über die abhängige Variable möglich wird.
Das Modell kann mathematisch so beschrieben werden:

$Y = A + S + e$

- Y = abhängige Variable
- A = manipulierte unabhängige Variable, experimenteller Faktor
- S = abzuschätzende nicht kontrollierbare Störgrößen
- e = Zufallseinfluß

Das Experiment muß unter kontrollierten Bedingungen ablaufen. D.h. daß alle Faktoren S, die außer den identifizierten unabhängigen Variablen A einen Einfluß auf die abhängige Variable Y haben, konstant gehalten werden müssen oder ihr Einfluß erfaßt und berechnet werden muß. Der Forscher variiert dann die Einflußfaktoren A, um zu sehen, wie sich dies auf die abhängige Variable Y auswirkt. Dies wird auch als Manipulation der unabhängigen Variablen bezeichnet. Die Forderung nach einer wiederholbaren Forschungsanordnung impliziert, daß gleiche Bedingungen zu gleichen Ergebnisse führen müssen (wenn A gleich, dann Y gleich).

In der Praxis der Marktforschung ist die Abschätzung der Störgrößen äußerst problematisch. Zudem sind die Zusammenhänge meistens so komplex, daß nur einige als besonders relevant erachtete unabhängige Variablen manipuliert werden (vgl. *Berekoven/Eckert/Ellenrieder* 1996, S. 151ff.).

2.4.3.2 Anwendungsbeispiele für Experimente in der Marktforschung

Häufige Anwendungen von Experimenten in der Marktforschung sind Produkttests, Storetests, Markttests und Testkäufe.

Produkttests

Produkttests werden vom Anbieter in der Innovationsphase oder bei geplanten Produktmodifikationen durchgeführt. Im Gegensatz dazu bezeichnet man herstellerunabhängige Produkttests als Warentest (z.B. die von Stiftung Warentest durchgeführten Tests). Als experimenteller Faktor gelten die angebotenen Produktalternativen, die Konkurrenz- und Eigenprodukte oder das alte und neue Produkt. Die abhängige Variable bei Produkttests ist je nach Untersuchungsziel die Akzeptanz, das Image, die Sympathie oder die Kaufbereitschaft (vgl. B *Berekoven/Eckert/Ellenrieder* 1996, S. 155ff.).

Storetests

Unter *Storetests* wird der probeweise Verkauf von Produkten unter kontrollierten Bedingungen in ausgewählten Geschäften (Stores) verstanden. Die abhängige Variable ist hier die Verkaufsfähigkeit von neu entwickelten oder geänderten Produkten. Manipulierte Variable ist das Produkt, das in den ausgewählten Geschäften in der neuen Version und in den übrigen Geschäften in der ursprünglichen Version bzw. gar nicht angeboten wird (vgl. *Berekoven/Eckert/Ellenrieder* 1996, S. 163f.).

Markttests

Im Falle von *Markttests* wird der probeweise Verkauf auf eine größere Region – einen *Testmarkt* – ausgedehnt. Bei Markttests können alle marketingpolitischen Instrumente eingesetzt werden, während bei Storetests beispielsweise die Werbung nicht mit einbezogen werden kann. Als weiteres Ziel von Markttests sind auch Absatzprognosen möglich. Markttests sind nur dann sinnvoll, wenn die Struktur des Testmarkts der Struktur des Gesamtmarktes entspricht und wenn die getesteten Kommunikationsmedien auch im Gesamtmarkt eingesetzt werden können. Die Auswahl des geeigneten Testmarktes ist dabei das größte Problem. Lange Zeit war Berlin ein beliebter Testmarkt (vgl. *Berekoven/Eckert/Ellenrieder* 1996, S. 164ff.).

Im Zusammenhang mit Markttests gibt es verschiedene Verfahren (vgl. ausführlich *Hüttner* (1997), S. 394ff.). Im klassischen *Testmarktverfahren* wird eine als typisch geltende Region oder eine als typisch ausgewählte Verkaufsstelle mit dem Produkt beliefert. Der

Erfolg oder Mißerfolg in diesem Testmarkt gilt dann als übertragbar auf den Gesamtmarkt. Bei der *Testmarktsimulation* gehen Versuchspersonen durch ein virtuelles Kaufhaus und werden mit den zu testenden Produkten konfrontiert. Das virtuelle Kaufhaus kann ein Studio sein oder eine Computersimulation (vgl. *Burke* 1996, S. 107ff.). *Minitestmarktverfahren* sehen vor, daß ein neues Produkt nur in einem geographisch abgegrenzten Raum verkauft wird (z.B. *GfK-BehaviorScan* in Haßloch oder *Nielsen-Telerim* in Bad Kreuznach und Buxtehude). Gleichzeitig können in diesen Gebieten auch entsprechende Werbetests durchgeführt werden.

Ferrero beispielsweise testet seine neuen Produkte immer durch Markttests, zuletzt bei *Giotto*. Dort werden Produktinhalt, Verpackung und TV-Spots optimiert (vgl. *Friese* 1997, S. 50).

Testkäufe

Testkäufe, auch Mystery-Shopping oder Silent Shopping genannt, werden insbesondere zur Beurteilung des Verhaltens von Verkäufern oder Beratern durchgeführt. Es handelt hier sich um ein Beobachtungsexperiment, bei dem die Testkäufer oder Mystery-Shopper nach einheitlichen Vorgaben ein Produkt kaufen oder eine Dienstleistung in Anspruch nehmen, bzw. als Interessenten in Erscheinung treten.

Bekannte Beispiele für Testkäufe zum Thema Qualität sind die Tests von *Stiftung Warentest* über die Beratungsqualität von Bausparkassen, Versicherungen und Banken. Dort wurde die Beratungsqualität verschiedener Institute verglichen. Als abhängige Variable wurde die Beratungsqualität ermittelt, als Einflußgröße galt das jeweilige Unternehmen. Die Testkäufer haben das gleiche Anliegen in den unterschiedlichen Unternehmen vorgetragen und haben die Beratungsqualität nach einem einheitlichen Schema beurteilt.

Testkäufe werden aber auch von Einzelhandelsunternehmen zur Beurteilung der Freundlichkeit und Beratungskompetenz des Verkaufspersonals eingesetzt. Dies macht z.B. das Warenhaus *Breuninger* und läßt die Ergebnisse der Testkäufe in das Entlohnungssystem einfließen.

Aufgaben

1. Stellen Sie die Vor- und Nachteile von Primär- und Sekundärforschung gegenüber.
2. Was sind die Vor- und Nachteile einer persönlichen Befragung?
3. Was sind die Vor- und Nachteile einer telefonischen Befragung?
4. Was sind die Vor- und Nachteile einer schriftlichen Befragung?
5. Was ist ein Interviewereffekt?
6. Nennen Sie Techniken zur Erhöhung des Rücklaufs bei schriftlichen Befragungen.

7. Wie führt man eine einfache Zufallsauswahl durch?
8. Was ist eine Klumpenauswahl?
9. Was ist ein Klumpeneffekt?
10. Was ist der Unterschied zwischen einer geschichteten Zufallsauswahl und dem Quotenverfahren?
11. Was ist ein Panel?
12. Welche Nachteile haben Paneluntersuchungen?
13. Was versteht man unter Mystery Shopping?
14. Warum kann in einem Experiment nur eine einzige Variable kontrolliert werden?
15. Der Vertriebs- und Marketingleiter der *Speedy GmbH* Dirk Süßlich hat die eingehenden Beschwerden analysiert und festgestellt, daß gehäuft Beschwerden über die Vertragswerkstätten der *Speedy GmbH* eingehen. Es wird insbesondere über arrogantes Verhalten, lange Wartezeiten, fehlende Leihwagen für die Zeit der Reparatur und Verschmutzungen am reparierten Auto geklagt. Süßlich will ein Marktforschungsinstitut zur Durchführung von Testkäufen in den Vertragswerkstätten beauftragen. Welche Rolle sollte der Mystery-Shopper spielen und welche Aspekte sollten im Erinnerungsprotokoll festgehalten werden?

3 Analyse des Absatzmarktes

Lernziele

Im dritten Kapitel soll der Leser

- Ein Verständnis für die Teilnehmer am Markt und das Marketingumfeld gewinnen
- Kennziffern im Zusammenhang mit der Marktgröße kennenlernen
- Lernen, was eine Marktprognose ist
- Möglichkeiten der Konkurrenzforschung kennenlernen.

3.1 Beteiligte am Markt

D

Die Beteiligten am Markt – dem Ort des Austauschprozesses – sind neben dem betrachteten Unternehmen und den Kunden die Konkurrenten, die Lieferanten und die Absatzmittler oder Absatzhelfer.

Zwischen diesen Beteiligten werden Güter und Dienstleistungen gegen Entgelt getauscht. In den Anfängen der Tauschwirtschaft gab es nur drei Beteiligte, nämlich das Unternehmen (z.B. der Anbieter von gesammelten Früchten), den Kunden (der Nachfrager nach Früchten, der dafür ein Stück seines erlegten Jagdwildes anbietet) und einen Konkurrenten (ein anderer Anbieter von Früchten). Mit

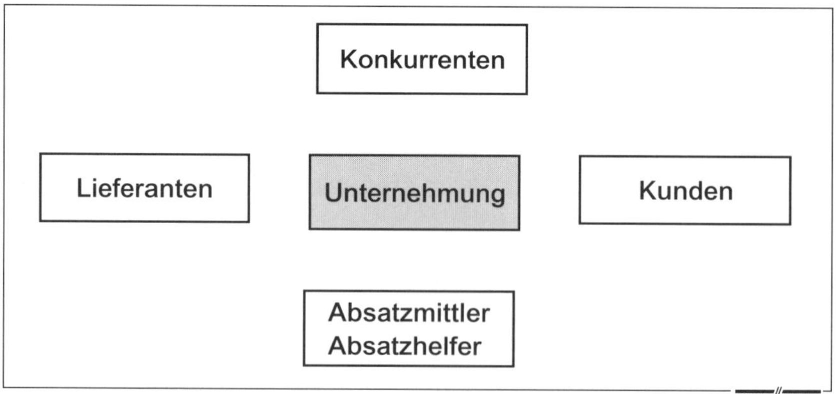

Abb. 14: Beteiligte am Markt
Quelle: in Anlehnung an *Weis* 1997, S. 43

der Weiterentwicklung der Wirtschaften kamen Lieferanten dazu, die die Grundstoffe für die Produktion lieferten, wie z.B. Saatgut. Später dann tauchten auch noch Absatzhelfer oder Absatzmittler auf, die die Waren »an den Mann brachten«, wie z.B. der Hausierer.

Unternehmen
Lieferanten

Heutzutage gibt es eine Vielzahl von Beteiligten am Markt. Das *Unternehmen* selbst produziert die Ware oder die Dienstleistung. Um dies tun zu können, bedient es sich der *Lieferanten*. Von den Lieferanten erhalten die Unternehmen die für die Produktion ihrer Ware oder Dienstleistung erforderlichen Produktionsfaktoren. Beispielsweise bezieht ein Unternehmen der Lebensmittelindustrie Milch von der Molkerei, um Käse herzustellen, eine Druckerei benötigt Druckmaschinen und Papier, um Prospekte herzustellen, ein Friseur benötigt Shampoo, um den Kunden die Haare waschen zu können. Das Marketing muß neben der Produktqualität die Preise besonders im Auge behalten. So entstand die Idee der inzwischen überall zu findenden Schokoriegel aus dem Umstand, daß der Preis des Hauptrohstoffes von Schokolade, nämlich Kakao, starken Schwankungen unterlag. Die Preisfindung von Tafelschokolade war daher sehr schwierig. Wenn man nun den Kakaoanteil reduzieren würde, wäre die Kostenabhängigkeit nicht mehr so groß: der Schokoriegel war geboren. Die Automobilindustrie hat es in den vergangenen Jahren geschafft, ihre Arbeitsabläufe durch eine enge Bindung der Zulieferer an das Unternehmen zu optimieren und die Kosten drastisch zu senken. Die Automobilzulieferer sind verpflichtet, »just in time« zu liefern, so daß den Automobilherstellern keine Lagerkosten entstehen.

Absatzmittler und Absatzhelfer

Um den Kunden das Produkt anzubieten, bedient sich das Unternehmen in der Regel *Absatzmittler* und *Absatzhelfer*. Absatzmittler sind alle die Institutionen, die zwischen Hersteller und Endverbraucher tätig werden (vgl. *Weis* 1997, S. 43). Die Funktion der Absatzmittler besteht in der Beseitigung von Diskrepanzen zwischen den Interessen des Herstellers und des Endverbrauchers in Bezug auf Zeit, Ort, Menge, Sortiment und Kaufmodalitäten (vgl. *Hansen/Bode* 1999, S. 63f.). Diese Funktion wird in der Regel vom Handel wahrgenommen. Absatzhelfer sind die Institutionen, die nicht in die Absatzkette eingegliedert sind, aber Hersteller und Absatzmittler bei der Distribution unterstützen (vgl. *Weis* 1997, S. 43 sowie *Nieschlag/Dichtl/Hörschgen* 1997, S. 45ff.). Absatzhelfer sind z.B. Handelsvertreter, Makler, Kreditinstitute, Spediteure oder Marktforschungsinstitute. Die Literatur ist allerdings nicht einheitlich in der Abgrenzung. So betrachten *Kotler* und *Bliemel* Absatzmittler als Oberbegriff für im eigenen Namen tätige Kaufleute (im wesentlichen Handel), im fremden Namen tätige Kaufvermittler wie z.B. Handelsvertreter oder Makler und Partner bei der Kaufabwicklung wie etwa Spediteure, Marketing-Dienstleistungsunternehmen und Finanzinstitute (vgl. *Kotler/Bliemel* 1999, S. 817).

Kunden

Als Kundenkategorien lassen sich unterscheiden:

- private Haushalte (Business-to-Consumer)
- industrielle Kunden sowie institutionelle Abnehmer (Business-to-Business).

In der Marketingliteratur wird zuweilen zusätzlich noch der Handel als Kundenkategorie aufgeführt (vgl. z.B. *Weis* 1997, S. 42f.). Um eine überschneidungsfreie Einordnung der Marktteilnehmer zu erhalten, wird der Handel hier nur zu den Absatzmittlern gezählt.

Nur selten hat ein Unternehmen die Möglichkeit, seine Produkte ohne Konkurrenten an die Kunden zu verkaufen. Ausnahmen sind öffentliche Monopole, die in Deutschland aber zunehmend liberalisiert werden. Unternehmen ohne Wettbewerber sind beispielsweise Nahverkehrsunternehmen, Wasserversorger, Müll- und Abwasserentsorger oder die Post (bei einigen Dienstleistungen). Das im Wettbewerb stehende Unternehmen muß herausfinden, wer die Konkurrenten sind und was sie tun, um dann Strategien zu entwickeln, wie die eigenen Kunden gehalten und die des Konkurrenten für sich gewonnen werden können (vgl. *Kotler/Bliemel* 1999, S. 391ff., siehe auch Kapitel 3.5 zur Konkurrenzforschung).

3.2 Das Marketingumfeld

Das Geschehen am Markt wird aber nicht nur durch die oben erwähnten Marktbeteiligten beeinflußt. Vielmehr gibt es eine Reihe von Faktoren, welche die Interaktion zwischen den Beteiligten prägen.

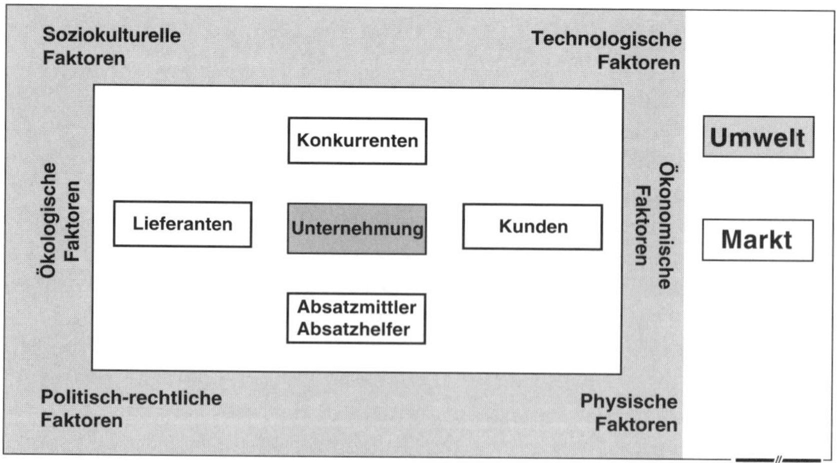

Abb. 15: Marketingumfeld
Quelle: in Anlehnung an *Weis* 1997, S. 43

Das Marketingumfeld besteht aus folgenden Faktoren (vgl. *Weis* 1997, S. 37f., *Nieschlag/Dichtl/Hörschgen* 1997, S. 876ff., *Kotler/Armstrong* 1996, S. 74ff.):

- Soziokulturelle Faktoren:
  Beispiel: Linsen mit Spätzle als Lieblingsessen der Schwaben als Angebot auf einer Restaurantkarte in Norddeutschland haben keine Absatzchancen.
- Technologische Faktoren:
  Beispiel: Seit Einführung von Reinsträumen für die Chipproduktion können Chips in ausreichender Qualität und Quantität gefertigt werden, so daß sich Personalcomputer einen Massenmarkt erobern konnten.
- Ökologische Faktoren:
  Beispiel: Ende der 70-er Jahre hat sich in Deutschland das Umweltbewußtsein entwickelt. Nicht nur der Blaue Engel als Gütesiegel der Umweltverträglichkeit ist entstanden, sondern viele Gesetze zum Recycling, Entsorgung oder Lärmschutz wurden verabschiedet.
- Ökonomische Faktoren:
  Beispiel: Die seit längerem anhaltende Arbeitslosigkeit und die stagnierenden Reallöhne haben zu einem verschärften Wettbewerb und zu einer Preissensibilisierung im Konsumgüterbereich geführt.
- Politisch-rechtliche Faktoren:
  Beispiel: Erst die Liberalisierung des Telekommunikationsmarktes hat dazu geführt, daß sich verschiedene Telefone, Anrufbeantworter und Faxgeräte in den Haushalten verbreitet haben.
- Physische Faktoren:
  Beispiel: Aufgrund der klimatischen Bedingungen und der schlecht ausgebauten Straßen in Sibirien lassen sich dort Cabrios schlechter verkaufen als Geländewagen.

Das Marketingumfeld wird insbesondere dann analysiert, wenn ein Unternehmen versucht, auf bisher fremden Märkten Fuß zu fassen (siehe Kapitel 6.5.2). Aber auch in angestammten Märkten sollte eine Analyse des Umfeldes nicht vernachlässigt werden, da oft Entwicklungen im Gange sind, die die bisher erfolgreichen Marketinginstrumente erfolglos werden lassen.

Solche Entwicklungen lassen sich unterscheiden in Moden, Trends und Megatrends (vgl. *Kotler/Bliemel* 1999, S. 264ff.). Eine Mode ist dadurch gekennzeichnet, daß sie kurzlebig und kaum vorhersehbar ist und kaum Auswirkungen auf das Sozialsystem hat. Ein Beispiel dafür waren Plateauschuhe im Sommer 1997, die ein Jahr später schon völlig »out« waren. Trends entsprechen dauerhaften Änderungen von Gegebenheiten. Sie sind gekennzeichnet durch grob prognostizierbare Auswirkungen auf das Sozialsystem.

Beispiel dafür sind die Überalterung der Bevölkerung in den meisten Industrieländern oder die zunehmende Frauenerwerbstätigkeit. Megatrends haben breite Auswirkungen auf das Sozialsystem mit langer Einflußdauer. Als Beispiel mag die Globalisierung gelten, die enorme Einflüsse auf die Märkte und seine Beteiligten hat und noch weiter haben wird.

PEST-Analysis

Die Analyse des Marketingumfelds wird auch als *PEST-Analysis* bezeichnet. P steht für political-legal environment und umfaßt die politisch-rechtlichen Rahmenbedingungen, unter denen z.T. auch die ökologischen Faktoren zu subsumieren sind. E bedeutet economic environment und bezieht sich auf die ökonomischen Faktoren. S repräsentiert soziokulturelle Faktoren (social environment), zu denen teilweise auch die ökologischen Faktoren gehören, soweit sie z.B. das Umweltbewußtsein betreffen. T umfaßt die technologischen Faktoren (technological environment), die auch die physischen Faktoren mit einbeziehen.

3.3 Kennziffern zur Bestimmung der Marktgröße

Die wichtigsten Kennziffern, um die Größe eines Absatzmarktes darzustellen, sind das Markt- und Absatzpotential, das Markt- und Absatzvolumen und die Marktanteile der anbietenden Unternehmen.

Marktpotential

Das *Marktpotential* ist als die in einer bestimmten Periode mögliche Aufnahmefähigkeit eines Marktes für ein Produkt oder eine Dienstleistung definiert. Es umfaßt alle Kunden mit bewußtem Kaufbedürfnis und ausreichend großer finanzieller Ausstattung, die für dieses Produkt erforderlich ist. Im Gegensatz dazu ist das *Absatzpotential* nur der Teil des Marktpotentials, der aus Sicht des Unternehmens in einer bestimmten Periode vom Unternehmen selbst abgedeckt werden kann und nicht der Konkurrenz überlassen wird (vgl. *Weis* 1997, S. 55). Das Absatzpotential ist also abgesehen von Monopolmärkten immer ein Teil des Marktpotentials.

Absatzpotential

Wichtige Einflußfaktoren auf das Marktpotential in Business-to-Consumer-Märkten sind in der Regel:

- Haushaltsnettoeinkommen
- Anzahl Haushalte
- Haushaltsgröße (Single, Paare, Familien)
- Kaufkraft, Kaufkraftindex, Preisindex der Lebenshaltung
- Wohnverhältnisse
- Markttransparenz
- eigene Marketingaktivitäten und die der Konkurrenz

- bisherige Ausstattung mit dem Produkt
- Ersatzanschaffungen (abhängig von Verschleiß und Produktverbesserungen)
- gewünschter Grad an Mehrfachausstattung
- Dauer des Diffusionsprozesses.

Für das Absatzpotential ist zusätzlich noch das Verhältnis zwischen den eigenen und den Marketingaktivitäten der Wettbewerber maßgebend sowie das Ausmaß der Substitutionsbeziehungen zwischen dem eigenem Produkt und dem der Wettbewerber und auch zu anderen Produktklassen.

Das Markt- oder Absatzpotential zu bestimmen, ist kein leichtes Unterfangen, da das Kaufbedürfnis in der Regel nicht bekannt ist. Zwar können Aussagen über die Finanzkraft in einer Region mittels Kaufkraftdaten der statistischen Ämter oder von Marktforschungsinstituten getroffen werden. Jedoch müssen diese Daten mit der prognostizierten Kaufbereitschaft für ein Produkt verknüpft werden, da die Kaufbereitschaft (inzwischen) nur noch bei wenigen Produkten von der Finanzkraft allein abhängig ist. So kann die *Porsche* AG davon ausgehen, daß das Marktpotential für Luxuswagen mit einem Verkaufspreis über 150.000 DM allein durch das Einkommen sehr stark begrenzt ist, so daß nur die wenigen Personen als Käufer in Betracht kommen, die ein besonders hohes Einkommen haben. Zudem liegt die durchschnittliche Haltedauer eines Fahrzeugs bei etwa drei bis vier Jahren, so daß ein Neuwagenkauf in größeren Abständen erfolgt. Die Haltedauer wird dabei maßgeblich davon bestimmt, ob es sich um ein Leasing-, Fuhrpark- oder Privatfahrzeug handelt (vgl. *Diez* 1997, S. 5). Von diesem Potential sind noch diejenigen abzuziehen, die keinen großen Wert auf ein luxuriöses und/oder sportliches Auto legen.

Bei langlebigen Gebrauchsgütern ist auch die durchschnittliche Lebensdauer entscheidend, weil sie den voraussichtlichen Zeit-

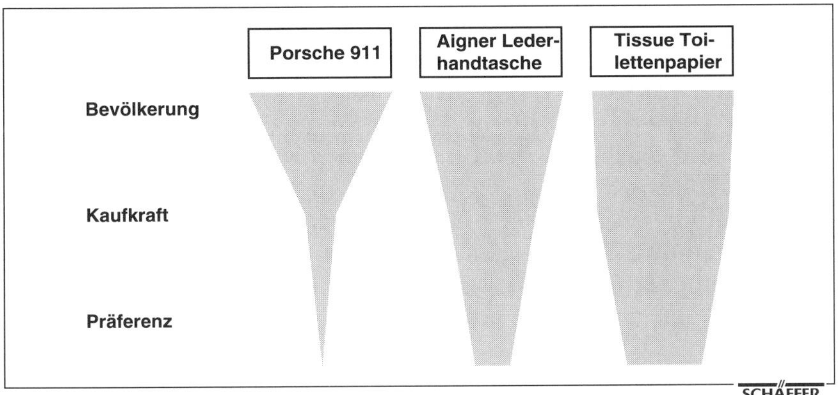

Abb. 16: Marktpotential

punkt des Ersatzbedarfs beeinflußt. So näherte sich die Ausstattung der Haushalte in Deutschland mit Waschmaschinen in den achtziger Jahren der 100-Prozent-Grenze. Dies wurde für die Waschmaschinenhersteller zu einem Problem, da das Marktpotential dann nur noch aus den Ersatzkäufen und den Erstkäufen durch Haushaltsneugründungen bestand. Während die Automobilindustrie auf eine große Bereitschaft zur Anschaffung von Zweit- oder Drittwagen trifft, gibt es dieses Bedürfnis bei Waschmaschinen nicht.

Marktvolumen

Absatzvolumen

Marktanteil

Das *Marktvolumen* ist der tatsächlich realisierte Absatz von Waren oder Dienstleistungen pro Periode in einem abgegrenzten Markt, während das *Absatzvolumen* der auf ein bestimmtes Unternehmen entfallende Bestandteil des Marktvolumens ist. Der Marktanteil setzt nun Absatz- und Marktvolumen zueinander ins Verhältnis. Der *Marktanteil* ist der Anteil des Absatzvolumens am Marktvolumen in Prozent (vgl. *Weis* 1997, S. 57). Absatz- und Marktvolumen können in Mengeneinheiten gemessen werden oder monetär (häufig durch Endverbraucherpreise) bewertet werden. Der Marktanteil wird manchmal auch als Verhältnis des eigenen Absatzvolumens zum Absatzvolumen des größten Wettbewerbers berechnet (vgl. *Kotler/Bliemel* 1999, S. 1187f.). Dies empfiehlt sich dann, wenn das gesamte Marktvolumen nicht oder nur mit großem Aufwand ermittelbar ist oder wenn sich zwei große und viele kleine Anbieter den Markt teilen.

In der Praxis stößt die Ermittlung von Marktanteilen häufig auf Probleme, obwohl die Berechnung auf den ersten Blick sehr einfach aussieht. Zunächst müssen Informationen über die Absatzvolumina der Wettbewerber beschafft werden, um das Marktvolumen zu berechnen. Dies scheitert zuweilen daran, daß die Wettbewerber nicht bereit sind, ihren Absatz zu offenbaren oder daran, daß ein Unternehmen nicht alle Wettbewerber auf dem Markt kennt. Selbst wenn dieses Problem ausgeräumt ist, z.B. über einen Verband, der die Zahlen aller Mitgliedsunternehmen zusammenführt, müssen die Zahlen auch miteinander vergleichbar sein. Das bedeutet, daß nicht nur eine einheitliche Maßeinheit, sondern daß auch die Produkte, die betrachteten Perioden und der geographische Raum eindeutig abgegrenzt werden müssen. Das Marktvolumen für Herrenkosmetik in Deutschland etwa wird vom Industrieverband Körperpflege- und Waschmittel (IKW) und von den Marktforschungsinstituten *GfK*, *Nielsen* und *Drotax GmbH* unterschiedlich ausgewiesen. Dies liegt an unterschiedlichen Abgrenzungen und Erhebungsmethoden. So gibt der IKW 1997 ein zu Endverbraucherpreisen bewertetes Marktvolumen von 1.355 Mio. DM an, während Drotax auf 1.175 Mio. DM kommt (vgl. *Focus* 1998, S. 9f.).

Absatzpotentialausschöpfung

Die *Absatzpotentialausschöpfung* ist der Anteil des Absatzvolumens am Absatzpotential in Prozent. Damit kann ein Unternehmen erkennen, ob das prognostizierte Absatzpotential auch tatsächlich ausgeschöpft wurde. Die *LBS Württemberg* beispielsweise berechnet jährlich für jeden ihrer Bezirksdirektoren, die als Handelsvertreter Bausparverträge abschließen, ein Absatzpotential. Hier werden regionale Daten zu Kaufkraft, Bausparneigung und bisheriger Ausstattung mit Bausparverträgen zu einem regionalen Absatzpotential hochgerechnet und mit dem tatsächlichen Absatzvolumen des regional zuständigen Bezirksdirektors verglichen. Das statistische Prognosemodell basiert auf Daten des statistischen Bundesamtes auf Gemeindeebene, auf Bestandsdaten der *LBS Württemberg* und auf Befragungsergebnissen aus dem Finanzmarktdaten-Service von *Infratest* zum Thema Bausparen. Mit dem Modell kann laufend überprüft werden, wie stark die Verkaufsleistung des Handelsvertreters vom vorhandenen Potential abweicht.

Marktpotentialausschöpfung

Mit der *Marktpotentialausschöpfung*, dem Anteil des Absatzvolumens am Marktpotential in Prozent, kann ein Unternehmen feststellen, wieviel es vom gesamten Markt ausgeschöpft hat. Diese Kennziffer auszurechnen, macht nur Sinn, wenn es sich um ein Unternehmen mit einem nennenswerten Marktanteil handelt.

B

Beispiel für den Markt für Bausparverträge in Baden-Württemberg 1998 (fiktive Zahlen):

Marktpotential	40 Mrd. DM Bausparsumme
Absatzpotential Bausparkasse A	12 Mrd. DM Bausparsumme
Absatzpotential Bausparkasse B	10 Mrd. DM Bausparsumme
Absatzpotential Rest	18 Mrd. DM Bausparsumme
Marktvolumen	35 Mrd. DM Bausparsumme
Absatzvolumen Bausparkasse A	15 Mrd. DM Bausparsumme
Absatzvolumen Bausparkasse B	10 Mrd. DM Bausparsumme
Absatzvolumen Rest	10 Mrd. DM Bausparsumme
Marktanteil Bausparkasse A	15/35 = 43 %
Marktanteil Bausparkasse B	10/35 = 29 %
Vergl. Marktanteil Bausparkasse A	15/10 = 1,5
Absatzpotentialausschöpfung A	15/12 = 125 %
Absatzpotentialausschöpfung B	10/10 = 100 %
Marktpotentialausschöpfung A	15/40 = 38 %
Marktpotentialausschöpfung B	10/40 = 25 %

3.4 Marktprognosen

D

Unter einer Prognose versteht man eine Aussage über Ereignisse in der Zukunft, die auf Zusammenhängen und Entwicklungen anderer Variablen beruhen vgl. *Pepels* 1997, »Lexikon der Marktforschung«, S. 239).

Angenommen, der Zusammenhang Y = f(Xi) sei bekannt. Aus der Entwicklung der unabhängigen Variablen Xi wird der Wert der abhängigen Variablen Y prognostiziert. Können die unabhängigen Variablen Xi vom Unternehmen nicht beeinflußt werden, spricht man von *Entwicklungsprognosen*. Dies ist z.B. bei der Prognose der Geburtenrate der Fall, da ein Unternehmen auf das Reproduktionsverhalten nicht einwirken kann. Ansonsten handelt es sich um *Wirkungsprognosen* wie z.B. Prognose des Marktanteils, da das eigene Absatzvolumen durch Marketingmaßnahmen erhöht werden kann (vgl. *Pepels* 1997, »Lexikon der Marktforschung«, S. 74 bzw. 323f.).

Entwicklungsprognosen und Wirkungsprognosen

B

Ein Beispiel für Wirkungsprognosen ist die Prognose der Retourenquote für den Hauptvorschlagsband eines Buchclubs. Den Hauptvorschlagsband erhält jedes Buchclubmitglied, das seiner Bestellverpflichtung nicht nachkommt. Die Buchclubs sind an einer hohen Verkaufsmenge des Hauptvorschlagsbands sehr interessiert, da er aufgrund der hohen Auflage hervorragende Deckungsbeiträge erwirtschaftet. Eine Zusendung kann aber dazu führen, daß der Kunde den Hauptvorschlagsband retourniert und einen anderen Artikel bestellt oder schlimmstenfalls verärgert ist und kündigt. Der Umtauschvorgang kostet Geld, und die Ware ist später schlecht absetzbar.

Daher wurde beim *Deutschen Bücherbund* ein Prognosemodell mittels Regressionsanalyse entwickelt, das die Retourenwahrscheinlichkeit $Y = f(X_i)$ prognostiziert. Die beeinflussenden Variablen X_i waren insbesondere das Retourenverhalten der Vorperioden, die Ortsgröße und das Alter des Mitglieds. Nur Mitglieder mit einer prognostizierten Retourenwahrscheinlichkeit unter einem festgelegten Schwellenwert erhielten den Hauptvorschlagsband, die übrigen erhielten ein Erinnerungsmailing. Die zusätzlichen Kosten für die Versendung der Erinnerungsmailings wurde durch die Senkung der Retourenquote und die damit verbundene Kostenreduktion überkompensiert.

Ähnliche Verfahren werden auch beim *Kreditscoring* angewendet. Eine Bank ist daran interessiert, die Ausfallrate bei Krediten zu minimieren. Daher werden Einflußgrößen X_i gesucht, die mit der Ausfallrate in Zusammenhang stehen. Erfüllt ein Kreditantragsteller die geforderten Kriterien nicht, erhält er den Kredit nicht oder nur unter Auflage einer Bürgschaft.

Aber auch Prognosen über zukünftige Marktentwicklungen sind für ein Unternehmen überlebenswichtig. So hat *Penaten* schon Mitte der sechziger Jahre erkannt, daß durch den Geburtenrückgang auch die Nachfrage nach ihrer Wundcreme zurückgehen würde. Allein von 1960 bis 1975 ist die Zahl der neugeborenen Babys in Westdeutschland von 970.000 auf 600.000 zurückgegangen (vgl. *Dorbritz/Gärtner* 1998, S. 386). Bei gleicher Verwendungsintensität von *Penaten-Creme* hätte dies einem jährlichen Absatzrückgang von etwa 3 Prozent entsprochen. *Penaten* setzte auf Differenzierung und Diversifikation (siehe Kapitel 7.3.2): Das Produkt wurde so geändert, daß zusätzliche Bedürfnisse der alten Zielgruppe befriedigt werden. Neben der ursprünglichen *Penaten-Creme* wurden später noch *Penaten-Öl*, Babyshampoo, Reinigungstücher und Badezusätze angeboten. Außerdem schlug *Penaten* den Weg der Diversifikation ein, indem sie für die Zielgruppe der Kinder *bébé* anbot. Inzwischen gibt es noch eine weitere Pflegecremeserie von *Penaten*, nämlich *bébé Young Care*.

Der jahrelang diskutierte Pillenknick und die damit verbundene Prognose der rückläufigen Schüler- und Studentenzahlen zeigt deutlich, daß Prognosen auch mit Fehlern, den sogenannten *Prognosefehlern*, behaftet sein können. Diese entstehen durch Datenfehler (fehlerhafter Input wie z.B. Doppelzählung, falsche Abgrenzung, falsche Erfassung), durch Modellfehler (andere Einflußvariablen als X_i, falsche Funktion f) und schließlich durch Annahmefehler (externe Störfaktoren falsch oder ungenügend berücksichtigt). Im Beispiel sind zwar die Geburtenzahlen bis Mitte der siebziger Jahre zurückgegangen, die Zahl der Schüler und Studenten hat sich jedoch nicht reduziert, da ein höherer Anteil unter den Jugendlichen eine weiterführende Schule oder eine Hochschule besucht.

Prognosefehler

Das Marktforschungsinstitut *GfK* fertigt regelmäßig Entwicklungsprognosen über das Konsumklima an. Dort wird vorausgesagt, wie sich die inländische Nachfrage nach Konsumgütern in den nächsten Monaten entwickeln wird. Basis sind Umfragen über die Einschätzung der Lage in verschiedenen Branchen. Dabei wird getrennt nach der allgemeinen Einschätzung und nach der persönlichen Lage. Zudem werden Branchenvertreter im Sinne von Experten für ihre Branche befragt. Will man daraus aber die Nachfrage nach einem speziellen Konsumgut ableiten, wird ein Modellfehler gemacht. Denn das Kaufverhalten ist immer weniger von konjunkturellen Größen abhängig. Vielmehr wird es immer mehr geprägt von den individuellen Präferenzen der Kunden.

So müßte die Nachfrage nach Fernsehgeräten in Mexiko aufgrund des für mexikanische Einkommensverhältnisse hohen Preises gering sein, nämlich begrenzt auf Mittel- und Oberschicht. In Mexiko gibt es jedoch mehr Haushalte mit Fernseher als mit fließendem Wasser! D.h. das Einkommen als Einflußgröße ist unwichtig, die TV-Präferenz ist sogar noch größer als die Präferenz für fließendes Wasser. Gleiches gilt für Pay-TV in Deutschland. Dort ist trotz der hohen monatlichen Kosten jeder zweite Abonnent Sozialhilfeempfänger (vgl. *Thelen* 1997, S. 24).

3.5 Konkurrenzforschung

Um sich mit seinen Wettbewerbern messen zu können, sind Informationen über die Wettbewerbspartner erste Voraussetzung. Ziel der Konkurrenzforschung oder auch Wettbewerbsforschung ist es daher zunächst herauszufinden, wer überhaupt ein vergleichbares

Horizontale, vertikale und totale Konkurrenz

Produkt anbietet. Dabei wird eine Unterscheidung zwischen *horizontaler* (d.h. innerhalb der gleichen Warengruppe), *vertikaler* (d.h. für das gleiche Kundenbedürfnis) und *totaler Konkurrenz* (d.h. um die gesamte Kaufkraft des potentiellen Kunden) getroffen. *Erasco* als Anbieter von Fertiggerichten in Dosen hat als Wettbewerber auf der horizontalen Ebene beispielsweise *Sonnen Bassermann*, *Maggi* oder *Unox*, während auf vertikaler Ebene noch Tiefkühlkostanbieter hinzukommen, die das Bedürfnis nach schneller Zubereitung von kompletten Gerichten befriedigen. Berücksichtigt *Erasco* die totale Konkurrenz, muß das Unternehmen nicht nur alle Anbieter von Lebensmitteln mit einbeziehen, sondern auch alle übrigen Unternehmen, die um die Kaufkraft des Verbrauchers konkurrieren, da der Verbraucher entscheidet, ob er sein Geld in größerem Maße für Essen, Kleidung, Wohnen, Freizeit o. ä. ausgibt.

In der Regel konzentrieren sich die Unternehmen auf die horizontale Konkurrenz insbesondere bei regelmäßigen Konkurrenzanalysen. Bei geringer *Markttransparenz* wird die Konkurrenzforschung sehr schwierig, insbesondere dann, wenn ein Anbieter nicht genau bestimmen kann, welche Unternehmen vergleichbare Produkte anbieten (z.B. im Business-to-Business-Bereich). Dies ist jedoch Grundvoraussetzung für die Berechnung von Marktanteilen (siehe zur Problematik Kapitel 3.3).

Als Beispiel mag eine Wettbewerbsanalyse der Firma *Porsche* dienen (siehe Abbildung 17). Hier müssen zuerst Marktsegmente im gesamten Automarkt abgegrenzt werden, um die für *Porsche* relevanten Wettbewerber zu finden (vgl. *Schlotterbeck* 1998, S. 19).

Ein weiteres Ziel der Konkurrenzforschung besteht in der Beschaffung von Informationen über die konkreten Produkteigenschaften der Konkurrenzangebote. Dies geschieht in der Absicht, die Konkurrenzprodukte mit den eigenen Produkten zu vergleichen, um das eigene Produkt weiter zu verbessern oder den Vorsprung noch weiter auszubauen. Aus diesem Grunde vergleichen beispielsweise die Bausparkassen untereinander ihre Tarife und stellen ihren Beratern sogar Argumentationshilfen zur Verfügung, aus denen hervorgeht, wie das eigene Produkt im Vergleich zum Wettbewerber aussieht.

Informationsbeschaffung

Entscheidend in der Konkurrenzforschung ist schließlich das Wissen um die laufenden und geplanten marketingpolitischen Maßnahmen der Konkurrenz, um darauf angemessen reagieren zu können. Diese Informationen gibt ein Unternehmen aber in der Regel nicht preis, so daß die Beschaffung entsprechend schwierig ist.

Generell erhalten Konkurrenzforscher ihre Daten von Verbänden, statistischen Ämtern, Brancheninformationsdiensten und über eine Inhaltsanalyse von Pressemitteilungen (vgl. zur Inhaltsanalyse Kapitel 2.3.1 und generell zu Sekundäranalysen Kapitel 2.2). Auch die Marktauftritte können analysiert werden. Hinweise ge-

	Sportwagen • Höchstens 2+2 Sitze • mindestens 200 PS • geschlossenes Dach	**Cabrio** • mindestens 2+2 Sitze • Faltdach	**Roadster** • 2 Sitze • Faltdach
Segment 1 Kaufpreis 110 TDM und mehr	**Porsche 911** **Porsche 928** Aston Martin BMW 8er Ferrari Jaguar De Tomaso Lamborghini	**Porsche 911** **Porsche Speedster** **Porsche 968** Jaguar Mercedes Benz 320 Mercedes Benz E36/C36 RR Comiche	Ferrari 355 Spider Mercedes Benz SL Chevrolet Corvette Chrysler Viper
Segment 2 Kaufpreis zwischen 50 und 110 TDM	**Porsche 968 Coupé** **Porsche 968 CS**		**Porsche Boxster** BMW Z3 1.8, 1.9, 2.8 BMW Z1 Mercedes Benz SLK Alfa Romeo Spider Morgan Plus 4, Plus 8 MG TVR
Segment 3 Kaufpreis weniger als 50 TDM			Fiat Barchetta Mazda MX5 MG F

SCHÄFFER POESCHEL

Abb. 17: Bestimmung der relevanten Marktsegmente (schattiert dargestellt) zur Wettbewerbsanalyse am Beispiel von *Porsche*

ben dabei Preislisten, Anfragen, Werbung oder Messebesuche. Auch die eigenen Kunden sind – ggf. über die Außendienstschiene – Lieferanten von wertvollen Informationen über das Geschäftsgebaren der Konkurrenz. Schließlich können auch potentielle Nachfrager über Marktforschungsinstitute befragt werden, wo sie welche Produkte in welchem Umfang kaufen. Dies ist z.B. in der Finanzdienstleistungsbranche ein gängiges Verfahren, indem das Marktforschungsinstitut *Infratest* über das Jahr verteilt ca. 50.000 Personen über die Abwicklung ihrer Finanzgeschäfte telefonisch befragt. Die Befragungsergebnisse erhalten alle Beteiligten der Gemeinschaftsstudie gegen ein vorher vereinbartes Entgelt. Nicht zu vernachlässigen sind persönliche Kontakte zu Konkurrenzfirmen sowie »Spionage« und »Tratsch« auf Kongressen, bei Vorstellungsgesprächen oder Indiskretionen von Werbeagenturen, Marktforschungsinstituten etc., die trotz aller Vorsichtsmaßnahmen zuweilen vorkommen (vgl. *Berekoven/Eckert/Ellenrieder* 1996, S. 302).

Aufgaben

1. Erläutern Sie die Bedeutung von Lieferanten, Konkurrenten, Kunden und Absatzmittlern als Beteiligte am Markt für den Hersteller von Schokolade.
2. Welche Faktoren beeinflussen die Interaktion zwischen den Beteiligten am Markt im obigen Beispiel?
3. Was versteht man unter Markt- und Absatzvolumen?
4. Was versteht man unter Markt- und Absatzpotential?
5. Welche Größen beeinflussen das Marktpotential?
6. Berechnen Sie für 1998 den Marktanteil der unten genannten Mineralwasseranbieter in Deutschland, wenn Sie folgende Informationen (fiktive Zahlen) haben:
   - 1998 verkaufte Menge *Evian* 10 Mrd. Liter in Europa, davon 1 Mrd. Liter in Deutschland
   - 1998 verkaufte Menge *Teinacher* 2 Mrd. Liter in Deutschland
   - *Apollinaris* verkaufte 1997 10 Mrd. Liter und steigerte den Absatz im Folgejahr um 10 %
   - 1998 geplante Menge *Brohler* 10 Mrd. Liter in Deutschland, davon 90 % realisiert
   - 1998 verkaufte Menge *Ardey Quelle* in den neuen Ländern 1 Mrd. Liter, in den alten Ländern 1,5 Mrd. Liter.
   - Sonstige Unternehmen haben 1998 500 Mio. Liter verkauft.
7. Wann ist es sinnvoll, den relativen Marktanteil zu berechnen?
8. Worin liegen die Probleme bei der Ermittlung von Marktanteilen?
9. Was versteht man unter einer Prognose?
10. Was ist der Unterschied zwischen Wirkungs- und Entwicklungsprognosen?
11. Was sind Prognosefehler und wodurch entstehen sie?
12. Was ist die wichtigste Voraussetzung, um überhaupt Konkurrenzforschung durchführen zu können?
13. Nennen Sie Möglichkeiten der Konkurrenzforschung.
14. Was ist der Unterschied zwischen horizontaler, vertikaler und totaler Konkurrenz?
15. Der Vorsitzende der Geschäftsleitung der *Speedy GmbH*, Herr Dr. Karl-Heinz Scharrenbacher, würde gerne eine Benchmarkingstudie durchführen lassen, da ihm insbesondere die südostasiatische Konkurrenz Kopfzerbrechen bereitet. Zuvor will er jedoch wissen, wie es mit den Marktanteilen des Unternehmens bestellt ist.

4 Analyse des Kundenbestands mit Databasemarketing

Lernziele

Im vierten Kapitel soll der Leser

- Lernen, daß Databasemarketing eine Voraussetzung für die Analyse des Kundenbestandes ist
- Lernen, mit welchen Methoden der Kundenbestand analysiert werden kann
- Erfahren, was zu einem Marketinginformationssystem gehört.

4.1 Databasemarketing

Neben der Analyse des Absatzmarktes sollte der Blick auch auf den bereits erreichten Kundenanteil gerichtet werden, um die Zahl der Kunden und die *Kundenstruktur* untersuchen zu können. Dazu muß ein Unternehmen die erforderlichen Informationen sammeln und entsprechend aufbereiten.

Basis für die Analyse des Kundenbestands ist somit eine Datenbank mit den erforderlichen Informationen.

D

»Marketing auf der Basis kundenindividueller, in einer Datenbank gespeicherter Informationen« (*Link/Hildebrand* 1994, S. 108) wird als Databasemarketing bezeichnet.

Mit Hilfe einer geeigneten Database können durch Sammlung von Erfahrungswerten nicht nur kostengünstiger neue Kunden gewonnen werden, sondern es können auch zielgerichtete Kundenbindungsmaßnahmen durchgeführt werden wie *Keep-In-Touch* als Kundenkontaktprogramm (vgl. *Raphel/Erdman* 1988, S. 191).

4.2 Aufbau einer Database

Datengewinnung

Unternehmen, die über eine Namens- und Adressenliste ihrer Kunden verfügen, haben keine Schwierigkeiten, die Kundenstruktur zu analysieren. Dies trifft insbesondere für Unternehmen mit wenigen Kunden zu oder für solche, bei denen die Art der Geschäftsbeziehung das Vorhandensein einer Adresse voraussetzt, wie etwa bei Versendern, Banken oder Energieversorgern. Andere Unternehmen, z.B. Handelsunternehmen, Restaurants, Theater, Anbieter von Blumen oder Hersteller von Pralinen, können nur über Marktforschungsuntersuchungen herausfinden, wie viele Kunden sie haben und welche Merkmale sie charakterisieren. Diese sind jedoch nur angebracht, wenn das Unternehmen über genügend finanzielle Mittel verfügt. Jedoch können sich Unternehmen um die *Gewinnung* der Kundennamen oder -adressen systematisch bemühen. Dies ist möglich über (vgl. *Raphel/Erdman* 1988, S. 187ff.):

- Ausrichtung eines Gewinnspiels
- Eingehende schriftliche oder telefonische Reklamationen
- Preisanfragen
- Reparaturen
- Bestellungen, z.B. bei Büchern
- Interessenten, die Laden betreten z.B. bei Autohändlern
- Zahlung im Abbuchungsverfahren oder über Kreditkarte (meist wird nur Name übermittelt)
- Ausfüllen von Kärtchen »Ich wünsche Info über Sonderangebote«
- Kundenkarten mit Zahlungsfunktion und/oder Rabatten
- Kundenclubs
- Persönlich adressierte Kundenzeitschriften.

Vielfach reicht es schon, nach dem Namen oder der Adresse eines Kunden oder Interessenten zu fragen. Im zweiten Schritt sollten dann die Daten abgespeichert werden. Dies ist eigentlich eine Selbstverständlichkeit. In der Praxis wird dies oft genug nicht durchgeführt. Eine eigene Database muß systematisch aufgebaut und gepflegt werden. Dies wird in den folgenden Kapiteln näher beschrieben.

4.3 Bestandteile der Database

Adreßdaten

Zu einer kompletten Database gehören die Adresse des Kunden oder Interessenten, die Profildaten, die Bonitätsdaten, die Aktionsdaten und die Reaktionsdaten (vgl. *Dallmer* 1995, Sp. 488, der die Bonitätsdaten allerdings zu den Profildaten zählt). Zu den *Adreßdaten* gehören im Business-to-Consumer-Bereich Name, Anredeschlüssel, Anschrift, Telefonnummer und ggf. Faxnummer. Der Anredeschlüssel (i.d.R. »Herr« oder »Frau«) wird bei der Dateneingabe manuell zugeordnet oder nachträglich über Vornamenstabellen generiert. Bei außergewöhnlichen, nicht eindeutigen oder ausländischen Namen ist dies jedoch nicht möglich. Daher ist es sinnvoll, bei schriftlichen Reaktionsmedien ein Feld für den Anredeschlüssel zum Ankreuzen vorzusehen (vgl. *Lehr* 1991, S. 503). Im Business-to-Business-Bereich beziehen sich die Adreßangaben auf den Namen des Unternehmens, Telefonnummer, Faxnummer, Geschäftsstelle etc. (vgl. *Pepels* 1996, S. 486). Die E-Mail-Adresse wird insbesondere im B-to-B immer öfter gefordert.

Profildaten

Im Business-to-Business-Geschäft bestehen die *Profildaten* aus den Profildaten des Unternehmens (Gründungsdatum, Umsatz, Beschäftigte, Besitzverhältnisse, Branche, Produktangebot, Struktur des Buyingcenters, Innovationsfreudigkeit etc.) und aus den Profildaten der Entscheidungsträger (Name, Titel, Telefonnummer, Stellung im Unternehmen, Verantwortungsbereich, Entscheidungsbefugnis) (vgl. *Dallmer* 1995, Sp. 488). Zu den Profildaten im Business-to-Consumer-Bereich gehören *soziodemographische Merkmale* wie Alter, Geschlecht, Familienstand, Haushaltsgröße, Kinderzahl, Beruf, Ausbildung, Einkommen (vgl. *Dallmer* 1995, Sp. 489). Diese Daten können zum Teil aus der Adreßdatei genommen werden. Über den Anredeschlüssel ist das Geschlecht beispielsweise vorhanden. Das Geburtsdatum wird in vielen Fällen beim Erstkontakt erhoben. In Finanzdienstleistungsunternehmen beispielsweise muß aufgrund des Geldwäschegesetzes der Personalausweis vorgelegt werden. Bei Versendern wird die Bonitätsprüfung in der Regel über die *Schufa* abgewickelt, die das Geburtsdatum als Identifikationsschlüssel verwendet. Darüber hinaus gibt es Abgleichprogramme, die über den Vornamen das Alter abschätzen. So ist z.B. ein »Wilhelm« mit großer Wahrscheinlichkeit vor 1930 geboren, während eine »Jessica« mit großer Wahrscheinlichkeit nach 1980 geboren wurde. Angaben wie Beruf, Ausbildung, Familienstand etc. gehören bei Finanzdienstleistern zu den Bestandteilen der Kundendatabase, die bei der Anlage eines Kundensatzes erfaßt werden. Diese Daten können ansonsten über Befragungen erhoben werden, wobei jedoch zu bedenken ist, daß die Rücklaufquote nur selten 50 Prozent übersteigt und daß dafür ein finanzieller und zeitlicher Aufwand erforderlich ist. Allerdings sind die soziodemographischen Daten immer weniger in der Lage, Zielgruppen zu differenzieren, da sich das Kaufverhalten von Alter, Beruf, Geschlecht oder Einkommen immer mehr abgekoppelt hat (vgl. *Dallmer* 1989, S. 554).

Außer den soziodemographischen Merkmalen sind noch *Lifestyledaten* von Interesse, die Hobbys, Einstellungen oder Kaufverhalten umfassen. In der klassischen Werbung werden Lifestyle-Daten nur auf aggregierter Ebene genutzt, um die Kommunikation auf die entsprechenden Zielgruppe auszurichten. So wird in der Bekleidungsindustrie insbesondere die »Outfit-Elite« angesprochen. Dies sind Kunden, die laut einer Befragung der Branchenzeitschrift Textilwirtschaft im Jahr 1996 auf Qualität achten, viel Markenkleidung kaufen und für die der Preis eine untergeordnete Rolle spielt (vgl. *Matic* 1999, S. 36).

Im Databasemarketing werden die Lifestyle-Daten auf Kundenebene benötigt, d.h. daß man von jedem Kunden wissen müßte, ob er zur Outfit-Elite gehört oder nicht (vgl. *Dallmer* 1989, S. 554). Diese Daten könnten aus Kundenbefragungen gewonnen werden. Wie bereits erwähnt, ist dies allerdings davon abhängig, ob der Kunde die Fragen beantwortet. Eine andere Möglichkeit der Datengewinnung besteht darin, einen Teil der Kunden zu befragen, Cluster für bestimmte Kundensegmente zu bilden und die Variablen, die mit den Clustern in engem Zusammenhang stehen, als Segmentierungskriterien zu verwenden (vgl. *Böhler* 1991, S. 456ff., zum Begriff Cluster vgl. Kapitel 4.5.5).

Geographische Informationen lassen sich über die Adresse des Kunden oder Interessenten ableiten. Diese umfassen z.B. PLZ-Gebiete, Wahlbezirke, *Nielsen-Gebiete* und alle auf dieser Ebene vorliegenden Informationen wie Wohnortgröße, Kaufkraft, Wählerverhalten, Haushaltsstruktur etc. Bis vor einigen Jahren waren sie ein wichtiges Kriterium für die Prognose des Kaufverhaltens im Databasemarketing (vgl. *Böhler* 1991, S. 451). Die Einteilung ist aber meist zu grob, um feinere Analysen der Kundenstruktur durchzuführen und auf das Kaufverhalten schließen zu können (vgl. *Dallmer* 1989, S. 554).

Da geographische und soziodemographische Informationen zu grob sind, Lifestyle-Daten aber nicht auf Kundenebene vorliegen (vgl. *Böhler* 1991, S. 455), ist in den achtziger Jahren der *mikrogeographische Segmentierungsansatz*. entwickelt worden (vgl. *Dallmer* 1989, S. 554 und ausführlich *Martin* 1991, S. 461ff.). Bei der mikrogeographischen Segmentierung werden Daten auf kleinster räumlicher Ebene (meistens Straßenzüge) erhoben. Zu diesen Daten gehören Ortsgröße, Bevölkerungsdichte, Haushaltsgröße, Einkommensklassen, Ausstattung mit technischen Geräten, Kaufkraft, Bildungsniveau, Wohnverhältnisse etc. Über eine Clusteranalyse kann eine Zuordnung zu Lifestyletypen oder Konsumtypen erfolgen (vgl. *Dallmer* 1995, Sp. 489f.). Basis der Überlegung ist, daß Menschen ähnlichen Lifestyles oder mit ähnlichem Konsumentenverhalten auch in räumlicher Nähe wohnen (»Sage mir, wo Du wohnst, und ich sage Dir, wer Du bist« oder »Gleich zu gleich gesellt sich gern«) (vgl. *Lehr* 1991, S. 508). Allerdings kann keine Zuordnung zu einem Kunden sondern nur zu einer Kundengruppe vorgenommen werden. Damit treffen die Informationen für den einzelnen Kunden mit einer großen Wahrscheinlichkeit zu, müssen aber nicht richtig sein.

Bonitätsdaten

Die *Bonität* eines Kunden ist wichtig für den wirtschaftlichen Erfolg einer Direktmarketingaktion (zum Direktmarketing vgl. Kapitel 10.3.1), insbesondere im Kreditgeschäft und im Versandhandel. Die Daten zur Beurteilung der Bonität stammen aus unterschiedlichen Quellen (vgl. *Pepels* 1996, S. 486). Dies kann zum einen das bisherige Zahlungsverhalten sein. Ferner kann ein Abgleich mit Verzeichnissen der Amtsgerichte über eidesstattliche Versicherungen in Vermögensfragen erfolgen. Hier sind alle diejenigen Personen und Unternehmen aufgelistet, die zahlungsunfähig sind. Diese der Öffentlichkeit zugängliche Datei enthält inzwischen 2 Mio. Adressen (vgl. *Schefer* 1991, S. 647, 654). Institute wie *Schufa, Creditreform* oder *Infodata* informieren gegen Entgelt über ggf. vorliegende negative Bonitätsmerkmale. Diese dürfen Informationen jedoch nur dann weitergeben, wenn ein berechtigtes Interesse des anfragenden Unternehmens vorliegt wie etwa im Zusammenhang mit der Beantragung eines Kredits.

Aktionsdaten

Zu den *Aktionsdaten* gehören alle Daten über die Art der Kundengewinnung und über die Art, den Zeitpunkt und den Umfang des Erhalts von Werbemaßnahmen (vgl. *Pepels* 1996, S. 486). Ziel ist es zu analysieren, welche Werbewege zur Neukundengewinnung oder welche Aktionen mit Bestandskunden erfolgreich waren.

Reaktionsdaten

Eng mit den Aktionsdaten verknüpft sind die *Reaktionsdaten*. In diesem Teil der Database werden vom Kunden gezeigte Reaktionen erfaßt. Dies können angeforderte Informationen, bestellte Artikel oder durchgeführte Transaktionen sein.

Die in der Database zusammengefaßten Informationen können zu Aussagen über die Dauer der Kundenbeziehung, Loyalitätsstufe oder Attraktivitätsklasse (ABC-Kunden) kumuliert werden. Über eine Verknüpfung mit Transaktionsdaten können auch Klassifizierungen über den Deckungsbeitrag eines Kunden gewonnen werden.

4.4 Pflege der Database

Eine oft mit viel Mühe aufgebaute Database muß regelmäßig gepflegt werden, da viele Daten schnell veralten. Aber schon bei der Anlage der Database sollte auf eine korrekte Erfassung geachtet werden. Dazu gehört die Prüfung auf *postalische Korrektheit*, da Erfassungsfehler vorkommen oder der Absender (versehentlich) falsche Angaben gemacht hat (vgl. *Schefer* 1991, S. 645f.). Über ein Abgleichprogramm mit einem aktuellen und vollständigen Straßenverzeichnis mit 1,4 Mio. Einträgen kann die Adresse auf postalische Korrektheit von PLZ, Ort und Straße geprüft werden (vgl. *Post Direkt* 1997, S. 3).

Postalische Korrektheit

Richtigkeit des Namens

Der nächste Schritt bei der Erfassung eines neuen Kundensatzes besteht in der *Prüfung der Richtigkeit des Namens*. Eine falsche Schreibweise des Namens oder eine falsche Anrede (statt Frau Herr oder umgekehrt) führt zur Verärgerung des Kunden und möglicherweise zur Unzustellbarkeit im Falle von Direktmarketingaktionen. Da aber die Schreibweise von Nachnamen keinerlei Regeln folgt und auch bei Vornamen viele unterschiedliche Schreibweisen vorhanden sind (Tomas und Thomas, Stephanie und Stefanie), kann kein Algorithmus zur Bereinigung gefunden werden. Dieses Problem wird um so größer, je mehr ausländische oder ungewöhnliche Namen vorhanden sind.

Adreßaktualisierung

Neben der Anlage richtiger Daten sollten Adressen regelmäßig aktualisiert werden. Dies ist schon allein aufgrund von Umzügen, Namensänderungen durch Heirat oder Scheidung, Zu- und Abwanderungen aus dem Geschäftsgebiet und aufgrund von Todesfällen erforderlich. Zwischen 4,5 und 5,0 Mio. private Postempfänger ziehen in Deutschland jährlich um. Ca. 0,9 Mio. Personen jährlich ändern ihren Namen und ca. 0,8 Mio. Menschen sterben jährlich (vgl. *o. V.* 1997, »Denken und arbeiten für eine neue Adreßqualität«, S. 4, *Post Direkt* 1997, S. 1, *Schefer* 1991, S. 645).

Durch die zunehmende Mobilität der Bevölkerung und auch durch die zunehmende Anzahl von Scheidungen sind die Probleme der fehlenden Aktualität größer geworden. Daher sollten die Kundenangaben regelmäßig über einen Abgleich mit der Liste der Nachsendeaufträge der Post aktualisiert werden. Sinnvoller ist aber die Vermeidung der Überalterung durch intensiven Kundenkontakt. Denn ein häufiger Kontakt mit den Kunden erhöht zusätzlich noch die Kundenbindung (vgl. Kapitel 1.4.2).

Bonitätsdaten

Die *Bonitätsdaten* sollten bei Direktmarketingaktionen durch Bereinigung um Risikoadressen aktualisiert werden, wenn die Kosten der Aktualisierung unter den möglicherweise entstehenden Kosten für den Verlust der eingesetzten Werbemittel, den Wertverlust der gelieferten und nicht bezahlten Ware und den Kosten einer ggf. erforderlich werdenden und möglicherweise unfruchtbaren Rechtsverfolgung liegen.

Zur Pflege der Database gehört weiterhin die *Dublettenbereinigung*. Als Dubletten (auch Doubletten) bezeichnet man Adressen mit zwei oder mehreren Datensätzen für dieselbe Zielperson. Dubletten gilt es zu vermeiden, da sie im Falle von Direktmarketingaktionen doppelte Porto- und Packagekosten verursachen (vgl. *Pepels* 1996, S. 491), den Empfänger möglicherweise verärgern und die Umwelt belasten. Kundenstrukturanalysen ergeben ferner völlig falsche Ergebnisse. Dubletten entstehen meist durch Lese-, Schreib- oder Hörfehler, so daß ein und derselbe Kunde in mehreren Dateien mit unterschiedlichen Adreßdaten vermerkt ist. Auch völlig identische Adreßdaten werden zuweilen doppelt erfaßt. Findet hier kein Abgleich statt (z.B. Neukunden mit Bestandskunden oder bei der Anmietung verschiedener Adreßlisten), entsteht eine Dublette (vgl. *Pepels* 1996, S. 491). Beim Dublettenabgleich werden die jeweils ersten (meistens vier) Buchstaben des Namens und der Adresse phonetisch miteinander verglichen. Sind diese ähnlich, erfolgt eine genauere Überprüfung.

4.5 Analyseinstrumente des Databasemarketing

Eine aktuelle und umfangreiche Database ist zum einen im Falle von *Selektionen* für Direktmarketingaktionen nützlich. So haben sich die Reaktionsdaten als bester Indikator für die Kaufwahrscheinlichkeit herausgestellt. Trotzdem bedarf es einer großen Erfahrung, viel Kreativität und Phantasie, die vielen verfügbaren Informationen in eine erfolgreiche Direktmarketingaktion umzusetzen (vgl. *Kreutzer* 1991, S. 627). Häufig werden komplexe statistische Methoden wie etwa die *Regressionsanalyse* eingesetzt (vgl. ausführlich *Musiol* 1997).

Selektionen

Zum anderen ist eine Database Grundlage für die *Analyse des Kundenbestandes*. Um langfristig erfolgreich auf dem Markt agieren zu können, muß ein Unternehmen die Kunden als seine wertvollste Quelle für zukünftige Geschäfte bewerten können. Neben der Anzahl der Kunden interessiert auch der pro-Kopf-Umsatz, der Deckungsbeitrag pro Kunde bzw. Kundengruppe, die Anzahl der Mehrfachkäufer oder Stammkunden, die Treue der Kunden, die Weiterempfehlungsrate, das Ausmaß der Inanspruchnahme weiterer Produkte (Cross-Selling oder Cross-Buying) und ähnliche Kennzahlen.

Analyse Kundenbestand

Einfache Verfahren der *Kundenanalyse* sind der RFMR-Ansatz, die ABC-Analyse, das Kundenportfolio, der Kundenwert und die Clusteranalyse, auf die im folgenden näher eingegangen wird. Im Direktmarketing ist ferner noch der Kontaktstärkeindex von Bedeutung (vgl. *Dallmer* 1989, S. 559, *Kreutzer* 1991, S. 630).

4.5.1 RFMR-Ansatz und Loyalitätsleiter

Der *RFMR-Ansatz* beruht auf der Annahme, daß ein Kunde, der erst kürzlich gekauft hat (R = Recency), der schon häufig gekauft hat (F = Frequency) und der einen hohen Umsatz gebracht hat (MR = Monetary Ratio), mit einer großen Wahrscheinlichkeit wieder kauft.

RFMR-Ansatz

Der RFMR-Ansatz wird auch als LHR-Ansatz bezeichnet (Letzter Kauf, Häufigkeit, Rechnungshöhe) (vgl. *Raphel/Erdman* 1988, S. 43). Je nach Aktivität des Kunden wird ein Punkt vergeben. Auf diese Weise können verschiedene Kundengruppen gebildet werden. Benötigt werden dazu insbesondere die Reaktionsdaten.

Auf diesem Konzept beruht auch die *Loyalitätsleiter*. Die einzelnen Kundensegmente befinden sich auf unterschiedlichen Stufen der Loyalitätsleiter. Auf dem Weg vom Interessenten zum Stammkunden muß der Kunde die in der folgenden Abbildung 18 skizzierten Stufen nehmen (vgl. *Kreutzer* 1992, S. 335).

Loyalitätsleiter

Abb. 18: Stufen der Loyalitätsleiter
Quelle: *Kreutzer* 1991, S. 633

Die Loyalitätsleiter ist ein theoretisches Modell, das bereits bei der Wahrnehmung des Unternehmens durch einen potentiellen Interessenten beginnt. Im Databasemarketing kann das Modell erst ab der Stufe des Erstkaufs verwendet werden. Auch hier sind die Reaktionsdaten die wichtigsten Basisinformationen.

4.5.2 ABC-Analyse

D

Bei einer ABC-Analyse werden die Kunden in A-, B-, und C-Kunden klassifiziert.

Kriterien für diese Einteilung sind Umsatz, Deckungsbeitrag, Kundentreue oder andere Kennziffern. Abbildung 19 stellt die Ergebnisse einer solchen Analyse für die Branche der Bekleidungsindustrie dar.

Die Ergebnisse einer solchen *Kundenstrukturanalyse* werden oft in Form von Lorenzkurven veranschaulicht. In einer Lorenzkurve werden zwei Merkmale wie etwa Anzahl der Kunden und Umsatz pro Kunde dargestellt. Die beiden Merkmale werden sortiert, danach kumuliert und dann auf den Achsen eines XY-Diagramms abgetragen (siehe Abbildung 20). Oft machen z.B. 20 Prozent der Kunden 80 Prozent des Umsatzes (80-20-Regel oder *Pareto-Regel*) (vgl. *Stüdeli* 1997, S. 240, *Becker* 1998, S. 888).

Kategorie	Beschreibung des Typs	Anteil an Kunden der Bekleidungs-industrie	Anteil am Umsatz der Bekleidungs-industrie	Jährliche Ausgaben für Bekleidung
A	Nicht mode-orientiert und hochpreisig kaufend	8 %	18 %	4.300 DM
A	Modeorientiert und hochpreisig kaufend	12 %	28 %	Über 5.000 DM
B	Nicht mode-orientiert und kostengünstig kaufend	23 %	18 %	1.600 DM
C	Modeorientiert und kosten-günstig kaufend	57 %	36 %	1.300 DM

SCHÄFFER POESCHEL

Abb. 19: Kundentypen in der Bekleidungsindustrie:
ABC-Analyse nach dem Umsatz
Quelle: *Matic* 1999, S. 37 (Basis: Befragung der Zeitschrift Textilwirtschaft 1996)

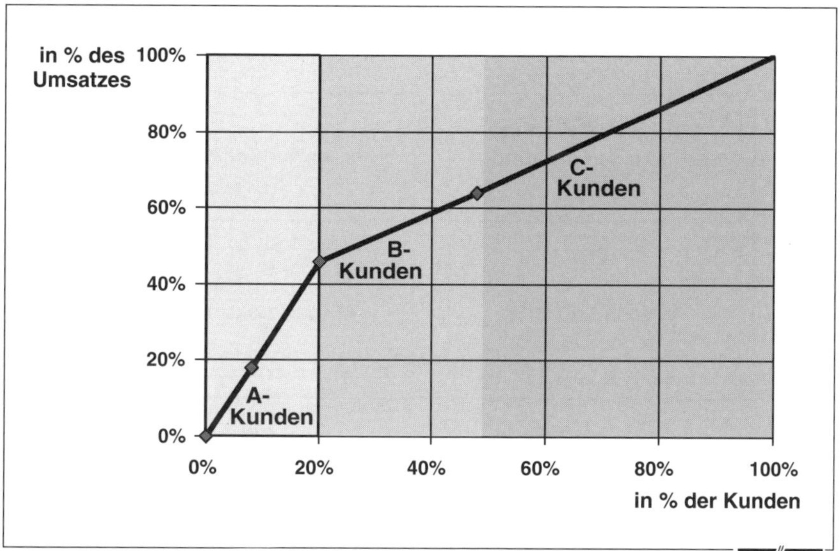

SCHÄFFER POESCHEL

Abb. 20: ABC-Kunden in der Bekleidungsindustrie
Quelle: *Matic* 1999, S. 37 (Basis: Befragung der Zeitschrift Textilwirtschaft 1996)

4.5.3 Kundenportfolio

D

In einem Kundenportfolio werden für jeden Kunden die Werte zweier Merkmale in einem XY-Diagramm abgetragen.

Dies können beispielsweise Umsatz und Region oder Deckungsbeitrag und Alter sein. X- und Y-Achse schneiden sich beim Median, Mittelwert oder bei einem willkürlich festgelegten Wert der jeweiligen Merkmale. Auf diese Weise entstehen vier Felder, die dann einer Interpretation zugänglich gemacht werden.

Kundenzugänglichkeit und Kundenattraktivität

Im Databasemarketing werden häufig die Merkmale *Kundenzugänglichkeit* und *Kundenattraktivität* verwendet. Die Kundenattraktivität bezieht sich darauf, wieviel, wie häufig und welche Artikel der Kunde kauft, d.h. wie interessant oder attraktiv er ist. Die Zugänglichkeit gibt an, wie wahrscheinlich es ist, daß der Kunde auch zu einem anderen Anbieter wechselt und welche Erfolgsmöglichkeiten der Wettbewerber hat. Sind sowohl Kundenattraktivität als auch Kundenzugänglichkeit hoch, handelt es sich um einen sehr wertvollen Kunden, um den sich ein Anbieter ganz besonders bemühen sollte (siehe Abbildung 21). Jeder Kunde wird somit hinsichtlich seiner Investitionswürdigkeit bewertet (vgl. *Link/Hildebrand* 1994, S. 110 sowie *Kreutzer* 1992, S. 336). In der Praxis wird es jedoch schwierig sein, die Variablen Kundenattraktivität und Kundenzugänglichkeit zu erheben.

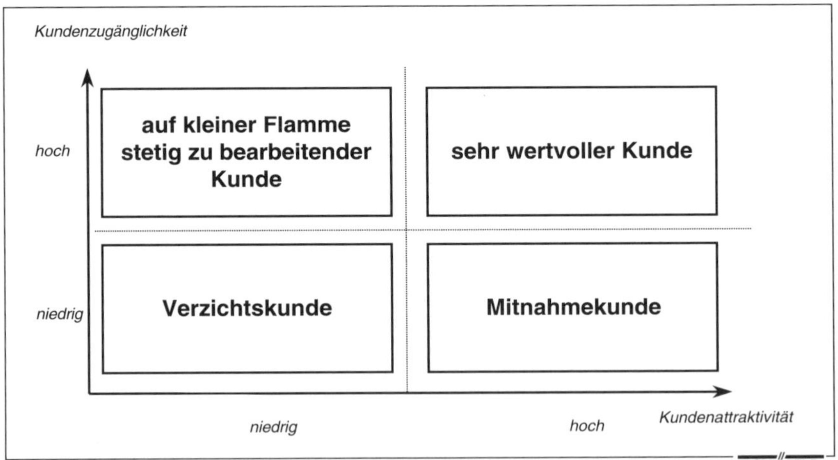

Abb. 21: Kundenportfolio mit den Merkmalen Kundenzugänglichkeit und Kundenattraktivität
Quelle: *Link/Hildebrand* 1994, S. 110

4.5.4 Kundenwert

D

Der Kundenwert ist der Wert eines Kunden, der in kumulierten Deckungsbeiträgen über die gesamte Kundenhistorie gemessen wird (vgl. *Wiedemann* 1997, S. 26).

Damit erhalten insbesondere die Kunden mit einer hohen Kundentreue eine hohe Bewertung. Um auch neuere Kunden mit in die Analyse einzubeziehen, muß der mögliche zukünftige Wert dieser Kunden prognostiziert werden. Dies geschieht mit dem Konzept des Ertragswerts. Als Ertragswert der Kundenbeziehung wird die Differenz von Aufwendungen und Erlösen des Leistungsaustausches und der Dialogprozesse zwischen Kunden und Unternehmen angesehen. Über eine prozeßorientierte Ergebnisrechnung werden die Leistungen und Aufwendungen zur Gestaltung des Beziehungs- und Dialogprozesses fortlaufend erfaßt und dem gegenwärtigen und zukünftigen Ertragspotential gegenübergestellt. Das Ertragspotential wird wiederum zu den erzielbaren Deckungsbeiträgen und Leistungsergebnissen ins Verhältnis gesetzt. Hieraus resultiert eine Differenzierung der Kunden nach ihrem langfristigen Wert für das Unternehmen. Es genügend daher nicht, lediglich die gegenwärtige Umsatzbedeutung zu erfassen. Die Typologisierung dient auch der Beurteilung künftiger Ertragsaussichten solcher Kunden, die derzeit noch nicht bedient werden (vgl. *Wäscher* 1996, S. 11).

4.5.5 Kundentypologien

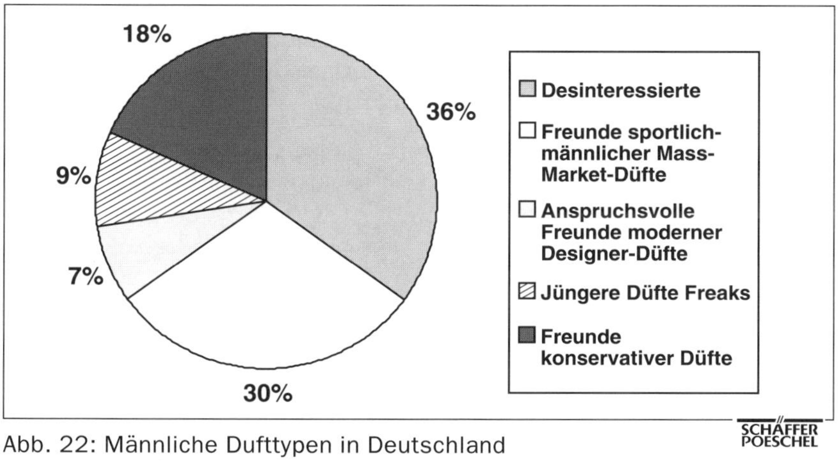

Abb. 22: Männliche Dufttypen in Deutschland
Quelle: *Stern Bibliothek* 1998, »MarkenProfile 7: Mode und Kosmetik«, S. 229f.

Eine weitere Möglichkeit der Analyse ist die Bildung von Typologien. Dies geschieht entweder über eine Kombination bestimmter Merkmale oder über eine *Clusteranalyse*.

> Die Clusteranalyse ist ein statistisches Verfahren, das Kundentypen generiert, die sich innerhalb des Typs kaum unterscheiden, sich aber untereinander stark voneinander abheben.

Solche Typologien gibt es beispielsweise auf dem Markt für Herrendüfte (siehe Abbildung 22).

4.6 Database und Marketinginformationssystem

> »Ein Marketinginformationssystem besteht aus Personen, technischen Einrichtungen und Verfahren zur Gewinnung, Zuordnung, Analyse, Bewertung und Weitergabe zeitnaher und zutreffender Informationen, die dem Entscheidungsträger bei Marketingentscheidungen helfen.« (*Kotler/Bliemel* 1999, S. 181).

Ein Marketinginformationssystem (MAIS) sollte zielgruppenorientiert aufgebaut sein und ständig aktualisiert werden. Bausteine eines MAIS sind üblicherweise (vgl. *Kotler/Bliemel* 1999, S. 182ff.):

- Innerbetriebliches Berichtssystem mit Database (wie bereits beschrieben)
- Marketingnachrichtensystem (Nachrichten aus Büchern, Zeitschriften, Branchenpublikationen, Gespräche)
- Marktforschungsdatenbank mit Marktstudien, Produktpräferenztests oder Ergebnissen der Werbewirkungsforschung
- Entscheidungsunterstützungssystem.

Ein MAIS kann vollkommen oder teilweise PC-gestützt aufgebaut werden oder es kann im systematischen Zusammentragen von Informationen für die Marketingmanager bestehen. Eine PC-Unterstützung ist in der Konzeptionsphase sehr aufwendig und ist oft schon veraltet, wenn das System eingeführt worden ist, da sich der Informationsbedarf laufend ändert. Zudem müssen die Manager als Nutznießer des PC-Systems willens und in der Lage sein, den PC zu bedienen. Zur Bedienung gehört aber nicht nur die Beherrschung der Hard- und Software sondern auch Kenntnisse über die Datenquellen, den Aufbau der Struktur etc. Man hüte sich insbesondere vor der Vorstellung, der Marketingmanager sitze am PC und wähle die Entscheidung per Knopfdruck aus. Zum Teil machen sich Softwarehäuser diese Vorstellung zunutze, um ihre Konzepte für sogenannte »Datawarehouses«, »Dataminingsysteme« und Managementinformationssysteme zu verkaufen (vgl. *Schütz* 1997, S. 29).

Aufgaben

1. Was versteht man unter Databasemarketing?
2. Warum wird Databasemarketing zunehmend wichtiger?
3. Nennen Sie die Bestandteile einer Database.
4. Wie können Daten für die Anreicherung der Database beschafft werden?
5. In welchen Fällen sind Bonitätsdaten wichtig?
6. Aus welchem Grunde muß die Database ständig gepflegt werden?
7. Was versteht man unter einer Dublette und warum sollten sie vermieden werden?
8. Wie können sie verhindert werden und wie können sie wieder eliminiert werden?
9. Was versteht man unter dem RFMR-Ansatz?
10. Was steckt hinter dem Konzept der Loyalitätsleiter?
11. Was ist eine ABC-Analyse und warum sollte sie durchgeführt werden?
12. Was ist der Kundenwert?
13. Was sind Typologien und warum werden sie gebildet?
14. Nennen Sie die Bausteine eines MAIS.
15. Der Leiter Vertrieb/Marketing der *Speedy GmbH* Dirk Süßlich würde gerne den Verkauf der Fahrzeuge neben dem Vertrieb über die Vertragshändler auch über Direktvertrieb abwickeln. Er weiß, daß dafür eine umfangreiche Database unumgänglich ist. Allerdings hat er kaum Informationen über seine Kunden. Bisher verfügt er nur über Name und Adresse des Erstkäufers, weil er eine Kopie des Kaufvertrags vom Vertragshändler erhält. Sobald das Auto weiter verkauft wird, erfährt die *Speedy GmbH* davon nichts. Wie sollte eine Database in diesem Fall aufgebaut sein und welche Informationsquellen sollte Süßlich nutzen?

5 Marketingorganisation

Lernziele

Im fünften Kapitel soll der Leser

- Die Notwendigkeit der Marketingorganisation erkennen können
- Einen Überblick über die verschiedenen organisatorischen Gestaltungsalternativen erhalten
- Die einzelnen Alternativen im Hinblick auf ihre Vor- und Nachteile bewerten können.

5.1 Grundmodelle der Marketingorganisation

Die zunehmende Bedeutung des Marketing und die zunehmende Sicht des Marketing als Konzeption einer marktorientierten Unternehmensführung haben im Laufe der Zeit zur Herausbildung von Marketingabteilungen in den Unternehmen geführt. Wo in den fünfziger Jahren noch Werbeabteilungen und Vertriebsabteilungen waren, gibt es jetzt Marketingabteilungen.

D

Bei der Marketingorganisation i. e. S. geht es darum, welche organisatorischen Strukturen erforderlich sind, um die Marketingaufgaben realisieren zu können (vgl. *Meffert* 1998, S. 976 oder *Becker* 1998, S. 838). »Im weiteren Sinne werden – entsprechend der Auffassung des Marketing als Führungskonzeption – sämtliche Strukturierungsprobleme der Gesamtunternehmung unter dem Begriff subsumiert.« (*Meffert* 1998, S. 976).

Formen der Aufbauorganisation

Dabei gibt es verschiedene *Formen der Aufbauorganisation*. Zu unterscheiden sind grundsätzlich Liniensysteme, Stab-Linien-Systeme und Matrixsysteme (vgl. ausführlich *Vahs* 1999, S. 57 ff.).

Kennzeichnend für das *Liniensystem* ist die Eindeutigkeit der Weisungsbefugnisse und der Zuordnung von Aufgaben zu den einzelnen Stellen. Jede Instanz gibt Weisungen an die jeweils untergeordneten Stellen.

Das *Stab-Linien-System* erweitert die Kapazität der Instanzen durch Stabstellen, die i.d.R. jedoch keine weiteren Weisungsbefugnisse haben. Typische Beispiele für Stabstellen sind Assistenten.

<table>
<tr><th colspan="5">Eindimensionale Gliederung der Organisation</th><th colspan="3">Mehrdimensionale Gliederung der Organisation</th></tr>
<tr><td colspan="4">Linienorganisation</td><td colspan="2">Stab-Linien-Organisation</td><td colspan="2">Matrixorganisation</td></tr>
<tr><td></td><td colspan="3">Divisionale Organisation mit Orientierung an ...</td><td colspan="2"></td><td colspan="2"></td></tr>
<tr><td>funktional</td><td>Produkt</td><td>Kunde</td><td>Region</td><td>Produktmanagement</td><td>Category Management</td><td>reine Matrix</td><td>Tensor</td></tr>
</table>

Abb. 23: Grundmodelle der Marketingorganisation
Quelle: In Anlehnung an *Meffert* 1998, S . 981

Matrixsysteme gliedern die Unternehmensaufgaben nach mindestens zwei Kriterien, die gleichberechtigt und gleichzeitig nebeneinander existieren, so daß mehrere Instanzen über den Einsatz von Ressourcen entscheiden (vgl. *Pietschmann/Vahs* 1997, S. 302ff.).

Die Aufbauorganisation richtet sich nach den speziellen Anforderungen eines Unternehmens (vgl. *Nieschlag/Dichtl/Hörschgen* 1997, S. 990). Wichtig ist, daß die Zusammenarbeit der Marketingabteilung mit den anderen Abteilungen des Unternehmens effizient ist (z.B. keine Mehrfachzuständigkeiten, keine unterschiedlichen Zielvorstellungen) und so die Aufgaben erfüllt werden können. Die (Marketing-)Organisation sollte ferner hinreichend flexibel sein, was das Vorhandensein eines organisationalen Überschusses (organizational slack) voraussetzt. Dies impliziert das Freihalten von Maschinen- oder Mitarbeiterkapazitäten, z.B. durch Auszubildende oder Managementtrainees. Lust but not least sind Mitarbeiterbelange zu berücksichtigen, da einschneidende organisatorische Änderung oft zu Leistungsreduktion führen (vgl. *Nieschlag/Dichtl/Hörschgen* 1997, S. 991f.).

Die Grundmodelle der Marketingorganisation lehnen sich an die Darstellung von *Meffert* 1998, S. 981 an und fügen als eine weitere Form der Stab-Linien-Organisation das relativ neue Category Management hinzu. In der Praxis findet man selten Organisationsformen in exakt der skizzierten Art, meist gibt es Mischformen. Die grundsätzlichen Vor- und Nachteile der jeweiligen Organisationsformen sollten jedoch bei einer Umstrukturierung stets Berücksichtigung finden.

5.2 Linienorganisation

5.2.1 Funktionale Marketingorganisation

Die funktionale Marketingorganisation gilt als älteste Organisationsform. Die Aufgaben werden nach auszuführenden Aufgabenbereichen abgegrenzt. Dies können für einen Industriebetrieb Beschaffung, Produktion, Marketing, Personal und Finanzen und innerhalb des Marketing Marktforschung, Produktplanung und Entwicklung, Verkaufsförderung, Werbung, Vertrieb und Marketinglogistik sein (vgl. *Weis* 1997, S. 79).

Aufgabenbereiche

Auch Kompetenz und Verantwortung werden nach diesen Aufgaben zugewiesen. Der Leiter der Abteilung Marketing ist für die Koordination aller Marketingaktivitäten allein verantwortlich (vgl. *Weis* 1997, S. 80, *Nieschlag/Dichtl/Hörschgen* 1997, S. 992).

Vorteile

Die Vorteile bestehen darin, daß die Ablauforganisation sehr einfach ist und die betrieblichen Prozesse standardisiert ablaufen. Des weiteren sind die Mitarbeiter hoch spezialisiert und dementsprechend qualifiziert. Auf der anderen Seite besteht jedoch die Gefahr der Ausbildung von Abteilungsdenken, so daß jedes funktionale Element der Organisation nur seine eigenen Ziele verfolgt. Dies führt dazu, daß es erheblich schwieriger ist, alle Aktivitäten im Hinblick auf die Ziele zu koordinieren und Verantwortlichkeiten zu bestimmen – sei es für Gewinne oder auch Verluste. Die funktionale Organisation ist nicht geeignet, wenn schnelle Umfeldänderungen hohe Flexibilität fordern, z.B. bei speziellen Kundenwünschen oder bei Produktinnovationen des Wettbewerbers. Auch wenn die Zahl der Produkte und bearbeiteten Märkte groß ist bzw. im Zeitablauf gewachsen ist, empfiehlt sich die funktionale Zuordnung von Marketingaufgaben nicht (zu den Vor- und Nachteilen vgl. *Nieschlag/Dichtl/Hörschgen* 1997, S. 992ff., *Kotler/Bliemel* 1999, S. 1154f., *Weis* 1997, S. 80).

Nachteile

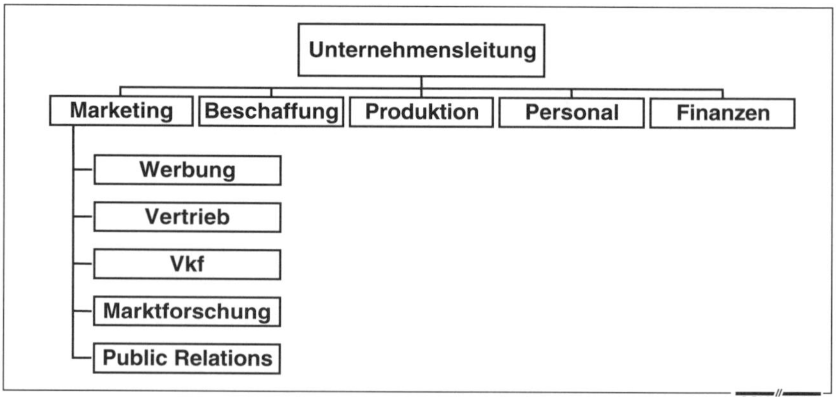

Abb. 24: Funktionale Marketingorganisation

5.2.2 Divisionale Marketingorganisation

Bei der divisionalen Marketingorganisation erfolgt eine Gliederung der Marketingaufgaben nach bestimmten Divisionen oder auch Sparten. Diese Divisionen können Produktgruppen, Kundengruppen oder Regionen sein.

Die Verantwortlichkeit wird nach dem jeweils gewählten Systematisierungsmerkmal zugewiesen. Manche Autoren nennen dies »Spartenorientierte Organisation« (vgl. *Nieschlag/Dichtl/Hörschgen* 1997, S. 994).

5.2.2.1 Produktgruppenorientierte Marketingorganisation

Insbesondere bei Unternehmen mit breitem Produktionsprogramm, heterogenen Produkten und dynamischen Märkten findet man die produktgruppenorientierte Marketingorganisation. Die Aufgaben werden nach Produkten getrennt, nicht nach Funktionen. Dies ist dann sinnvoll, wenn die Synergieeffekte aus Produktkenntnissen größer sind als die Synergieeffekte aus Funktionen. Wenn die Produkte hinreichend heterogen sind und die Erfolge direkt zurechenbar sind, bietet sich die Einrichtung von Profitcentern an. Dies ist häufig in der Investitionsgüterindustrie zu finden, die wenige Spezialprodukte an wenige große Kunden verkaufen.

Vorteile

Die Vorteile dieser Organisationsstruktur liegen im Freiraum der Marketingleitung für langfristige Planung, einer eindeutigen Regelung der Zuständigkeit und einem damit einhergehenden ge-

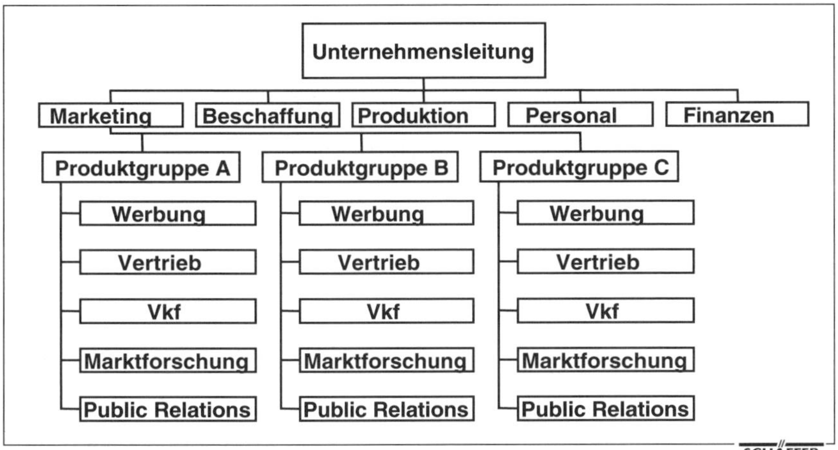

Abb. 25: Produktgruppenorientierte Marketingorganisation

ringen Konfliktpotential und hoher Flexibilität bei Marktveränderungen. Ferner haben die Mitarbeiter gute Kenntnisse über Markt und Produkt und sie identifizieren sich in hohem Maße mit »ihrem« Produkt. Wenn die Trennung der Produkte aber zu extrem ist, können Schwierigkeiten bei der Einhaltung der Corporate Identity auftreten (vgl. *Nieschlag/Dichtl/Hörschgen* 1997, S. 994ff.).

Nachteile

5.2.2.2 Kundengruppenorientierte Marketingorganisation

Eine kundengruppenorientierte Marketingorganisation bietet sich bei heterogenen und genügend großen Kundengruppen oder auch bei Auftragsfertigung an. Die Kundengruppen müssen sich in hinreichendem Ausmaß voneinander unterscheiden, z.B. bezüglich Abnahmemengen oder Einkaufsverhalten. Dies ist etwa bei Endabnehmern und Wiederverkäufern der Fall.

So hat z.B. eine Lackfabrik unterschiedliche Arten von Kunden, nämlich die Automobilindustrie, Druckereien und den Groß- und Einzelhandel für Anstrich- und Malfarben, die zweckmäßigerweise von einem Kundengruppenmanager betreut werden.

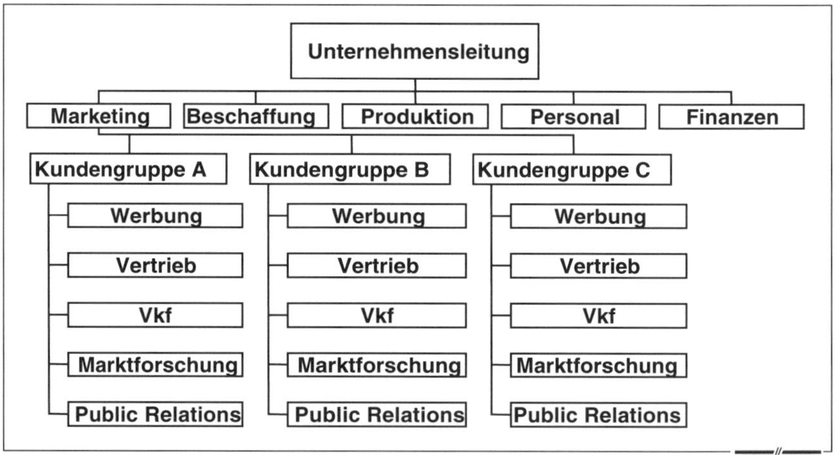

Abb. 26: Kundengruppenorientierte Marketingorganisation

Key-Account-Management

Ein Spezialfall der kundenorientierten Marketingorganisation ist das *Key-Account-Management*. Dort betreut ein Manager einen wichtigen Kunden oder eine wichtige Kundengruppe.

Die Vor- und Nachteile entsprechen denen der produktgruppenorientierten Marketingorganisation. Zusätzlich ergibt sich ein Nachteil in Form von mehr Koordinationserfordernis, da z.B. die

Produktentwicklung zentralisiert ist (vgl. *Nieschlag/Dichtl/Hörschgen* 1997, S. 998f.).

5.2.2.3 Gebietsorientierte Marketingorganisation

Bei großer räumlicher Trennung oder großen regionalen Unterschieden, z.B. in Verbrauchsgewohnheiten, Einkaufsgewohnheiten, Kultur oder Sprache, wird man die Marketingorganisation nach Gebieten strukturieren (vgl. *Nieschlag/Dichtl/Hörschgen* 1997, S. 999f.). Vor- und Nachteile ergeben sich wie bei der kundengruppenorientierten Marketingorganisation.

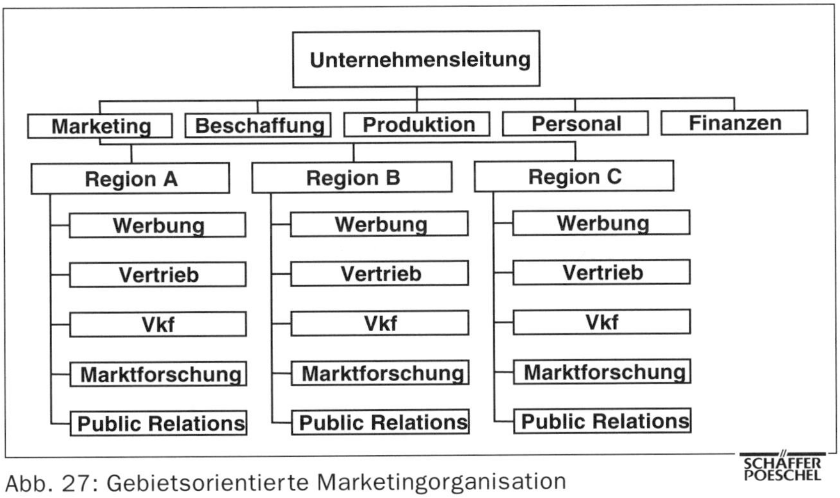

Abb. 27: Gebietsorientierte Marketingorganisation

5.3 Stab-Linien-Organisation

5.3.1 Produktmanager-Organisation

Die Produktmanager-Organisation wurde erstmals von *Procter & Gamble* 1931 in den USA eingeführt, um die bis dato ein Schattendasein führende Seife *Camay* zu forcieren (vgl. *Altschul* 1998, »Eine profitable Marke braucht Leadership«), S. 26ff. sowie *Kotler/Bliemel* 1999, S. 1156, die allerdings von 1927 sprechen. Siehe auch *http://www.pg.com/cgi-bin/cgiAbout/history.cgi?about*). Es erfolgt eine Zusammenfassung nach mehreren Gliederungspunkten: einerseits nach Produkten oder Produktgruppen und andererseits nach Funktionen. Der *Produktmanager* ist institutionalisiertes Bindeglied zwischen dem Markt und innerbetrieblichen Funktionsbereichen. Der Produktmanager kann der Geschäftsführung di- **Produktmanager**

Abb. 28: Stellenangebot für einen Produktmanager
Quelle: FAZ vom 24. 08. 1999

rekt unterstellt sein oder in die Marketingabteilung integriert sein. Er ist für sein betreutes Produkt bzw. seine Produktgruppe von der Konzipierung bis zur Elimination verantwortlich (vgl. *Nieschlag/Dichtl/Hörschgen* 1997, S. 996ff.).

Produktmanagement

Das *Produktmanagement* kann entweder aus einer Person bestehen, oder aus dem Produktmanager mit wenigen Assistenten oder aus einem Produktmanager, dem Spezialisten für Marktforschung, Werbung, Vertrieb, Distribution, Technik und Kostenrechnung unterstellt sind. Das (Junior-)Produktmanagement ist häufig ein Karrieresprungbrett für spätere Marketingmanager, da der Stelleninhaber Kontakt zu vielen Mitarbeitern im Unternehmen hat und an vielen Marketingentscheidungen beteiligt ist (vgl. *Kotler/Bliemel* 1999, S. 1157ff.).

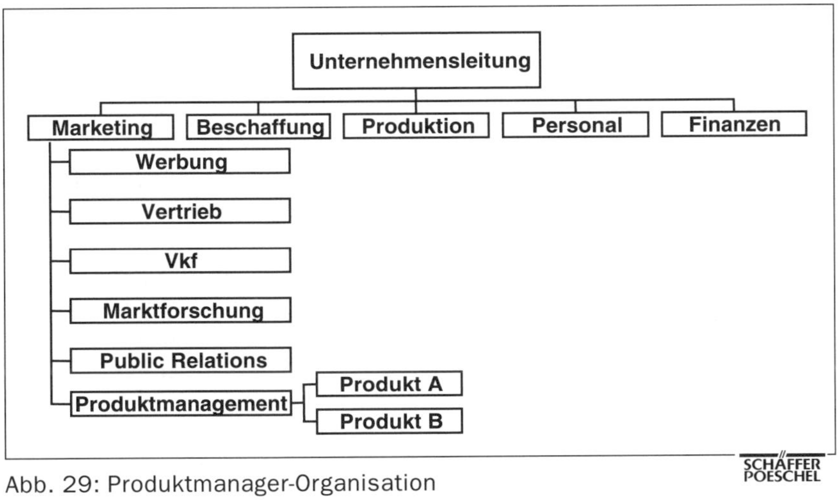

Abb. 29: Produktmanager-Organisation
(Produktmanager als Stab der Geschäftsführung)

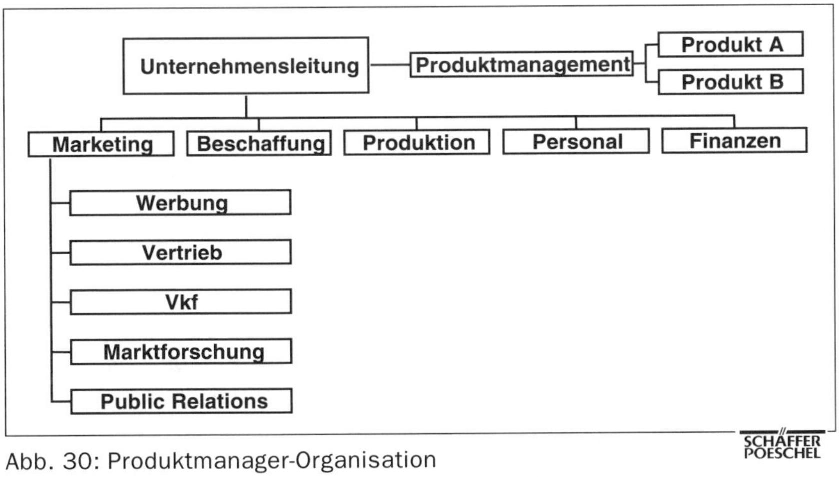

Abb. 30: Produktmanager-Organisation
(Produktmanager als Stab der Marketingleitung)

Aufgaben des Produktmanagers

Die Aufgaben des Produktmanagers sind im einzelnen (vgl. *Nieschlag/Dichtl/Hörschgen* 1997, S. 996, *Kotler/Bliemel* 1999, S. 1156f.):

- Beobachtung des Marktes und der betreuten Produkte, Erstellung von Marktanalysen und -prognosen
- Absatzprognose und Kontrolle der Umsätze
- Planung und Ausarbeitung von Marketingstrategien
- Produktbezogene Analyse und Planung des Marketing-Mixes
- Aufstellen des Marketingplans für die betreuten Produkte
- Aufstellen des Budgets für die betreuten Produkte sowie Verwaltung und Überwachung

Im Unterschied zur Matrixorganisation gibt es im Produktmanagement keine Mehrfachunterstellung von Mitarbeitern. Verglichen mit der divisionalen Organisation nach Produktgruppen gehen dort Produktinteressen vor Funktionsinteressen.

Vorteile

Das Produktmanagementkonzept besticht durch den Vorteil der besseren produktbezogenen Planung. Im Falle von Marktveränderungen ist eine schnellere Anpassungsfähigkeit gegeben und auch die Zusammenarbeit mit anderen Abteilungen des Unternehmens ist besser, da kein Abteilungsdenken auftritt. Im Gegensatz zur Matrixorganisation kommt es auch nicht zu unklaren Mehrfachunterstellungen.

Nachteile

Dagegen bleibt die Koordinationsfunktion des Produktmanagers zumeist auf Marketingfragen begrenzt. Zudem kann es zu Kompetenzstreitigkeiten zwischen Produktmanager und Linienmanagern kommen, da der Produktmanager keine Weisungsbefugnis wohl aber Produktverantwortung hat (vgl. *Nieschlag/Dichtl/Hörschgen* 1997, S. 998).

5.3.2 Category Management

Das Category Management (Kategorien-Management) stellt eine neue Organisationsform dar und wurde ebenso wie das Produktmanagement erstmals von *Procter & Gamble* eingeführt. Die Verantwortung wird nicht nach Produkten geordnet, sondern nach Produktgruppen, die ähnliche Bedürfnisse beim Kunden befriedigen. Beispiele dafür sind Körperpflege oder Wäschepflege.

Insofern stellt das Category Management eine intensive organisatorische Verankerung der Kundenorientierung dar. Durch die bessere Ausnutzung der Verbundbeziehungen zwischen den einzel-

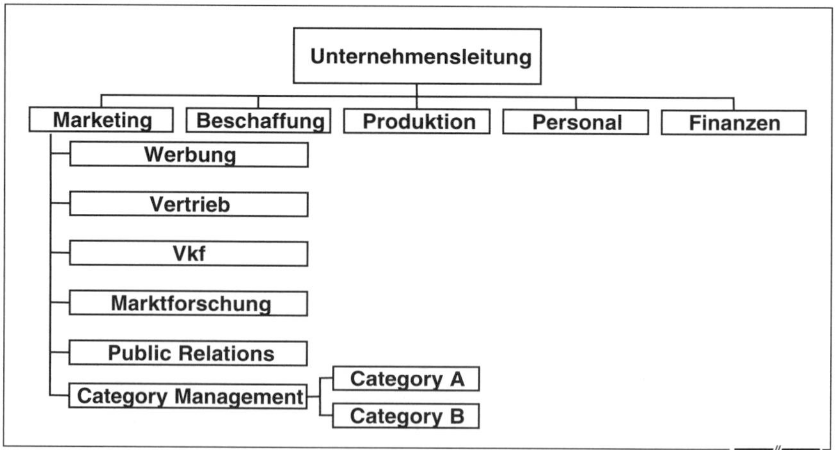

Abb. 31: Category Management

nen Produkten einer Kategorie und der Vermeidung von interner Konkurrenz zwischen den Einzelprodukten soll der Gesamtgewinn gesteigert werden. Verglichen mit dem Produktmanager hat der Category Manager eine stärkere Gewinnverantwortung als der Produktmanager (vgl. *Becker* 1998, S. 842).

5.4 Matrixorganisation

5.4.1 Reine Matrixorganisation

D

Die reine Matrixorganisation ist dadurch charakterisiert, daß eine gleichzeitige und gleichberechtigte Gliederung nach Funktionen und Objekten auf gleicher hierarchischer Ebene erfolgt.

Objekte sind dabei Produkte, Regionen oder Kundengruppen. Die Bezeichnung Matrixorganisation wurde gewählt, da in den Spalten des Organigramms Funktionen und in den Zeilen Objekte (oder umgekehrt) abgetragen werden. Es gibt somit Objektmanager und Funktionsmanager, die die gleichen Kompetenzen haben. Der Objektmanager entscheidet, was getan wird und der Funktionsmanager entscheidet, wie etwas getan wird. Dies führt dazu, daß es Mitarbeiter gibt, die gleichzeitig einem Funktionsmanager und einem Objektmanager unterstellt sind (vgl. *Nieschlag/Dichtl/Hörschgen* 1997, S. 1000ff.).

B

So hat *Dupont* in seiner matrixartig aufgebauten Marketingorganisation Produktmanager, die für die verschiedenen Fasern *Rayon*, *Acetat*, *Nylon*, *Orlon* und *Dacron* verantwortlich sind und Kundengruppenmanager für Herrenbekleidung, Damenbekleidung, Heimtextilien und industrielle Textilabnehmer. Diese stimmen sich bei ihren Entscheidungen ab (vgl. *Kotler/Bliemel* 1999, S. 1164).

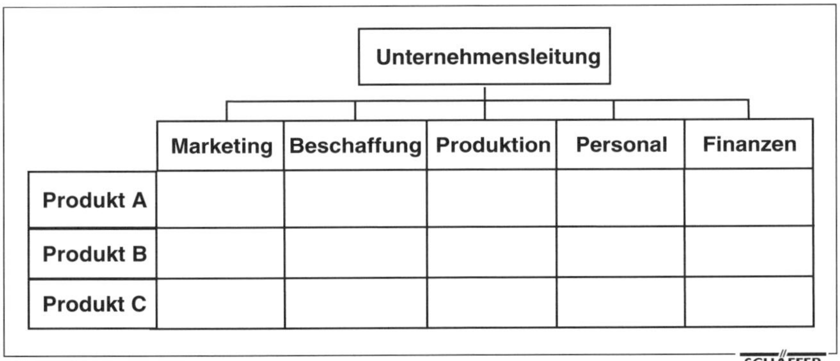

Abb. 32: Matrixorganisation

Vorteile

Der entscheidende Vorteil der Matrixorganisation liegt in der Ausnutzung sowohl der Funktionsspezialisierung als auch des Knowhows über Regionen, Produkte oder Kunden. Auch die Flexibilität gilt als hoch. Die Matrixorganisation entspricht der (neueren) Philosophie von Teamarbeit, da die Hierarchien flach sind und die Mitarbeiter aktiver beteiligt sind. Genau dadurch ergibt sich aber auch ein Nachteil, nämlich die schwierigere Führung. Hier sind Unternehmensinteressen und Experteninteressen in Einklang zu bringen. Durch die Überlappungen in der Weisungsbefugnis entsteht im Grundsatz ein erhöhtes Konfliktpotential. Ferner ist für die Erledigung der anspruchsvolleren Tätigkeiten qualifiziertes (und damit meist teures) Personal erforderlich (zu den Vor- und Nachteilen vgl. *Nieschlag/Dichtl/Hörschgen* 1997, S. 1001f., *Becker* 1998, S. 844, *Weis* 1997, S. 88).

Nachteile

5.4.2 Tensor-Organisation

D

Die Tensor-Organisation ist eine Weiterentwicklung der Matrixorganisation. Statt einer Aufgliederung nach zwei Kriterien erfolgt hier eine Strukturierung nach mehreren Kriterien, z.B. nach Funktionen, Produkten und Regionen.

Sehr häufig ist die Tensor-Organisation in global operierenden Unternehmen zu finden. Hier potenzieren sich jedoch die Nachteile der reinen Matrixorganisation, so daß eine Tensor-Organisation nur bei einer entsprechenden Matrixkultur im Unternehmen zu empfehlen ist (vgl. *Becker* 1998, S. 844f.).

B

Die *BASF* ist nach dem Tensorprinzip organisiert. Dort gibt es zehn Vorstandsressorts, die jeweils zuständig sind für Produkt-, Länder-, Zentral- und Funktionsbereiche (vgl. *Nieschlag/Dichtl/Hörschgen* 1997, S. 1003).

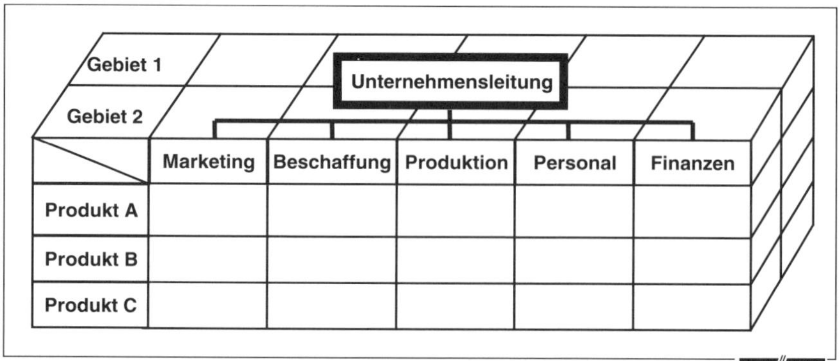

Abb. 33: Tensor-Organisation

Aufgaben

1. Zählen Sie kurz einige Marketing-Organisationsformen auf.
2. Was sind die Merkmale einer funktionalen Marketingorganisation?
3. Zeichnen Sie ein Organigramm für eine funktionale Marketingorganisation.
4. Was sind die Merkmale einer divisionalen Marketingorganisation?
5. Zeichnen Sie ein Organigramm für eine divisionale Marketingorganisation.
6. Wann ist eine produktgruppenorientierte Marketingorganisation angebracht?
7. Wann ist eine kundengruppenorientierte Marketingorganisation angebracht?
8. Was ist ein Key-Account-Manager?
9. Wann ist eine gebietsorientierte Marketingorganisation angebracht?
10. Was sind die Merkmale einer Produktmanager-Organisation?
11. Welche sind die Vor- und Nachteile einer Produktmanager-Organisation?
12. Was versteht man unter Category Management?
13. Was kennzeichnet eine Matrix- bzw. eine Tensor-Organisation?
14. Zeichnen Sie ein Organigramm für eine Matrixorganisation.
15. Dirk Süßlich, der Leiter von Vertrieb und Marketing bei der *Speedy GmbH* ist mit der Organisation des Marketing nicht zufrieden. Er ist der Meinung, daß die funktionale Organisation nicht mehr zeitgemäß ist. Durch die wachsenden Aufgaben im Marketing und die größer werdende Produktpalette möchte er insbesondere das Produktmanagement einführen. Formulieren Sie die Aufgaben, für die der zukünftige Produktmanager für den bisher umsatzmäßig unbedeutenden *Speedster Fun* (preiswertes Geländefahrzeug) zuständig sein soll.

6 Marketing in einzelnen Bereichen

Lernziele

Im sechsten Kapitel soll der Leser

- Wesentliche Unterschiede zwischen Produkten, Kundengruppen, Organisationszielen und Absatzräumen erkennen können
- Aufgrund der Unterschiede der Produkte, der Kundengruppen, der Ziele und der Absatzräume die Konsequenzen für das Marketing aufzeigen können.

6.1 Grundsätzliches zur Abgrenzung der Bereiche

Häufig wird Konsumgütermarketing, Dienstleistungsmarketing, Investitionsgütermarketing und internationales Marketing unterschieden (vgl. z.B. *Weis* 1997, S. 28ff.). *Meffert* differenziert zwischen Dienstleistungsmarketing, Handelsmarketing, Investitionsgütermarketing, internationalem Marketing, Marketing für öffentliche Betriebe, Social Marketing und Öko-Marketing (vgl. *Meffert* 1998, Kap. 5). Egal welcher Differenzierung man sich anschließt, steht man immer vor dem Problem der Überschneidungen. So ist ein Unternehmensberater wie *McKinsey*, *Boston Consulting Group*

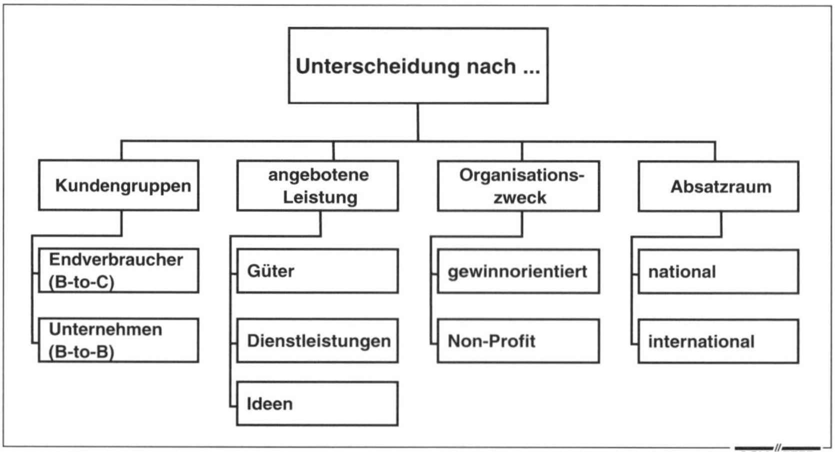

Abb. 34: Marketing in einzelnen Bereichen

SCHÄFFER POESCHEL

oder *Arthur Andersen* sowohl ein Dienstleistungsanbieter, er ist international tätig und seine Dienste richten sich an Firmenkunden, so daß auch die Prinzipien des Investitionsgütermarketing für ihn zutreffen. Daher werden hier die Besonderheiten im Marketing jeweils getrennt nach Kundengruppen, nach der angebotenen Leistung, nach dem Organisationszweck und nach dem Absatzraum beschrieben.

6.2 Unterscheidung nach Kundengruppen

6.2.1 Endverbraucher als Kunden (B-to-C)

6.2.1.1 Beteiligte am B-to-C Markt

Business-to-Consumer Marketing

Das Business-to-Consumer Marketing, B-to-C Marketing, B2C Marketing, Consumermarketing oder auch Marketing für Endverbraucher, ist der Ursprung der Marketingtheorien (vgl. *Weis* 1997, S. 28). Im Vordergrund steht das Verbraucherverhalten, das es zu analysieren gilt, um die Marketinginstrumente darauf abzustimmen.

Im B-to-C Markt stehen die *anbietenden Unternehmen* (Business) einer *Vielzahl von Verbrauchern* (Consumer) gegenüber. Allein in Deutschland sind es 82 Mio. Individuen, deren Bedürfnisse es zu befriedigen gilt. Aufgrund der Vielzahl von Kunden sind die Kontakte häufig anonym. Massenkommunikation herrscht daher ebenso wie Massenproduktion vor. Die Distribution erfolgt i.d.R. über den Handel als Absatzmittler, da die Nachfrager meist noch weit verstreut wohnen. Angeboten werden alle Arten von Produkten, von der Dienstleistung über das Konsumgut bis zu Ideen, die »Abnehmer« suchen. Im Vordergrund steht der Nachfrager, der das Produkt für seinen eigenen Bedarf (oder den seiner Familie) erwirbt und einen originären Nutzen daraus ziehen will. Auf inzwischen meist gesättigten Märkten ist der Wettbewerb groß, was durch die zunehmende Ähnlichkeit vieler Produkte noch verschärft wird.

6.2.1.2 Wandel des Marktes

Entwicklung vom Käufer- zum Verkäufermarkt

In den letzten 30 bis 50 Jahren hat sich der B-to-C Markt in den Industrieländern stark gewandelt. So erfolgte eine Entwicklung vom Käufermarkt zum Verkäufermarkt (siehe Kapitel 1.2). Der Verbraucher hat seine dominierende Rolle erkannt und ist selbstbewußter geworden. Durch die positive wirtschaftliche Entwicklung insbesondere in Deutschland nach dem zweiten Weltkrieg haben die

Konsumenten viele Konsumerfahrungen gemacht. Während ein Hochzeitspaar um 1930 außer Lebensmitteln, einigen Kleidungsstücken, wenigen Artikeln für Körperpflege und vielleicht ein paar Kirmesbesuchen kaum Konsumerfahrungen hatte, kann ein Pärchen im gleichen Alter zwei Generation später auf ganz andere Erfahrungen zurückblicken: Es ist selbstverständlich, Bankgeschäfte abzuwickeln, Versicherungsverträge abzuschließen, ein Auto zu kaufen, eine Urlaubsreise zu buchen, Kosmetikprodukte und Kleidungsstücke zu kaufen oder im Restaurant essen zu gehen. Gekoppelt mit einer erheblich besseren Ausbildung und der Bereitschaft sowie der Möglichkeit, sich zu informieren (Zeitung, Fernsehen, Radio, Internet ...), führt dies zu einer *Änderung des Konsumentenverhaltens*. So sind die Konsumenten von heute weniger loyal, was sich in einer größeren Bereitschaft zum Widerspruch durch Abwanderung äußert. Der Konsument verläßt ohne schlechtes Gewissen ein Geschäft, wenn er nichts Passendes gefunden hat oder kündigt seine Bankverbindung, wenn er auf ein günstigeres Angebot stößt. Cherry Picker (aus allen Konkurrenzangeboten immer den besten Bestandteil herauspicken), Variety Seeker (immer nach Abwechslung suchen) und Service-Klau (im Fachgeschäft beraten lassen und beim Discounter kaufen) sind heute an der Tagesordnung.

Änderung Konsumentenverhalten

Höhere verfügbare Einkommen

Das *gestiegene verfügbare Einkommen* hat außerdem dazu geführt, daß sich das Kaufverhalten von der Einkommenshöhe immer mehr abgekoppelt hat.

B

Eine durchschnittliche Arbeitnehmerfamilie mit zwei Kindern hatte 1949 ein monatliches Haushaltsnettoeinkommen von 266 DM. Nach Abzug der Ausgaben für Lebensmittel (138 DM) und Miete (39 DM) blieben noch 89 DM übrig. Bei Berücksichtigung der Preissteigerungen seit 1949 durch den Faktor 20 entsprechen diese 89 DM heutzutage etwa 1.800 DM.

Die durchschnittliche Arbeitnehmerfamilie mit zwei Kindern verfügt 1996 über ein Haushaltsnettoeinkommen von 5.203 DM. Zieht man 905 DM für Lebensmittel und 1.019 DM für Miete ab, bleiben 3.279 DM übrig, die die Familie für Kleidung, Urlaub, Auto, Freizeit, Wohnungseinrichtung oder was auch immer ausgeben kann. Die Daten stammen aus den Wirtschaftsrechnungen der privaten Haushalte des Statistischen Bundesamts und basieren auf 4-Personen-Arbeitnehmerhaushalte mit mittleren Einkommen. Die Zahlen von 1949 beziehen sich auf die Bundesrepublik Deutschland ohne Baden und Niedersachsen, während es sich bei denen von 1996 um das frühere Bundesgebiet handelt.

Zwar darf man sich nicht darüber hinwegtäuschen, daß heutzutage viele Dinge zum Standard gehören wie z.B. ein Auto, eine Urlaubsreise, Restaurantbesuche und Garderobe zum Wechseln, so daß viel mehr Ausgaben »einfach dazugehören«, dennoch bleibt ein größerer Geldbetrag übrig, über den die Familie nach ihren individuellen Präferenzen entscheiden kann. So legt die eine Familie mehr Wert auf eine Urlaubsreise, die andere auf die Wohnungseinrichtung und die nächste auf ein repräsentatives Auto. Das führt dazu, daß dieselben Konsumenten für manche Dinge sehr viel Geld ausgeben und bei anderen Dingen extrem sparen. Dieses Phänomen wird als *hybrides Kaufverhalten* bezeichnet (lateinisch hybrid = von zweierlei Herkunft, zwittrig). Es äußert sich zum Beispiel darin, ein Luxusauto zu fahren und Lebensmittel beim Discounter *Aldi* zu kaufen. *Schmalen* und *Lang* erweitern das *hybride Kaufverhalten* auf vier mögliche Fälle (siehe Abbildung 35). Der Kauf des Luxusautos entspricht dem komfortorientierten Markenkauf bei hohem Produkt- und Kaufinvolvement. Der Einkauf beim *Aldi* ist ein Beispiel für den sparorientierten Billigkauf. Ebenso kann es sein, daß dieser Konsument ganz besonders auf Sonderangebote von Markenprodukten achtet und beispielsweise das Premiumwaschmittel *Persil* im Rahmen des sparorientierten Markenkaufs erwirbt, nämlich sobald ein Händler es günstig anbietet. Andere Güter, wie einen Fernseher etwa, kauft dieser Konsument aufgrund der guten Beratung im Fachgeschäft, wobei er keinen Wert auf Markenqualität legt. Der Verkäufer nimmt ihm durch die Beratung die Angst vor einem Fehlkauf. Dieses Beispiel kommt dem komfortorientierten Billigkauf gleich.

Hybrides Kaufverhalten

Das zukünftige Kaufverhalten hängt zum einen mit der weiteren wirtschaftlichen Entwicklung zusammen. Daneben ist aber die demographische Entwicklung eine der größten Herausforderungen, denen sich Anbieter stellen müssen. Abbildung 36 zeigt den jetzigen Altersaufbau in Deutschland im Vergleich zur prognostizierten Entwicklung bis zum Jahr 2040 (vgl. *Bundesministerium des Innern* 1996, S. 23). Bei der Prognose wurde die Modellvariante IA gewählt. Die wichtigsten Annahmen bei dieser Variante lauten:

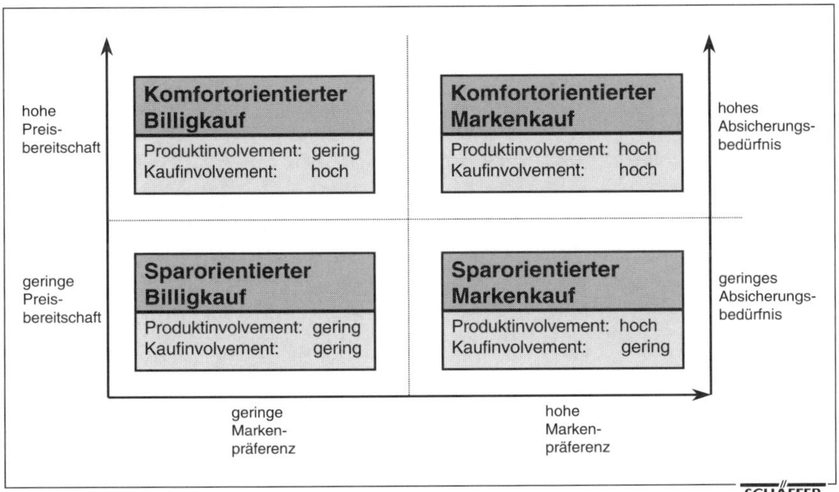

SCHÄFFER POESCHEL

Abb. 35: Die theoretischen Facetten hybriden Kaufverhaltens
Quelle: *Schmalen/Lang* 1998, S. 6

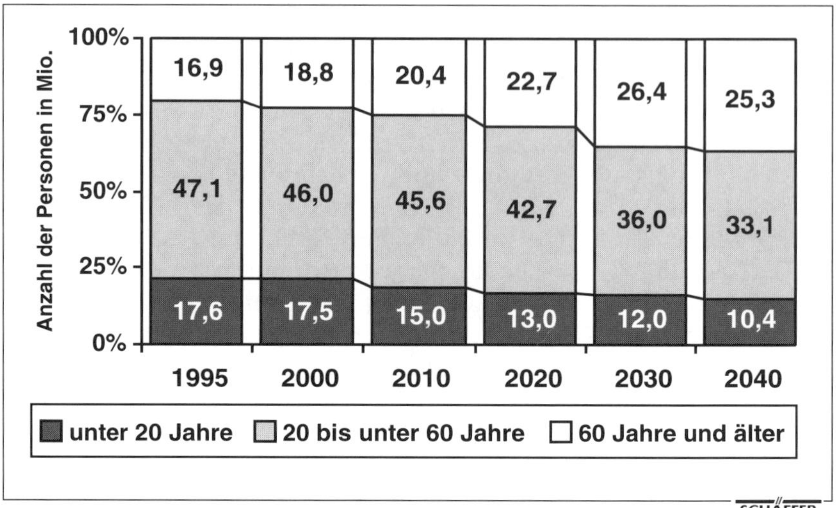

Abb. 36: Prognose der Bevölkerungsentwicklung in Deutschland. Quelle: *Bundesministerium des Innern* 1996, S. 23

konstante Geburtenhäufigkeit und niedrigere Zuwanderungen als bisher (vgl. *Bundesministerium des Innern* 1996, S. 37f.).

Zielgruppen

Diesen Prognosen zufolge wird die Zahl der *Kinder und Jugendlichen* unter 20 Jahren weiterhin abnehmen. Diese Zielgruppe ist wichtig für Anbieter von kinderspezifischen Artikeln, angefangen bei Babywindeln über Spielzeug und Süßwaren bis zu Kleidung und Freizeitangeboten für Jugendliche. Zudem ändert sich das Kaufverhalten dahingehend, daß Kinder die Kaufentscheidungen immer mehr mit beeinflussen, so daß die Kommunikation mit den Erziehungsberechtigten allein nicht mehr ausreicht. Die Kids haben schon in jungen Jahren dezidierte Einstellungen. So ist das Markenbewußtsein laut einer Untersuchung von 6 bis 17 Jahre alten Kindern und Jugendlichen schon sehr ausgeprägt. Bei Jeans und Sportschuhen beispielsweise ist die Marke für 58 bzw. 64 Prozent der Befragten wichtig. Der Markenwunsch des Kindes wird bei diesen Artikeln den Angaben der ebenfalls befragten Eltern zufolge auch zu etwa 60 Prozent meistens oder immer erfüllt (vgl. *KVA* 1998, S. 15–6 und 15–7). Dies sind Ergebnisse der 1998 durchgeführten Kids Verbraucheranalyse (vgl. zur Untersuchungsmethode *KVA* 1998, S. 1–3 bis 1–19). Daß die minderjährigen Haushaltsmitglieder einen Einfluß auf die Produktwahl haben, wurde in dieser Studie ebenfalls bestätigt. Besonders groß ist dieser Einfluß bei Softdrinks, Süßigkeiten, Schulbedarf, Spielzeug und Bekleidung. Aber auch bei Hifi-Geräten und Autos haben Kinder bei 5 bis 10 Prozent der befragten Eltern einen Einfluß auf die Kaufentscheidung (vgl. *KVA* 1998, S. 15–4 und 15–5).

Bei den *älteren Jugendlichen* handelt es sich ebenso um eine wichtige Zielgruppe, insbesondere dann, wenn eine frühzeitige Bindung an eine Marke erfolgen soll, wie z.B. bei Girokonten, Bausparverträgen, Autos oder Kosmetikprodukten.

Wie die Zahl der Kinder und Jugendlichen wird sich auch die Zahl der *Personen*, die im *Erwerbsleben* stehen, reduzieren. Zur Zeit ist sie noch die mit Abstand größte Gruppe, insbesondere die Generation der Baby-Boomer, die jetzt zwischen Ende 30 und Anfang 40 ist. In Zukunft wird diese Gruppe mit der – zur Zeit – höchsten Kaufkraft schrumpfen.

Eine stark wachsende Tendenz weist die Gruppe der über *sechzigjährigen Senioren* auf. In vierzig Jahren werden Senioren mehr als ein Drittel der deutschen Gesellschaft ausmachen. Bereits in den vergangenen Jahren ist die Kaufkraft kräftig gestiegen (vgl. *Winko* 1999, S. 15ff. zur finanziellen Situation der Senioren), und auch die Einstellung zum Konsum hat sich gewandelt. So sind Motive wie Sparen oder für Kinder und Enkel sorgen in den Hintergrund getreten, während hedonistische Ziele wie Genußstreben oder Selbstverwirklichung immer wichtiger werden (vgl. *Jasny* 1997, S. 112ff.). Außerdem zeichnen sich heutige Senioren durch ein hohes Maß an Freizeitaktivitäten aus. Auch soziale Kontakte sind ihnen sehr wichtig. Aufgrund ihres Nachholbedarfs durch Entbehrungen in der Nachkriegszeit sind prestigeorientierte Konsumgüter von großer Bedeutung für sie. Trotzdem ist dieser Markt sehr heterogen, da das biologische Alter das Ausmaß der Aktivitäten wie Urlaub, Sport oder Geselligkeit entscheidend beeinflußt (vgl. dazu ausführlich *Winko* 1999, S. 16ff.).

Junge Erwachsene von heute, Senioren von morgen

Diese Entwicklungen werden sich weiter fortsetzen. Junge Erwachsene von heute werden die Senioren von morgen sein, so daß sich dauerhafte Trends bei jungen Leuten für die Zukunft fortschreiben lassen. Junge Erwachsene sind zwar sehr heterogen, trotzdem haben sie aber gleiche Erfahrungen in ihrer Kinder- und Jugendzeit gemacht, die sie stark abheben von älteren Menschen. So sind junge Menschen viel individueller erzogen worden (weniger Geschwister, mehr Freiheiten). Teamorientierung ist nur dann zu finden, wenn dem Engagement für die Gruppe ein individueller Nutzen gegenübersteht. Auch der Umgang mit Technologien ist ein anderer: die Angst vor den Auswirkungen der Technik, die in den siebziger und achtziger Jahren noch verbreitet war, ist einem selbstverständlichen Umgang mit technischen Geräten gewichen. Heute 25-Jährige haben mit drei Jahren die Stereoanlage eingeschaltet, mit fünf Jahren telefoniert und in der Schule die ersten Referate mit dem PC geschrieben. Die außerdem gestiegene Erlebnisorientierung führt zu der Fähigkeit, sehr schnell von einem Abenteuer ins nächste zu stürzen und sich völlig geänderten Rahmenbedingungen anzupassen. Last but not least sind junge Leute von einem selbstverständlichen Umgang mit Konsum und folglich auch mit Werbung geprägt (vgl. dazu ausführlich *Villwock* 1998, S. 34ff.).

Veränderung der Haushaltsstrukturen

Ein weiterer wichtiger Aspekt im Zusammenhang mit der demographischen Entwicklung ist die *Veränderung der Haushaltsstruktur* (siehe Abbildung 37). So nimmt die Zahl der Einpersonenhaushalte seit Jahren zu, während die der Mehrpersonenhaushalte abnimmt. Dies führt bei einer mehr oder weniger konstanten Bevölkerungsentwicklung zu einer Zunahme der Zahl der Haushalte (von 1991 bis 1997 von 35,3 auf 37,5 Mio.) Inzwischen werden 35 Prozent der Haushalte von einer Einzelperson geführt. Dies sind vor allem Senioren über 65 Jahre (und darunter insbesondere Witwen). Ein weiterer Trend zeigt sich aber darin, daß immer mehr junge Leute zwischen 25 und 35 Jahren das Alleinleben bevorzugen.

Ein weiteres Drittel sind Haushalte mit zwei Haushaltsmitgliedern. Nur jeder zwanzigste Haushalt hat fünf und mehr Mitglieder. Ferner nimmt die Zahl der Ehepaare ohne Kinder und die Zahl der Alleinerziehenden zu (vgl. *Dorbritz/Gärtner* 1998, S. 374, 410ff. zur zahlenmäßigen Entwickung der einzelnen Haushaltstypen). Das bedeutet, daß die traditionelle Familie mit Eltern und Kindern in seiner Dominanz eingebüßt hat.

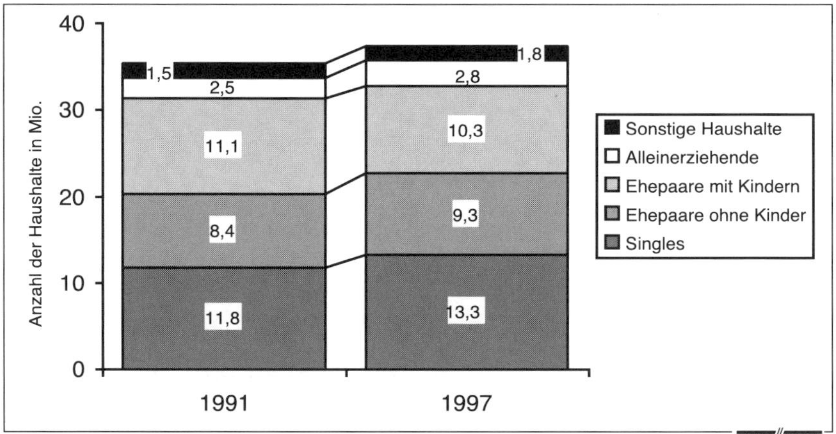

Abb. 37: Familienstrukturen 1991 und 1997
Quelle: *Dorbritz/Gärtner* 1998, S. 414 i. V. m. S. 411, eigene Berechnungen

Diese Trends haben eine herausragende Bedeutung für das Marketing: berufstätige Singles oder Alleinerziehende sind auf längere Öffnungszeiten angewiesen, in kleineren Haushalten werden kleinere Packungsgrößen für Getränke, Lebensmittel oder Reinigungsmittel benötigt und ältere Menschen können ähnlich gestaltete Verpackungen aufgrund der im Alter verminderten Fähigkeit bei der Farbdifferenzierung nicht unterscheiden.

6.2.1.3 Entscheidungsprozesse beim Kauf: Das Modell des Evoked Set of Brands

Endverbraucher erwerben Produkte für den eigenen Gebrauch, für die Familie oder auch als Geschenk. Entscheidungen werden meistens individuell getroffen. Manche Entscheidungen fallen auch erst nach Abstimmung mit den anderen Haushaltsmitgliedern (vgl. *Kroeber-Riel/Weinberg* 1996, S. 452ff. zu den einzelnen Rollen der Familienmitglieder). Die Entscheidungsprozesse sind nur selten formaler Natur (Tagung des Familienrats) und hängen im wesentlichen vom zu erwerbenden Produkt und dem damit verbundenen Kaufrisiko (Preishöhe, Umtauschmöglichkeit) ab (vgl. *Kroeber-Riel/Weinberg* 1996, S. 358ff.). Dies zu berücksichtigen, ist Aufgabe des Marketing im B-to-C Markt.

Entscheidend: zu erwerbendes Produkt und Kaufrisiko

So können Produkte für Endverbraucher nach dem Verhalten der Käufer im Entscheidungsprozeß klassifiziert werden. Die Begriffe Shopping Goods, Convenience Goods und Specialty Goods gehen auf *Melvin T. Copeland* zurück, von dem sie bereits 1923 eingeführt wurden (vgl. *Hansen/Bode* 1999, S. 63). Bei den *Convenience Products* (= Produkte des mühelosen Kaufs) handelt es sich um Produkte des täglichen Bedarfs mit niedrigem Kaufrisiko und geringem Suchaufwand. Der Verbraucher investiert wenig Zeit und Mühe in die Auswahl des Produktes. Häufig sind es auch Impulsartikel, an deren Kauf der Verbraucher durch geschickte Plazierung der Ware erinnert werden muß. Beispiele für Convenience Produkte sind Seife, Zigaretten oder Zeitungen.

Convenience Products

Bei den sogenannten *Shopping Products* (= Produkte des Such- und Vergleichskaufs) gibt sich der Kunde schon etwas mehr Mühe, um das für ihn passende Produkt auszuwählen. Es sind zumeist Produkte des gehobenen Bedarfs mit mittlerem Kaufrisiko aber hohem Informationsbeschaffungsaufwand, wie z.B. Möbel oder Gebrauchtwagen. *Specialty Products* (= Produkte des Spezialkaufs) sind Produkte mit hohem Kaufrisiko und großen Kaufanstrengungen. Der Kunde ist bereit, einen großen Teil seines verfügbaren Einkommens für das Produkt auszugeben und nimmt lange Wege in Kauf, um Vergleiche anzustellen, sich beraten zu lassen und es schließlich zu erwerben. Häufig gibt es eine hohe Markenidentifikation und oft sind es auch Prestigeprodukte. Beispiele sind hochpreisige Markenkleidung, Autos, HiFi-Anlage, Fotoausrüstung, Sportgeräte, Antiquitäten, Immobilien. Dann gibt es noch Produkte, die der Verbraucher i.d.R. gar nicht kennt, weil er bisher noch nie einen konkreten Bedarf hatte wie z.B. Grabsteine oder weil sie neu auf dem Markt sind *(Unsought Products* = Produkte des fremdinitiierten Kaufs). Hier sind Werbung und persönlicher Verkauf sehr wichtig, um in das Bewußtsein des Konsumenten zu gelangen (vgl. *Kotler/Bliemel* 1999, S. 674f.).

Shopping Products

Specialty Products

Unsought Products

Bei all diesen Kaufentscheidungen, die mehr oder weniger bewußt und mit unterschiedlicher Geschwindigkeit ablaufen, steckt ein Prozeß dahinter, der das breit gefächerte Angebot auf eine kleine Anzahl von Produkten reduziert, aus denen der Konsument dann schließlich auswählt. Ziel eines Anbieters ist es, mindestens in dieses Auswahlset *(Evoked Set of Brands)* zu gelangen. Das Modell des Evoked Set ist ein Modell zur selektiven Markenauswahl. Es wurde von Narayana und Markin 1975 entwickelt und von Brisoux und Laroche 1980 erweitert (vgl. *Meffert* 1992, S. 40f. und *Kotler/Bliemel* 1999, S. 337ff., insb. S. 340).

Modell des Evoked Set

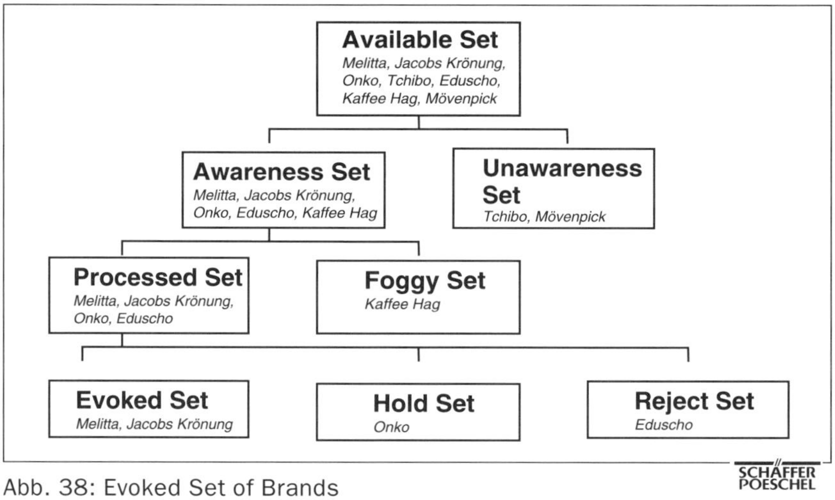

Abb. 38: Evoked Set of Brands
Quelle: in Anlehnung an *Kotler/Bliemel* 1999, S. 340

Dabei sind im *Available Set* alle zu einem bestimmten Zeitpunkt am Markt vorhandenen Marken einer bestimmten Produktgruppe. Das *Awareness Set* enthält alle dem Konsumenten zu diesem Zeitpunkt bewußten Marken, während das *Unawareness Set* die dem Konsumenten zum Kaufzeitpunkt nicht bewußten Marken umfaßt. Im *Processed Set* sind die Marken aus dem Awareness Set, die für ihn zum Kaufzeitpunkt eine Bedeutung haben. Der Konsument kann mit diesen Marken etwas verbinden, sie »sagen« ihm etwas. Marken aus dem *Foggy Set* sind dem Verbraucher zwar bewußt, sie haben aber keine Bedeutung für ihn. Marken aus dem Processed Set, die beim Konsumenten auf Ablehnung stoßen, gehören zum *Reject Set*. Im *Hold Set* verbleiben die Marken aus dem Processed Set, die für die momentane Bedürfnisbefriedigung des Konsumenten keine Bedeutung haben. Eventuell kommen sie bei der nächsten Kaufentscheidung zum Zuge. Schließlich bleiben im *Evoked Set* diejenigen Marken aus dem Processed Set, die der Konsument zum Kaufzeitpunkt in die engere Wahl zieht.

In empirischen Studien konnte gezeigt werden, daß im Evoked Set selten mehr als fünf Produktalternativen verbleiben. So waren es bei einer Untersuchung über den Entscheidungsprozeß bei Zahncreme und bei Windeln sogar nur zwei Alternativen (vgl. *Kroeber-Riel/Weinberg* 1996, S. 382 und die dort zitierte Literatur.).

6.2.1.4 Determinanten des Kaufverhaltens: Das SOR-Modell

Das Modell des Evoked Set of Brands beschreibt jedoch nur den Ablauf der selektiven Markenauswahl und nicht die dahinter liegenden Determinanten des Entscheidungsprozesses. Diese versucht das SOR-Modell (S für Stimulus, O für Organismus und R für Reaktion) zu erklären.

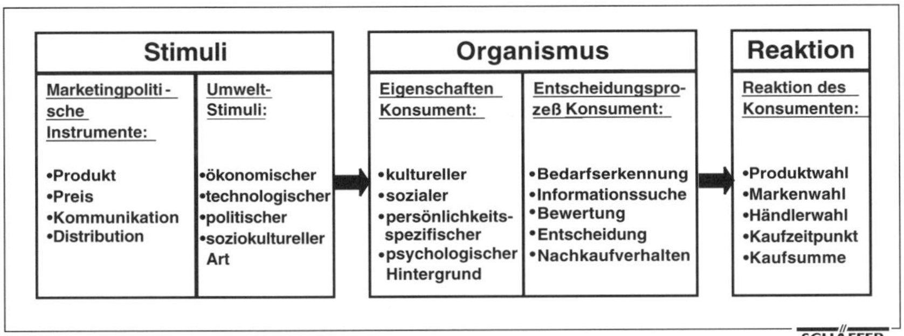

Abb. 39: Erklärung des Kaufverhaltens mit dem SOR-Modell
Quelle: *Kotler/Bliemel* 1999, S. 308

Stimulus

Als *Stimulus* wirken marketingpolitische Instrumente ein, wie die Neuartigkeit eines Produkts, ein interessanter Preis, die Verpackung, ein Werbespot oder ein überzeugender Verkäufer. Weiterhin sind noch Rahmenbedingungen als Stimuli zu berücksichtigen, die den Käufer beeinflussen. Das kann ein neues Gesetz sein, wie z.B. die Anhebung der Einkommensgrenzen für die Arbeitnehmersparzulage, die die Nachfrage nach Bausparverträgen erhöht oder eine Gehaltserhöhung, die den Lebensstandard eines Konsumenten verbessert.

Organismus

Reaktion

Als *Organismus* bezeichnet man die Eigenschaften des Kunden oder Interessenten und seinen Entscheidungsprozeß. Auf diese wirken die Stimuli ein und lösen eine *Reaktion* aus. Durch die unterschiedlichen Eigenschaften der Konsumenten wird die Reaktion auch bei gleichen Stimuli unterschiedlich ausfallen (vgl. dazu ausführlich *Kotler/Bliemel* 1999, S. 307ff.).

Sind einem Anbieter diese Mechanismen bekannt, kann er versuchen, durch geeignete Wahl der Stimuli die Reaktionen zu beeinflussen. In den sechziger Jahren noch war man davon überzeugt, daß man Marketing als Beeinflussungstechnik sehen konnte, um die Reaktionen der Konsumenten auf diese Weise zu steuern. Inzwischen weiß man, daß der Entscheidungsprozeß nicht nur komplex ist, sondern je nach Kundengruppe, Produkt, Absatzraum etc. derart unterschiedlich ist, daß eine gezielte Steuerung mit vorhersagbaren Ergebnissen kaum möglich ist.

6.2.1.5 Der Weg vom Angebot zum Kauf: Modell des Markenvierklangs

Das Modell des Markenvierklangs nimmt im Gegensatz zu den beiden bisher beschriebenen Modellen die Anbieterperspektive ein. Ausgehend davon, daß ein angebotenes Produkt immer den Weg vom Angebot über das Bewußtsein des Konsumenten bis zur Kaufentscheidung geht, muß ein Anbieter als erstes *Bekanntheit* schaffen. Sein nächster Schritt ist die Schaffung einer positiven Einstellung des potentiellen Nachfragers über *Sympathie* und Kaufbereitschaft. Schließlich muß sich diese *Kaufbereitschaft* in einem *Kaufakt* niederschlagen. Dieses Modell ist insbesondere bei Markenprodukten von Bedeutung. Bekanntheit erlangt ein Anbieter i.d.R. über Frequenz in der klassische Werbung, Sympathie und Kaufbereitschaft durch entsprechende Kommunikationsaussagen und die Realisierung des Kaufaktes durch eine hohe Distributionsdichte. Diese vier Schritte Schaffung von Bekanntheit, Sympathie, Kaufbereitschaft und Kauf werden als Markenvierklang bezeichnet (vgl. ausführlich z.B. *Stern Bibliothek* 1998, S. 20ff.). Ganz entscheidend ist hier der Weg von der Einstellung zum (Kauf-)Verhalten.

D

Einstellungen sind »... relativ stabile, systematisch organisierte und erworbene innere Bereitschaften (Prädispositionen) eines Käufers, auf bestimmte Stimuli (Meinungsobjekte) konsistent zu reagieren.« (*Pepels* 1997, »Einführung in die Kommunikationspolitik«, S. 63).

Entscheidend ist dabei, daß Einstellungen über einen längeren Zeitraum in etwa konstant bleiben und daß sie innerhalb des Wertesystems eines Individuums in gewissem Maße konsistent sind. Charakteristisch für Einstellungen ist, daß sie über eine affektive, eine kognitive und eine konative Komponente verfügen (vgl. *Pepels* 1997, »Einführung in die Kommunikationspolitik«, S. 64).

Komponenten der Einstellung

Die *affektive Komponente* der Einstellung umfaßt die gefühlsbetonte Einschätzung gegenüber einem Meinungsobjekt wie z.B. Zu- oder Abneigung. Die *kognitive Komponente* nimmt eine verstandesmäßige Bewertung durch Einordnung in das eigene Werteschema vor, so daß ein inneres Gleichgewicht hergestellt werden kann. Der *konative Bestandteil* der Einstellung umfaßt die Bereitschaft zur Umsetzung in Taten oder Handlungen.

B

So kann die Einstellung zu einer Marke wie z.B. zu *Harley Davidson* über Sympathie (affektive Komponente: »*Harley Davidson* Motorräder sind mir sympathisch«), Produktnutzenversprechen (kognitive Komponente: »Mit *Harley Davidson* kann ich aus dem grauen Büroalltag ausbrechen, ohne die Annehmlichkeiten des modernen Lebens aufzugeben«) und einer Kaufabsicht (konative Komponente: »Ein *Harley Davidson* Motorrad würde ich kaufen«) ermittelt werden.

Einstellung und Verhalten

Wichtig ist der Zusammenhang zwischen Einstellung und Verhalten. Denn Ziel der Marktforscher ist es zu ermitteln, was für den tatsächlichen Kauf oder Nichtkauf maßgeblich ist. Verhalten wird hier im Sinne von beobachtbarem oder offenem Verhalten gesehen. Bisher war man von der Richtigkeit der sogenannten E-V-Hypothese (E = Einstellung und V = Verhalten) überzeugt. Dabei ging man davon aus, daß positive Einstellungen die Kaufchance (Verhalten) erhöhen und negative Einstellungen sie vermindern. Ziel des Marketing ist daher die Verstärkung positiver Einstellungen und die Veränderung negativer Einstellungen, um eine Verhaltensänderung zu bewirken (Kauf bzw. Mehrkauf) (vgl. *Pepels* 1997, »Einführung in die Kommunikationspolitik«, S. 64). Inzwischen gibt es aber Kritik an der E-V-Hypothese (englisch A-B-Hypothesis für A = Attitude und B = Behaviour). Es ist empirisch nicht nachgewiesen, wie stark der Zusammenhang ist und in welche Richtung er verläuft (Problematik von Henne und Ei). Man geht inzwischen davon aus, daß sich Einstellung und Verhalten gegenseitig bestimmen (vgl. *Kroeber-Riel/Weinberg* 1996, S. 170ff.).

B

Das *Harley Davidson* Beispiel soll zur Erläuterung herangezogen werden. Obwohl *Harley Davidson* in Deutschland als Kultmarke gilt, liegt der Marktanteil bei Motorrädern unter drei Prozent. In einer *Emnid-Untersuchung* wurde gefragt, was unter Kultmarken zu verstehen sind und welche Marken Kultmarken sind. *Harley Davidson* belegte den ersten Platz, gefolgt von *Coca Cola* und *Levi's*. Trotz der positiven Einstellungen gelingt es *Harley Davidson* aber nicht, die schlechter bewerteten japanischen Marken und BMW von den Rangplätzen bei den Marktanteilen zu verdrängen. Dies zeigt, daß Einstellungen lediglich eine notwendige und keinesfalls eine hinreichende Bedingung für das Kaufverhalten sind (vgl. zu den Ergebnissen der *Emnid-Studie o. V.* 1999, »Die Seele von Harley Davidson und Persil«, S. 20).

Abbildung 40 zeigt zusammenfassend die Stufen des Markenvierklangs sowie die Komponenten der Einstellungen und das Verhalten.

1. Stufe	Bekanntheit	Marke dringt in das Bewußtsein des Nachfragers	Kognitive Komponente der Einstellung
2. Stufe	Sympathie	Marke ist für den Nachfrager begehrenswert	Affektive Komponente der Einstellung
3. Stufe	Kaufbereitschaft	Nachfrager will Marke kaufen	Konative Komponente der Einstellung
4. Stufe	Kauf	Nachfrager kauft, verwendet Marke	Verhalten

Abb. 40: Stufen des Markenvierklangs

6.2.1.6 Lebensstile

Die Lebensstilforschung hat sich zur Aufgabe gemacht, die oben geschilderte Komplexität des Zusammenhangs zwischen Einstellungen und Verhalten zu reduzieren. In den Lebensstilen spiegeln sich sowohl Einstellungen als auch Verhalten wider. *Einstellungen* werden in Form von Werten, Meinungen und Interessen erfaßt. Das *Verhalten* wird über Freizeitaktivitäten, Wahl des Wohnumfelds, Kauf von Gütern oder Inanspruchnahme von Dienstleistungen erhoben (vgl. *Pepels* 1997, »Einführung in die Kommunikationspolitik«, S. 68). Daraus werden Cluster gebildet, die verschiedene Lebensstile repräsentieren. Diese werden verwendet, um Marktsegmente voneinander abzugrenzen.

Meßansätze

In der Lebensstilforschung gibt es verschiedene Meßansätze (vgl. *Kroeber-Riel/Weinberg* 1996, S. 549f. oder *Kotler/Bliemel* 1999, S. 319ff.). Der Anfang der siebziger Jahre von *Wells* und *Tigert* entwickelte und von der Unternehmensberatung *Leo Burnett* angewendete A-I-O-Ansatz beispielsweise erhebt Aktivitäten (A = Activities) in den Bereichen Arbeit, Freizeit, Einkaufen und Soziales, des weiteren Interessen (I = Interests) hinsichtlich Familie, Beruf, Erziehung und Essen und schließlich Einstellungen (O = Opinions) über sich selbst, Politik, Wirtschaft, Erziehung und Natur (vgl. *Kroeber-Riel/Weinberg* 1996, S. 549). Daraus ergeben sich zehn Lebensstile (vgl. *Trommsdorff* 1993, S. 203ff.).

Darüber hinaus gibt es eine Reihe von Typologien verschiedener Zeitschriftenverlage, z.B. von *Gruner & Jahr*, *Burda* oder *Brigitte*, um die Leserschaft zu klassifizieren. Wichtig ist dies für die Akquisition von Anzeigenkunden. Auch das Marktforschungsinstitut *GfK* arbeitet mit Lebensstilen. Dort werden sogenannte *Eurostyles* unterschieden wie z.B. Euro-Dandy, Euro-Business, Euro-Moralist, um europäische Unterschiede und Gemeinsamkeiten zu kennzeichnen (vgl. *Kotler/Bliemel* 1999, S. 321).

Der Vorteil der Segmentierung nach Lebensstilen gegenüber soziodemographischen Variablen liegt in der besseren Prognosefähigkeit des Kaufverhaltens. Jedoch ist die Erhebung sehr aufwendig und muß auf das jeweilige Produkt abgestimmt werden. Einen allgemeineren Ansatz liefern die *gesellschaftlichen Leitmilieus*.

B

Das *Sinus-Institut* unterscheidet neun verschiedene Milieus in Westdeutschland (vgl. *Schramm, A.* 1999, S. 3ff.). Darauf aufbauend wurden z.B. Wohnstile ermittelt – eine wichtige Grundlage für Marketingentscheidungen in der Möbelbranche. Basis war die 1987 durchgeführte Untersuchung »Wohnwelten in Deutschland 2«, in der 2.500 Personen zwischen 14 und 64 Jahren befragt wurden (vgl. *Schramm, A.* (1999), S. 52ff.). In dieser von *Burda* in Auftrag gegebenen Repräsentativstudie wurden Instrumente entwickelt, die verschiedene Aussagen zur Diagnose der Milieuzugehörigkeit sowie Fragen zur Wohnsituation, zur Ausstattung der Wohnung und zu Anschaffungsabsichten umfaßten. Diese Einstellungs- und Verhaltensvariablen wurden auf neun Geschmacksdimensionen reduziert, die die verschiedenen Wohnstile repräsentieren (siehe Abbildung 41).

Geschmacksdimensionen	**Anteil in Prozent**
Rustikalität	39
Bürgerliche Tradition	20
Klassische Modernität	18
Nostalgie	16
Legere Gemütlichkeit	15
Repräsentative Individualität	13
Konventionelle Gemütlichkeit	12
Antikonventionalismus	4
Avantgarde	3

SCHÄFFER POESCHEL

Abb. 41: Wohnstile in Westdeutschland
Quelle: *Wohnwelten in Deutschland 2* zitiert in *Schramm, A.* 1999, S. 53

Ebenso wie für die Wohnstile können auf Basis der gesellschaftlichen Leitmilieus auch andere Lebensstile entwickelt werden.

6.2.2 Unternehmen als Kunden (B-to-B)

6.2.2.1 Beteiligte am B-to-B Markt

Unternehmen – oder noch weiter gefaßt Organisationen – als Kunden unterscheiden sich im wesentlichen dadurch von Konsumenten, daß die Kaufentscheidung nicht unter dem Aspekt des originären Bedarfs sondern des abgeleiteten Bedarfs getroffen wird. Das Unternehmen oder der Einkäufer des Unternehmens benötigt ein Produkt nicht zur Befriedigung seines persönlichen Bedarfs, sondern um die Ziele des Unternehmens zu erreichen. Daher spricht man in diesem Zusammenhang auch von Investitionsgütern. Dies sind Leistungen, die der Herstellung von Gütern oder der Erbringung von Dienstleistungen dienen.

Auch wenn im Begriff »*Investitionsgüter*« der Bestandteil »Güter« enthalten ist, handelt es sich nicht ausschließlich um reine Güter. Vielmehr wird der Begriff sehr weit gefaßt. Investitionsgüter können sein (vgl. *Plinke* 1991, S. 172):

- Sachgüter (z.B. Maschinen, Anlagen, Rohstoffe, Werkstoffe)
- Dienstleistungen (z.B. Steuerberatung, EDV-Beratung, Marktforschung)
- Rechte (z.B. Patente, Lizenzen)
- Nominalgüter (z.B. Beteiligungen).

Investitionsgüter und langlebige Gebrauchsgüter

Oft werden Investitionsgüter und langlebige Gebrauchsgüter (Beispiel Auto) begrifflich vermischt. Die Abgrenzung erfolgt nicht über technische Produkteigenschaften, sondern über den *Verwendungszweck* (Konsum oder Leistungserstellung?) und den Nachfrager (Konsument oder Nichtkonsument?).

B

Ein Auto ist dann also ein Investitionsgut, wenn der Fahrer es beruflich nutzt, z.B. als Handelsvertreter, als Installateur auf der Fahrt zum Kunden oder als Lieferant von Arzneimitteln für Apotheken. Der Zweck der Fahrt besteht darin, eine Dienstleistung für einen Kunden zu erbringen.

Dasselbe Auto kann als Konsumgut gesehen werden, wenn es für die Urlaubsreise oder Fahrt zum Einkaufen verwendet wird.

Als Investitionsgüter müssen auch Güter betrachtet werden, die ein Hersteller an einen Groß- oder Einzelhändler verkauft. Diese dienen dem Händler dazu, seinen Geschäftsbetrieb aufrecht zu erhalten und Gewinne zu erzielen.

Abnehmer sind also Organisationen, und der Verwendungszweck besteht darin, mit dem Investitionsgut eine Dienstleistung zu erbringen oder ein Gut zu produzieren. Daher wird auch von *Business-to-Business Marketing* oder kurz von B-to-B bzw. B2B Marketing gesprochen. Die amerikanischen Begriffe Business-to-Business-Goods oder Industrial Goods sind treffender, werden aber in der deutschsprachigen Literatur seltener verwendet (vgl. *Godefroid* 1995, S. 19, *Backhaus* 1997, Vorwort). Der Anbieter von Investitionsgütern muß nicht nur die Ziele des unmittelbaren Nachfragers im Auge behalten, sondern muß sich ferner an den Vorstellungen der Kunden seines Kunden orientieren. Das Marketing im Business-to-Business-Bereich ist insofern ein zweistufiges Marketing. Wichtig ist also, daß die Marktpartner Organisationen untereinander

Abgeleiteter Bedarf

sind, die ihren (abgeleiteten) Bedarf mit Hilfe des für die Transaktion zur Verfügung stehenden Produktes befriedigen wollen.

Geringere Zahl von Marktteilnehmern

In der Regel handelt es sich im B-to-B Markt nur um eine geringe Zahl von Kunden. Typisch ist auch, daß der Markt – insbesondere bei maßgeschneiderten Produkten – recht transparent ist, so daß es im Extremfall keine Wettbewerber gibt, weil die angebotenen Produkte oder Leistungen nicht vergleichbar sind. Dies bedingt, daß die Beziehungen zwischen Anbieter und Nachfrager oft enger sind und sogar zu Kooperationen wie Just-in-Time-Verträgen, Value-Adding-Partnerschaften oder F&E-Kooperationen führen (vgl. *Plinke* 1991, S. 173f.).

Längere Geschäftsbeziehung

Ein weiteres Kennzeichen von B-to-B-Märkten ist die tendenziell länger dauernde Geschäftsbeziehung. Dies ist darauf zurückzuführen, daß sich der einzelne Kaufakt häufig als kontinuierlicher Prozeß darstellt, der in mehreren Phasen abläuft. Kooperationen zwischen Anbieter und Nachfrager wie z.B. die o.a. Just-in-Time-Verträge bedingen eine langfristige Zusammenarbeit, so daß eine Kündigung der Geschäftsbeziehung für beide Seiten problematisch ist (vgl. *Schürle* 1999, S. 10).

Internationalität

Schließlich ist der Internationalisierungsgrad im B-to-B Markt häufig größer, insbesondere dann, wenn sehr spezielle Produkte für einen kleinen Kundenkreis angeboten werden und der heimische Markt nicht ausreicht, um Skaleneffekte zu nutzen.

6.2.2.2 Wandel des Marktes

Tendenz zur Dienstleistung

Auch der Markt im Business-to-Business-Bereich hat sich gewandelt. Bei den angebotenen Produkten hat sich eine *Tendenz zur Dienstleistung* bemerkbar gemacht. Dabei ist zu unterscheiden zwischen Dienstleistungen als Produkt und Dienstleistungen als zusätzliche Leistung zum angebotenen Gut. Zu den Dienstleistungen als eigenständiges Produkt gehören z.B. Unternehmensberatung, Transportdienstleistung, Werbeagenturleistung, Callcenterdienstleistung oder Softwareentwicklung. Dienstleistung als zusätzliche Leistung zum Produkt im Presales- und Aftersalesbereich umfaßt z.B. Beratung vor dem Kauf, Reparaturservice, Hotline bei Problemen mit dem Produkt, Wartung. Letzteres hängt mit der zunehmenden Komplexität der Produkte zusammen.

Homogenisierung der Produkte

Aber auch die zunehmende *Homogenisierung der Produkte* (vgl. *Ramme* 2000, o. S. oder *Lasogga* 1998, S. 84) hat zum Angebot von mehr Dienstleistungen geführt, um sich von Wettbewerbern abzuheben. Schließlich macht sich der Trend zur Dienstleistung in der Industriegesellschaft auch im Business-to-Business-Bereich bemerkbar, der u. a. aufgrund zunehmender Arbeitsteilung und Spezialisierung entstanden ist.

Bedeutung Marketing

Außerdem ist im B-to-B Markt die *Bedeutung des Marketing* gestiegen. Man hat erkannt, daß auch hier die Unternehmensführung unter das Primat der Marktorientierung gestellt werden muß. Durch den Einsatz der marketingpolitischen Instrumente sollen Austauschprozesse zwischen Firmen erzielt werden, die zur Zielerreichung in beiden Firmen beitragen. Dabei muß – wie bereits erwähnt – nicht nur der unmittelbare Kunde gesehen werden, sondern zusätzlich der Kunde des Kunden.

B

Ein Anbieter von Transportdienstleistungen wie *UPS*, *DHL Worldwide Express*, *German Parcel* oder *Deutsche Post AG*, der Ersatzteile an Autohändler liefert, hat nicht nur an die Vorstellungen der Autohändler zu denken, sondern auch an die Kunden, die auf die Reparatur ihres Fahrzeugs warten. Eine zu späte Lieferung am Nachmittag hat zur Folge, daß das Ersatzteil nicht mehr am gleichen Tag eingebaut werden kann und der Autofahrer einen weiteren Tag auf die Nutzung seines Autos verzichten muß.

Gerade Deutschland als exportstarkes und technologieorientiertes Land war immer stolz auf die Qualitätsbegriff »Made in Germany«. Nicht mehr das Produkt, sondern den Kunden oder den Markt als wichtige Größe zu sehen, stellt für viele Unternehmen im Business-to-Business-Bereich aber immer noch eine Herausforderung dar (vgl. *Schürle* 1999, S. 13).

Verkürzung Produktlebenszyklen

Die fortschreitende Internationalisierung und der damit zusammenhängende Wettbewerb hat für viele B-to-B-Unternehmen zur Folge, daß Produkte auf dem neuesten Stand der Technologie sein müssen. Dies führt zu einer *Verkürzung der Produktlebenszyklen* und zu einer ansteigenden Komplexität der Produkte (vgl. *Backhaus* 1997, S. 13). Der Produktlebenszyklus umfaßt die Zeit zwischen Markteinführung und Herausnahme aus dem Markt (siehe auch Kapitel 11.3.2.3). In der Mikroelektronik liegt die durchschnittliche Produktlebenszeit sogar unter der durchschnittlichen Produktentwicklungszeit (vgl. *Tominaga* 1999, o.S. zitiert in *Schürle* 1999, S. 13).

6.2.2.3 Entscheidungsprozesse

In die Entscheidungsprozesse sind meist mehrere Vertreter beider Parteien involviert (vgl. dazu *Godefroid* 1995, S. 58ff. sowie *Backhaus* 1997, S. 90ff.). Diese Konstellation gibt es auch im B-to-C Markt, wenn das Kaufrisiko groß ist. Je nach Kaufrisiko werden auch im B-to-B Markt ein oder mehrere Vertreter der Kundenseite in den Kaufprozeß involviert sein. Ist die Bedeutung des Auftrags für den Anbieter groß, wird auch er mehrere Vertreter seines Unternehmens in den Verhandlungsprozeß entsenden.

Art des Entscheidungsprozesses

Die Art des Entscheidungsprozesses wird mithin von der *Bedeutung des Kaufaktes* für das jeweilige Unternehmen bestimmt.

Diese hat Auswirkungen auf die Zahl der Beteiligten und auf deren hierarchische Stellung. Bei bedeutenden Aufträgen werden zuerst die Vertreter höherer hierarchischer Ebenen miteinander verhandeln. Anschließend finden Gespräche zwischen Mitarbeitern niedrigerer Ebene mit entsprechender Sachkompetenz statt, um Details des Kaufaktes zu besprechen. Schließlich werden dann wieder die hochrangigen Unternehmensvertreter mit Entscheidungskompetenz zusammenkommen. Routinekäufe werden im Extremfall computergestützt durch eine Vernetzung zwischen Anbieter und Nachfrager durchgeführt.

Entscheidungen werden also oft *kollektiv* getroffen. Dies hat zur Konsequenz, daß die Beziehungen zwischen den Vertretern des kaufenden Unternehmens für den Anbieter von großer Wichtigkeit sind. Die Struktur des sogenannten *Buyingcenters* zu kennen, ist entscheidend für den Erfolg der Verhandlungen. Dies bezieht sich einmal auf die Kenntnis der Personen mit Entscheidungs- bzw. Sachkompetenz, aber auch auf das Wissen um die internen Machtstrukturen.

Der Entscheidungsprozeß im B-to-B Bereich ist ferner *formalisierter* als im B-to-C Bereich. So gibt es routinisierte Beschaffungsprozesse für häufig benötigte oder niedrigpreisige Produkte wie z.B. Büromaterial, das von Mitarbeitern im Materialeinkauf nach Bedarf geordert wird. Aber auch bei einmaligen und bedeutenden Kaufakten gibt es formalisierte Prozesse, deren Ausgestaltung von der Verteilung der Sach- und Entscheidungskompetenz auf der Nachfragerseite abhängig sind. Viele Unternehmen haben Kaufprozesse dahingehend formalisiert, daß die Entscheidungskompetenz abhängig vom Investitionsvolumen ist (sogenannte Beschaffungsordnung).

Meistens dauern die Entscheidungsprozesse in B-to-B Märkten auch *länger* an. Dies liegt nicht nur an der Zahl der beteiligten Verhandlungspartner, sondern auch an der Anzahl der Angebote, die gegenseitig ausgetauscht werden. So werden sowohl Preis als auch Produkt meistens erst nach mehreren Verhandlungen genau spezifiziert.

6.2.2.4 Determinanten des Kaufverhaltens

Wesentlicher Einflußfaktor auf das Kaufverhalten ist das *Ziel*, das mit dem Kauf des Produktes verfolgt wird. Dies wird letztlich das Unternehmensziel sein, d.h. in der Regel die Erzielung von Gewinn. Nun kommt es entscheidend darauf an, ob das *Kaufrisiko* eher groß oder klein ist und ob das Unternehmensziel durch ein bestimmtes gezeigtes Kaufverhalten wesentlich oder nur unwesentlich beeinflußt wird.

B

Das Risiko einer Fehlentscheidung bei der Bestellung von Büromaterial ist geringer als bei der Beschaffung einer neuen EDV-Anlage.

Rationalität

Unabhängig davon wird bei Entscheidungen von Unternehmen größere *Rationalität* unterstellt. Jedoch auch hier ist das SOR-Modell anwendbar mit den Einflußfaktoren Einstellungen, Motive, soziales Umfeld und soziokultureller Hintergrund. Zwar spielen kognitive Prozesse eine größere Rolle, da zum einen aufgrund von Konventionen der Zwang besteht, sich mit rationalen Argumenten für eine Entscheidung zu rechtfertigen. Gleichwohl wird oft ein dem Unternehmen bereits bekannter Anbieter gewählt, weil die Chemie zwischen den Verhandlungspartnern stimmt. Nach außen werden dann andere Gründe ins Feld geführt wie bisherige Termintreue, guter Leumund, hohe Wechselkosten oder ähnliches. Genauso kann es sein, daß ein Unternehmen einen weithin bekannten und umsatzstarken Anbieter wählt, um auf der »sicheren Seite« zu sein. Dahinter steckt der Gedanke, daß viele andere Unternehmen diesem Anbieter offensichtlich bereits vertraut haben und wohl nicht enttäuscht worden sind. Zum anderen sind die rationalen Kriterien deswegen von größerer Bedeutung, weil die Konsequenz einer Fehlentscheidung meist in monetären Größen meßbar ist und den Entscheidern zugerechnet wird. Daß die Rationalität in der Praxis eine geringere Rolle spielt, als sie theoretisch dürfte, hat man auch schon in der Werbung erkannt. So hat die emotionale Werbung im B-to-B-Bereich an Bedeutung gewonnen (vgl. *Lasogga* 1998, S. 84ff.).

6.2.3 Zusammenfassung der wichtigsten Unterschiede im Hinblick auf das Marketing

In der folgenden Abbildung 42 sind die wichtigsten Unterschiede zwischen B-to-C und B-to-B Marketing zusammengestellt (vgl. *Weis* 1997, S. 31 und *Plinke* 1991, S. 173).

Typisch (aber nicht zwingend)	B-to-C Marketing	B-to-B Marketing
Beteiligte am Markt	• viele Kunden mit überwiegend anonymen Kontakten	• wenige Kunden mit überwiegend persönlichen Kontakten • teilweise Kooperationen zwischen Anbieter und Nachfrager (vertikal) oder zwischen verschiedenen Anbietern (horizontal)
Wandel des Marktes	• vom Verkäufer- zum Käufermarkt	• verstärkt Marktorientierung statt Produktorientierung

Typisch (aber nicht zwingend)	B-to-C Marketing	B-to-B Marketing
Entscheidungs-prozesse	• individuell, evtl. für Familie, oft Impulskäufe, oft emotional	• kollektiv, formalisiert, oft lang andauernde Entscheidungsprozesse, Zwang zu rationalem Verhalten
Determinanten des Kaufverhaltens	• originärer Bedarf • soziokulturelle Einflüsse	• derivativer Bedarf • Struktur Buyingcenter
Produktpolitik	• meist selbsterklärend • Trend zur Homogenisierung • meist Massenproduktion oder Serienfertigung	• häufig erklärungsbedürftig • häufig hochwertig • häufig individuell auf Kundenwunsch gefertigt • hohe Bedeutung von Dienstleistungen im Zusammenhang mit Produkt wie Kundendienst und Beratung, z. T. bis zu Managementverträgen
Preispolitik	• Preise meist festgelegt (Rabattgesetz) • bei hochpreisigen Produkten Bedeutung von Leasing und Finanzierung zugenommen	Kredite und Zahlungsbedingungen häufig wichtig • Zeitpunkt • Währung • Preisgleitklauseln • Preisvorbehalte • Submissionspreise • Kompensationsgeschäfte
Distributionspolitik	• meist indirekt über Absatzmittler (Handel) • oft mehrstufig	häufig direkt, da • Lagerung zu kostspielig • Nachfrager nicht weit verstreut • Produkte oft individuell
Kommunikations-politik	meist Massenkommunikation, d.h. • große Bedeutung der Werbung in Massenmedien	meist individuelle Kommunikation, d.h. • große Bedeutung von persönlichem Verkauf • geringe Bedeutung der Werbung in Massenmedien • häufig lang andauernde Verkaufsverhandlungen • Beziehungsmanagement wichtig (Kundenbindung)
Organisation	• häufig Produktmanagement oder Category Management	• häufig Key-Account-Management

Abb. 42: Wichtige Unterschiede zwischen B-to-C und B-to-B Marketing

6.3 Unterscheidung nach der angebotenen Leistung

6.3.1 Güter

D

Bei Gütern handelt es sich um Produkte, die physisch identifizierbar sind. Dabei werden in der Regel Verbrauchs- und Gebrauchsgüter unterschieden. Verbrauchsgüter sind Güter, die im Normalfall im Laufe eines einzigen oder einiger weniger Verwendungseinsätze konsumiert werden. Gebrauchsgüter überstehen i.d.R. mehrere Verwendungseinsätze (vgl. *Kotler/Bliemel* 1999, S. 673).

Verbrauchsgüter haben meist kurze Wiederkaufzyklen, so daß sich hohe Verfügbarkeit, hohe Werbeintensität und ein Preis mit niedrigen Margen empfehlen. Beispiele sind Zigaretten, Fertigsuppen, Schreibpapier, Benzin oder Tonerkartuschen.

Die Anfänge der Markenpolitik gehen auf die Markierung von Verbrauchsgütern zurück (vgl. *Hansen/Bode* 1999, S. 49).

Gebrauchsgüter haben meist längere Wiederkaufzyklen und höhere Margen, so daß sich ein höherer Aufwand für Verkauf, Service oder Garantieleistungen lohnt (vgl. *Kotler/Bliemel* 1999, S. 673). Beispiele für Gebrauchsgüter sind Kühlschränke, Jeans, Bohrmaschinen, Personal Computer, Spielzeug, Autos oder Werkzeugmaschinen.

Hier wird bewußt nur auf die Produkteigenschaften abgestellt. Die Unterscheidung in Investitionsgüter und Konsumgüter stellt auf den Verwendungszweck und den Käufer ab. *Konsumgüter* sind Güter des täglichen Bedarfs, die von Privatpersonen gekauft werden, während *Investitionsgüter* von Unternehmen beschafft werden, um ihre Unternehmensziele zu realisieren (siehe Kapitel 6.2.2).

6.3.2 Dienstleistungen

Branchen

Es existiert ein breites Spektrum von Unternehmen, die Dienstleistungen anbieten. Dienstleistungen werden sowohl im öffentlichen Sektor als auch im privatwirtschaftlich organisierten Bereich erbracht. *Typische Dienstleistungsbranchen* sind (vgl. *Scheuch* 1982, S. 27ff.):

- Öffentliche Versorgungsunternehmen (Elektrizitätswerke, Wasserwerke, ...)
- Unterricht und Forschung (Universitäten, Schulen, Internate, ...)
- Ämter und Interessenvertretungen (Bundeswehr, Stadtverwaltung, Kammern, Parteien, ...)

- Beherbergung, Gastronomie (Restaurant, Hotel, ...)
- Verkehr und Nachrichtenübermittlung (Spedition, Fluggesellschaft, Presseagentur, ...)
- Geld- und Kreditwesen, Versicherung (Banken, Sparkassen, Bausparkassen, Versicherungen, ...)
- Rechts- und Wirtschaftsdienste (Rechtsanwälte, Marktforschungsinstitute, Makler)
- Körperpflege, Reinigung (Gebäudereinigung, Kosmetiksalon, ...)
- Kunst, Unterhaltung, Sport (Opernhäuser, Galerien, Sportvereine, ...)
- Gesundheits- und Fürsorgewesen (Ärzte, Kuranstalten, Altersheime, ...)

Die Auflistung zeigt, daß es Überschneidungen mit anderen Bereichen gibt, z.B. dem Nonprofitsektor (Hochschulen, Opernhäuser). Auch wird zum Teil der Handel zur Dienstleistungsbranche gerechnet.

Eine Dienstleistung ist im Gegensatz zu einem Gut ein immaterielles, physisch nicht identifizierbares Angebot (vgl. *Weis* 1997, S. 30). Das bedeutet, daß man eine Dienstleistung weder sehen noch anfassen kann – mit der Konsequenz, daß eine Beurteilung der Produktqualität sehr schwierig ist.

D

Fehlende Lager- und Transportfähigkeit

Eine weitere Besonderheit von Dienstleistungen ist, daß man sie nicht *lagern* oder *transportieren* kann. Möchte ein Nachfrager eine Dienstleistung in Anspruch nehmen, muß es an einem gewünschten Ort und zu einer bestimmten Zeit sein. Während ein transportfähiges Gut (z.B. ein Aktenkoffer), das in Hamburg angeboten aber in Stuttgart nachgefragt wird, innerhalb kurzer Zeit zum Nachfrageort transportiert werden kann, kann eine Dienstleistung wie z.B. eine Flugreise von München nach Hamburg weder transportiert noch gelagert werden. Will beispielsweise ein Geschäftsreisender heute Abend noch von München nach Hamburg fliegen, muß diese Dienstleistung zu diesen Bedingungen bereitgestellt werden. Der Abflug vor einer Stunde oder der Flug nach Mailand sind für den Geschäftsreisenden ohne Nutzen.

Individualität

Ferner sind Dienstleistungen dadurch gekennzeichnet, daß sie oft *individuell* bzw. einmalig sind. So ist die Leistung eines Restaurants Schwankungen unterworfen, da das Angebot nur schwer standardisierbar ist. Denn Dienstleistungen werden in den meisten Fällen von Menschen erbracht, deren Leistungsfähigkeit nun einmal schwankt.

Externe Faktoren

Schließlich muß beachtet werden, daß bei jeder Dienstleistung ein *externer Faktor* mitspielt. Dieser externe Faktor ist der Kunde selbst, an dem eine Dienstleistung erbracht wird (Fortbildung, Schönheitspflege, Krankengymnastik) oder es ist ein Objekt des Kunden, an dem eine Dienstleistung ausgeführt wird (Reparatur seines Autos, Installation seines Personal Computers, Reinigung seines Kleidungsstückes). Auch der Einbezug des externen Faktors führt zu Qualitätsschwankungen – sei es, daß der Kunde die geforderten Voraussetzungen für eine Fortbildung nicht mitbringt, sei es, daß der Defekt am Auto nicht richtig beschrieben wurde.

Diese Besonderheiten (immateriell, nicht lagerfähig, kaum standardisierbar, Einbezug externer Faktoren) haben entscheidenden Einfluß auf das Marketing für Dienstleistungen. Wie bereits erwähnt, ist eine *Qualitätsbeurteilung* aufgrund der Immaterialität nur begrenzt möglich. Dabei wird unterschieden nach search qualities (Prüfeigenschaften), experience qualities (Erfahrungseigenschaften) und credence qualities (Vertrauenseigenschaften) (vgl. *Kuhnert/Ramme* 1998, S. 19).

Prüfeigenschaften

Prüfeigenschaften kommen bereits bei der Auswahl eines Angebots zum Tragen. So kann anhand der Paßform eines Kleidungsstücks das Angebot unmittelbar vorgeführt werden, während die Qualität einer Steuerberatung vor der Inanspruchnahme nicht einzuschätzen ist, da die Leistung zu diesem Zeitpunkt streng genommen noch nicht existiert – und daher auch nicht »vorgeführt« werden kann.

Erfahrungseigenschaften

Erfahrungseigenschaften beziehen sich auf Urteile, die während oder nach der Nutzung der Dienstleistung gefällt werden können, wie z.B. die Qualität der Steuerberatung.

Vertrauenseigenschaften

Vertrauenseigenschaften schließlich sind einer objektivierbaren Bewertung nicht zugänglich. Die Qualität der Ausbildung an einer bestimmten Hochschule beispielsweise ließe sich dadurch messen, daß der Absolvent genau derentwegen eine bestimmte Karriere durchlaufen hat. Dies ist letztlich nicht einschätzbar, da weitere Einflußgrößen wie Persönlichkeitsmerkmale, Ausbildung desjenigen, der einstellt, usw. ebenfalls eine Rolle spielen und ihre Wirkung nicht »herausgerechnet« werden kann. Dienstleistungen sind generell gekennzeichnet durch einen geringen Anteil an Prüfeigenschaften, einen hohen Anteil an Erfahrungseigenschaften und einen hohen Anteil an Vertrauenseigenschaften, so daß die Produktqualität durch den Nachfrager nur schwer einschätzbar ist (vgl. *Hentschel* 1990, S. 230). *Becker* stellt einige Sachgüter und Dienstleistungen zusammen und nimmt basierend auf *Zeithamel* eine Zuordnung zu den Anteilen an Search-, Experience- und Credence Qualities vor (vgl. *Becker* 1998, S. 712).

Ist der Anteil der Prüfeigenschaften sehr gering, kann der Konsument erst nach der Inanspruchnahme – und damit meist nach der Bezahlung – entscheiden, ob das Produkt seinen Erwartungen entspricht. Dazu kommt noch, daß vielfach auch kein »Umtausch« erfolgen kann, wenn z.B. der Haarschnitt nach einem Friseurbesuch nicht gefällt. Der Nachfrager geht also bei der Inanspruchnahme einer Dienstleistung ein Risiko ein. Denn das Dienstleistungsprodukt erhält seine endgültige Form erst durch Interaktion zwischen Kundenkontaktpersonal und Kunde (vgl. *Kuhnert/Ramme* 1998, S. 20). Diesem Risiko kann ein Anbieter im Rahmen der *Produktpolitik* z.B. durch Leistungsversprechen, Servicegarantien oder Setzen von Mindeststandards entgegentreten (vgl. dazu ausführlich auch *Kuhnert/Ramme* 1998, S. 157ff.).

Produktpolitik

Ferner kann ein Anbieter durch *Markierung* von Dienstleistungen versuchen, die Unsicherheit beim Kauf von Dienstleistungen zu reduzieren. Das einheitliche Erscheinungsbild und die einheitliche Produktpalette von *Burger King* oder *McDonald's* Restaurants etwa vermitteln dem Kunden das Gefühl, eine Dienstleistung auf einem bekannten Niveau zu erhalten. Allein das Wiedererkennen einer vertrauten Atmosphäre stärkt das Vertrauen in den Anbieter und erhöht so den Anteil an Prüfeigenschaften.

Die fehlende Möglichkeit der Lagerung und des Transports von Dienstleistungen impliziert, daß eine Dienstleistung zu einem Zeitpunkt, an einem Ort und an einem Kunden bzw. an seinem Objekt erbracht werden muß. Kommt es hier zu Diskrepanzen, verliert eine Dienstleistung im Extremfall seinen kompletten Wert. So ist im Fall einer Flugreise ein nicht besetzter Sitzplatz für die Fluggesellschaft wertlos. Für den zu spät gekommenen Passagier ist die Reise an einem anderen Tag oder zu einem anderen Ziel wertlos.

Der Dienstleister muß daher die Nachfrage nach seinem Angebot genau prognostizieren. Eine Orientierung an der Spitzenlast führt bei niedrigerer Nachfrage zu einer zu geringen Auslastung von vorgehaltenen Kapazitäten. Ein zu niedriges Angebot trägt zur Unzufriedenheit der Kunden bei. Über eine geschickte *Preispolitik* kann ein Dienstleister die Nachfrage an das bereitgestellte Angebot anpassen.

Preispolitik

B

Beispiele dafür sind niedrige Nebensaisonpreise im Hotelgewerbe, Frühbucherrabatte bei Flugreisen, Happy Hour in Bars oder Kinosonderpreise zu Wochenbeginn (vgl. ausführlicher zur Preispolitik von Dienstleistungen (Revenue Management) *Klophaus* 1998, S. 146ff.).

Die Nichttransportier- und Nichtlagerfähigkeit hat auch einen Einfluß auf die *Distributionspolitik* von Dienstleistungen. Anbieter und Nachfrager müssen zusammenkommen, damit die Dienstleistung am Kunden oder an seinem Objekt vollbracht werden kann.

Distributionspolitik

B

Dies geschieht durch Stützpunkte (Filialen einer Restaurantkette oder einer Bank, Bahnhöfe, Taxistände, Arztpraxen), Aufsuchen des Nachfragers (Essen auf Rädern, Versicherungsberatung, Unternehmensberatung, Wartung Klimaanlage) oder durch Zwischenschaltung von Medien (Rechtsberatung am Telefon, Versand eines zu reparierenden Geräts per Post, Fernwartung von EDV-Anlagen über Modem). Zum Teil werden die Möglichkeiten durch das angebotene Produkt begrenzt (Essen auf Rädern), zum Teil ist es von den Präferenzen des Nachfragers abhängig (Besuch des Versicherungsvertreters zu Hause).

Markierung externer und interner Leistungsträger

Im Rahmen der Produkt- und Kommunikationspolitik ist die Markierung interner und externer Leistungsträger empfehlenswert, um ein einheitliches Auftreten zu gewährleisten (siehe Abbildung 43). Dies geschieht z.B. durch eine einheitliche Dienstkleidung (Flugbegleiter der Airlines, Fahrer bei Transportdienstleistern, Kellner in Restaurants), einheitliche Arbeitsmittel oder Geschäftsräume (Einrichtung in Restaurantketten, Lackierung der Fahrzeuge, Briefbögen und Visitenkarten) oder Etiketten auf dem Objekt des Kunden, an dem eine Leistung erbracht wurde (nach Ölwechsel oder Kleiderreinigung).

	Interne Leistungsträger	Externe Leistungsträger
Leistungsträger Objekt	Geschirr, Fahrzeuge, Briefbogen	Etikett nach erfolgter Reparatur
Leistungsträger Person	Dienstkleidung, Namensschild	Handstempel bei Diskothekenbesuch

SCHÄFFER POESCHEL

Abb. 43: Beispiele für die Markierung interner und externer Leistungsträger
Quelle: in Anlehnung an *Meffert/Bruhn* 1997, S. 324

Kommunikationspolitik

Aufgabe der *Kommunikationspolitik* ist es generell, über die Existenz und die Vorteile eines Produkts zu informieren und zum Kauf zu motivieren. Speziell bei Dienstleistungen heißt das, bestehende Unsicherheiten vor dem Kauf zu reduzieren (z.B. durch Markierung oder die Kommunikation von Leistungsversprechen). Insofern zielt die Kommunikation im Dienstleistungsmarketing darauf ab, ein Image zu schaffen, das als Entscheidungskriterium für den Kunden dienen kann (vgl. *Weis* 1997, S. 30).

Die hohen Anteile von Erfahrungs- und Glaubenseigenschaften sind weitere Kennzeichen von Dienstleistungen. Daher ist es erforderlich, viele Kommunikationsmöglichkeiten mit dem Kunden zu schaffen, um den Anbieter positiv im Gedächtnis des Kunden zu verankern (sogenannte Keep-In-Touch-Programme) (vgl. *Kuhnert/Ramme* 1998, S. 129ff.).

Um das *Spitzenlastproblem* durch Preisdifferenzierung (siehe auch Kapitel 8.7.6) mildern zu können, muß dies dem Kunden auch kommuniziert werden. So ist es für den Urlauber auf den ersten Blick unverständlich, warum er für denselben Flug und das gleiche Hotel erheblich mehr zahlt als sein Zimmernachbar, der einen Frühbucherrabatt in Anspruch genommen hat.

Typisch (aber nicht zwingend) für den Dienstleistungsmarkt ist (vgl. *Weis* 1997, S. 31):

- Beteiligte am Markt: Abnehmer sind Privatpersonen oder Firmen
- Produkte: immateriell, nicht lager- und transportfähig, oft individuell, schwer standardisierbar, externer Faktor, Markierung schwieriger
- Kommunikation: soll Unsicherheiten reduzieren (Vertrauensbildung)
- Preis: kann schwankende Nachfrage glätten (Spitzenlastproblem)
- Distribution: Stützpunkte, Aufsuchen des Nachfragers, Zwischenschaltung von Medien.

6.3.3 Ideen

Ideen sind ähnlich wie Dienstleistungen physisch nicht identifizierbar. Sie leben erst durch Kommunikation.

D

Arten von Ideen

Während Güter ihren Besitzer wechseln und Dienstleistungen an einem Nachfrager bzw. seinem Objekt erbracht werden, wird hier versucht, Anhänger für eine Idee zu gewinnen. Diese Idee kann sozialer Natur sein (Drogenmißbrauch bekämpfen, Behinderten helfen), sie kann einen politischen Zweck haben (Anhänger für eine politische Partei gewinnen, Mitstreiter für die Friedensbewegung finden) oder sie kann auch religiöse Inhalte haben (Bekehrung zum Christentum oder zu einer anderen Religionsgemeinschaft). Ebenso können es kulturelle (Förderung des Kunstverständnisses in Museen oder Galerien) oder umweltspezifische Ziele sein (Naturschutz oder Erziehung zum verantwortungsbewußten Umgang mit begrenzten Ressourcen).

Ideenmarketing

Im *Ideenmarketing* (oft auch Sozialmarketing) geht es um das Marketing für eine Idee oder ein Anliegen. Träger sind staatliche Stellen, die in der Regel davon profitieren, politische Parteien, Religionsgemeinschaften, Konsumentenbewegungen, Bürgerinitiativen oder andere Nonprofit-Organisationen. Das angebotene Produkt besteht in Informationen über die Idee, Überzeugung von der Richtigkeit der Idee und in der Hilfe zum »richtigen« Handeln (vgl. *Nieschlag/Dichtl/Hörschgen* 1997, S. 25ff.).

Kunden im Sinne von Käufern eines Gutes oder einer Dienstleistung gibt es nicht. Gewonnen werden Anhänger für eine Idee, die mit mehr oder weniger Engagement diese Idee weiterverbreiten. Dies kann vom passiven Spender für *Greenpeace* bis zum *Greenpeace-Aktivisten* reichen, der die Versenkung der Brent-Spar in der Nordsee verhindert. Das zu entrichtende Entgelt besteht in Spenden, Mitgliedsbeiträgen und im häufig unentgeltlichen Engagement für die entsprechende Idee. Die Kommunikation erfolgt entweder durch Massenmedien (PR, Werbung über TV, Radio, Zeitschriften, Plakate) oder über persönlichen Kontakt (Besuche *Zeugen Jehovas*, *Wachtturm* in Fußgängerzonen). Auch das Direktmarketing hat hier eine große Bedeutung (z.B. Spendenmailings). Im Zusammenhang mit der Distribution geht es im wesentlichen um die Standortwahl von Einrichtungen (Museen, Behindertenheime, Kirchen, Parteizentralen).

B

Beispiele für Ideen- oder auch Sozialmarketing sind Familienplanung in bevölkerungsreichen Ländern, »Mach's Mit«-Anti-AIDS-Kampagne, »Rauchen gefährdet Ihre Gesundheit« auf Zigarettenpackungen, »Schluckimpfung ist süß« zur Ausrottung der Kinderlähmung oder die deutsche Suchtpräventionskampagne »Keine Macht den Drogen«. Diese von der Bundesregierung initiierte Kampagne wird von einem Förderverein gesteuert. Der Verein finanziert sich aus Fördergeldern der Bundesregierung, Mitgliedsbeiträgen, Spenden und Sozialsponsoring. Die seit 1990 laufende Kampagne arbeitet mit Plakatierungen, regionalen Spiel- und Sportfesten, musikalischen Veranstaltungen, Übungsleiterausbildungen und investiert in Präventionsprojekte. Die Kampagne ist langfristig ausgelegt und verfügt über einen Bekanntheitsgrad, an den manche Marke nicht herankommt: 95 Prozent der deutschen Bevölkerung ist die Präventionskampagne bekannt (vgl. *o.V.* 1998, »Sozialsponsoring soll Rettungsanker sein«, S. 43). Sie wird gesponsert vom Fachverband Außenwerbung, die außerdem die Kampagnen »Mehr Zeit für Kinder« und »Gib Aids keine Chance« unterstützen (vgl. *ZAW* 1998, S. 284).

6.4 Unterscheidung nach Organisationszweck

6.4.1 Gewinnorientierte Organisationen

Gewinnorientierte Organisationen sind dadurch gekennzeichnet, daß ihr oberstes Ziel in der Erwirtschaftung von Gewinnen liegt. Andere Ziele wie etwa Umweltorientierung oder soziale Verantwortung können durchaus zu den Zielen gehören. Sie sind jedoch Nebenziele. Marketing bezieht sich i.d.R. auf Unternehmen, die durch ihre marktorientierten Aktivitäten zusätzliche Gewinne erwarten. Investitionen in den Markt werden im Idealfall durch eine höhere Zielerreichung belohnt.

6.4.2 Nonprofit-Organisationen

D

Während die vorangegangenen Bereiche des Marketing sich auf Anbieter beziehen, deren Ziel die Gewinnerzielung ist, ist Nonprofitmarketing dadurch gekennzeichnet, daß die Gewinnerzielungsabsicht von Nonprofit-Organisationen nebensächlich ist oder gar nicht erwünscht ist (vgl. *Anheier/Priller* 1995 zum Non-Profit-Sektor in Deutschland). Statt Nonprofit-Organisationen ist auch der Begriff nicht kommerzielle Organisationen üblich (vgl. *Raffée/Wiedmann* 1995, Sp. 1930).

Ziele

Ziele können sein (vgl. *Kotler/Bliemel* 1999, S. 42f.):

- Auslastung vorhandener Kapazitäten (Fernsehen, Volkshochschule)
- Anhänger für eine Idee gewinnen (Parteien, *Zeugen Jehovas*)
- kulturelles Angebot verbreiten (Theater, Museen)
- seelischer Beistand (Kirche, *Pro-Familia*).

Zu Nonprofit-Organisationen gehören nicht-erwerbswirtschaftliche öffentliche Unternehmen wie Verkehrsbetriebe, Krankenhäuser oder öffentlich-rechtliche Fernsehsender, öffentliche Verwaltungen wie Bundeswehr, Hochschulen, Polizei oder Finanzämter und gemeinnützige Organisationen.

B

Beispiele für gemeinnützige Organisationen sind *SOS-Kinderdörfer, Deutsches Rotes Kreuz, Aktion Sorgenkind, Deutsche Krebshilfe* oder *Brot für die Welt* (vgl. *Raffée/Wiedmann* 1995, Sp. 1931).

In Deutschland gibt es Schätzungen der Bundesregierung von 1994 zufolge zwischen 240.000 und 280.000 gemeinnützige Organisationen, davon sind 240.000 als Vereine organisiert. Außerdem gibt es noch gemeinnützige GmbHs und gemeinnützige Stiftungen. Einnahmequellen gemeinnütziger Organisationen sind Mitgliedsbeiträge (bei Vereinen), Spenden, Erbschaften, Bußgelder, Patenschaften, Zuschüsse der öffentlichen Hand und wirtschaftliche Tätigkeit. In Deutschland entfallen 4 Prozent der Einnahmen gemeinnütziger Organisationen auf Spenden, 68 Prozent auf öffentliche und 28 Prozent auf selbst erwirtschaftete Mittel (vgl. *Bundesarbeitsgemeinschaft Sozialmarketing* 1998, o.S.).

Die Nachfrager lassen sich in zwei Gruppen einteilen. Einmal sind es Personen, die von der Leistung profitieren (mittelbare Nachfrager). Zum anderen gibt es die unmittelbaren Nachfrager. Dies sind Personen oder Institutionen, die zur Einnahmeerzielung beitragen, aber nicht unbedingt die Leistung der Organisation in Anspruch nehmen. Mittelbare und unmittelbare Nachfrager können identisch sein.

B

Dies ist im Fall des Verkehrsbetriebs der Fall, wenn ein Fahrgast die Transportleistung in Anspruch nimmt und dafür bezahlt. Ein Aidskranker jedoch, der von der Aids-Hilfe betreut wird, ist ein unmittelbarer Nachfrager.

Der mittelbare Nachfrager ist in diesem Fall derjenige, der mit seinen Spenden dazu beiträgt, daß die Aids-Hilfe überhaupt Unterstützung leisten kann. Eine Nonprofit-Organisation hat also in ihren Marketingaktivitäten diese beiden Zielgruppen zu berücksichtigen.

Der Austauschprozeß zwischen Anbieter und Nachfrager ist ferner dadurch charakterisiert, daß es oft kein Clear Payment gibt. D.h., daß der Austausch von Leistungen und finanziellen Mitteln nicht immer angemessen erfolgt.

B

Ein Steuerzahler mit Spitzensteuersatz nimmt den Staat i.d.R. weniger in Anspruch als ein Sozialhilfeempfänger, der keine Steuern zahlt (vgl. *Raffée/Wiedmann* 1995, Sp. 1932).

Ein weiteres Charakteristikum ist, daß der Austausch nicht immer freiwillig ist. Das bedeutet, daß der Nachfrager zur Leistungsabnahme gezwungen wird (Behandlung eines psychisch kranken Kriminellen in der geschlossenen Abteilung eines Krankenhauses) oder daß er zur Gegenleistung gezwungen wird (Bürger muß Steuer zahlen).

Das Marketing von Nonprofit-Organisationen ist zumeist noch nicht sehr stark ausgeprägt, da teilweise geringere Konkurrenz zwischen den Anbietern herrscht (z.B. bei städtischen Verkehrsbetrieben) und die Gegenleistung zum Teil erzwungen werden kann (z.B. Steuerzahlung durch Finanzbehörde). Jedoch gibt es bereits erkennbare Bemühungen, z.B. bei den öffentlich-rechtlichen Rundfunkanstalten, die kundengruppenorientierte Arbeitsorganisation bei der Stadt Stuttgart oder Spendenwerbung bei karitativen Einrichtungen. Durch die Privatisierung von Bahn, Post, Energieversorgern etc. gibt es ebenfalls viele Beispiele dafür, wie der Zwang zur Gewinnerzielung die Marketingaktivitäten positiv beeinflußt.

6.5 Unterscheidung nach dem Absatzraum

6.5.1 Nationales Marketing

D

Beim nationalen Marketing bewegt sich das Unternehmen im angestammten Absatzraum.

Das Unternehmen hat umfangreiche Erfahrungen mit den Marktteilnehmern und kennt auch das Marketingumfeld. So ist das Unternehmen über Kunden, Konkurrenten, Lieferanten, Absatzmittler und -helfer i.d.R. gut informiert. Das Unternehmen kennt ebenso die das Umfeld bestimmenden Faktoren wie z.B. rechtliche Bestimmungen oder die soziokulturellen Gegebenheiten bei den Geschäftspartnern.

Innerhalb des nationalen Marketings können noch weitere Differenzierungen vorgenommen werden, und zwar (vgl. *Becker* 1998, S. 303):

- lokale Marktabdeckung wie z.B. Gemeinde, Vorort einer Stadt, Landkreis
- regionale Marktabdeckung wie Bundesland oder *Nielsen-Gebiet*
- überregionale Marktabdeckung wie etwa mehrere Bundesländer oder *Nielsen-Gebiete.*

So hat ein Lebensmitteleinzelhändler bedingt durch die Anfahrtswege nur Kunden aus der unmittelbaren Nachbarschaft. Ähnliches gilt für Immobilienmakler oder Sportvereine. In manchen Branchen erfolgt eine Zuordnung der Geschäftsgebiete. Dies war bei den Energieversorgern vor der Liberalisierung des Marktes der Fall. Einige Unternehmen beschränken ihre Tätigkeit auf bestimmte Regionen wie z.B. die *Landesbausparkassen* (in etwa) auf die jeweiligen Bundesländer. Wieder andere Unternehmen haben Kunden in einer größeren Region, wie etwa die Süddeutsche Zeitung.

6.5.2 Internationales Marketing

D

Sobald sich ein Unternehmen nicht mehr ausschließlich im angestammten Zielmarkt bewegt, spricht man bei der Analyse, Planung, Durchführung, Koordination und Kontrolle marktbezogener Unternehmensaktivitäten von internationalem Marketing (vgl. *Meffert/Bolz* 1998, S. 25).

Das Unternehmen kennt i.d.R. weder Marktteilnehmer noch das Marketingumfeld, so daß ein hohes Maß an Unsicherheit besteht (vgl. *Meffert/Bolz* 1998, S. 66ff. zur Risikoanalyse). Sinnvoll ist es daher, vorerst eine PEST-Analysis (siehe Kapitel 3.2) durchzuführen, um die Gegebenheiten in einem fremden Land kennenzulernen (vgl. dazu ausführlich *Meffert/Bolz* 1998, S. 42ff.).

6.5.2.1 Motive für die Internationalisierung

Überschreitet ein Unternehmen die Landesgrenzen, wird vieles anders. Nicht nur Ausfuhr- und Einfuhrbestimmungen müssen berücksichtigt werden, sondern auch die unterschiedlichen Kulturen, ökonomischen Verhältnisse oder die politische Großwetterlage. Trotz dieser Hemmnisse gibt es plausible Gründe für den Markteintritt in ein fremdes Land.

Der japanische Konzern *Honda* hat sich mit seiner Entscheidung, die *Honda Gold Wing* in den USA zu produzieren, auf die amerikanischen Bedürfnisse eingestellt. Grund für die Errichtung einer Produktionsstätte in den USA war nicht etwa ein Kostenvorteil, sondern die größere Akzeptanz der amerikanischen Klientel, die mehr Vertrauen in die amerikanische als in die japanische Motorradproduktion haben.

Häufige Motive für ein Engagement im Ausland sind (vgl. ausführlich *Meffert/Bolz* 1998, S. 97f. Zu empirischen Ergebnissen vgl. *Becker* 1998, S. 314.):

- Größe und Dynamik des Auslandsmarkts
- Nutzung von Synergien
- Risikoausgleich im Länderportfolio
- günstigere Produktionsbedingungen (Arbeitskosten, Flexibilität, Umweltauflagen, Steuern).

6.5.2.2 Stufen der Internationalisierung

Der Internationalisierungsprozeß erfolgt oft in mehreren Stufen (siehe Abbildung 44), wobei in der Literatur unterschiedliche Stufen beschrieben werden (vgl. *Meffert/Bolz* 1998, S. 25ff.). Die ersten Schritte werden oft in benachbarte Länder unternommen, die in ihrer Struktur dem eigenen Land ähneln (z.B. Österreich, Schweiz, Niederlande aus deutscher Sicht). Das Marketing wird nur unwesentlich angepaßt. Weitere Schritte erfolgen durch die Bearbeitung weiterer Auslandsmärkte mit einem adaptierten Marketingmix. Schließlich operiert ein Unternehmen weltweit und paßt sein Marketing entsprechend an, wobei die ursprüngliche Holding nur noch Steuerungsaufgaben wahrnimmt (vgl. *Becker* 1998, S. 315ff.).

Abb. 44: Stufen der Internationalisierung
Quelle: *Becker* 1998, S. 315

6.5.2.3 Formen der Internationalisierung

Die Formen der Internationalisierung sind nicht nur vielfältig, sondern werden auch sehr unterschiedlich systematisiert. Hier soll der Klassifikation von *Meffert* und *Bolz* gefolgt werden, die indirekten und direkten Export, Vertriebsniederlassungen, Lizensierung, Auslandsproduktion, Joint Ventures und Tochtergesellschaften unterscheiden (vgl. *Meissner* 1995, S. 52f. und *Meffert/Bolz* 1998, S. 124ff. und die dort zitierte Literatur).

Export

Beim *indirekten Export* übernimmt ein im Inland ansässiger Exporteur alle für das Auslandsgeschäft relevanten Funktionen. Beim *direkten Export* beliefert der inländische Anbieter ausländische (Handels-)Partner ohne Einschaltung eines inländischen Absatzmittlers. Die *eigene Vertriebsniederlassung* im Ausland übernimmt neben den Vertriebsaufgaben in der Regel auch Kundendienst- und Wartungsaufgaben. Bei der *Lizenzvergabe* vergibt ein Unternehmen an einen ausländischen Lizenznehmer Produkt-, Marken-, Vertriebs- oder Produktions- bzw. Verfahrenslizenzen. Der Lizenznehmer zahlt eine Lizenzgebühr und erhält dafür das Recht an Warenzeichen und Patenten sowie technisches oder betriebswirtschaftliches Know-how. Eine Sonderform der Lizenzvergabe ist das Franchising, sofern der Verkauf mit einbezogen ist (vgl. *Weis* 1997, S. 35). So arbeitet *McDonald's* weltweit mit dem Franchisesystem. *McDonald's* hat inzwischen sogar ein größeres internationales Wachstum im Vergleich zum nationalen Wachstum. In ihrem Stammland USA mußten sie Marktanteile an ihre Wettbewerber abgeben. Die Anzahl der Neueröffnungen geht in den USA kontinuierlich zurück, während in Übersee diese Anzahl noch steigt (vgl. *Altschul* 1998, »Eine profitable Marke braucht Leadership«, S. 27).

Vertriebsniederlassung

Lizenzvergabe

Joint Ventures

Joint Ventures sind dadurch gekennzeichnet, daß ein ausländischer Kooperationspartner gesucht wird, der den Markteintritt durch seine Kenntnisse erleichtert und sich an der Investition mit seinem Kapital beteiligt. Der Partner ist meist eine private oder auch staatliche Institution und erhält für sein Engagement entsprechende Mitspracherechte und eine Beteiligung an den Gewinnen des Investors. Manche Länder wie z.B. Indien erlauben keine Direktinvestitionen mit ausschließlich ausländischer Kapitalstruktur sondern nur Joint Ventures (vgl. *Meffert/Bolz* 1998, S. 128). Allerdings hat die indische Regierung die Restriktionen inzwischen weitgehend gelockert (vgl. *http://www.indiaprofile.com/policy/index.html)*.

Auslandsproduktionen

Bei der *Produktion im Ausland* werden Produktionsstätten im Ausland gegründet wie etwa Kodak in Deutschland, VW in Brasilien, Opel in Polen oder Nestlé in China (siehe Beispiel auf Seite 118).

Tochtergesellschaften

Tochtergesellschaften stellen die intensivste Form des ausländischen Engagements dar. Neben der Produktion werden sämtliche

Marktbearbeitungsaufgaben im Ausland durchgeführt. Die Muttergesellschaft hat meist nur noch Koordinationsaufgaben. In Abbildung 45 werden die einzelnen Internationalisierungsformen zusammengefaßt und hinsichtlich der Kriterien Kapitaleinsatz, Kontrollmöglichkeit, Kooperationsabhängigkeit und institutionelle Ansiedlung der Aktivitäten bewertet.

	Kapital-einsatz	**Kontroll-möglichkeit**	**Kooperations abhängigkeit**	**Institutionelle Ansiedlung der Aktivitäten**
Indirekter Export	Sehr gering	Gering	Gering	Inland
Direkter Export	Gering	Hoch	Gering	Inland
Vertriebsnieder-lassungen	Mittel bis hoch	Hoch	Gering	Ausland
Lizensierung	Gering	Gering	Mittel	Inland
Joint Ventures	Mittel bis hoch	Mittel	Hoch	Ausland
Auslands-produktion	Hoch	Hoch	Gering	Ausland
Tochtergesell-schaften	Hoch	Hoch	Gering	Ausland

SCHÄFFER POESCHEL

Abb. 45: Bewertung verschiedener Internationalisierungsformen anhand ausgewählter Kriterien
Quelle: *Meffert/Bolz* 1998, S. 125

B

Im folgenden soll anhand des *Nestlé AG-Beispiels* gezeigt werden, wie ein Auslandsengagement entwickelt werden kann. *Nestlé* hat in China seit 1978 verschiedene Joint Ventures gegründet und ist in einigen Fällen inzwischen zur Gründung von Tochtergesellschaften übergegangen. Nestlé war in China schon zu Beginn dieses Jahrhunderts aktiv, jedoch wurde dem Unternehmen 1948 von den neuen kommunistischen Machthabern jegliches Engagement untersagt. Erst dreißig Jahre später wurde diese restriktive Politik gegenüber marktwirtschaftlich arbeitenden Unternehmen gelockert. Obwohl China mit zur Zeit 1,2 Milliarden Menschen einen gigantischen Markt darstellt, ist er für ein ausländisches Lebensmittelunternehmen wie *Nestlé* erst attraktiv geworden, als die dringendsten Bedürfnisse der Bevölkerung, nämlich der Hunger, gestillt waren. Erst seitdem ist die Bevölkerung auch aufgeschlossen gegenüber Abwechslung in der Ernährung oder bequemer Zubereitung.

Der erste Joint Venture Vertrag wurde 1986 für die Milchfabrik *Nestlé Shuangcheng Ltd.* unterzeichnet. Dabei hielt die *Nestlé AG* 64 Prozent des Kapitals und die Stadt Heilongjiang und die Zentralregierung die restlichen 36 Prozent. Der Vertrag ist auf zunächst 15 Jahre befristet, da die Vorstellung der Chinesen darin bestand, westliches Technologie-Know-how zu erwerben. Dafür bestand *Nestlé* darauf, daß Gewinne transferiert werden durften. Das Management wurde von *Nestlé* gestellt, während der örtliche Parteisekretär zum Vorsitzenden des Aufsichtsrates ernannt wurde.

Der erste Kontakt für dieses Engagement erfolgte 1978. Die erste Säuglingsnahrung, das erste Milchpulver und der erste Kinderbrei wurden 1990 produziert. Möglich war dies nur durch gegenseitiges Vertrauen, Verständnis für die unterschiedlichen Kulturen und Verzicht auf kurzfristige Gewinne. Die offizielle Maxime von *Nestlé* lautet, daß das jeweilige Land ebenso vom Engagement profitieren soll wie der Konzern.

Inzwischen betreibt Nestlé vierzehn Fabriken auf dem chinesischen Festland, die *Nescafé*, *Maggi-Würze*, Eiscreme und Schokoriegel produzieren. Fast alle starteten als Joint Venture, sind aber jetzt überwiegend zu 100 Prozent in *Nestlé-Hand*. Trotzdem verkauft *Nestlé* an 1,2 Milliarden Chinesen nur die Hälfte dessen, was sie auf dem heimischen Schweizer Markt an 6 Millionen Schweizer verkaufen (vgl. *Lamparter* 1998, S. 26 zum Nestlé-Fall).

6.5.2.4 Standardisierung versus Differenzierung

Vorteile Standardisierung

In der Literatur ist häufig zu lesen, daß es das Ziel sei, eine möglichst hohe Standardisierung anzustreben, um Skaleneffekte zu nutzen und Forschungs- und Entwicklungskosten auf eine breite Basis zu stellen. Kommunikationsmaßnahmen, die nur in die jeweilige Landessprache übersetzt werden müssen, gleichartige Produkte, Preise, die nur in die entsprechende Währung umgerechnet werden und identische Distributionskanäle sind auf den ersten Blick das Optimum. Diese Diskussion entsteht vor allem im Rahmen der fortschreitenden Globalisierung (vgl. *Becker* 1998, S. 342f. zu den treibenden Kräften der Globalisierung). Darunter ist zu verstehen, daß das Verhalten der Konsumenten sich weltweit immer mehr angleicht. *Globalisierung* wird hier also als Prozeß gesehen, bei dem sich die Welt zum »globalen Dorf« entwickelt. So sind die Unterschiede beispielsweise zwischen Brasilianern, Österreichern und Indern in Bezug auf gewünschte Produkte längst nicht mehr so groß, wie sie vor einigen Jahren noch waren. Darüber hinaus sind technische Standards zum Teil schon weltweit verbreitet (vgl. *Meffert/Bolz* 1998, S. 28). Der Begriff Globalisierung wird aber auch verwendet, um den Prozeß des Eintritts in (weitere) ausländische Märkte zu beschreiben (vgl. z.B. *Meffert/Bolz* 1998, S. 27f.).

Nachteile Standardisierung

Den genannten Vorteilen der Standardisierung stehen jedoch auch Nachteile gegenüber. So gleicht sich das Konsumentenverhalten zwar langsam an, jedoch gibt es eine große Vielfalt an kulturellen (vgl. z.B. *Hofstede* 1997 zu den kluturellen Spezifika). ökonomischen, technischen, politisch-rechtlichen oder natürlichen Gegebenheiten, die es zu berücksichtigen gilt, wenn ein spezifischer Markt wirklich erfolgreich bearbeitet werden soll (siehe Kapitel 3.2 zur PEST-Analysis). Dies gilt für unterschiedliche Preisbereitschaften (Einkommenshöhe, Besteuerung, Präferenzen) ebenso wie für Produktanpassungen (Kleidungsgrößen, technische Standards, Vorschriften bei der Verpackung). In der Verteilung der Güter sind allein schon aufgrund infrastruktureller Unterschiede der Standardisierung enge Grenzen gesetzt. Auch standardisierte Kommunikationsmaßnahmen bergen durchaus Gefahren (vgl. *Müller, W.* 1998, S. 80ff., aber auch *Dammler/Melza-Lena* 1999, S. 28ff. Zu den Einflußgrößen, die im internationalen Marketing zu berücksichtigen sind, vgl. *Meffert/Bolz* 1998, S. 41ff., *Kotler/Bliemel* 1999, S. 631ff., *Meissner* 1995, S. 27ff.). Abbildung 46 faßt die Kostensenkungs- und Erlöserhöhungspotentiale bei Standardisierung und Differenzierung des internationalen Marketing zusammen.

Potentiale	**Besonderheiten Standardisierung**	**Besonderheiten Differenzierung**
Kosten-senkung	Skaleneffekte Lern- bzw. Erfahrungskurven-effekte Verringerung von Plan- bzw. Entwicklungsaufwand Koordination und Kontrolle effektiver	Verbundeffekte Baukastensysteme Korrekturen der Produktqualität Abbau von Servicebedarf
Erlös-erhöhung	Corporate Identity Nutzung von Halo-Effekten Chancen zur Homogenisierung der Auslandsmärkte	Erhöhung von Kauf-/Preis-bereitschaften durch Anpassung an spezifische Bedürfnisse Möglichkeit der geographischen Segmentierung ggf. Bedienung von Marktnischen

Abb. 46: Kostensenkungs- und Erlöserhöhungspotentiale bei Standardisierung und Differenzierung des internationalen Marketing
Quelle: *Becker* 1998, S. 331

Die Beispiele *Langnese* und *Wal-Mart* mögen die Vor- und Nachteile der Standardisierung verdeutlichen. Durch die zunehmende Zahl an Auslandsmärkten war es für *Langnese* erforderlich geworden, das Markenzeichen zu vereinheitlichen. Der Verbraucher sollte sofort erkennen, daß es sich um »sein« *Langnese-Eis* handelt. Dies hatte zur Folge, daß Anfang 1998 alle Logos in Europa ausgetauscht werden mußten. Das bedeutete, daß auf allen Packungen, auf allen Preistafeln, Kioskfähnchen, Werbeanzeigen, TV- und Kinospots nur noch das neue Logo erscheinen durfte. Gleichzeitig mußte in einer Werbekampagne das neue Motiv bekannt gemacht werden. Dieser sehr teuren Aktion (allein in Deutschland ein zweistelliger Millionenbetrag) steht der Vorteil des einheitlichen europäischen und später auch globalen Auftritts gegenüber (vgl. *Pfalz* 1998, S. 119).

Wie schwierig es ist, ein einheitliches globales Konzept zu verfolgen, zeigt auch das *Wal-Mart-Beispiel.* Neben knapp 3.000 Märkten in den USA besitzt *Wal-Mart* noch 402 in Mexiko, 144 in Kanada, 21 in Deutschland (durch Übernahme der SB-Warenhäuser von Wertkauf Ende 1997), 14 in Puerto Rico, 9 in Argentinien, 8 in Brasilien, 3 in China und 2 in Indonesien. Philosophie von *Wal-Mart* ist eine umfassende Versorgung der Konsumenten durch die Ermöglichung des One-Stop-Shopping, Dauerniedrigpreise, Öffnungszeiten rund um die Uhr und sehr gute Sozialleistungen für die Mitarbeiter, die aber durch den Verzicht auf gewerkschaftliches Engagement und den unbedingten Willen zur Leistung erkauft werden müssen. Diese Philosophie global durchzusetzen, scheiterte in Deutschland an den starren Ladenöffnungszeiten und der Macht der Gewerkschaften (vgl. *Stippel* 1998, »Win with Wal-Mart«, S. 14ff.).

SCHÄFFER POESCHEL

Abb. 47: Das alte (deutsche) und das neue internationale Logo von Langnese
Quelle: *http://www.langnese.de*

Aufgaben

1. Welche Änderungen des Konsumentenverhaltens sind in den letzten drei bis fünf Jahrzehnten in Deutschland erkennbar?
2. Tragen Sie in das Diagramm in Abbildung 38 Pkw-Marken ein, um den Auswahlprozeß eines Autokäufers gemäß dem »Evoked Set of Brands«-Modell zu verdeutlichen.
3. Wie können Konsumgüter nach dem Konsumentenverhalten klassifiziert werden?
4. Erläutern Sie kurz das Stimulus-Organismus-Response-Modell zur Erklärung des Kaufverhaltens.
5. Welche Arten von Investitionsgütern kennen Sie? Nennen Sie jeweils Beispiele.
6. Handelt es sich bei einem Personalcomputer um ein Investitionsgut oder um ein Konsumgut? Begründen Sie Ihre Entscheidung.
7. Charakterisieren Sie den Kaufentscheidungsprozeß im B-to-B-Bereich.
8. Welche Elemente der Preispolitik sind im B-to-B-Bereich häufig wichtig?
9. Was sind die Besonderheiten von Dienstleistungen?
10. Warum ist das Unternehmensimage bei der Kommunikationspolitik von Dienstleistungen besonders wichtig?
11. Nennen Sie Beispiele für das Marketing von Ideen und erläutern Sie die Ziele der Träger.

12. Was sind typische Merkmale von Nonprofit-Unternehmen?
13. Warum ist das Marketing von Nonprofit-Unternehmen häufig noch nicht so ausgeprägt wie in anderen Bereichen?
14. Welche Argumente sprechen für, welche gegen eine Standardisierung im internationalen Marketing?
15. Die *Speedy GmbH* verkauft ihre Fahrzeuge momentan überwiegend an Privatkunden. Der neue *Speedster Mini-Van*, ein Kleinwagen von nur 3,40 m Länge mit Platz für vier Personen, Kofferraum, einem 1000-ccm-Motor mit 65 PS, soll in den nächsten Monaten zum Preis von ca. 25.000 DM auf den Markt kommen. Neben den Privatkunden sollen aber auch Autovermietungen angegangen werden. Dirk Süßlich, dem Leiter Vertrieb und Marketing, schwebt vor, den *Speedster Mini-Van* insbesondere Autovermietungen in Urlaubsregionen zu verkaufen, da dort vor allem preiswerte Kleinfahrzeuge nachgefragt werden. Zudem meint Süßlich, daß dies auch das Privatkundengeschäft in Deutschland ankurbeln würde, weil so der Bekanntheitsgrad gesteigert werden kann. Was muß Süßlich berücksichtigen, wenn er den B-to-B Markt angehen will?

7 Produktpolitik

Lernziele

Im siebten Kapitel soll der Leser

- Einen Überblick über die Aufgaben der Produktpolitik erhalten
- Die einzelnen produktpolitischen Entscheidungen im Hinblick auf das Produkt und das Sortiment bewerten können.

7.1 Aufgaben der Produktpolitik

Jeder Nachfrager verspricht sich von dem Erwerb einer Ware oder von der Inanspruchnahme einer Dienstleistung die Befriedigung eines Bedürfnisses. Er hat dabei ganz spezifische Nutzenerwartungen. Diese beziehen sich auf die Eigenschaften des Produktes, die er bei der Nutzung wahrnimmt. Alle marketingpolitischen Aktionen, die sich auf die Variation dieser Produkteigenschaften beziehen, gehören zur Produktpolitik.

Entscheidungen über Produkt und Produktmix

Aufgabe der Produktpolitik ist aber nicht (nur) die Verbesserung der technischen Eigenschaften eines Produktes. Ausgangspunkt bilden die Bedürfnisse, Wünsche und Probleme des potentiellen Käufers. Aufgabe der Produktpolitik ist es daher, Entscheidungen über das Produkt und den Produktmix zu treffen, das heißt:

- Entscheidungen über das *Produkt*:
  - Gestaltung der Produktbeschaffenheit
  - Gestaltung der Verpackung des Produkts
  - Entscheidungen über Markenbildung
- Entscheidungen über den *Produktmix* mit dem Ziel der Gestaltung von Sortiment und Programm:
  - Entwicklung neuer Produkte (Produktinnovation)
  - Weiterentwicklung von Produkten (Produktmodifikation)
  - Einstellen des Angebots eines Produktes (Produktelimination)
  - Aufnahme neuer Produktlinien (Diversifikation).

Diese Optionen werden im folgenden näher erläutert.

7.2 Entscheidungen über das Produkt

7.2.1 Gestaltung der Produktbeschaffenheit

Die Produktbeschaffenheit oder auch Produktqualität bezieht sich auf den *Produktkern* (technisch-konstruktive Eigenschaften), die Produktfunktion (z.B. Zuverlässigkeit, Wirtschaftlichkeit) und die Produktform (Verpackung, Design, Farbe). So beziehen sich die technisch-konstruktiven Eigenschaften eines Personalcomputers auf die Leistungsfähigkeit (Arbeitsspeicher, Auflösung Grafikkarte, Festplattengröße, Prozessorleistung) und auf die Ausstattungsmerkmale (Soundkarte, Modem, CD-ROM-Laufwerk, Disketten-Laufwerk). Zur *Produktfunktion* gehören die Anwendungsmöglichkeiten wie Textverarbeitung, CAD, Spiele, Internetsurfing oder statistische Analyse. Die *Produktform* bezieht sich auf das Aussehen des Produktes wie Farbe und Form des Gehäuses, des Monitors oder der Tastatur.

Bei der Beurteilung der Produktbeschaffenheit geht es nicht nur um die objektive Produktqualität. Wichtig im Marketing ist die durch den Kunden wahrgenommene Qualität. Diese ist der Grad der Eignung für den vom Kunden beabsichtigten Verwendungszweck.

Produkttest

Im Rahmen von *Produkttests* überprüfen Hersteller die Qualität ihrer Produkte. Dies kann vor Einführung der Produkte sein (z.B. bei der Einführung eines neuen Automodells), dies kann aber auch laufend durch Stichproben im Rahmen der Qualitätssicherung (z.B. in der Pharmaindustrie) geschehen. Hintergrund ist der Wille, den Kunden ein qualitativ gutes Produkt zu bieten. Im Gegensatz zu diesen vom Hersteller durchgeführten Tests gibt es auch sogenannte *Warentests*, die von unabhängigen Experten durchgeführt werden. So hat es sich die Stiftung Warentest zur Aufgabe gemacht, Produkte im Hinblick auf Gebrauchstauglichkeit, Wirtschaftlichkeit, Funktion, Umweltfreundlichkeit etc. zu testen. Anhand festgelegter Kriterien werden Produkte verschiedener Hersteller geprüft und benotet. Je komplexer ein Produkt jedoch ist, desto schwieriger ist es, Kriterien zu finden, um die Qualität zu messen (siehe Kapitel 6.3.2 zur Problematik der Qualitätsbeurteilung bei Dienstleistungen).

Warentest

7.2.2 Verpackung

Sofern es sich um ein physisch identifizierbares Produkt handelt, ist die Verpackung das augenfälligste Merkmal des Produktes.

B

Obst, Gemüse, Kleidung, Schreibutensilien oder Haushaltsgegenstände sind Beispiele für oft unverpackt angebotene Güter. Die meisten Güter werden jedoch verpackt.

Funktionen

Die Verpackung hatte ursprünglich die Funktion, das Produkt vor Beschädigungen zu schützen (*Schutzfunktion*). So schützen die gebräuchlichen Vakuumverpackungen für Kaffee den Inhalt vor Sonneneinstrahlung und Luftzufuhr, um die Haltbarkeit zu verlängern. Gleichzeitig mußte die Verpackung Transport und Lagerhaltung erleichtern *(logistische Funktion)*.

B

Milch wird in Flaschen abgefüllt, Fertiggerichte werden in Dosen angeboten oder Pfirsiche in Kisten gepackt.

Mit zunehmendem Angebot von Fertigwaren kam die *akquisitorische Funktion* hinzu. Die Verpackung diente dazu, ein Produkt zu identifizieren (z.B. über den Markennamen) und den Konsumenten zum Kauf zu animieren (z.B. über das Design der Verpackung). Sehr wichtig geworden ist auch die Beschreibung des Produktes auf der Verpackung, was teilweise bedingt ist durch gesetzliche Auflagen z.B. bei Lebensmitteln. Bei erklärungsbedürftigen Produkten gehören Beipackzettel (Pharmaprodukte, Kosmetika) oder ausführliche Produktbeschreibungen bzw. Bedienungsanleitungen (Autos, technische Geräte) auch zur Verpackung. Diese Elemente der Verpackung können genutzt werden, um kognitive Dissonanzen abzubauen (siehe auch Kapitel 10.1.1). Ein Kunde, der gerade ein Produkt gekauft hat, bereut vielleicht bereits jetzt den Kauf, weil er im nachhinein unsicher geworden ist, ob er aus der Vielzahl von Alternativen die richtige Alternative gewählt hat. Ein Dankeschön für den Kauf und die Bestätigung, das einzig richtige Produkt erworben zu haben, tragen zum Abbau eventueller Kaufreue bei (vgl. *Kroeber-Riel/Weinberg* 1996, S. 183ff. zur damit zusammenhängenden Thematik der kognitiven Dissonanzen). Mit Einführung von Warenwirtschaftssystemen ist eine Markierung der Produkte mit EAN-Codes erforderlich geworden (*warenwirtschaftliche Funktion*). Diese werden meist auf der Verpackung angebracht. Auch die Kennzeichnung mit dem grünen Punkt setzt oft eine Verpackung des Produkts voraus.

Zunehmende Bedeutung

Die *zunehmende Bedeutung* der Verpackungspolitik hat viele Ursachen. Mit Entstehung des Markenartikels war die Wiedererkennung eines Produkts wichtig geworden. Die zunehmende Selbstbedienung im Handel verstärkte diesen Trend noch. So wurden in Deutschland in den fünfziger Jahren zum Teil Zucker und Mehl noch im Geschäft abgewogen und in neutralen Tüten verpackt. Das Rationalisierungsstreben im Logistikbereich trug zur steigenden Bedeutung der logistischen Funktion bei. Denn gut geschützte Ware läßt sich leichter transportieren. Quaderförmige Verpackungen etwa beanspruchen weniger Platz. Dazu gehört auch die Einführung von Warenwirtschaftssystemen im Handel. Voraussetzung dafür ist die Anbringung von EAN-Codes, die meist schon bei der Herstellung auf den Verpackungen angebracht werden. Aber auch die Änderungen der Kauf- und Konsumgewohnheiten wie Markenbewußtsein, Vorratskauf, zunehmende Bedeutung des Produkterlebnisses steigerten die Bedeutung der Verpackung. In den neunziger Jahren führte das Umweltbewußtsein zu einem bewußten Umgang mit der Verpackung. Wichtige Entwicklungen waren in diesem Zusammenhang die Einführung des dualen Systems mit Kennzeichnungspflicht, die Rücknahmepflicht des Handels durch die Verpackungsordnung von 1991 und der Trend zu Pfandflaschen (vgl. auch *Hüttel* 1998, S. 266ff.).

7.2.3 Markenbildung

7.2.3.1 Begriff Markierung

D

Als Markierung bezeichnet man die Strategie der Heterogenisierung homogener Produkte.

An sich ähnliche Produkte (»Me-too-Produkte«) werden durch besondere Produktgestaltung, Verpackung, Namensgebung und Werbung zu Produkten, die vom Konsumenten als unterschiedlich wahrgenommenen werden.

B

So ist beispielsweise Milch ein homogenes Produkt. Frische Vollmilch mit 3,5 Prozent Fettgehalt schmeckt gleich, sieht gleich aus, hat die gleichen Nährwerte. Jedoch hat es die Milchwirtschaft geschafft, hier Marken zu bilden, beispielsweise *Landliebe*, *Weihenstephaner*, *Bergbauernmilch*, um die Gunst der Konsumenten jeweils für sich zu gewinnen. Gleiches gilt für Benzin, das sich innerhalb der bekannten Marken außer der Farbe nicht voneinander unterscheidet. Den Mineralölfirmen gelingt es trotzdem, eigenständige Markenauftritte zu schaffen. Auch bei Tafelwasser gibt es kaum Unterschiede, teilweise soll Leitungswasser unter gesundheitlichen Aspekten noch besser sein. Viele Anbieter von Wässern haben aber ihren angestammten regionalen Absatzraum verlassen und sind zu überregionalen Marken geworden (z.B. *Apollinaris*, *Überkinger*, *Brohler*, *Teinacher*). Auch ausländische Marken wie *Vittel*, *San Pellegrino*, *Evian* oder *Volvic* drängen auf den deutschen Markt (vgl. *Arius* 1996 zu einem Überblick über den Wassermarkt).

D

Die juristische Definition im Warenzeichengesetz lautet: »Die *Marke* ist eine kraft Eintragung in die Zeichenrolle geschütztes Zeichen, das einem Unternehmen dazu dient, bestimmte, von ihm hergestellte oder vertriebene Ware ... von gleichartigen Waren oder Dienstleistungen anderer Unternehmen zu unterscheiden«. (Zitiert in *Weis* 1997, S. 225). Nach § 3 (1) des 1995 in Kraft getretenen Markengesetzes können alle Zeichen, Abbildungen, Buchstaben, Zahlen, Hörzeichen, dreidimensionale Gestaltungen einschließlich der Form einer Ware oder ihrer Verpackung sowie sonstige Aufmachungen einschließlich Farben und Farbzusammenstellungen geschützt werden, wenn sie dazu geeignet sind, Waren oder Dienstleistungen verschiedener Unternehmen zu differenzieren (vgl. *Zerres* 1999, S. 212).

Markenschutz

Will ein Unternehmen seine Marke schützen, muß eine Eintragung in das Markenregister erfolgen. Dies geschieht beim Deutschen Patentamt in München, wenn die Marke in Deutschland geschützt werden soll bzw. beim Europäischen Markenamt in Alicante für EU-weiten Schutz (vgl. *Zerres* 1999, S. 213, 215f.). Damit wird verhindert, daß mehrere Unternehmen gleiche oder sehr ähnliche Markennamen verwenden. Dies bezieht sich jedoch nur auf Bezeichnungen innerhalb einer Warengattung.

So ist es möglich, daß der Markenname *Bounty* für Schokoriegel (*Mars GmbH*) und Küchenrollen *(Procter & Gamble)* oder *Focus* für eine Zeitschrift *(Burda-Verlag)* und ein Automobil *(Ford)* – hier allerdings erst nach einem Rechtsstreit – verwendet werden darf (vgl. *Hauch* 1998, S. 110).

Traditionsreiche Marken sind z.B. *Maggi* (seit 1897), *Persil, Aspirin, Mercedes, Ford, Melitta, Dr. Oetker, Tempo* (seit 1929), *Nivea* etc.

Die klassische Definition der Marke hebt auf die Merkmale des Markenartikels ab und geht auf *Mellerowicz* zurück (vgl. *Bruhn* 1994, S. 6.). Diese sind (vgl. *Nieschlag/Dichtl/Hörschgen* 1997, S. 243):

- Markierung
- gleichbleibende Aufmachung (Verpackung)
- (mindestens) gleichbleibende Qualität
- gleichbleibende Menge
- Verbraucherwerbung
- hoher Bekanntheitsgrad und Akzeptanz
- weite Verbreitung im Absatzmarkt im Sinne der Erhältlichkeit (Ubiquität).

7.2.3.2 Möglichkeiten der Markierung

Die Marke i. e. S. hebt auf ein optisches Markenzeichen (auch visuelle Markierung) ab. Hier spricht man von Wort- oder Bildmarken. Eine Marke i. w. S. bezieht sich darüber hinaus auf akustische olfaktorische (bestimmte Duftstoffe), taktile oder haptische (mit Tastsinn spürbar wie Oberfläche, Material) und gustatorische Markenzeichen (z.B. Geschmacksvarianten) (vgl. von *Matt* 1988, S. 5ff.).

B

Ein Beispiel eines akustischen Markenzeichens wären Jingles oder Werbemelodie wie »Wir geben Ihrer Zukunft ein Zuhause« von der *LBS*.

Die größte Bedeutung erlangt dabei die visuelle Markierung. Im Vordergrund der Marke steht somit der Name und eventuell ein Symbol oder Schriftzug. Bei der Namensgebung ist zu beachten, daß er einen hohen Aufmerksamkeits- und Erinnerungswert hat, daß er einzigartig ist, daß er leicht auszusprechen ist, positive Assoziationen hervorruft und dies bei internationalen Marken für alle relevanten Sprach- und Kulturräume gilt (vgl. *Weis* 1997, S. 217). In jedem Fall sollte der Markenname vorher getestet werden, da ansonsten das Risiko eines Mißerfolgs besteht. Abbildung 48 zeigt einige Negativbeispiele.

Markenname	Anbieter	Ursprungsland	Transferland	Assoziation
Irish Mist	*Cantrell & Cochrane*	Irland	Deutschland	Mist
Dove	*Elida Fabergé*	Großbritannien	Deutschland Italien	Die Doofe Wo?
Uno	*Fiat*	Italien	Finnland	TV-Trottel Uno
MR2	*Toyota*	Japan	Frankreich	Merdeaux = Scheißer
Sharan	*VW*	Deutschland	Großbritannien	Schlampe Sharon in TV-Serie Eastender
Jetta	*VW*	Deutschland	Italien	Wegwerfen
Regata	*Fiat*	Italien	Schweden	Streitsüchtige Frau
Espero	*Daewoo*	Korea	Spanien	Ich warte
Pajero	*Mitsubishi*	Japan	Spanien	Wichser

SCHÄFFER POESCHEL

Abb. 48: Markennamen und ihre Assoziationen in anderen Sprachen
Quelle: *Hauch* 1998, S. 110f. sowie *Kamenz* 1999, S. 98

Zu den Möglichkeiten, einen Markennamen zu finden, zählen:

- Brainstorming mit Mitarbeitern
- potentielle Konsumenten schlagen bei Vorzeigen des Produktes Namen vor
- Preisausschreiben unter Mitarbeitern oder potentiellen Abnehmern
- später Test verschiedener Alternativen bei potentiellen Abnehmern (Aussprechen, Erinnerung, Klang, Assoziationen).

7.2.3.3 Ziele der Markenpolitik

Eine Marke dient im wesentlichen der *Differenzierung gegenüber der Konkurrenz*. Damit soll erreicht werden, daß ein Konsument genau diese Marke kauft und nicht etwa ein ähnliches Produkt. Die Marke erleichtert zudem die Kommunikation mit dem Konsumenten. Allein die Nennung eines Markennamens wie z.B. *Maggi* oder die Darstellung eines Markensymbols wie den *Mercedes-Stern* führt zur Wiedererkennung.

Markentreue

Auch *Markentreue* kann so aufgebaut werden. Nur wenn der Konsument weiß, wie er ein Produkt wiedererkennen kann, wenn er zufrieden war und es ein erneutes Mal kaufen möchte, kann sich Markentreue entwickeln. So kann durch die Markierung eine absatzfördernde Wirkung erzielt werden. Die Vorzugsposition der Marke schafft ferner in der Regel einen *preispolitischen Spielraum*. So ist das Markenprodukt *Aspirin* im Vergleich zu den Generika von *Ratiopharm* erheblich teurer, aber nicht weniger erfolgreich.

Die Vorteile des Markenartikels für den Verbraucher bestehen darin, daß er sich auf eine gleichbleibende Qualität der Marke und auf eine i.d.R. hohe Distributionsdichte verlassen kann. Der Einkauf wird für ihn somit bequemer und kommt einem standardisierten Verhalten gleich.

7.2.3.4 Verschiedene Markenstrategien

Handelsmarken

Außer der klassischen Herstellermarke werden weitere Markenarten angeboten. In den letzten Jahren wurden zahlreiche *Handelsmarken* oder auch private labels geschaffen (vgl. *Nieschlag/Dichtl/Hörschgen* 1997, S. 245).

Beispiele sind *Elite* von *Kaufhof*, *Privileg* von *Quelle*, *Hanseatic* von *Otto*, *Erlenhof* und *Salto* von *Rewe*, *Gartenmeister* von Garant oder die *Master-Product-Range* von *Tengelmann*.

Die Handelsunternehmen haben Handelsmarken eingeführt, um ihre Kunden stärker an den jeweiligen Händler zu binden und um unabhängiger von den Markenherstellern zu werden. Für den Verbraucher sind Handelsmarken attraktiv, weil sie preiswerter sind als Herstellermarken. So versucht auch der Discounter *Aldi*, Markenprodukte aus seinem Sortiment herauszunehmen und statt dessen eine Handelsmarke anzubieten (z.B. Süßwaren von *Storck*).

No Names

Ein weiterer Trend ist die Variation der Handelsmarke in Form von *No Names* (auch No Frill, Generics, weiße Produkte) (vgl. ausführlich *Bruhn* 1997). Sie sind die Antwort von Handelsunternehmen auf Discounter wie z.B. *Aldi*. Sie sind vom Preisniveau her noch unter den Handelsmarken einzuordnen. Beispiele sind die *Ja-Produkte* von *Rewe* (inzwischen eher Handelsmarken), *Tip* von *Asko*, *Die Sparsamen* von *Spar*, *A&P* von *Tengelmann*.

No Name Produkte bieten eine schnelle und eindeutige Identifikation des Inhalts durch schlichte Verpackung mit der Bezeichnung des Produktes und haben das Image eines von preistreibendem Marketing-Ballast befreiten Produkts.

Premiummarken

Aber nicht nur die Besetzung der unteren Preissegmente ist zu beobachten. Mit sogenannten *Premiummarken* versuchen Hersteller, bei hohem Preis und hoher Qualität dem Konsumenten etwas Besonderes zu bieten (vgl. *Weis* 1997, S. 228). Ein Beispiel ist die Fischkonserve *Norda* von *Unilever* im mittleren Preissegment und *Lysell* als Premiummarke. Premiummarken gibt es von Herstellern und vom Handel.

Zweitmarken

Zweitmarken, auch B-Marken, werden von einem Hersteller zur Kapazitätsauslastung unter einem anderen Namen angeboten. Sie bedienen meist das mittlere oder niedrige Preissegment. Durch Schaffung von Zweitmarken besteht die Möglichkeit einer differenzierten Marktbearbeitung. Beispielsweise gibt es die Zweitmarken *Retina* von *Kodak* und *Perutz* von *Agfa*. *Kodak-Filme* kosten 8 DM, während *Retina-Filme* 5 DM kosten. *Agfa* verlangt knapp 7 DM und *Perutz* knapp 5 DM. Beide Unternehmen gehen so mit einer unterschiedlichen Preispolitik verschiedene Marktsegmente an (vgl. *Hessler* 1997, S. 54).

Dachmarken

Unter einer *Dachmarkenstrategie* versteht man die Zusammenfassung mehrerer Produkte eines Unternehmens unter einem Markennamen. Beispiele sind *IBM*, *Kodak*, *BMW*, *Allianz* oder *TUI*. Der große Vorteile besteht im Imagetransfer (Goodwill). Es besteht aber auch die Gefahr einer negativen Abstrahlung, falls man mit einem Produkt nicht an den Erfolg oder das positive Image bisheriger Produkte anknüpfen kann. Im Gegensatz dazu werden bei der

Markenfamilie

Markenfamilienstrategie mehrere verwandte Produkte unter einem Markennamen ohne Bezug zum Namen des Unternehmens zusammengefaßt, so daß innerhalb eines Unternehmens mehrere Markenfamilien bestehen können. Beispiele für Markenfamilien sind *Nivea* von *Beiersdorf*, *Bild* von *Axel Springer* oder *Milka* von *Kraft Jacobs Suchard*. Folgt ein Unternehmen der Markenfamilienstrategie, besteht die Gefahr der Kannibalisierung innerhalb der Familie. So könnte es sein, daß die Einführung von *Nivea Visage* einen Absatzrückgang bei der Allzweckcreme *Nivea* hat. Wenn sich der positive und negative Effekt auf den Absatz gegenseitig kompensieren, macht eine Einführung eines neuen »Familienmitglieds« nur Sinn, wenn die Deckungsbeiträge entsprechend hoch sind oder die erwartete Marktentwicklung eine weitere Differenzierung erfordert. Ebenso wie bei der Dachmarkenstrategie ist auch hier in Betracht zu ziehen, daß ein Mißerfolg eines Produktes negative Auswirkungen auf andere Produkte haben kann. Die Vorteile liegen auf der Hand: Es ist eine starke Segmentierung möglich, und Synergien können genutzt werden. Voraussetzung für eine erfolgreiche Dachmarkenstrategie und auch Markenfamilienstrategie ist die gemeinsame Klammer um das Produkt (vgl. *Müller, G.-M.* 1994, S. 148) wie etwa die zarte Pflege ohne Duftkomponenten bei *Nivea* oder der Markenkern bei *Milka*, der im zarten Schmelz der Schokolade begründet liegt (vgl. *Berthold* 1996 zur *Milka* Strategie).

Eine eindeutige Abgrenzung zwischen Dachmarke und Markenfamilie ist oft nicht möglich, da durch Firmenaufkäufe und Zusammenschlüsse oftmals eine Dachmarke zu einer Markenfamilie wird. Durch die Verschmelzung von *Kraft, Jacobs, Suchard* und *General Foods* im *Phillip Morris* Konzern sind Dachmarken wie *Jacobs* oder *Kraft* zu Markenfamilien innerhalb der *Phillip Morris* Gruppe geworden.

Markierung bei Dienstleistungen

Durch die Immaterialität von *Dienstleistungen* kann bei Dienstleistungen keine unmittelbare physische *Markierung* erfolgen. Es können lediglich interne und externe Kontaktträger (Personen und Objekte) markiert werden. Hier entstehen entweder *Phantasiemarken* wie z.B. *Phantasialand, Robinson Club* von *TUI* oder *Sinfonima*, der Risikoschutz der *Mannheimer Versicherung* für Musiker und ihre Instrumente oder aber *Firmenmarken* wie z.B. *Allianz, Pit-Stop* oder *Maritim Hotel*. Firmenmarken sind dabei häufiger vertreten (vgl. *Meffert/Bruhn* 1997, S. 324).

7.2.3.5 Markenwert

Die Untersuchung von Markenpräferenz, Markenbekanntheit oder Markentreue gehört zum Standardrepertoire der Marktforschung. Entsprechende empirische Ergebnisse zu einer Vielzahl von Markenprodukten finden sich beispielsweise in »*MarkenProfile*« aus der *Stern Bibliothek*. Über die Ermittlung des Markenwertes soll in einem einzigen Konzept der Erfolg einer Marke bewertet werden (vgl. dazu ausführlich *Irmscher* 1996, *Sattler* 1995, *Sander* 1994, *Aaker* 1991). Dies ist zum einen wichtig, wenn Akquisitionen vorgenommen werden (z.B. beim Verkauf von *Rolls Royce*) und zum anderen, um den Wert der eigenen Marke im Vergleich zum Wettbewerb zu erfahren (siehe Abbildung 49 mit Markenwerten einiger Marken). In einigen Ländern ist der Markenwert auch in der Bilanz aktivierbar.

Marke	Unternehmen	Produktkategorie	Markenwert in Mrd. US$ (Stand 1993)
Marlboro	*Phillip Morris*	Tabak	39,5
Coca Cola	*Coca Cola*	Softdrink	33,4
Intel	*Intel*	Computer	17,8
Kellogg's	*Kellogg's*	Food	9,6
Nescafé	*Nestlé*	Kaffee	9,2
Budweiser	*Anheuser Busch*	Bier	8,2
Pepsi	*Pepsi*	Softdrink	7,5
Gillette	*Gillette*	Toilettenartikel	7,1
Pampers	*Procter & Gamble*	Hygiene	5,9
Bacardi Rum	*Bacardi*	Spirituosen	5,5

Abb. 49: Markenwerte der weltweit erfolgreichsten Marken
Quelle: *Berndt* 1995, S. 33

Hoher Markenwert

Wichtig im Zusammenhang mit Markenwerten ist die Tatsache, daß eine Marke mit einem hohen Markenwert auch Zeiten geringerer Werbeinvestitionen überstehen kann, ohne Bekanntheit oder Sympathie zu verlieren. Ist eine Marke im Gedächtnis der Zielgruppe erst einmal verankert (wie etwa *Nivea*, *Persil*, *Maggi*, *Jägermeister*) ist der aufzuwendende Betrag, um das bisher erreichte Niveau zu halten, geringer als bei Marken, die noch keinen hohen Markenwert erreicht haben.

In Deutschland werden Markenwerte von den *Marktforschungsinstituten GfK* und *Nielsen* ermittelt (vgl. *Hüttner* 1997, S. 367). Jedoch schweigen sich die Institute über die genaue Operationalisierung und die Gewichtung einzelner Kriterien wie Marktpotential, Marktanteil, Markentreue, Bewertung aus Handelssicht, Aktivitäten des Unternehmens zur Steigerung des Markenwertes oder Geltungsbereich der Marke aus (vgl. *Pepels* 1997, »Lexikon der Marktforschung«), S. 185ff. sowie *Berekoven/Eckert/Ellenrieder* 1996, S. 293). Zuweilen werden auch die Begriffe Markenbild und -guthaben als Markenwerte bezeichnet. Dies zeigt, daß die Diskussion um den Begriff Markenwert noch nicht abgeschlossen ist und man sehr vorsichtig sein muß, wenn Markenwerte genannt werden, da die Berechnungsgrundlagen nur in den seltensten Fällen offenbart werden und das Konzept damit zu einer willkürlich gewählten Zahl degeneriert wird.

7.3 Entscheidungen über den Produktmix

Bisher wurde nur das Produkt an sich behandelt. Im folgenden werden die zu treffenden Entscheidungen im Zusammenhang mit dem gesamten Produktangebot eines Unternehmens (Produktmix) behandelt (siehe Abbildung 50).

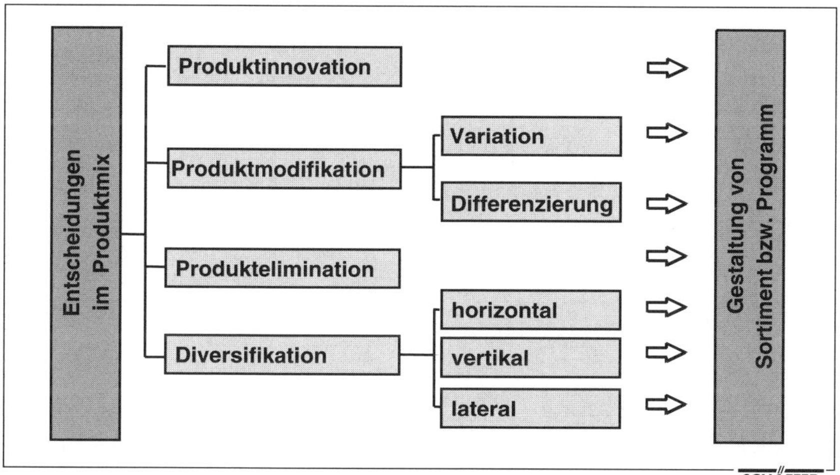

Abb. 50: Entscheidungen über den Produktmix

7.3.1 Produktinnovation

Die Produktinnovation umfaßt die Entwicklung und Einführung neuer Produkte und zählt zu den zentralen Gegenständen der Produktpolitik. Innovationen sind nicht nur für Unternehmen von Bedeutung, sie sind auch für ganze Volkswirtschaften eine Bedingung für das langfristige Überleben im Wettbewerb. So muß ein Unternehmen langfristig in der Lage sein, eine optimale Mischung von bewährten und neuen Produkten anzubieten (Produktportfolio).

Was ist eine Produktinnovation?

Was eine Produktinnovation ist, hängt vom Standpunkt des Betrachters ab. Die Neuigkeit von Produkten bezieht sich auf folgende Aspekte (vgl. *Meffert/Bolz* 1998, S. 165):

- Subjekt: für Anbieter oder Nachfrager neu?
- Intensität: technische oder marktbezogene Neuheit?
- Zeit: wie lange schon als neues Produkt auf dem Markt?
- Ort: wo neu?

So war ein Produkt wie Pampers, das 1961 in den USA eingeführt wurde, zum Einführungszeitpunkt in Deutschland 1973 eine Produktinnovation (vgl. *http://www.procterundgamble.de*). Das erste Automobil war eine technische Innovation. Die heutigen Neuheiten im Automobilbereich sind im wesentlichen marktbezogener Natur. Abbildung 51 zeigt einige Produktinnovationen.

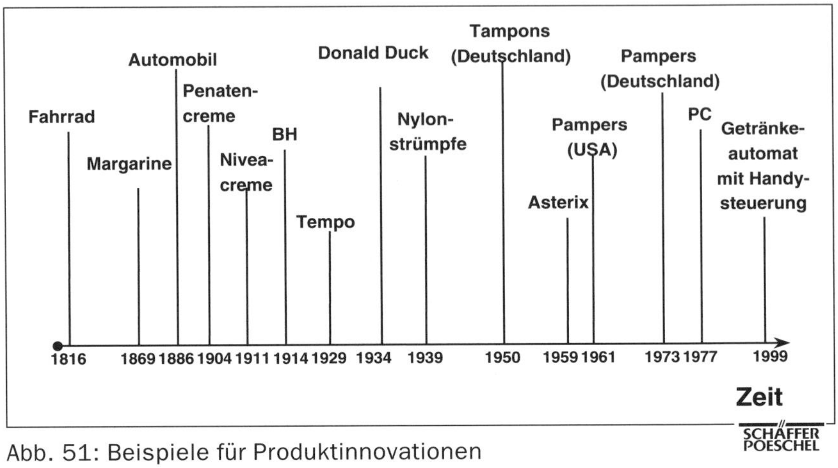

Abb. 51: Beispiele für Produktinnovationen

Eine Produktinnovation entsteht nicht unbedingt nur durch zufällige technische Erfindungen, wie es z.B. die Entdeckung des Emulgators *Eucerit* war, der eine permanente Mischung von Salbenbasis und Wasser ermöglichte und die Einführung der *Nivea-Creme* zum Ergebnis hatte. Vielmehr betreiben marktorientierte Unternehmen eine zielgerichtete Neuproduktplanung (vgl. *Hüttner* 1997, S. 382f. zu den Entwicklungsstadien). Diese beginnt meist mit der systematischen Sammlung von Ideen, z.B. durch Brainstorming. Diese Produktideen werden dann hinsichtlich einer Vereinbarkeit mit den Unternehmenszielen und -ressourcen geprüft. Hier können z.B. Scoringverfahren angewendet werden. In diesem Stadium erfolgt eine erste grobe Prüfung der Wirtschaftlichkeit z.B. mit Break-Even-Analyse oder Kapitalwertmethode. Die Realisierung der Produktidee geschieht meist mit einer Prototypgestaltung, der Namens- und Preisfindung, der Skizzierung einer Werbekonzeption und einem anschließenden Test. Je nach Produkt werden dann Produkttests und/oder Markttests durchgeführt. Beispiele für Produkttests sind Crashtests bei Autos oder Konzepttests mit Conjoint Measurement. Conjoint Measurement ist ein statistisches Verfahren zur Zerlegung eines Globalurteils in Einzelurteile bzw. Attribute wie Qualität, Name, Preis, Verpackung, Gebrauchsanweisung, etc. (vgl. *Hüttner* 1997, S. 339ff.). Dann erfolgt eine Bestimmung des Bedeutungsbeitrags der Einzelbeurteilungen, um ein optimales Produkt zu generieren. Markttests gibt es häufig bei Süßwaren (siehe auch Kapitel 2.4.3.2). Abgerundet wird der Markttest oft durch Befragungen. Schafft ein Produkt alle diese Hürden, wird es in den Markt eingeführt. Erfolgreich ist ein Produkt aber

Realisierung der Produktidee

häufig nur dann, wenn die Einführung durch weitere marketingpolitische Maßnahmen – und hier vor allem die Werbung – begleitet wird.

B

Einer Untersuchung der Zeitschrift *Lebensmittel-Praxis* zufolge waren 1998 die erfolgreichsten Innovationen im Verbrauchsgüterbereich *Fanta Limette, Persil Tabs, Magnum After Dinner, Knorr Fix für knuspriges Brathähnchen, Gillette Mach3, Warsteiner 5-Liter-Fäßchen, Die Ofenfrische* (*Dr. Oetker*), *Amicelli, Kühne Vitassur Apfelessig* und *Mondamin Süße Hauptgerichte* (vgl. *o. V.* 1999, »Innovationen im Lebensmittelhandel: Marketing entscheidet über den Erfolg«, S. 25).

Prozeß der sozialen Akzeptanz

Von Interesse für den langfristigen Erfolg ist der *Prozeß der sozialen Akzeptanz*, der in den in der Abbildung 52 skizzierten Phasen verlaufen kann (vgl. *Kotler/Bliemel* 1999, S. 554ff.).

Innovatoren

Diesem Modell zufolge reagieren Menschen unterschiedlich auf Produktinnovationen. Die *Innovatoren* probieren gerne etwas Neues aus, sind unternehmungslustig und risikofreudig. Als 1981 der CD-Player auf der Internationalen Funkausstellung in Berlin der deutschen Öffentlichkeit vorgestellt wurde (vgl. *Ruhr* 1999, S. B1), waren es zunächst nur wenige risikofreudige Verbraucher, die einen CD-Player gekauft haben, da die Gefahr bestand, daß sich die Innovation nicht durchsetzen würde und daß die benötigten CDs nicht in der gewünschten Vielfalt auf den Markt gebracht würden. *Frühadoptierer* nehmen etwas Neues gern an und betätigen sich oft als Meinungsführer – im CD-Player-Beispiel etwa Musikinteressierte, die ihr Musikwissen gern in ihrem Bekanntenkreis weitergeben. Die *frühe Mehrheit* ist dadurch gekennzeichnet, daß sie zwar gerne neue Ideen übernehmen, aber sie möchten nicht die ersten sein. Verbraucher, die zur *späten Mehrheit* gehören, sind eher skeptisch und kaufen ein Produkt erst dann, wenn die breite Mehr-

Frühadoptierer

Frühe Mehrheit

Späte Mehrheit

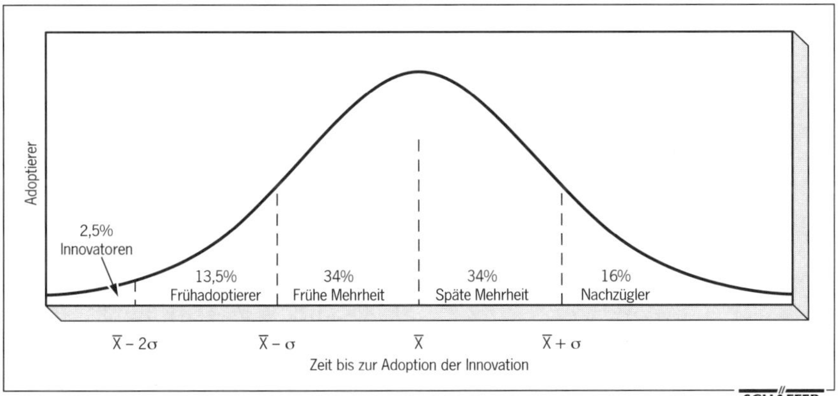

Abb. 52: Zeitliche Dimension des Prozesses der sozialen Akzeptanz einer Produktinnovation (Adoptionszeit); $\bar{x}$ ist Median, σ ist Standardabweichung
Quelle: *Rogers* 1962, p. 162 zitiert in *Kotler/Bliemel* 1999, S. 557

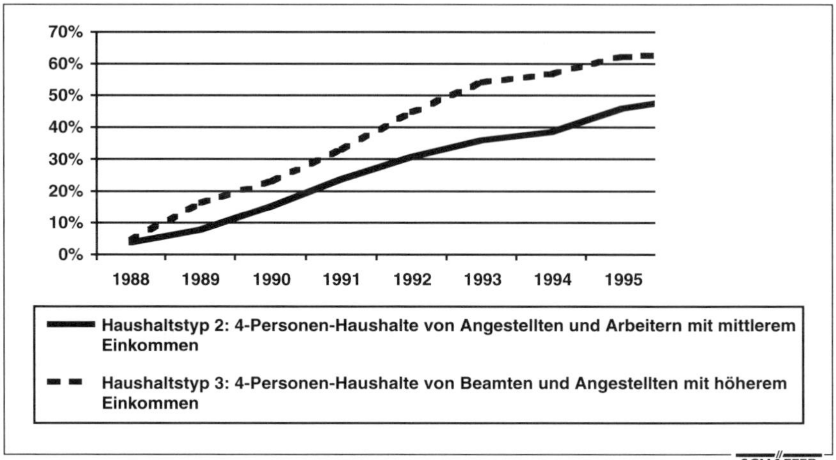

Abb. 53: Anteil der Haushalte mit CD-Player in Deutschland
Quelle: *Statistisches Jahrbuch*, diverse Jahrgänge, Basis: früheres Bundesgebiet
Anmerkung: Die Daten für CD-Player werden erst seit 1988 ausgewiesen.

Nachzügler

heit schon Erfahrungen damit gemacht hat. Die *Nachzügler* sind traditionsbewußt und risikoscheu. Sie kaufen ein Produkt erst dann, wenn es bereits zum Standard gehört. Im Falle des CD-Players werden sie bei einer Ersatzbeschaffung für den Plattenspieler fast dazu gezwungen, da es inzwischen zum einen kaum noch Langspielplatten gibt und zum anderen herkömmliche Plattenspieler fast nur noch im Hochpreissegment angeboten werden. Abbildung 53 zeigt, wie sich die Ausstattung der Haushalte mit CD-Playern in Deutschland entwickelt hat.

Akzeptanz

Das Modell der sozialen Akzeptanz wurde empirisch überprüft und kann auf viele Produkte übertragen werden, jedoch ohne Allgemeingültigkeit zu besitzen. Insbesondere bei Produkten im Modebereich (z.B. die pinkfarbene Haarsträhne bei Punkern, die inzwischen auch bei der biedersten Hausfrau zu finden ist) hilft es, beim Timing von Marketingmaßnahmen diese unterschiedlichen Zielgruppen zu berücksichtigen.

Flops

Kritisch anzumerken ist, daß eine Reihe von Produkten oft nicht einmal die Schicht der Innovatoren erreicht. So überleben nur fünf Prozent aller neu kreierten Düfte in der Parfumbranche mehrere Saisons (vgl. *Meier* 1998, S. 93). Viele Produkte werden nach kürzester Zeit wieder vom Markt genommen oder erreichen nicht einmal die Stufe des Testmarktes. In diesen Fällen spricht man von *Flops*. Empirische Untersuchung über die Floprate kommen zu unterschiedlichen Ergebnissen. Zuweilen werden Flopraten von 80 Prozent genannt (vgl. *Meffert/Bolz* 1998, S. 164f. zu Mißerfolgsquoten bei internationalen Einführungen). Unter der Floprate ist der

Anteil nicht erfolgreicher Produkte an den entwickelten Produkten zu verstehen. Die ausgewiesene Floprate ist jedoch abhängig von der Bezugsgröße und von der Definition »Produkt«, z.B. ob jede Produktvariante in Betracht gezogen wird oder nur die Produktgruppe. Ferner ist wichtig, ab welchem Entwicklungsstadium gezählt wird.

7.3.2 Produktmodifikation

D

Bei der Produktmodifikation handelt es sich um die Veränderung eines bereits vorhandenen Produktes. Die Notation ist in der Literatur allerdings uneinheitlich (vgl. *Hüttel* 1998, S. 301).

Wie im Zusammenhang mit der Diskussion um die Produktinnovation bereits angedeutet (Neuartigkeit hinsichtlich Intensität, Subjekt, Dauer und Region), ist auch die Abgrenzung zur Innovation fließend. Eine Produktmodifikation erfolgt entweder durch Produktvariation oder durch Produktdifferenzierung.

Produktvariation

Produktvariation ist eine bewußte Veränderung an den Nutzenkomponenten des Produktes, wobei der grundlegende Charakter jedoch beibehalten wird. Variationen beziehen sich auf die Veränderung physikalischer Eigenschaften oder die Änderung von Zusatzleistungen. Das Produkt wird i.d.R. durch das neue Produkt abgelöst.

B

So ist beispielsweise der Modellwechsel von *Golf III* auf *Golf IV* eine Produktvariation. Der grundlegende Charakter des *Golf* wurde nicht verändert. Folgt man der Argumentation der *VW-Ingenieure*, handelt es sich beim *Golf IV* allerdings um eine Innovation, da die technischen Änderungen gravierend waren. Erscheint eine Neuauflage eines Buches mit Aktualisierung bereits veralteter Inhalte oder werden neue Autos nur noch mit Sicherheitsgurt, Katalysator oder Airbag in der Serienausstattung angeboten, handelt es sich ebenfalls um Variationen.

Ziele der Produktvariation sind i.d.R. Reaktionen auf Maßnahmen der Wettbewerber, auf veränderte Kundenbedürfnisse oder auf veränderte gesetzliche Rahmenbedingungen.

Produktdifferenzierung

Bei der *Produktdifferenzierung* wird das Produkt so verändert, daß eine weitere Zielgruppe dieses Produkt nachfragt. Ziel der Produktdifferenzierung ist also die Erschließung neuer Marktsegmente. Die Veränderung ist aber nur so groß, daß eine Einordnung in die bisherige Produktgruppe erhalten bleibt.

B

Ein Beispiel ist das Angebot des *Golf III* als Kombi für Personen mit viel Platzbedarf und geringer Ausgabebereitschaft (z.B. junge Familien, Firmen für Außendienstmitarbeiter). *Aspirin* gibt es inzwischen als Brausetablette für Menschen, die nicht gern Tabletten schlucken, und als Kautablette für den Fall, daß kein Getränk zur Verfügung steht. *Coca Cola* gibt es in verschiedenen Differenzierungen wie z.B. *Coca Cola Light* für den kalorienbewußten Verbraucher und die goldfarbene *Coca Cola* für Verbraucher, die kein Koffein zu sich nehmen wollen oder sollen (oft ältere Menschen und Kinder). Weitere Beispiele finden sich bei Kaffee: *Montana, Samtess, Harmonie* und *Mocca* von *Melitta* oder *light, mild* und *free* bei *Jacobs Krönung*, die verschiedene Zielgruppen ansprechen.

Die folgende Abbildung 54 zeigt Produktmodifikationen im Laufe der Zeit bei *Tempo-Taschentüchern*.

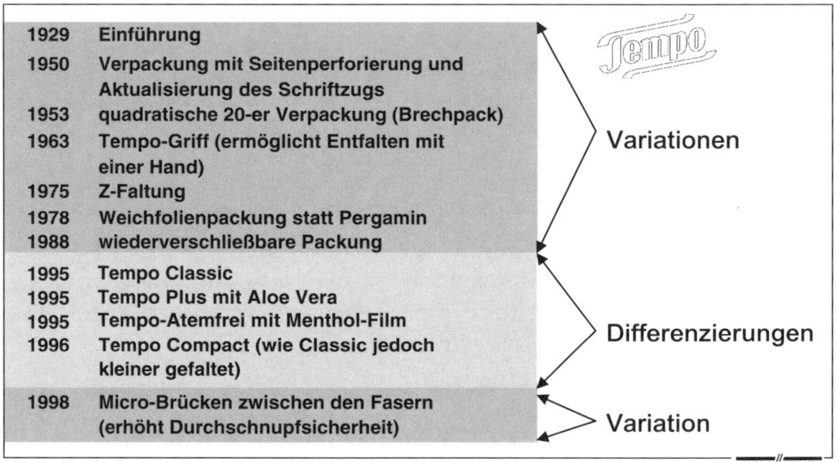

SCHÄFFER POESCHEL

Abb. 54: Produktmodifikationen am Beispiel von *Tempo-Taschentüchern*

7.3.3 Produktelimination

D

Im Falle der Produktelimination wird das Angebot bisheriger Produkte eingestellt. Die Elimination kann einzelne Produktvarianten, ganze Produktgruppen oder auch Geschäftssparten betreffen.

Dabei besteht die Möglichkeit, die Produktion ganz einzustellen oder ein anderes Unternehmen zu finden, das das Produkt nun verkauft. Dies war beispielsweise beim Plantagenbesitzer *Dr. Dittmeyer* der Fall, der seine Orangensaft-Marke *Valensina* 1984 an *Procter & Gamble* verkaufte. 1998 verkaufte *Procter & Gamble* die Marke wieder an *Dr. Dittmeyer* (vgl. *http://www.valensina.de/geschich.htm*). Ebenso verkaufte die *Kraft Division* im *Phillip Morris* Konzern die Ahornsirup-Marke *Log Cabin* an *Mrs. Butterworth*, die im Markt für Ahornsirup bis dahin an zweiter Stelle stand (vgl. *Altschul* 1998, »Eine profitable Marke braucht Leadership«, S. 27).

Ziele

Dies geschieht entweder, weil die *Gewinnerwartungen* des Unternehmens an das Produkt nicht mehr erfüllt werden oder weil sich das Unternehmen auf seine *Kernkompetenzen* konzentrieren will. Dies war bei *Coca Cola* Anfang der achtziger Jahre erforderlich geworden. Das Unternehmen hatte sich bis zum Fisch- und Kaffeeanbieter entwickelt. Nach der Konzentration auf Softdrinks und den Orangensaft Minute Maid stieg der Börsenwert von *Coca Cola* spürbar an (vgl. *Altschul* 1998, »Eine profitable Marke braucht Leadership«, S. 28).

Beispiele dafür, daß die Produktion ganz eingestellt wurde, liefert *Procter & Gamble* mit der Einstellung der Produktion von *Luvs-Windeln* und *Shamtu-Shampoo* im Jahr 1997. Der Grund war der mangelnde Umsatz dieser Produkte (vgl. *Tödtmann* 1997, S. 186). Daß auch *Verbraucherschutzbewegungen* einen Einfluß auf die Produktpolitik haben können, zeigt das Beispiel von *Top Job*. *Top Job* wurde Mitte der achtziger Jahre von *Procter & Gamble* in Deutschland auf den Markt gebracht. Es handelte sich dabei um ein Tuch, das der Schmutzwäsche beigelegt wurde und für mehr Sauberkeit sorgen sollte. Die Stiftung Warentest bewertete das Produkt allerdings sehr schlecht und bescheinigte *Top Job* mangelnde Waschkraft bei geringer Umweltverträglichkeit. Die Schonung der Umwelt war in dieser Zeit bei Waschmitteln zu einem wichtigen Thema geworden, was dazu führte, daß das Produkt kaum noch Abnehmer fand.

7.3.4 Diversifikation

D

Werden neue Produkte oder Produktgruppen in das Absatzprogramm aufgenommen, wird dies als Produktdiversifikation bezeichnet.

Dies geschieht, um neue Marktsegmente zu erschließen oder um das Risiko durch ein weiteres Standbein des Unternehmens zu streuen. Dabei werden drei Diversifikationsformen unterschieden: die horizontale, vertikale und laterale Diversifikation.

Horizontale Diversifikation

Im Falle der *horizontalen Diversifikation* stehen die neu aufgenommenen Produkte in sachlichem Zusammenhang mit dem bisherigen Absatzprogramm.

B

So bietet *Melitta* neben Kaffeefiltern für die Zielgruppe der Kaffeetrinker auch Teefilter an (*Cilia* für die Zielgruppe der Teetrinker). *Adidas* als Hersteller von Sportschuhen und -bekleidung besetzt durch den Aufkauf von *Salomon* nun auch den Wintersportbereich, Radfahren und Golf (vgl. *Freese* 1997, S. 26). *Dr. Oetker* bietet über eine Beteiligung neben Back- und Puddingpulver auch *Clausthaler* Bier an.

Vertikale Diversifikation

Bei der *vertikalen Diversifikation* entstammen die neu aufgenommenen Produkte der Vorstufe (Vorstufen-Diversifikation) oder der Nachstufe (Nachstufen-Diversifikation). Kauft ein Buchverlag beispielsweise eine Druckerei und einige Buchhandelsfilialen, handelt es sich bei den Druckereierzeugnissen um Vorstufen-Diversifikation und beim Buchverkauf um Nachstufen-Diversifikation.

B

So hat *Bertelsmann* als Medienunternehmen den US-Onlinebuchhändler *Barnesandnoble.com* akquiriert. Die *Verlagsgruppe Holtzbrinck* kooperiert mit dem *Weltbildverlag*, um Einfluß auf Vertriebskanäle zu gewinnen. Während *Holtzbrinck* Bestsellerautoren unter Vertrag hat, verfügt *Weltbild* über Buchhandelsfilialen und einen gut funktionierenden Versandhandel. Eine neue Holding soll die Stärken der beiden Unternehmen verbinden (vgl. *Peters* u.a. 1998, S. 150). Einen ähnlichen Hintergrund hatte der Aufkauf der Fastfoodkette *Kentucky Fried Chicken* durch *PepsiCo Inc.*: es ging darum, u.a. den Absatz von *Pepsi* zu fördern.

Laterale Diversifikation

Gibt es keinen sachlichen Zusammenhang der neu aufgenommenen Produkte mit dem bisherigen Absatzprogramm, spricht man von *lateraler Diversifikation*.

B

Viele Zigarettenanbieter gehen diesen Weg, da der Zigarettenkonsum in den Industrieländern langfristig zurückgeht und daher neue Geschäftsfelder erschlossen werden müssen. So hat Philipp Morris KJS (*Kraft Jacobs Suchard*) gekauft und bietet über *Marlboro Leisure Wear* Freizeitkleidung an. Eine ähnliche Diversifikation haben auch *Reynolds* mit *Camel Collections* und *Reemtsma* mit *West Fashion* vorgenommen. Die *American Tabacco Company* hat durch den Aufkauf von Marken wie *Swingline* (Heftklammern und Hefter), *Master Locks*, *Jim Beam* (Likör) und *Titleist* (Golfausrüstung) ebenfalls lateral diversifiziert. Inzwischen hat das Unternehmen das Zigarettengeschäft ganz aufgegeben, da »der Schwanz profitabler wurde als der Hund« (vgl. *Altschul* 1998, »Marken im Tanz der Elefanten«, S. 29). Ein stark diversifiziertes Angebot hat *Dr. Oetker*. Die Firmengruppe ist u.a. an diversen Finanzdienstleistern beteiligt, wie z.B. *Bankhaus Lampe*, Versicherungsgruppe *Condor* und betreibt eine Schiffahrtslinie und Hotels.

7.3.5 Gestaltung von Sortiment und Programm

D

> Das Produktionsprogramm oder Sortiment umfaßt die Gesamtheit aller von einem Unternehmen angebotenen Produkte. Während man in Handelsbetrieben von Sortimenten spricht, wird in Industriebetrieben der Begriff Absatz- oder auch Produktionsprogramm verwendet.

Sortimentsbreite

Sortimentstiefe

Die Bildung des Programms besteht zum einen in der Festlegung der Produktlinien *(Sortimentsbreite)* und zum anderen in der Festlegung der Produkte innerhalb der Produktlinie *(Sortimentstiefe)*.

Diese sollte durch laufende Programmstrukturanalysen überwacht werden. Die folgende Abbildung 55 zeigt ein Beispiel für Sortimentsbreite und -tiefe in einem Buchclub.

Breite	Tiefe					
Bücher	Krimi/ Thriller	Herz-Schmerz	große Autoren	Erotik	Sachbücher	Kinder
Musik	Jazz	Pop national	Pop international	Volks-musik	Klassik	
Video	Spielfilm	Musik-videos	Krimi/ Thriller	Comedy	Lehrfilme	

SCHÄFFER POESCHEL

Abb. 55: Sortimentsbreite und Sortimentstiefe in einem Buchclub

Marktauftritt bei starker Differenzierung/ Diversifikation

Bei einer zu starken Differenzierung oder Diversifikation (insbesondere bei der lateralen Diversifikation) besteht die Gefahr, daß ein Unternehmen die Ressourcen nicht mehr richtig steuern kann. Daher sind in der letzten Zeit viele Unternehmen dazu übergegangen, sich auf die Kernkompetenzen zu besinnen und einige Produkte abzustoßen (vgl. *Altschul* 1998, »Eine profitable Marke braucht Leadership«, S. 27f.). Je nach Marktauftritt (einheitlicher Auftritt mit einer Dachmarke oder differenzierter Auftritt mit Einzelprodukten) kann sich auch kein einheitliches Image beim Kunden herausbilden (Bauchladen-Image). Daher sollte ein Unternehmen versuchen, die Marktauftritte je nach Produktangebot und ggf. Zielgruppe zu differenzieren oder aber eine gemeinsame Klammer zu finden, die die Produkte verbindet. Das Unternehmen *3M* beispielsweise bietet eine Vielzahl von Produkten an, die auf den ersten Blick nichts miteinander gemein haben. Dazu gehören Imprägnierungen für Tischdecken und Polstermöbel, Haftnotizen, Filme, Klebfilmstreifen, Klebstifte, Röntgenfilme, Beschichtungen für Verkehrsschilder, Produkte zur Wundenverklebung und vieles mehr (vgl. *http://www.mmm.com/product/opunits.html*). Die gemeinsame Klammer besteht hier in einer speziellen Oberflächentechnik.

Aufgaben

1. Was sind die Aufgaben der Produktpolitik?
2. Erläutern Sie die Begriffe Produktkern, Produktfunktion und Produktform im Rahmen der Produktgestaltung.
3. Welche Funktionen hat die Verpackung eines Produkts und warum hat die Bedeutung der Verpackungspolitik zugenommen?
4. Was versteht man unter Markierung?
5. Aus welchem Grunde bauen einerseits Hersteller und andererseits Händler Marken auf?
6. Was ist bei der Namensgebung für ein Produkt zu beachten?
7. Was sind die Vorteile eines Markenprodukts für den Verbraucher?
8. Welche Eigenschaften haben No-Name Produkte?
9. Was versteht man unter Produktinnovation?
10. Was versteht man unter Adoptionszeit bei der Einführung eines neuen Produktes? Welche Konsumententypen werden hier unterschieden?
11. Erläutern Sie den Unterschied zwischen Produktvariation und Produktdifferenzierung.
12. Handelte es sich bei der Einführung von Coca Cola Light um eine Produktinnovation, Produktvariation, Produktdifferenzierung oder um eine horizontale Diversifikation? Begründen Sie Ihre Meinung.
13. Was versteht man unter Diversifikation, welche Formen gibt es und was sind die Ziele der Diversifikation? Nennen Sie (reale) Beispiele.
14. Erläutern Sie den Unterschied zwischen Sortimentsbreite und Sortimentstiefe anhand eines Beispiels.
15. Die Absatzprognose für das laufende Geschäftsjahr bei der *Speedy GmbH* zeigt die in der Tabelle auf S. 143 angegebenen Werte.
    Würden Sie Sortimentsbreite oder -tiefe verändern? Bitte begründen Sie Ihre Meinung!

Artikel-nummer	Bezeichnung	Produkt-gruppe	Absatz in Stück	Umsatz in TDM	Deckungsbeitrag in TDM
815	*Speedster Family* 2,3	PKW	2.000	118.000	23.600
816	*Speedster Carry* 1,0	Kleintrans-porter	50	1.250	250
817	*Speedster Mini-Van* 1000	PKW	30	750	150
820	*Speedster Carry* 1,8 B	Kleintrans-porter	1.000	32.000	6.400
910	Kupplung	Original-ersatzteile	70	28	8
1002	*Speedster Carry* 1,6 A	Kleintrans-porter	200	5.600	1.120
1189	Schneeketten	Zubehör	10	1	0
1289	Anhängerkupplung	Zubehör	700	700	210
2815	*Speedster Family* 1,8 B	PKW	1.600	78.400	15.680
2816	*Speedster Carry Long* 1,8 B	Kleintrans-porter	100	3.300	660
2820	*Speedster Carry* 1,6 B	Kleintrans-porter	500	15.000	3.000
3002	*Speedster Carry* 1,8 A	Kleintrans-porter	100	3.000	600
3389	Dachträger	Zubehör	10	3	1
4910	Batterie	Original-ersatzteile	70	7	2
6980	Auspuff	Original-ersatzteile	70	35	11
7815	*Speedster Family* 2,0	PKW	3.050	149.450	29.890
7816	*Speedster Carry Long* 1,6 B	Kleintrans-porter	50	1.550	310
7817	*Speedster Fun*	PKW	70	2.030	406
7820	*Speedster Carry* 1,8	Kleintrans-porter	100	2.800	560
8002	*Speedster Carry* 2,0	Kleintrans-porter	150	4.050	810
Summe	PKW		6.750	348.630	69.726
	Kleintransporter		2.250	68.550	13.710
	Zubehör		720	704	211
	Originalersatzteile		210	70	21
Gesamt			9.930	417.954	83.668

8 Preispolitik

Lernziele

Im achten Kapitel soll der Leser

- Die Aufgaben der Preispolitik kennenlernen
- Das Konzept der Preis-Absatz-Funktion und der Elastizität kennenlernen
- Preisbildungsverfahren kennenlernen
- Preisstrategien und ihre Bedeutung in der Praxis beurteilen können.

8.1 Aufgaben der Preispolitik

In der Literatur sind auch die Begriffe Preismanagement (vgl. z.B. *Kotler/Bliemel* 1999, Entgeltpolitik (vgl. z.B. *Nieschlag/Dichtl/Hörschgen* 1997 oder Kontrahierungspolitik (vgl. z.B. *Weis* 1997 zu finden. Aufgabe der Preispolitik ist die Festlegung der von den (potentiellen) Abnehmern eines Gutes oder einer Dienstleistung zu erbringenden Gegenleistung. Diese Gegenleistung besteht in der Regel aus Geld, kann aber auch ein Gut oder eine Dienstleistung sein (Tauschgeschäft).

Im Rahmen der Preispolitik sind Entscheidungen über erstmalige Festsetzungen, Preisänderungen und die Struktur des Preisgefüges zu treffen. Zur Preispolitik gehören auch Liefer- und Zahlungsbedingungen wie z.B. Währung, Zahlungszeitpunkt oder Leasing.

8.2 Preis-Absatz-Funktion

8.2.1 Wesen der Preis-Absatz-Funktion

D

Um einen ersten Überblick über die Bedeutung des Preises zu erhalten, wird das Konzept der Preis-Absatz-Funktion erklärt. Eine Preis-Absatz-Funktion zeigt den Zusammenhang zwischen Preis und Absatz.

Vollkommene Märkte

In der Mikroökonomie wird unter der Annahme *vollkommener Märkte* (Preistransparenz, Nutzen- und Gewinnmaximierung, keine Präferenzen, rationale und schnelle Reaktionen auf Änderung von Rahmenbedingungen) von einer stetig fallenden Preis-Absatz-Funktion ausgegangenen. Ist die angebotene Menge hoch, ist nur ein geringer Preis realisierbar. Ist die angebotene Menge dagegen gering, kommt ein hoher Preis zustande. Die klassische Preis-Absatz-Funktion aus der Mikroökonomie zeigt also, wie der Preis sinkt oder steigt, wenn sich die angebotene Menge eines Gutes in einer Periode ändert. Hier ist der Preis die abhängige Variable und die nachgefragte Menge die unabhängige Variable.

Unvollkommene Märkte

In *unvollkommenen Märkten* – wie wir sie in der Realität vorfinden – ist der Preis jedoch ein Parameter des Unternehmens. Ein Unternehmen legt den Preis fest und gewinnt damit mehr oder weniger Nachfrager. So ist die Menge die abhängige Variable und der Preis die unabhängige Variable. In der graphischen Darstellung wird dann die Nachfragemenge auf der Ordinate (Y-Achse) und der Preis auf der Abszisse (X-Achse) abgetragen (vgl. *Diller* 1991, S. 65). Die Nachfragemenge N wird als Funktion des Preises P gesehen, also N = f (P). In vielen Marketingbüchern wird noch die aus der Tradition der Mikroökonomie stammende Darstellung mit dem Preis als abhängiger und Menge als unabhängiger Variablen dargestellt (vgl. z.B. *Kotler/Bliemel* 1999, S. 768).

Ermittlung der Preis-Absatz-Funktion

Nun stellt sich die Frage, wie eine Preis-Absatz-Funktion ermittelt werden kann. Dies kann durch folgende Möglichkeiten geschehen (vgl. *Kotler/Bliemel* 1999, S. 768f.):

- Analyse unternehmensinterner Daten:
  - Vorgehen: Unterschiedliche Preis-Mengen-Konstellationen werden im Zeitverlauf untersucht.
  - Nachteil: Es ist fraglich, ob der Preis die einzige beeinflussende Variable ist.
- Experiment:
  - Vorgehen: In vergleichbaren Filialen oder Geschäftsgebieten werden unterschiedliche Preise verlangt und dann die Nachfragemengen verglichen.
  - Nachteil: Es muß sichergestellt werden, daß die Filialen oder Gebiete vergleichbar sind und daß keine Arbitrage stattfindet. Arbitrage heißt, daß Zwischenhändler in einer preiswerten Filiale einkaufen und die Produkte in ihrem Filialgebiet zum dort herrschenden höheren Preis weiterverkaufen.
- Befragung:
  - Vorgehen: Die Befragten sollen angeben, wie viele Einheiten sie bei unterschiedlich vorgegebenen Preisen kaufen würden.
  - Nachteil: Es liegt eine künstliche Situation vor. Außerdem werden hohe Preisbereitschaften oft nicht zugegeben, um sich vor hohen Preisen zu »schützen«

Die Problematik liegt in der ökonometrischen Schätzung der Funktion, die meist mit *Regressionsanalyse* erfolgt. In empirischen Untersuchung wurden z.B. Preis-Absatz-Funktionen für ein Lebensmittelprodukt ($N = 67-9{,}5P$ bei einem Bestimmtheitsmaß von $r^2 = 92\%$) und ein Waschmittel ($N = 3600-686P$ bei einem Bestimmtheitsmaß von $r^2 = 38\%$) ermittelt (vgl. *Diller* 1991, S. 147). Das Bestimmtheitsmaß r^2 ist ein Maß für die Güte der Regression. Je näher der Wert an 100 Prozent liegt, desto besser paßt sich die Regressionsgerade an die Beobachtungspunkte an.

Im folgenden werden einige typische Verläufe von Preis-Absatz-Funktionen dargestellt (vgl. *Diller* 1991, S. 67ff.).

8.2.2 Lineare Preis-Absatz-Funktion

Höchstpreis und Sättigungsmenge

Im Falle der linearen Preis-Absatz-Funktion wird unterstellt, daß es einen Höchstpreis gibt, zu dem kein Nachfrager bereit ist, das Gut zu erwerben und daß es eine Sättigungsmenge a gibt, bei dem keine Nachfrage mehr besteht. Die Nachfrage sinkt um b Einheiten, sobald der Preis um 1 Einheit ausgedehnt wird (mathematisch: Steigung der Funktion). Die Preis-Absatz-Funktion hat dann die Form $N = f(P) = a-bP$ und sieht wie folgt aus:

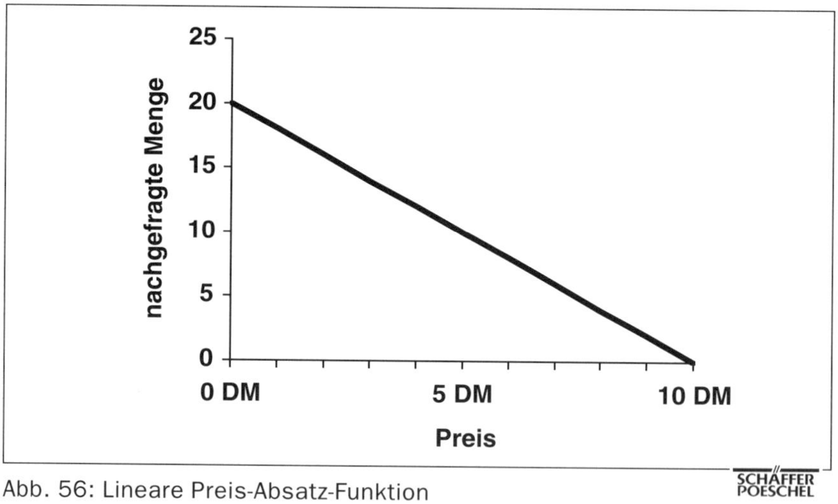

Abb. 56: Lineare Preis-Absatz-Funktion

8.2.3 Doppelt geknickte Preis-Absatz-Funktion

Unvollkommene Märkte

Die doppelt geknickte Preis-Absatz-Funktion findet sich nur auf unvollkommenen Märkten. Ein Unternehmen, das es geschafft hat, Präferenzen aufzubauen, kann innerhalb gewisser Grenzen (monopolistischer Bereich) den Preis verändern, ohne daß Käuferreaktionen zu erwarten sind. Außerhalb des monopolistischen Bereichs verlieren die Präferenzen ihre Wirkung: darüber liegende Preise führen zu niedrigeren und darunterliegende Preise zu höheren Verkaufsmengen.

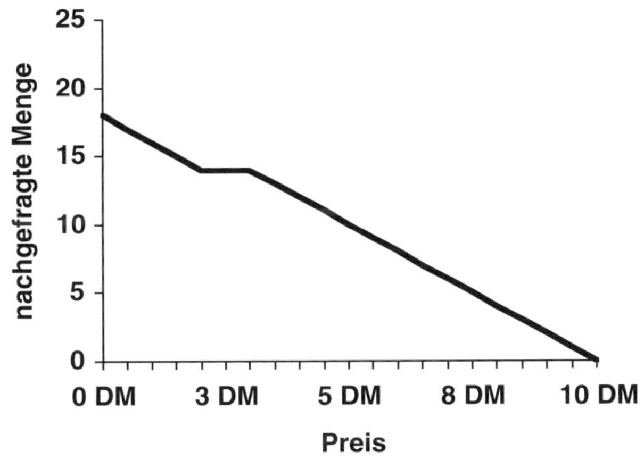

Abb. 57: Doppelt geknickte Preis-Absatz-Funktion

SCHÄFFER POESCHEL

8.2.4 Preis-Absatz-Funktion für Schwellenpreise

Ein geringfügig unter einem runden Wert liegender Preis hat eine optisch bessere Wirkung. So wird 29,90 DM als viel billiger empfunden als 30,00 DM. Dies führt dazu, daß eine Preiserhöhung von

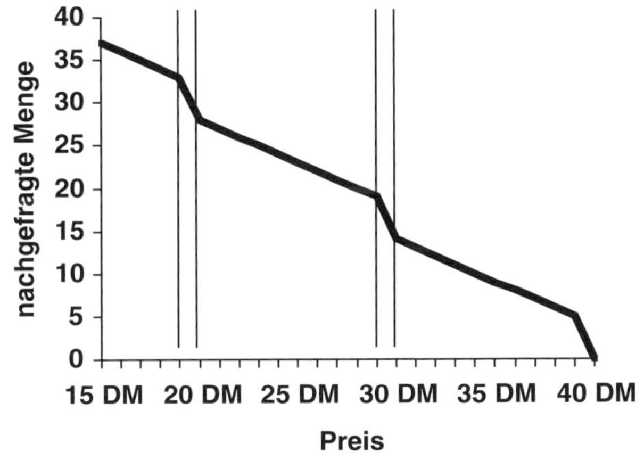

Abb. 58: Preis-Absatz-Funktion bei Schwellenpreisen

SCHÄFFER POESCHEL

29,90 DM auf 30,00 DM einen größeren Absatzrückgang zur Folge hat als eine Erhöhung von 30,00 DM auf 30,10 DM.

8.2.5 Preis-Absatz-Funktion bei Preis-Qualitäts-Effekt

Sobald die Qualitätsbeurteilung eines Produktes schwierig ist, wird häufig der Preis als Qualitätsmaßstab herangezogen. »Nur was teuer ist, kann auch gut sein« ist die Maxime. Allerdings gilt dies nur in einem begrenzten Rahmen. Ist die Preiserhöhung zu hoch, sinkt die Nachfragemenge wieder. Wird der Preis stark gesenkt, wird das Angebot als Schnäppchen gesehen und stark nachgefragt.

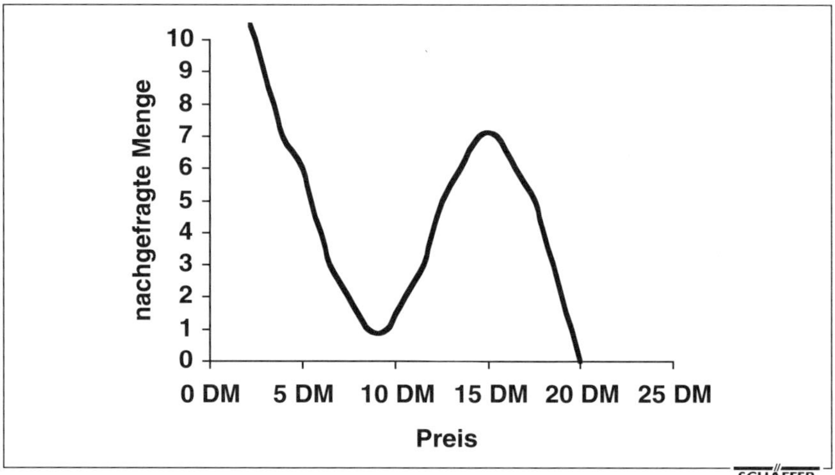

Abb. 59: Preis-Absatz-Funktion bei Preis-Qualitäts-Effekt

Preis als Ersatzgröße für die Qualitätsbeurteilung

Daß der Preis als Ersatzgröße für die Qualitätsbeurteilung herangezogen wird, trifft um so mehr zu, je unerfahrener der Konsument ist, je weniger selbstbewußt er ist und je geringer die Qualitätstransparenz ist.

Im Zuge zunehmenden Verbraucherbewußtseins (Konsumerismusbewegung) wurde die Stiftung Warentest gegründet, die sich zur Aufgabe gemacht hat, mehr Qualitätstransparenz zu schaffen. In einer Untersuchung von *Diller* (vgl. *Diller* 1991, S. 122ff.) wurden der Preis und die durch Stiftung Warentest gemessene Qualität bei verschiedenen Produkten miteinander korreliert. Indikator für die Qualität eines Produktes war die von Stiftung Warentest ermittelte Note (von 1 = sehr gut bis 6 = abzuraten). Als Preis wurde der in den Testberichten ausgewiesene Medianpreis verwendet. Dabei stellte sich heraus, daß Preis und Qualität nur einen schwachen Zusammenhang aufwiesen. Das bedeutet, daß der vom Konsumenten vermutete Zusammenhang zwischen Preis und Qualität – zumindest nach den Ergebnissen dieser Untersuchung – nicht vorhanden ist. Die nachgefragte Menge dürfte bei entsprechendem Kenntnisstand der Nachfrager mit zunehmendem Preis nicht steigen.

8.2.6 Preis-Absatz-Funktion beim Snob-Effekt

Hoher Preis als Differenzierungsmöglichkeit

Beim sogenannten Snob-Effekt bietet ein höherer Preis für ein Gut dem Verbraucher die Möglichkeit, sich von anderen zu differenzieren (»Ich kann es mir leisten«). Die Absatzmenge steigt mit dem Preis. Aber auch hier gibt es wieder einen Preis, bei dem die nachgefragte Menge wieder zurückgeht, nämlich dann, wenn es auch dem »Snob« zu teuer wird, das Produkt zu erwerben.

B

Als Beispiel kommt die Mitgliedschaft in einem Golfclub in Frage. Je höher der Mitgliedsbeitrag und/oder die Aufnahmegebühr ist, um so exklusiver gilt der Golfclub und um so mehr Bewerber gibt es für die Mitgliedschaft. Wer Mitglied in einem solch exklusiven Golfclub ist, zeigt damit, daß er in der Lage ist, den Beitrag zu zahlen, den andere nicht zahlen können.

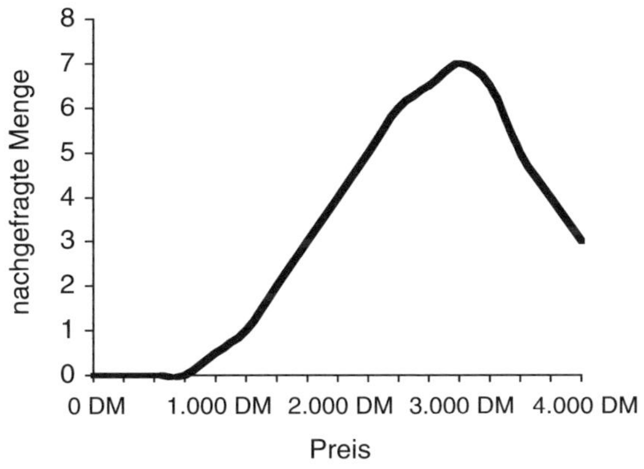

Abb. 60: Preis-Absatz-Funktion bei Snob-Effekt

SCHÄFFER POESCHEL

8.3 Preiselastizität der Nachfrage

D

Die Preiselastizität der Nachfrage gibt an, wie sich die Nachfrage ändert, wenn der Preis um eine Einheit erhöht (bzw. gesenkt) wird.

Sie wird benutzt, um Konsequenzen von Preisentscheidungen beurteilen zu können. Die Preiselastizität der Nachfrage ist definiert als Verhältnis der relativen Änderung der Nachfrage nach einem Gut zu der sie auslösenden relativen Änderung des Preises dieses Gutes.

Verbale Darstellung: $\eta = \left| \frac{\text{prozentuale Mengenänderung}}{\text{prozentuale Preisänderung}} \right|$

Formeldarstellung: $\eta = \left| \frac{N_n - N_a}{N_a} : \frac{P_n - P_a}{P_a} \right| = \left| \frac{N_n - N_a}{P_n - P_a} \bullet \frac{P_a}{N_a} \right|$

wobei N_a Nachfragemenge vor Preiserhöhung
N_n Nachfragemenge nach Preiserhöhung
P_a alter Preis
P_n neuer Preis

Mathematische Darstellung: $\eta = \left| \frac{dN}{dP} \bullet \frac{P_a}{N_a} \right|$

wobei N_a Nachfragemenge vor Preiserhöhung
P_a alter Preis
$\frac{dN}{dP}$ Ableitung der Preis-Absatz-Funktion nach P

Die Wirkungen einer Preisänderung bei unterschiedlichen Elastizitätskoeffizienten auf die Nachfrage und den Umsatz sind in Abbildung 61 zusammengefaßt. Wenn die Formel nicht in Betragsstriche gesetzt wurde, gilt: unelastisch bei $\eta > -1$, elastisch bei $\eta < -1$.

	Fall 1	Fall 2	Fall 3	Fall 4	Fall 5
	η = **0**	η **< 1**	η **= 1**	η **> 1**	η **=** ∞
	Vollkommen unelastische Nachfrage	Unelastische Nachfrage	Einheits-elastische Nachfrage	Elastische Nachfrage	Vollkommen elastische Nachfrage
Nachfrage-wirkung	Keine Änderung	Mengeneffekt ist kleiner als Preiseffekt	Mengeneffekt ist gleich Preiseffekt	Mengeneffekt ist größer als Preiseffekt	Unendlich großer Mengeneffekt
Umsatz-wirkung	Proportional	Steigt bei Preiserhöhung, sinkt bei -senkung	Konstant	Sinkt bei Preiserhöhung, steigt bei -senkung	Umsatz fällt auf 0
Lage der PAF	Parallel zur Preis-Achse	Unter-schiedlich	Unter-schiedlich	Unter-schiedlich	Parallel zur Mengen-Achse

SCHÄFFER POESCHEL

Abb. 61: Preiselastizität und Auswirkung auf Nachfrage und Umsatz

1. Im ersten – allerdings nur theoretisch möglichen – Fall ($\eta = 0$) ist die Nachfrage unabhängig vom Preis. Eine Preisänderung hat keine Konsequenzen auf die nachgefragte Menge, d.h. der Mengeneffekt ist gleich Null. Damit ist der Koeffizient η auch Null. Die Preis-Absatz-Funktion läuft parallel zur Abszisse (X-Achse). Preispolitik im Sinne von Preisänderungen ist somit nicht sinnvoll. Der Umsatz steigt oder fällt proportional mit der Preisänderung.
2. Ist die Preiselastizität unelastisch ($\eta < 1$) steigt die Nachfrage mit fallendem Preis, wobei der Mengeneffekt kleiner ist als die Preisänderung, so daß der Umsatz (Menge x Preis) sinkt. Bei steigenden Preisen steigt der Umsatz trotz gesunkener Nachfrage.
3. Im Fall der Einheitselastizität ($\eta = 1$) bleibt der Umsatz bei Preisänderungen konstant. Mit fallendem bzw. steigendem Preis steigt bzw. fällt zwar die Nachfrage, der Mengeneffekt entspricht aber genau dem Preiseffekt.
4. Ist die Preiselastizität größer als 1 ($\eta > 1$), spricht man von einer elastischen Nachfrage. Mit fallenden Preis steigt die Nachfrage (oder umgekehrt), wobei der Mengeneffekt die Preisreduktion überkompensiert, so daß der Umsatz (Menge x Preis) steigt.
5. Wird die Preiselastizität unendlich groß, liegt eine vollkommen elastische Nachfrage vor ($\eta = \infty$). Bei einem bestimmten Preis ist jede beliebige Menge absetzbar. Bei einer – selbst unbedeutenden – Preisänderung verliert das Unternehmen sofort alle Nachfrager. Die nachgefragte Menge und der Umsatz sinken auf 0. Da durch Null dividiert wird, wird der Koeffizient (unendlich groß. Damit ist der Preis ein Datum, so daß keine Preispolitik möglich ist. Die Preis-Absatz-Funktion läuft parallel zur Ordinate (Y-Achse). Dieser Fall ist jedoch in der Praxis nicht relevant.

Abbildung 62 zeigt beispielhaft eine lineare Preis-Absatz-Funktion der Form $N = 30 - 2\,P$ und den Wert, den die Elastizität annimmt.

Wird der Preis von 11 DM auf 10 DM gesenkt, steigt die Nachfrage von 8 auf 10 Einheiten. Die prozentuale Mengenänderung beträgt dann 25 Prozent bei einer prozentualen Preisänderung von 9 Prozent. Der Elastizitätskoeffizient ist folglich 25 dividiert durch 9 und beträgt dann 2,8. Da die prozentuale Mengenänderung größer ist als die prozentuale Preisänderung, ist die Nachfrage elastisch.

Wird der Preis dagegen von 4 DM auf 3 DM gesenkt, steigt die Nachfrage von 22 auf 24 Einheiten. Die prozentuale Mengenänderung beträgt dann 9 Prozent bei einer prozentualen Preisänderung von 25 Prozent. Der Elastizitätskoeffizient ist 9 dividiert durch 25 und beträgt somit 0,4. Die prozentuale Mengenänderung ist kleiner als die prozentuale Preisänderung. Die Nachfrage reagiert demnach unelastisch.

Die Umsätze können mit einer Preiserhöhung nur gesteigert werden, wenn die Elastizität kleiner ist als 1. Dies ist in unserem Beispiel bei einem Preis unter 7,50 DM der Fall. In diesem Preisintervall führt eine Preissenkung zu Umsatzrückgängen. In dem Preisintervall ab 7,50 DM führt eine Preiserhöhung zu einem geringeren Umsatz. Hier ist die Elastizität größer als 1.

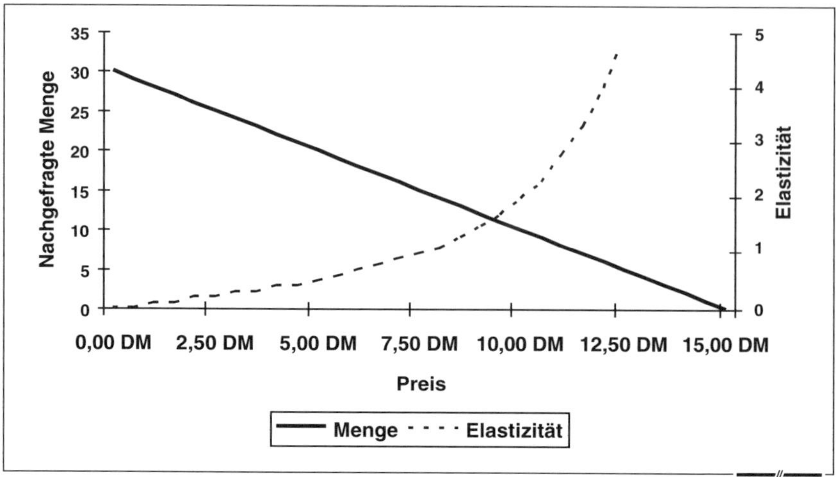

SCHÄFFER POESCHEL

Abb. 62: Lineare Preis-Absatz-Funktion und Elastizität der Nachfrage

Hohe Preiselastizitäten

Insgesamt findet man *hohe Preiselastizitäten* in folgenden Situationen:

- Die angebotenen Produkte sind homogen, haben keine Unique Selling Proposition und sind vielleicht sogar entbehrlich.
- Die Nachfrager haben keine Präferenzen bezüglich Service, Produktausstattung, Standort etc.
- Die Nachfrager zeigen keine Bindung an eine Marke oder an einen Anbieter.
- Ein Anbieter hat latent unzufriedene Kunden, bei denen eine Preiserhöhung der berühmte Tropfen ist, der das Faß zum Überlaufen bringt.
- Die Nachfrager reagieren schnell. Sie bemerken eine Preisänderung sofort und ergreifen schnell Gegenmaßnahmen z.B. einen Wechsel zur Konkurrenz.

Niedrige Preiselastizitäten

Niedrige Preiselastizitäten ergeben sich in folgenden Konstellationen:

- Starke Kundenbindung oder Markentreue.
- Geringe Vergleichbarkeit der Konkurrenzprodukte (Preis- und Qualitätstransparenz).
- Wenige Alternativen.
- Bequeme Kunden.
- Rechtliche Bindungen der Kunden.
- Hohe Kundenzufriedenheit
- Langsame Reaktion der Nachfrager: Preisänderungen werden erst spät erkannt. Gegenmaßnahmen werden erst mit Zeitver-

zug ergriffen, wie z.B. Wechsel zur Konkurrenz oder Verzicht auf das Produkt.

Die nachfolgende Abbildung 63 zeigt Preiselastizitäten für bestimmte Waren und Dienstleistungen.

Produkt	**Elastizität (Absolutbetrag)**
Möbel, Heimtextilien	3,9
Schuhe	2,3
Dienstleistungen für Haushaltsführung	1,3
Bücher, Zeitungen, Zeitschriften	1,1
Kraftstoffe und Schmiermittel	0,8
Waren und Dienstleistungen für die Körperpflege	0,7
Tapeten, Farben, Baustoffe, Wohnungsreparaturen	0,5
Heizöl	0,5
Kunst, Sport, Vergnügen	0,4
Metall und Glaswaren, sonstige dauerhafte Waren	0,2
Rundfunk-, Fernseh- und Phonogeräte	0,2
Nahrungs- und Genußmittel	0,1
Mieten	0,1
Kleidung	0,0

SCHÄFFER POESCHEL

Abb. 63: Elastizitäten für bestimmte Waren und Dienstleistungen. Quelle: *Fotiadis/Hutzel/Wied-Nebbeling* zitiert in *Weis* 1997, S. 261; keine Angabe der Berechnungsgrundlage

8.4 Preisbildungsverfahren

8.4.1 Grundlagen

Im wesentlichen wird der Preis durch die Kosten der Leistungserstellung, durch den Preis, den die potentiellen Nachfrager bereit sind zu zahlen, und durch den Preis der Konkurrenzprodukte bestimmt. Alle drei Bestimmungsfaktoren haben Einfluß auf die Preisbildung. Je nach Produkt und Marktsituation ist die Bedeutung der Faktoren unterschiedlich.

8.4.2 Kostenorientierte Preisbildung

Hier geht man davon aus, daß der Preis die Vollkosten oder bestimmte Teilkosten decken soll (vgl. dazu ausführlich *Kotler/Bliemel* 1999, S. 759ff.). Sehr häufig findet man dieses Preisbildungsverfahren im Handel. Ein Beispiel soll das Vorgehen verdeutlichen:

• Einkaufspreis (ohne MwSt):	5,00 DM
• Handlingskosten (Personal, Raummiete, etc.):	1,00 DM
• Gewinnzuschlag	1,00 DM
• ergibt Nettoverkaufspreis	7,00 DM
• zzgl. 16 Prozent MwSt	1,12 DM
• ergibt Bruttoverkaufspreis	8,12 DM

Die Summe aus Handlingskosten und Gewinnzuschlag wird als Handelsspanne bezeichnet (vgl. Weis (1997), S. 279).

8.4.3 Nachfrageorientierte Preisbildung

Die nachfrageorientierte Preisbildung orientiert sich an den Nutzenerwartungen der Nachfrager. Eine hohe Nutzenerwartung schlägt sich in einem hohen Preis nieder (vgl. dazu ausführlich *Kotler/Bliemel* 1999, S. 778ff.). Insbesondere in der Investitionsgüterindustrie findet sich dieses Preisbildungsverfahren.

Ein Anbieter von Omnibussen etwa antizipiert den für einen Nachfrager möglichen Gewinn durch den Einsatz eines weiteren Omnibusses.

• Jahresumsatz (300 Tageseinsätze mit 50 Gästen à 25 DM)	375.000 DM
• Kalkulatorische Abschreibung (200.000 DM auf 5 Jahre)	40.000 DM
• Kalkulatorische Zinsen auf Kapitaleinsatz (6 % von 200.000 DM)	12.000 DM
• Reparatur- und Instandhaltungskosten	3.000 DM
• Verbrauch von Benzin, Öl, etc.	75.000 DM
• Personalkosten Busfahrer	200.000 DM
• ergibt zusätzlichen Gewinn	45.000 DM

Verlangt der Anbieter einen Preis von 300.000 DM, ergibt sich nur ein Gewinn von 19.000 DM. Bei 400.000 DM erwirtschaftet der Busunternehmer sogar einen Verlust. Ausgehend davon, daß der Anbieter die Kostensituation und die Gewinnerwartungen des Busunternehmers einschätzen kann, wird er seinen Preis nach seinen Gewinnerwartungen richten.

Auch in der Konsumgüterindustrie gibt es Beispiele für nachfrageorientierte Preisbildung. Dort wird der Nutzen des Konsumenten berücksichtigt. So bietet *Gillette* seit September 1998 ein neues Naßrasiersystem zu einem Premiumpreis an. *Gillette* verspricht den Verbrauchern Zeitersparnis bei der Rasur und weniger Hautreizungen. Der monetär nicht unmittelbar bewertbare Nutzenzuwachs durch Produktivitätssteigerungen bei der morgendlichen Rasur soll die Verbraucher veranlassen, deutlich mehr für die neuen Klingen zu bezahlen (vgl. *Baumann* 1998, S. 66).

Ermittlung Preisbereitschaft

Häufig werden in Marktforschungsstudien *Preisbereitschaften* ermittelt, auf die der Preismanager zurückgreifen kann. *Preispräferenzbefragungen* dienen der Preisfindung, z.B. bei Produktmodifikationen oder -innovationen. Jedoch gibt es auch Kritikpunkte an dieser Art der Ermittlung von Preisen (vgl. *Diller* 1991, S. 132). Der Preis wird in hohem Maße von den Befragten rationalisiert, d.h. er wird rationaler betrachtet, als das in der Realität getan wird. Aus sozialer Erwünschtheit heraus wird dem Preis eine sehr hohe Bedeutung beigemessen. In einer Befragung können ferner nur einige Indikatoren für die Akzeptanz eines Preises erfragt werden. In der Praxis jedoch ist das Preisverhalten sehr komplex und ändert sich im Zeitablauf. Kritisch angemerkt wird außerdem, daß die Probanden bei diesen hypothetischen Fragestellungen überfordert seien. Zudem ist das Verhalten der Nachfrager auch vom Konkurrenzangebot und den Preisen abhängig. Werden aber die Preisalternativen der Konkurrenz mit einbezogen – so sie überhaupt bekannt sind – wird die Befragung noch komplexer.

Diesen Nachteilen stehen eine Reihe von Vorteilen gegenüber. So kann eine solche Studie geheimgehalten werden, während dies bei einem Storetest beispielsweise nicht der Fall ist. Die Verweigerungsquoten bei den Probanden sind eher niedrig, da Preise ein interessantes Thema darstellen. Es ist keine Mitarbeit der Absatzmittler erforderlich, während beispielsweise bei Storetests Prämienzahlung an den Handel üblich sind, um sich die Mitarbeit zu sichern. Ferner können auch zukünftige Situationen simuliert werden.

Varianten der Preispräferenzbefragung sind Preisschätzungstests, Preisempfindungstests und Preisbereitschaftstests (vgl. *Diller* 1991, S. 134ff.). Im Falle von *Preisschätzungstests* wird den Probanden ein Produkt gezeigt und die Frage gestellt »Was kostet das Produkt Ihrer Meinung nach?«. Damit wird die Preisschätzung als Indikator für die Preisbereitschaft verwendet. Auch bei *Preisempfindungstests* wird den Probanden ein Produkt vorgelegt. Dann wird die Frage gestellt, ob der angegebene Preis niedrig, angemessen oder hoch erscheint. Diese Frage wird mit unterschiedlichen Probandengruppen wiederholt, wobei der angegebene Preis variiert wird. Bei *Preisbereitschaftstests* werden Probanden gefragt, ob sie ein bestimmtes Produkt zu einem angegebenen Preis kaufen würden. Der Test wird mit verschiedenen Preisen durchgeführt, um die Preiswirkung auf die Nachfrage zu ermitteln.

Welches Verfahren ein Anbieter einsetzt, um die nachfrageorientierte Preisfestsetzung zu untermauern, ist wie immer von der spezifischen Situation abhängig.

8.4.4 Konkurrenzorientierte Preisbildung

Im Falle der konkurrenzorientierten Preisfindung orientiert sich der Anbieter an den von den Wettbewerbern geforderten Preisen (vgl. dazu ausführlich *Kotler/Bliemel* 1999, S. 774). Dies kann dazu führen, daß es einen (meist mächtigen) Preisführer gibt, an dem sich alle anderen Anbieter orientieren (Marktführerstrategie siehe Kapitel 11.3.3.5). Dadurch wird Preiskonkurrenz zwischen den Anbietern vermieden. Ein Anbieter kann auch versuchen, seinen Preis um einen bestimmten Prozentsatz über oder unter dem von der Konkurrenz liegenden Preis zu halten (siehe Herausforderer- oder Mitläuferstrategie in Kapitel 11.3.3.5).

B

So würde vielleicht ein Anbieter von Motorrollern aus Indien, der neu in den deutschen Markt einsteigen will, sich an den Preisen von Rollern ähnlicher Leistungsklassen der etablierten Anbietern wie *Piaggio*, *Honda* oder *Suzuki* orientieren. Liegen diese beispielsweise bei 5.000 DM, würde der neue indische Anbieter sich an diesen Preisen orientieren und als Mitläufer einen etwas niedrigeren Preis von vielleicht 4.500 DM verlangen.

Voraussetzung für die konkurrenzorientierte Preisbildung ist die Transparenz der Preise auf dem relevanten Markt, die in der Praxis nicht immer gegeben ist.

8.4.5 Schlußfolgerungen für die Preisfestsetzung

Die bisher beschriebenen Verfahren werden in der Regel in Kombination eingesetzt. Je nach Marktlage sind die Faktoren von unterschiedlicher Bedeutung. So wird der Anbieter, der seine Preise an den Kosten ausrichtet und seiner Kalkulation zufolge 8,12 DM für sein Produkt verlangt (siehe obiges Beispiel), schnell erkennen, daß er aufgrund der Schwellenproblematik mit einem Preis von 7,99 DM besser fährt. Verlangen seine Mitwettbewerber durchweg nur 6,99 DM für ein vergleichbares Produkt, wird er nachziehen müssen oder sein Produkt aufwerten müssen, etwa durch kommunikationspolitische Maßnahmen, durch mehr Service oder ähnliches.

Euro-Umstellung

Auch im Rahmen der Währungsumstellung auf den Euro müssen diese Faktoren berücksichtigt werden. Auf den ersten Blick scheint hier kein Problem vorzuliegen, da die Preise durch den festgesetzten

Umrechnungsfaktor bestimmt werden. Von den beteiligten Regierungen wird genau diese Umrechnung auch gefordert, um die Akzeptanz des Euro nicht durch versteckte Preiserhöhungen zu gefährden. Jedoch beginnt die Problematik schon bei den Preisschwellen. Ein Produkt, das bisher für 1,99 DM verkauft wurde, kostet nach der Euro-Einführung 1,02 Euro und liegt damit um 2 Cents über der psychologischen Preisschwelle von 1 Euro. Der Anbieter, der das Produkt für 0,99 Euro anbietet, verzichtet auf eine Marge von 3 Cents oder knapp 3 Prozent. Dies wird zu einem Gewinnrückgang führen, es sei denn, die Preiselastizität ist extrem hoch. Dazu kommen noch die Kosten der Umstellung auf den Euro, die insbesondere vom Handel gefürchtet werden. Daher ist davon auszugehen, daß viele Anbieter ihr gesamtes Marken- und Preisportfolio überdenken und ggf. über interne Subventionierungen den Verlust ausgleichen werden. Möglicherweise werden auch Anpassungen in der Packungsgröße vorgenommen, um Verlusten entgegenzuwirken (vgl. *o.V.* 1997, »Währungsumstellung: Arbeit für Preisstrategen«, S. 26).

Im folgenden Beispiel für den Kaffeemarkt wird ausgeführt, welche Anpassungen der Preisportfolios für die Hersteller und Händler möglich sind (siehe Abbildung 64).

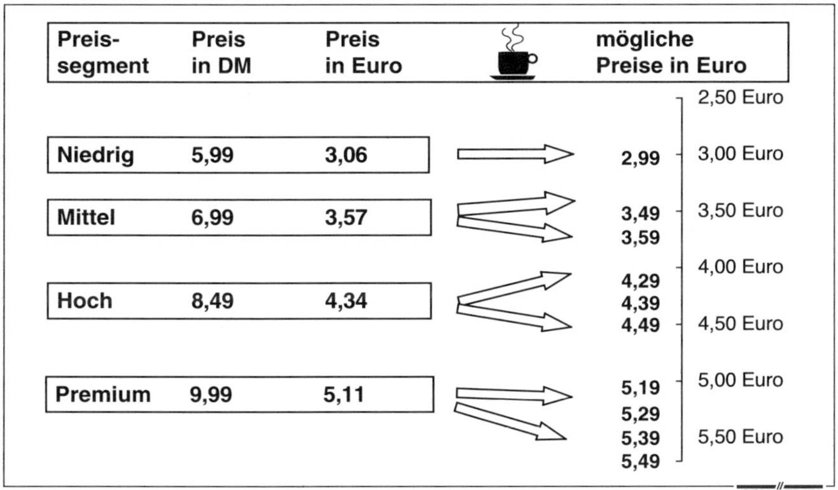

SCHÄFFER POESCHEL

Abb. 64: Preisportfolios von Kaffeeanbietern vor und nach der Umstellung auf den Euro

Ein Anbieter von Kaffee würde hier im unteren Preissegment vielleicht auf Margen verzichten und den Verlust dann in den oberen Preissegmenten wieder ausgleichen. Dies kann er unter der Bedingung tun, daß die Preiselastizität in den unteren Segmenten hoch, in den oberen Segmenten aber niedrig ist.

8.5 Preis und Preiswahrnehmung

Für einen Nachfrager ist nur die absolute Preishöhe sichtbar. Alle anderen Komponenten des Preises wie Preisattraktivität, Preissicherheit, Preiszufriedenheit, Preisvertrauen sind dem Abnehmer gar nicht oder nur in Ansätzen bewußt. Gleichwohl beeinflussen diese Faktoren das (Wieder-)Kaufverhalten des Abnehmers und müssen daher vom Anbieter bei der Preisfestsetzung und bei späteren Änderungen berücksichtigt werden. Die nicht sichtbaren Komponenten sind gleichsam unter der Wasserlinie, während lediglich die absolute Preishöhe wie die Spitze eines Eisbergs aus dem Wasser herausragt. Preis und Preiswahrnehmung können also analog zum Eisberg-Phänomen betrachtet werden.

D

Der Preis wird daher von *Diller* neu definiert: »Unter Preis ist nicht mehr nur der fakturierte Rechnungsbetrag eines Produktes, sondern die Summe aller mittelbar oder unmittelbar mit dem Kauf eines Produktes verbundenen Kosten eines Käufers zu verstehen. (vgl. *o.V.*, 1997, »Preis-Leistungen aus Kundensicht«, S. 77).

Kosten des Käufers

Zu den Kosten des Käufers gehören die Informations-, Beschaffungs- Installations-, Betriebs-, Instandhaltungs- und Entsorgungskosten. Diese fallen entweder direkt an oder müssen in Form von bewertetem Zeiteinsatz berücksichtigt werden. *Informationskosten* sind Zeit und Kosten, um Informationen über das Produkt zu erhalten, wie z.B. Anrufe, Besuche von Geschäften, Parkgebühren, Porto für Anforderung von Informationen, Zeit zum Vergleich der Alternativen. Unter *Beschaffungskosten* werden Kosten subsumiert, die entstehen, um ein Produkt zu erhalten. Dazu gehören Fahrzeit, Straßenbahnfahrkarte, Parkplatzsuche, Anstehen an der Kasse, Transport nach Hause. Die *Installationskosten* umfassen Zeit und Kosten, um ein Produkt »verwendungsfähig« zu machen. Beispiele dafür sind Aufbau eines Möbelstücks, Installation eines PCs, Programmieren eines Videorecorders, Erlernen der Bedienung einer Kamera, etc. *Betriebskosten* fallen an, um ein Produkt zu nutzen, wie etwa Strom, Benzin, Tonerkartuschen bei Kopierern und Laserdruckern, Versicherung, Kosten für Sicherheitsvorkehrungen, Nebenkosten bei der Miete. Dazu gehört aber auch die Bedienerfreundlichkeit (z.B. Fax, Drucker oder Kopierer mit Einzelblatteinzug statt Stapeleinzug), die sich in höherem Zeitaufwand für die Bedienung niederschlagen. *Instandhaltungskosten* umfassen Zeit und Kosten für Wartung und Reparatur, wie z.B. Inspektionskosten für ein Auto, Wartungsvertrag bei einer EDV-Anlage oder Rücklagen beim Kauf einer Eigentumswohnung. Die *Entsorgungskosten* werden erst relevant, wenn der Käufer das gekaufte Produkt nicht mehr verwenden kann oder will. Beispiele für Entsorgungskosten sind Verschrottungskosten für ein Auto, Transportkosten für eine Waschmaschine, die zum Schrotthändler gebracht wird, Zeit und Kosten für die Entsorgung von Batterien in den Sondermüll.

Sichtbare und unsichtbare Preisbestandteile

Diese Preisbestandteile sind häufig nicht sichtbar und damit für den Nachfrager nicht vergleichbar. Insbesondere im B-to-C Marketing wird diese Sichtweise bisher vernachlässigt, da der Konsument die Zeit meist (noch) nicht in Geldeinheiten bewertet. Während ein Arzt oder Rechtsanwalt, der seine Praxis oder Kanzlei mit Personalcomputern ausstattet, die Zeit für die Installation mit einem Kostensatz in Höhe seines sonst üblichen Honorars bewertet (Opportunitätskostenansatz) und sich dann möglicherweise dazu entschließt, die Installation durch einen Dienstleister vornehmen zu lassen, wird der Konsument seine Zeit, die er für die PC-Installation benötigt, wahrscheinlich nicht in Ansatz bringen und diese selbst vornehmen. Auch einen Preisaufschlag für ein Produkt mit besonders einfacher Installation und Bedienung würde er möglicherweise nicht akzeptieren.

Nachträgliche Preisunzufriedenheit

Werden diese dem Konsumenten aber im Laufe der Verwendung eines Produktes bewußt, kann dies zu einer *nachträglichen Preisunzufriedenheit* führen. Der Nachfrager hat das Vertrauen in den Anbieter verloren. Daher sollte ein Anbieter mit diesen versteckten Kosten ehrlich umgehen.

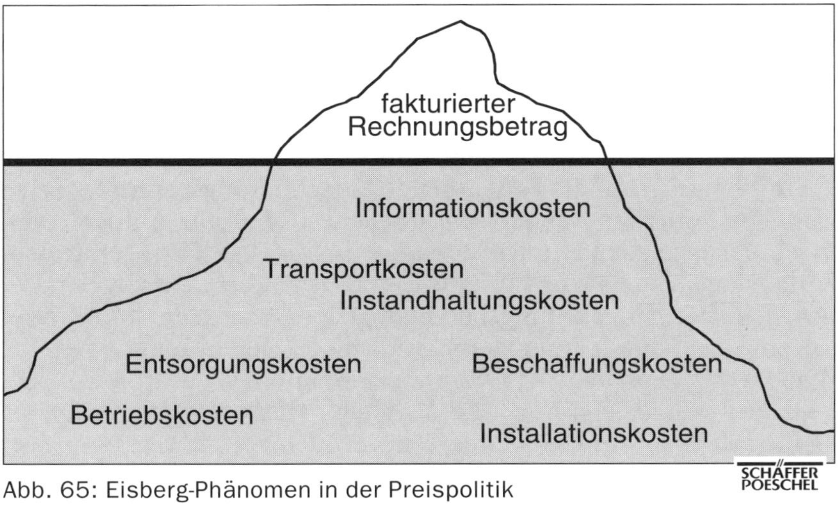

Abb. 65: Eisberg-Phänomen in der Preispolitik

Auch wenn ein Anbieter eine Strategie wechselnder Preise verfolgt, kann dies zu Preisunsicherheiten führen: die Nachfrager können sich insbesondere bei erforderlich werdenden Folgekäufen nicht auf den Anbieter verlassen.

8.6 Zahlungsbedingungen

Der alte Kaufmannsgrundsatz »Ware gegen Geld« hat sich grundlegend geändert. Bereits in den Anfängen des Handels war das sogenannte »Anschreiben« eine Variation der Zahlungsbedingungen. Händler haben so auf zeitweise auftretende Zahlungsschwierigkeiten der Kunden reagiert (vgl. *Hansen/Bode* 1999, S. 39f. zur Geschichte des Konsumentenkredits). Inzwischen gibt es zahlreiche *Ausgestaltungsmöglichkeiten* der Zahlungsbedingungen. Die Zahlungsbedingungen hängen zum einen davon ab, ob das Produkt sofort bei Abschluß des Kaufvertrages übergeben wird oder Zeit für die Produktion oder den Transport zum Kunden benötigt wird. Gerade im Business-to-Business-Bereich vergehen ab dem Kaufvertrag oft Jahre, bis die Leistung vollständig erbracht wird (etwa Installation einer Anlage). In diesem Falle wird i.d.R. Zahlung Zug um Zug vereinbart. Erst nach Erbringung einer fest definierten Leistung wird ein Teil des Entgelts fällig. Diese Vorgehensweise findet sich auch im Business-to-Consumer-Bereich, etwa beim Kauf von Immobilien (Zahlung nach Baufortschritt) oder beim Kauf von Möbeln (Anzahlung).

Ausgestaltungsmöglichkeiten

Ein wichtiges Instrument sind *Kredite* in Form von Zahlungszielen (»Rechnungsbetrag ist fällig in 2 Wochen nach Rechnungseingang«) und *Finanzierungen*, die auch im Business-to-Consumer-Bereich immer mehr an Bedeutung gewinnen. So summieren sich sämtliche Ratenkredite, Kontoüberziehungen und Konsumentenkredite in Deutschland auf fast 400 Mrd. DM (vgl. *Pfeiffer* 1998, S. 20). Dies entspricht einer durchschnittlichen Verschuldung von 10.000 DM pro Haushalt. Das seit 1999 in Deutschland geltende neue Insolvenzrecht sieht auch ein Konkursverfahren bei Privatleuten vor, wenn die Forderungen als nicht mehr eintreibbar gelten. Damit hat man auf die zunehmende Verschuldungsbereitschaft bei den Konsumenten reagiert. Das bedeutet, daß ein Anbieter von hochpreisigen Artikeln, wie etwa Autos, Möbel, Elektrogeräte oder Urlaubsreisen dem Rechnung tragen muß und ein entsprechendes Angebot bei den Zahlungsbedingungen unterbreiten sollte. Dies geschieht oft durch Finanzierungsangebote über eigene Banken wie *Volkswagenbank* bei *VW*, *Optimus Bank* im *Karstadt-Konzern* oder *Hanseatic-Bank* von *Otto*. Im Vergleich zu Angeboten der Hausbank zeichnen sie sich durch eine bequemere Abwicklung oder niedrigere Zinsen aus.

Kredite und Finanzierungen

Eine außergewöhnliche Idee im Rahmen der Zahlungsbedingungen hat die *Volkswagenbank*: Sie lockt potentielle Käufer des neuen *VW Beetle* mit sehr günstigen Ansparplänen, um die Wartezeit auf das neue Auto etwas zu versüßen (vgl. *Schubert* 1999, S. 117).

Leasing

Sowohl bei Firmenkunden als auch bei Konsumenten hat das *Leasing* an Bedeutung gewonnen. Beim Leasing wird dem Kunden für die Laufzeit des Leasingvertrags das Produkt zu Nutzung überlassen. Der Kunde zahlt eine Leasinggebühr in Form einer Einmalzahlung und monatlichen Teilbeträgen. Nach Ablauf des Vertrags gibt er das Produkt zurück. Je nach Vertrag werden dann noch Ausgleichszahlungen fällig (z.B. bei schlechtem Zustand des Produktes). Der Kunde muß damit nicht den gesamten Kaufpreis aufbringen, sondern zahlt eine monatliche »Miete«.

Factoring

Beim *Factoring*, das nur im Firmenkundengeschäft eine nennenswerte Bedeutung hat, verkauft ein Anbieter seine Forderungen gegenüber einem Kunden einer Factoringgesellschaft. Der Kunde zahlt an die Factoringgesellschaft. Somit entfällt für den Anbieter sowohl die Vorfinanzierung als auch das Risiko des Forderungsausfalls. Die Factoringgesellschaft erhebt dafür eine entsprechende Gebühr.

Bargeldloser Zahlungsverkehr

Neben Krediten in Form von Zahlungszielen und Finanzierungen, sowie Leasing und Factoring gewinnt der *bargeldlose Zahlungsverkehr* immer mehr an Bedeutung. Bargeldloser Zahlungsverkehr ist mit Kreditkarte, EC-Cash oder *GeldKarte* möglich (vgl. *Schulik* 1998, S. 7ff. zu diesen Verfahren und insbesondere zur *GeldKarte*).

8.7 Preispolitische Strategien

8.7.1 Prämienpreisstrategie

Hohe Preise

Prämienpreise (auch Premiumpreise) sind hohe Preise (siehe auch Premiummarken im Kapitel über Produktpolitik), die mit hoher Produktqualität verbunden sind. Ein Unternehmen, das diese preispolitische Strategie verfolgt, muß sicher sein, daß alle am Verkaufsprozeß Beteiligten ein entsprechend hohes Qualitäts- und / oder Serviceniveau gewährleisten. Beispiele dafür sind Automobile von *Rolls Royce*, Hotels der *Ritz-Carlton-Kette*, Polstermöbel von *Rolf Benz*, Schmuck und Parfums von *Cartier*, Grappa von *Jacopo Poli* oder Kostüme von *Yves Saint Laurent*.

8.7.2 Promotionspreisstrategie

Niedrige Preise

Im Gegensatz zur prämienpreispolitischen Strategie werden bei der Promotionspreisstrategie oder Discountstrategie niedrige Preise angesetzt, um so das Image eines Niedrigpreisproduktes zu erzeugen. Gewinne werden über eine entsprechend hohe Nachfrage und niedrige Produktionskosten erzielt. Das Handelsunternehmen *Aldi* verfolgt beispielsweise diese Strategie.

8.7.3 Penetrationspreisstrategie

Erst niedrige, dann hohe Preise

Bei der Penetrationspreisstrategie sollen mit relativ niedrigen Preisen schnell Massenmärkte für neue Produkte erschlossen werden und große Absatzmengen bei niedrigen Stückkosten erzielt werden. Darüber hinaus wird eine Abschreckung potentieller Konkurrenten bezweckt (Schaffung von Markteintrittsbarrieren für Wettbewerber). Später werden die Preise sukzessiv erhöht. Die Penetrationsstrategie wendet beispielsweise Texas Instruments an (vgl. *Kotler/Bliemel* (1999), S. 764).

Vorteile

Eine solche Strategie ist sinnvoll, wenn:

- eine hohe Preiselastizität der Nachfrage besteht
- es kaum Konsumenten gibt, die für das Produkt aufgrund seiner Neuheit einen höheren Preis akzeptieren würden
- bei der Produktion nur niedrige Grenzkosten entstehen, so daß Kostendegressionseffekte bei hohen Mengen (durch niedrige Preise) genutzt werden können.

Nachteile

Diesen Vorteilen stehen jedoch auch Nachteile gegenüber. Die Investitionen für den Eintritt in Massenmärkte amortisieren sich erst nach längerer Zeit, so daß der Anbieter lange »durchhalten« muß. Gegebenenfalls ist der preispolitische Spielraum nach unten nahezu ausgeschöpft, so daß ein kapitalkräftiger Wettbewerber, der die Strategie kopiert, den Preis sogar noch unterbietet. Möglicherweise assoziieren die Nachfrager den niedrigen Preis auch mit niedriger Qualität. Außerdem besteht die Gefahr, daß sich die später geplanten Preiserhöhungen nur schlecht beim Konsumenten durchsetzen lassen. Wenn diese Preiserhöhungen bereits vorher einkalkuliert waren, erreicht das Unternehmen die Gewinnzone nicht.

8.7.4 Abschöpfungspreisstrategie

Erst hohe, dann niedrige Preise

Diese Strategie wird auch skimming pricing genannt. Bei der Abschöpfungsstrategie wird in der Einführungsphase eines neuen Produktes ein hoher Preis gefordert, um die in der Anfangsphase hohen Stückkosten zu kompensieren. Der Preis wird dann bei zunehmendem Konkurrenzdruck, abnehmender Nachfrage aufgrund der Neuartigkeit und inzwischen gefallener Stückkosten sukzessive gesenkt.

Vorteile

Eine solche Strategie ist sinnvoll, wenn:

- es genügend Konsumenten gibt, die für das Produkt aufgrund seiner Neuheit einen höheren Preis akzeptieren
- das Produkt rasch zu altern droht (z.B. aufgrund des technischen Fortschritts)

- Produktions- und Vertriebskapazitäten beschränkt sind
- über Kostendegressionseffekte keine nennenswerten Vorteile erzielt werden können.

Nachteile

Dem steht die Gefahr gegenüber, daß sich Wettbewerber durch die hohen Preise und damit verbundenen Gewinnchancen angezogen fühlen und das Produkt ebenfalls und dann zu einem niedrigeren Preis anbieten. Dies muß der Erstanbieter durch Schaffung von Markteintrittsbarrieren verhindern (rasche Positionierung der Marke, Sicherung exklusiver Vertriebskanäle, Patent oder Lizenz für Produktion, etc.). Die Abschöpfungspreisstrategie wendete z.B. Dupont für ihre Produktinnovationen *Cellophan*, *Nylon*, *Teflon* und *Kevlar* an (vgl. *Kotler/Bliemel* 1999, S. 764). Ferner ist sie an der Tagesordnung, wenn es um technische Innovationen geht, die zu Beginn aufgrund niedriger Fertigungskapazitäten zu einem hohen Preis verkauft wurden und dann zunehmend preiswerter angeboten werden. Beispiele sind Videorecorder, CD-Player, Personalcomputer oder Digitalkameras.

8.7.5 Strategie des preispolitischen Ausgleichs

Niedrige und hohe Deckungsbeiträge werden ausgeglichen

Diese Strategie zielt darauf ab, Leistungen mit niedrigen und hohen Deckungsbeiträgen auszugleichen. Im Extremfall wird ein Produktangebot, das Verlust bringt, durch ein Produktangebot kompensiert, das Gewinn bringt. Man spricht auch von *interner Subventionierung*.

So können zeitlich begrenzte Sonderangebote oder Lockvogelangebote mit einem niedrigen Deckungsbeitrag wieder kompensiert werden durch spätere Normalpreise (Sukzessivkompensation) oder durch gleichzeitig normal kalkulierte andere Artikel, die der Käufer zusätzlich zum Sonderangebot kauft (Simultankompensation). Dabei ist der Sonderangebotsartikel der Ausgleichsnehmer und der normal kalkulierte Artikel der Ausgleichsträger.

B

Ein Beispiel dafür lieferte *Harley Davidson* 1987 in den USA: Die *XLH-883* (*Sportster*) wurde für 3.395 Dollar verkauft und diente so als Einsteigermodell in die *Harley Davidson* Welt. Zu dieser Zeit kosteten beispielsweise die *FXRS-9245* und die *FLST* 9.099 Dollar. Darüber hinaus wurde einem Käufer der *XLH-883* garantiert, daß das Werk die Maschine innerhalb von zwei Jahren beim Kauf einer *FXRS-9245* oder einer *FLST* zum Preis von 3.995 Dollar wieder zurücknimmt (vgl. *Rafferty* 1997, S. 128ff.). Die *XLH-883* war somit ein Ausgleichsnehmer, dessen geringe Deckungsbeiträge von den anderen Modellen getragen werden mußten.

Diese Strategie ist nur sinnvoll, wenn durch das Angebot des Ausgleichsnehmers mehr Artikel des Ausgleichträgers verkauft werden. Dies gilt insbesondere dann, wenn der Ausgleichsnehmer mit negativen Deckungsbeiträgen kalkuliert wurde und/oder wenn der Ausgleichsträger nicht höher kalkuliert wird.

Je mehr die Abnehmer jedoch zu Smart Shoppern oder Cherry Pickern werden, desto schwieriger wird es, mit dieser Strategie Gewinne zu realisieren. Kaufen die Supermarktkunden in jedem Supermarkt immer nur die jeweiligen Sonderangebote, funktioniert diese Strategie nicht mehr.

B

Ein anderes Beispiel für die im Extremfall ruinöse Strategie »verschenke Öllampen, um Öl zu verkaufen« (Rockefeller) findet sich im erst vor einigen Jahren liberalisierten Telekommunikationsmarkt. Mobilfunkanbieter bieten Mobiltelefone (Ausgleichsnehmer) sogar unter dem Einstandspreis an, um Kunden für ihre Mobilfunknetze (Ausgleichsträger) zu gewinnen. Wenn Cherry Picker unter den Kunden den Anbieter sofort nach Ablauf des Vertrags wechseln, um bei einem Wettbewerber ein vielleicht noch günstigeres Endgerät zu erwerben, kommen die Anbieter selbst bei Vereinbarung von Mindestvertragslaufzeiten nicht auf ihre Kosten (vgl. *Schröther* 1998, S. 38).

8.7.6 Strategie der Preisdifferenzierung

8.7.6.1 Direkte Preisdifferenzierung

Kriterien der direkten Preisdifferenzierung

Bei dieser Strategie teilt der Anbieter seine (potentiellen) Nachfrager in Segmente ein, die er mit jeweils unterschiedlichen Preisen für ein und dasselbe Produkt bedient. Der Anbieter geht davon aus, daß es in der Gesamtheit seiner Nachfrager Segmente gibt, die auf unterschiedliche Angebotspreise unterschiedlich reagieren. Die Preisdifferenzierung schlägt sich in unterschiedlichen Listenpreisen für die einzelnen Segmente nieder. Als Kriterien der direkten Preisdifferenzierung kommen in Betracht (vgl. *Weis* 1997, S. 278).

- Räumliche Kriterien (z.B. Inland / Ausland, Nord- / Mittel-/ Südeuropa, Großstadt / Kleinstadt / Land)
- Produktbezogene Kriterien (z.B. *Aspirin* Kautablette und Brausetablette)
- Verwendungsbezogene Kriterien (z.B. das im Vergleich zum Speisesalz günstiger angebotene Viehsalz, das in der Herstellung teurer ist, da es erst durch Beimischung von Zusatzstoffen aus dem vorher gewonnenen Speisesalz entsteht (*Weis* 1997, S. 278).
- Abnehmerorientierte Kriterien (z.B. Seniorenpreise, Studentenpreise, Arzthonorar für Kassen- bzw. Privatpatienten).

In der Literatur werden an dieser Stelle z.T. noch zeitliche Kriterien genannt, die hier zur indirekten Preisdifferenzierung gezählt werden (vgl. z.B. *Weis* 1997, S. 278). Eine Strategie der Preisdifferenzierung gelingt nur, wenn einige Voraussetzungen erfüllt sind (vgl. *Weis* 1997, S. 277). Ein Anbieter muß die Nachfrager anhand von eindeutigen Kriterien in Segmente aufteilen können, die auf Preise unterschiedlich reagieren (z.B. Sonderpreise für Schüler und Studenten). Der Markt muß unvollkommen sein, so daß die Abnehmer entweder nichts über die unterschiedlichen Preise wissen oder nicht schnell genug reagieren können. Außerdem dürfen keine Präferenzen vorliegen, und es darf keine Arbitrage stattfinden. Das bedeutet, daß ein Wiederverkauf des Produkts nicht möglich oder für den Nachfrager mit hohen Kosten verbunden sein muß.

Voraussetzungen

Beispiele für eine regionale Preisdifferenzierung sind die von den Automobilherstellern geforderten unterschiedlichen Listenpreise für ein und dasselbe Automodell in verschiedenen Ländern Europas. Die Nachfrager reagierten darauf durch Arbitrage, indem deutsche Automobilinteressenten ihren Neuwagen in Italien oder Dänemark gekauft haben. Der Preisvorteil war so groß, daß die Fahrtkosten nach Dänemark oder Italien überkompensiert wurden. Die Automobilhersteller versuchten dies zu unterbinden, indem sie ihren Händlern verboten haben, an ausländische Kunden zu verkaufen. Diese Vorgehensweise wurde vom europäischen Gerichtshof als wettbewerbswidrig bezeichnet und untersagt. Die Automobilhersteller müssen dem nun Rechnung tragen und einheitliche Preise verlangen oder sich mit Arbitrage arrangieren. Im Zuge der Einführung des Euros und der damit zunehmenden Vergleichbarkeit der Preise wird sich das aus Sicht der Hersteller existierende Problem noch verschärfen.

8.7.6.2 Indirekte Preisdifferenzierung

In indirekter Form wird die Preisdifferenzierung in Form von Rabatten oder Boni praktiziert. Der Unterschied zur direkten Preisdifferenzierung besteht darin, daß bei dieser der Grund für die Differenzierung in den unterschiedlichen Preiselastizitäten der Abnehmergruppen liegen. Bei der indirekten Preisdifferenzierung geht es darum, Bedingungen (Konditionen) zu formulieren, unter denen bestimmte Preiskonstellationen gelten. Damit soll die Nachfrage gesteuert werden. Daher spricht man auch von *Konditionenpolitik*. Zur Konditionenpolitik gehören Saisonrabatt, Skonto, Mengenrabatt, Funktionsrabatt, Sondernachlässe und Boni (vgl. *Kotler/Bliemel* 1999, S. 795ff., die allerdings von Preismodifizierungen sprechen.).

Konditionenpolitik

Saisonrabatte erhalten Käufer oder auch Händler, die die Ware oder Dienstleistung außerhalb der üblichen Saison erwerben, z.B.

Saisonrabatt

Hotelaufenthalt außerhalb der Ferien, Heizöl im Sommer, Skischuhe im Frühjahr, Telefontarife nachts, Happy Hour in Bars oder verbilligte Fahrkarten im öffentlichen Nahverkehr, die nur zwischen 9 und 16 Uhr gelten. Der Anbieter kann so Spitzenlasten abmildern und in nachfragearmen Zeiten seine Kapazitäten auslasten.

Skonto

Beim *Skonto* handelt es sich um einen Preisnachlaß für Kunden, die sofort bar oder innerhalb einer kurzen Frist (üblicherweise 10 oder 14 Tage) den Rechnungspreis bezahlen. Meist sind es zwei oder drei Prozent vom Rechnungspreis. In Deutschland ist das Skonto auf maximal drei Prozent begrenzt (siehe Kapitel 12.1.3.). Das Skonto verbessert die Liquidität des Anbieters und verringert das Risiko des Forderungsausfalls.

Mengenrabatt

Mengenrabatt wird dem Abnehmer bei Kauf einer großen Menge eingeräumt. Mengenrabatte geben die mit dem Verkauf größerer Mengen verbundenen Kosteneinsparungen im Bereich Transport, Lagerhaltung und Verkauf an den Kunden weiter. Für den Käufer sind sie ein Anreiz, bei einem Anbieter gleich eine größere Menge zu kaufen, statt den Anbieter öfter aufzusuchen oder gar zu mehreren Anbietern zu gehen.

Funktionsrabatt

Funktionsrabatte werden insbesondere Händlern für die Übernahme bestimmter Aufgaben (Funktionen) gewährt. Diese Aufgaben können Transport, Lagerhaltung, Führen von Statistiken, Durchführung von Storetests etc. sein.

Sondernachlaß

Zu *Sondernachlässen* gehören Praktiken wie Inzahlungnahme von Gebrauchtgütern (insbesondere in der Automobilindustrie) und Aktionszuschüsse für Händler, die an Werbeaktionen teilnehmen.

Boni

Boni sind Rückvergütungen, die dem Nachfrager gewährt werden, wenn er bestimmte zuvor festgelegte Kriterien erfüllt. Bei privaten Endverbrauchern ist ein Bonus auf maximal drei Prozent des Rechnungsbetrag (*Kotler/Bliemel* 1999, S. 797 sprechen von Barrückvergütungen) gesetzlich begrenzt. Im B-to-C-Bereich wurden früher Rabattmarken eingesetzt, die ein Kunde bei jedem Einkauf erhalten hat und in ein Rabattmarkenbuch eingeklebt hat. Für ein volles Rabattmarkenbuch hat der Kunde dann beim Händler eine Gutschrift erhalten. Diese inzwischen fast nur noch im Business-to-Business Bereich übliche nachträgliche Rabattierung belohnt i.d.R. besonders treue oder gute Kunden.

Anforderungen Konditionensystem

Betreibt ein Anbieter Preisdifferenzierung indirekter Art in größerem Umfang, sollte ein solches *Konditionensystem* bestimmten Anforderungen genügen. Eine bewußte Gestaltung des Konditionensystems (Konditionenpolitik) ist wichtig, da der Abnehmer nur Vertrauen zu dem Unternehmen gewinnen kann, wenn das Konditionensystem transparent ist. Dabei sollten einige *Grundsätze* bedacht werden (vgl. *Homburg/Daum* 1997, S. 96f.). Zuerst muß eine sinnvolle *Kundensegmentierung* erfolgen, so daß (nur) gute bzw. für die Zukunft vielversprechende Kunden durch Rabatte oder Boni

Kundensegmentierung

belohnt werden. Eine Ausnahme stellen meist Nonprofit-Unternehmen dar, die aus sozialen Gründen eine Preisdifferenzierung vornehmen, wie z.B. verbilligter Eintritt in Museen, Theater, Ausstellungen für Kinder, Schüler, Studenten, Arbeitslose oder Sozialhilfeempfänger. Ansonsten ist *Leistungsorientierung* wichtig. Das bedeutet, daß jede Rabatt- oder Bonusleistung durch eine entsprechende Gegenleistung gedeckt werden muß (z.B. Externalisierung von Dienstleistungen) und die Gegenleistung auch überprüft werden sollte. Dies stellt häufig ein Problem bei den Funktionsrabatten dar, da einmal gewährte Funktionsrabatte oft aus »Tradition« weiter geführt werden, obwohl die Gegenleistung nicht mehr erbracht wird. Das Konditionensystem sollte nicht zu komplex werden. So sollte es für diejenigen, die damit umgehen müssen (z.B. Außendienst) anwendbar sein. Auch auf der Kundenseite sollte *Transparenz* vorliegen. Der Kunde muß wissen, welche Kriterien zu welchen Rabatten oder Boni führen. Dies gilt auch für die Transparenz nach innen. Alle Erlösschmälerungen müssen ausgewertet werden können, z.B. über ein Preisband (prozentuale Verteilung des tatsächlich erzielten Preises) oder über eine Preistreppe (Treppe vom Listenpreis zum Rechnungspreis und zum tatsächlich erzielten »Pocket-Preis«) (vgl. *Homburg/Daum* 1997, S. 96ff.). Außerdem muß das gewählte System *konsequent* angewendet werden. Es darf nur wenige Ausnahmen geben. Dies schließt nicht aus, daß es auch angemessene Ermessensspielräume gibt. Diese Ausnahmen müssen aber in einem klar definierten Rahmen bleiben. Es muß auch festgelegt werden, wer die Ausnahmen genehmigen darf. Das Konditionensystem muß insbesondere bei dynamischen Marktveränderungen regelmäßig überprüft werden, ob es noch den aktuellen Bedingungen genügt. Ein eventueller Veränderungsbedarf kann dann proaktiv angegangen werden.

Leistungsorientierung

Transparenz

Konsequenz

Aufgaben

1. Was sind die Aufgaben der Preispolitik?
2. Welchen Zusammenhang stellt eine Preis-Absatz-Funktion dar?
3. Unter welchen Bedingungen kommt es zu einer doppelt geknickten Preis-Absatz-Funktion?
4. Sie haben eine Preis-Absatz-Funktion mit einer positiven Beziehung zwischen Preis und Absatzmenge (je höher der Preis, desto höher die nachgefragte Menge). Wie kann diese Konstellation zustande kommen? Wie nennt man diese Effekte?
5. Was versteht man unter der Preiselastizität der Nachfrage? Nennen Sie auch die Formel.

6. Unter welchen Bedingungen ist die Preiselastizität der Nachfrage kleiner als 1, genau 1, größer als 1, genau 0 und wann ist sie unendlich groß?
7. Folgende Preis-Absatz-Funktion ist gegeben: $P(X) = 33000/X$. Berechnen Sie die Preiselastizität der Nachfrage bei einer Preiserhöhung von 100 auf 110 DM. Wie ändern sich Nachfragemenge und Umsatz?
8. Erläutern Sie die Preisbildungsverfahren kostenorientierte, nachfrageorientierte und konkurrenzorientierte Preisbildung.
9. Eine Definition des Preises nach *Diller* lautet: »Unter Preis ist nicht mehr nur der fakturierte Rechnungsbetrag eines Produktes sondern die Summe aller mittelbar oder mittelbar mit dem Kauf eines Produktes verbundenen Kosten eines Käufers zu verstehen.« Was sind die Kosten des Käufers?
10. Erläutern Sie folgende preispolitischen Strategien: Prämienpreisstrategie, Promotionspreisstrategie, Penetrationspreisstrategie, Abschöpfungspreisstrategie, Preisdifferenzierungsstrategie, Strategie des preispolitischen Ausgleichs.
11. Was sind Ausgleichsträger und Ausgleichsnehmer im Rahmen der Strategie des preispolitischen Ausgleichs?
12. Unter welchen Bedingungen würden Sie die Penetrationspreisstrategie bzw. die Abschöpfungspreisstrategie bevorzugen? Welche Gefahren sehen Sie?
13. Unter welchen Voraussetzungen kann eine Preisdifferenzierungsstrategie gelingen?
14. Erläutern Sie den Unterschied zwischen direkter und indirekter Preisdifferenzierung.
15. Dirk Süßlich, der Marketingleiter der *Speedy GmbH*, erhält vom Leiter der Produktion Hermann Röthi die Nachricht, daß die Produktionskosten für den *Speedster Mini-Van* von 20.000 auf 22.000 DM gestiegen seien. Röthi schlägt Süßlich vor, den bisherigen Verkaufspreis von 24.950 DM ebenfalls um 10 Prozent zu erhöhen, um die Gewinnsituation des Unternehmens nicht zu verschlechtern. Dann gerät Süßlich noch in einen heftigen Streit mit Manfred Kolb, dem Leiter der Abteilung Finanzen. Durch die Einführung des Euro, so behauptet Kolb, würde sich die Preiselastizität ändern und Süßlich müsse dies bei seiner Berechnung des Verkaufspreises schon jetzt berücksichtigen. Süßlich sagt alle privaten Termine für das Wochenende ab und macht Überstunden. Aus einer Marktforschungsstudie weiß Süßlich, daß die Preiselastizität der Nachfrage für den *Speedster Mini-Van* bei $\eta = |1{,}5|$ liegt. Welchen Verkaufspreis würden Sie – unter Berücksichtigung der baldigen Umstellung auf den EURO – empfehlen? Gehen Sie vereinfachend davon aus, daß es keine Mehrwertsteuer gibt.

9 Distributionspolitik

Lernziele

Im neunten Kapitel soll der Leser

- Die Aufgaben der Distributionspolitik kennenlernen
- Einen Überblick über die Kriterien der Standortwahl erhalten
- Verschiedene Absatzwege wie z.B. stationärer Handel, Versandhandel, E-Commerce kennenlernen
- Lernen, was Marketinglogistik ist.

9.1 Aufgaben der Distributionspolitik

Die Notwendigkeit der Distribution ergibt sich dadurch, daß i.d.R. weder Zeit noch Ort von Produktion und Konsum zusammenfallen. Die Distributionspolitik umfaßt die Regelung bzw. die Festlegung aller Marketingaktivitäten, die darauf ausgerichtet sind, eine Leistung vom Ort ihrer Entstehung unter *Überbrückung von Raum und Zeit* an die Nachfrager heranzutragen. Daher muß ein Unternehmen den Standort festlegen, die Absatzwege bestimmen und die physische Distribution an den Nachfrager gestalten.

Überbrückung von Raum und Zeit

9.2 Standortentscheidung

Im Rahmen der Standortentscheidung muß ein Ort gefunden werden, an dem die Leistungen des Unternehmens (Dienstleistung oder Produktion von Gütern) erbracht werden können. Als *Bestimmungsgrößen* gelten:

Bestimmungsgrößen

- technische Erfordernisse (Lagerung von Rohstoffen, ortsgebundene Energiequellen, Zufuhr von Rohstoffen über Straßen, Flüsse, Schiene etc.)
- Arbeitskräfte (Verfügbarkeit, Entlohnung, Qualifikation etc.)
- Subventionen, Steuervorteile (z.B. Investitionshilfen, vergünstigte Bauplätze, Gewerbesteuer-Hebesatz)
- Tradition (z.B. Schweizer Uhren, Nürnberger Lebkuchen, Solinger Stahl).

Zu berücksichtigen sind neben den Beschaffungs- und Produktionsmöglichkeiten die Absatzmöglichkeiten (vgl. *Pietschmann/Vahs* 1997, S. 46f). Von besonderer Bedeutung sind diese bei solchen Unternehmen, die das Angebot insbesondere an ortsansässige Nachfrager richten (z.B. Dienstleistung oder Einzelhandel). Hier sind noch *weitere Kriterien* wichtig, wie verfügbare Kaufkraft, Größe des Einzugsgebiets, Passantenstrom (Laufkundschaft), Einkaufsfrequenz, Belieferungsmöglichkeiten, Parkmöglichkeiten und Anbindung an den öffentlichen Nahverkehr. Welche Kriterien ausschlaggebend sind, hängt nicht nur vom Produkt sondern auch von der Kundschaft ab. So sollte ein Lebensmitteldiscounter wie *Aldi* genügend Parkmöglichkeiten anbieten können, damit der Großeinkauf bequem nach Hause transportiert werden kann und gleichzeitig eine gute Anbindung an das öffentliche Nahverkehrssystem aufweisen, da es eine nicht zu vernachlässigende Zahl von Hausfrauen gibt, die kein eigenes Auto haben und gleichzeitig Wert auf den Kauf von preiswerten Lebensmitteln legen.

9.3 Bestimmung der Absatzwege

9.3.1 Grundlagen

D

Der Absatzweg legt fest, welche Abnehmerkreise über welche Zwischenstufen zu versorgen sind. Dabei kommen zwei Grundtypen in Frage: direkter und indirekter Absatz.

Direkter Ansatz

Beim *direkten Absatz* greift der Anbieter auf eigene Mitarbeiter zurück, die das Produkt verkaufen. Zum Verkauf gehört der gesamte Prozeß von der Angebotspräsentation bis zur Übergabe der Ware. Klassischer direkter Absatz findet sich bei einem landwirtschaftlichen Betrieb, der seine Erzeugnisse direkt an den Verbraucher absetzt.

Indirekter Ansatz

Beim *indirekten Absatz* werden Absatzmittler in die Absatzkette integriert. In unserem Beispiel würde der Landwirt seine Erzeugnisse an Gemüsehändler oder Metzger verkaufen, die wiederum an den Endverbraucher verkaufen. Dort erfolgen Angebotspräsentation und Warenübergabe an den Nachfrager beim Händler.

Mischformen

Mischformen ergeben sich dann, wenn die Angebotspräsentation und Warenübergabe nicht über Menschen (wie den Landwirt oder Metzger), sondern über andere Medien erfolgt. Dies ist beim Verkauf über Verkaufsautomaten, beim Versandhandel und beim Electronic Commerce der Fall. Die Ware wechselt im Fall des Verkaufsautomaten über den Automaten seinen Besitzer, beim Versandhandel und bei Electronic Commerce werden als Absatzhelfer Paketdienste wie z.B. die Post eingeschaltet. Einige Produkte wie z.B. Software werden über das Internet an den Nachfrager übermittelt.

Die Angebotspräsentation geschieht im Falle des Automaten über den Automaten selbst, bei Electronic Commerce über das Internet und beim Versandhandel über den Katalog. Die Bezahlung erfolgt beim Versandhandel und beim Electronic Commerce nicht gemäß dem Prinzip Ware gegen Geld, sondern geschieht über Nachnahme, Lastschrifteinzug, gegen Rechnung oder per Kreditkarte.

Die mit dem Absatz verbundenen Transaktionen wie Warenpräsentation, Warenübergabe und Bezahlung bestimmen also letztendlich den Absatzweg. Hier werden Electronic Commerce, der Absatz über Verkaufsautomaten und der Versandhandel zum indirekten Absatz gezählt, wohl wissend, daß es auch Unternehmen gibt, die als Versender bzw. Internetanbieter auftreten und ihre Waren dem Endverbraucher direkt anbieten. Ansonsten treten der Versandhändler und der Automatenaufsteller als Absatzmittler auf. Bei Electronic Commerce ist es entweder ein Händler, der das Internet zur Angebotspräsentation nutzt, oder es werden elektronische Marktplätze genutzt, an die sich ein Hersteller anhängt. Auch hier gibt es aber auch den direkten Absatz, nämlich dann, wenn der Hersteller oder Dienstleistungsanbieter direkt im Internet auftritt.

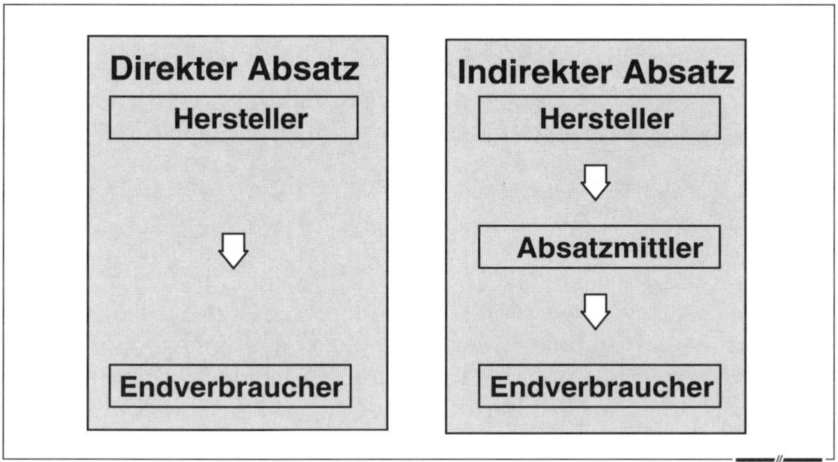

Abb. 66: Absatzkette bei direktem und indirektem Absatz

SCHÄFFER POESCHEL

9.3.2 Direkter Absatz über Verkaufs- und Vertriebsorganisationen des Unternehmens

Der Anbieter nutzt eigene Verkaufsorgane für die Distribution seiner Produkte (Mitglieder der Geschäftsleitung, Verkaufsabteilungen, Reisende, Filialen) oder er nutzt den direkten Versand. Der Produzent schaltet oft *Absatzhelfer* ein wie z.B. Handelsvertreter,

Transportunternehmen oder Kommissionäre (siehe Kapitel 9.5). Im Gegensatz zu den Absatzmittlern werden Absatzhelfer nicht Eigentümer der zu verteilenden Produkte.

Eignung

Der direkte Absatz über eigene Verkaufsorgane eignet sich vor allem:

- bei Produkten mit hoher Erklärungsbedürftigkeit
- bei hochpreisigen Produkten, die eine (wirtschaftliche) Zwischenlagerung bei Absatzmittlern ausschließt
- bei transportempfindlichen Produkten
- bei regional konzentriert auftretenden Nachfragern
- bei wenigen Nachfragern, die eine entsprechend große Menge nachfragen
- bei Käufen in großen zeitlichen Abständen.

Die Anbieter können alle Distributionsfunktionen in ein eigenes Vertriebssystem integrieren oder sie weitestgehend auf betriebsfremde Organe (Absatzhelfer) übertragen. Je mehr Distributionsaufgaben vom Unternehmens selbst erfüllt werden, desto größer sind die Einflußmöglichkeiten. Jedoch fehlt dann oft die Spezialisierung und das für den Verkauf erforderliche Know-how. Gleiches gilt bei der Einschaltung von Absatzmittlern.

Ausprägung

Eigene Vertriebssysteme können in diversen Ausprägungen vorkommen:

- Verkauf durch die Geschäftsleitung
- Reisende
- eigene Verkaufsabteilungen
- Verkaufsniederlassungen.

Der *Verkauf durch die Geschäftsleitung* empfiehlt sich, wenn ein Unternehmen nur wenige große Kunden hat. Dies ist häufig in der Investitionsgüterindustrie der Fall. Bei bedeutenden oder hohen Auftragsvolumina wird auch in anderen Fällen der Verkauf über die Mitglieder der Geschäftsleitung erfolgen. Eine weitere Möglichkeit sind *Reisende*. Reisende sind Angestellte des Unternehmens, die die Kunden in regelmäßigen Abständen aufsuchen und betreuen. Sie sind an Weisungen des Unternehmens gebunden. Juristisch sind sie Handlungsgehilfen im Sinne der §§ 56–75 HGB (im Gegensatz zu Handelsvertretern im Sinne des §§ 84–92 HGB). Hat ein Unternehmen *eigene Verkaufsabteilungen*, so werden dort Verkaufsaktivitäten geplant, organisiert und kontrolliert. Gegenstand der Planung sind z.B. Verkaufsziele, Verkaufsformen, Akquisition des Außendienstes, Steuerung und Überwachung des Außendienstes und die Verkaufsbudgetierung. Um eine größere räumliche Nähe zu den Kunden zu haben, betreiben insbesondere größere Unternehmen *Verkaufsniederlassungen* bzw. Filialen. Die Kunden können dort schneller und besser beraten werden, der Kundendienst ist besser durchzuführen, die Belieferung z.B. mit Ersatzteilen erfolgt schneller. Der Grad der wirtschaftlichen Selbständigkeit und die Weisungsgebundenheit werden unterschiedlich geregelt. Am häufigsten findet sich dieser Absatzweg bei chemischen und pharmazeutischen Unternehmen, in der Investitionsgüterindustrie (vgl. *Weis* 1997, S. 313) sowie bei einigen Handelsunternehmen.

9.3.3 Indirekter Absatz über stationären Handel

Bei flächenmäßig weit verteilter Nachfrage, also vorwiegend bei Produkten, die sich an den Endverbraucher richten, wird der indirekte Absatz bevorzugt. Dort werden *Absatzmittler* in Form von Groß- und Einzelhandelsunternehmen eingeschaltet. Ein Absatzmittler handelt in eigenem Namen und auf eigene Rechnung und kann sich wiederum der *Absatzhelfer* bedienen.

Beim einstufigen indirekten Absatz ist ein Händler zwischen Produzent und Endverbraucher geschaltet. Beim zweistufigen indirekten Absatz verkauft der Produzent an den Großhändler, dieser an den Einzelhändler und dieser wiederum an den Endverbraucher.

Vertriebsbindung

Um auch bei indirekten Absatzwegen Einfluß zu nehmen, haben Hersteller vielfältige Formen allgemeiner *Vertriebsbindungen* sachlicher, räumlicher und zeitlicher Art entwickelt. Darüber hinaus haben sich Sonderformen des indirekten Absatzes wie Vertragshändlerschaften, Franchising und sonstige vertragliche Vertriebsbindungen herausgebildet.

Vertragshändlerschaft

Bei *Vertragshändlerschaften* handelt es sich um eine Gruppe von Händlern, die das Produkt eines Herstellers exklusiv vertreiben, d.h. auf Konkurrenzprodukte verzichten. Der Vertragshändler ist rechtlich selbständig. Durch die Verwendung des Namens und des Markenzeichens des Herstellers entsteht jedoch der Eindruck eines herstellereigenen Filialsystems. Diese Art der Vertriebsbindung spielt vor allem bei Mineralölkonzernen und in der Automobilindustrie eine große Rolle (vgl. *Nieschlag/Dichtl/Hörschgen* 1997, S. 482).

Franchising

Beim *Franchising* räumt ein Franchisegeber (meist Hersteller) einem wirtschaftlich selbständigen Franchisenehmer (meist Händler) gegen Entgelt das Recht ein, eingeführte Ware unter einheitlichem Zeichen in einem bestimmten Gebiet bei Einhaltung gewisser Auflagen exklusiv anzubieten. Der Franchisenehmer verpflichtet sich zur Abnahme bestimmter Mengen, zu bestimmten Verkaufspreisen, zu vorgegebenen Distributionswegen, Mindestlager etc. Der Franchisegeber bietet Werbung, Verkaufsförderung, Personalschulung und Finanzierungshilfen. Beispiele sind *McDonald's, Eismann, Nordsee, Yves Rocher, Spinnrad* oder *Photo Porst* (vgl. *Weis*

1997, S. 315 mit weiteren Beispielen). Franchising bietet dem Franchisegeber den Vorteil, daß er mit geringem Kapitaleinsatz und geringen Risiko schnell expandieren kann. Für den Franchisenehmer ist der Schritt in die Selbständigkeit mit einem geringeren Risiko verbunden, da er Finanzierungshilfen und Schulungen vom Franchisegeber erhält und sich beispielsweise um Marketingaufgaben nicht zu kümmern braucht. Im Unterschied zu Vertragshändlerschaften ist die Bindung an den Franchisegeber jedoch enger. So tritt der Franchisenehmer lediglich unter dem Namen des Franchisegebers auf (*McDonald's*). Sein eigener Name taucht nicht auf (wie etwa *VAG-Partner* Schmidt). Zuweilen werden die Begriffe Franchising und Vertragshändlerschaft gleichgesetzt (vgl. *Nieschlag/Dichtl/Hörschgen* 1997, S. 482).

Shop-in-Shop, Rackjobber, Depotsystem

Sonstige vertragliche Vertriebsbindungen gibt es zum Beispiel in Form von Shop-in-Shop-Konzepten, Rackjobber Vertrieb und Depotsystemen. Beim *Shop-in-Shop-Vertrieb* nutzt ein Anbieter die Verkaufsfläche eines Kooperationspartners. Dies ist häufig bei Markenartiklern in der Textilwirtschaft der Fall, die Shops in größeren Warenhäusern betreiben, wie z.B. die *Esprit Shops* bei *Horten* oder *Breuninger*. Ein *Rackjobber* ist ein Großhändler, dem in Handelsbetrieben Regalfläche zur Verfügung gestellt wird und der auf eigene Rechnung Produkte meist eines einzigen Herstellers anbietet (vgl. *Weis* 1997, S. 335, *Kotler/Bliemel* 1999, S. 899). Der Rackjobber ist für die Bestückung des Regals und für die sorgfältige Disposition verantwortlich. Beim *Depotsystemvertrieb* legt ein Hersteller ein Depot in einem Handelsbetrieb an. So verkaufen die Kaffeeröster *Tchibo* und *Eduscho* (inzwischen *Tchibo-Tochter*) ihre Produkte über Depots in Bäckereien und Lebensmittelmärkten.

Bei der Wahl der Vertriebsbindung treten durchaus Mischformen auf. So vertreibt *Bang & Olufsen* seine designorientierten Produkte aus dem Unterhaltungselektronikbereich über folgende Kanäle:

- exklusive Bang & Olufsen Händler
- Geschäfte mit Shop-in-Shop-Charakter
- ausgewählte Fachhändler
- ausgewählte Großdistributoren wie z.B. *KaDeWe* in Berlin.

Erklärtes Ziel von *Bang & Olufsen* ist es, die ersten beiden Kanäle weiter zu forcieren (vgl. *Kristensen* 1998, S. 69).

Rolle des Absatzmittlers

Unabhängig von der Art der Vertriebsbindung geht es nun um die Rolle des Absatzmittlers. Absatzmittler treten zwischen Hersteller und Letztverbraucher auf und erwerben Eigentum an den zu verkaufenden Produkten. Der *Großhandel* kauft Waren ein und verkauft sie weiter an Wiederverkäufer (Einzelhändler, Weiterverarbeiter, Gaststätten, Kantinen, Behörden). Dabei kann der Großhändler die Waren unverändert weitergeben oder sie handelstypisch be- oder verarbeiten (z.B. Portionierung). Der Großhandel wendet sich nicht an den Letztverbraucher und gilt daher als Handel unter Kaufleuten.

Der *Einzelhandel* verkauft die Waren an den Letztverbraucher. Bei den Betriebsformen des Einzelhandels hat sich in den letzten 20 Jahren ein starker Wandel vollzogen: die Betriebsgrößen, Verkaufsflächen und Sortimentsumfang (in Breite und Tiefe) sind gewachsen. Gleichzeitig erfolgte ein starker *Konzentrationsprozeß*, der zu einem Rückgang des nicht organisierten Einzelhandels geführt hat, z.B. keine Tante-Emma-Läden mehr (vgl. *Hansen/Bode* 1999, S. 40ff. zur Geschichte des Einzelhandels). So konzentriert sich der Umsatz im Lebensmittelhandel zu 96 Prozent auf die Top 30 und zu 84 Prozent auf die Top 10 (siehe Abbildung 67). Aber auch im Textilhandel schreitet die Konzentration fort. So hat Quelle 1998 einen großen Teil des Aktienpakets von *Karstadt* gekauft – beide ernstzunehmende Größen im Textileinzelhandel. Branchen, in denen Fachberatung noch wichtig sind, stärken sich durch mächtige Einkaufsverbände (vgl. *Meier* 1998, S. 123).

Konzentrationsprozeß

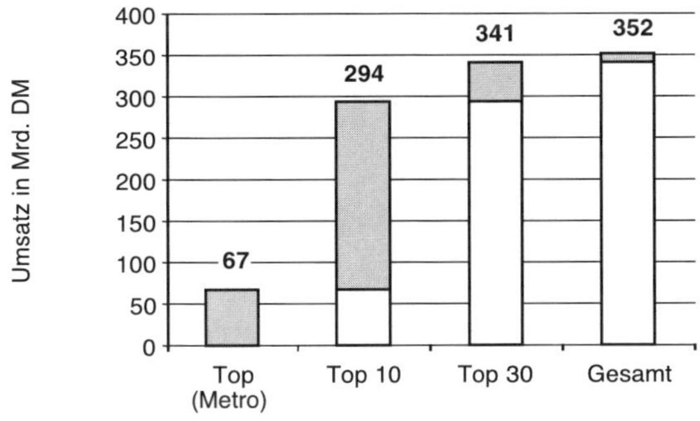

Von 352 Mrd. DM Gesamtumsatz im deutschen Lebensmittelhandel (Food und Nonfood) entfallen 1998 96% auf die Top 30

SCHÄFFER POESCHEL

Abb. 67: Konzentration im deutschen Lebensmittelhandel
Quelle: *o. V.* 1999, »Lebensmittelhandel: 96 Prozent Marktanteil für die Top 30«, S. 25

Der Konzentrationsprozeß zeigt sich darin, daß die Einzelhandelslandschaft in Deutschland inzwischen von wenigen großen Handelsunternehmen dominiert wird (siehe Abbildung 68) und ging mit dem Aufbau von Marketingkompetenzen hinsichtlich Sortiments- und Kundenstruktur einher. Dies führte zu einer zunehmenden *Macht des Handels*.

Macht des Handels

	Anzahl per 1.1.1998	Umsatz in Mio. DM 1997
Tengelmann	4.236	20.200
Metro Einzelhandel (incl. *Allkauf*)	1.254	19.400
Edeka	13.870	45.600
Rewe (incl. *Penny*)	7.950	40.200
Spar (incl. *Top-Markt, Pro Verbraucher Handel, Holzer, Pfannkuch*)	10.160	23.500
Markant (incl. *Globus Handelshof, Lidl Großfläche* u. a.)	14.070	28.700
Aldi	3.002	31.200
Rest	18.860	13.900
Summe	75.260	222.700

SCHÄFFER POESCHEL

Abb. 68: Verkaufsstellenzahl und Umsatz im Lebensmitteleinzelhandel nach Einzelhandelstypen
Quelle: *A. C. Nielsen* 1998, S. 9

So hat ein unbedeutender Hersteller nur geringe Chancen, in einem großen Handelsunternehmen mit seiner Ware gelistet zu werden (vgl. *Meier* 1998, S. 124). Auch das steigende Angebot von Handelsmarken (siehe Kapitel 7.2.3.4) ist ein Zeichen für diesen Trend. Manche Markenhersteller werden von Handelsunternehmen gezwungen, auf das Angebot ihrer Marke zu verzichten und das Handelsunternehmen mit einer Handelsmarke zu beliefern. In Österreich wirbt *Spar* beispielsweise damit, daß ihre Handelsmarken bis zu einem Viertel billiger sind als vergleichbare Herstellermarken und nennt in der TV-Werbung die Namen der Hersteller ihrer Handelsmarken, so daß für den Verbraucher transparent wird, daß er bei geringerem Preis wahrscheinlich die gleiche Qualität bekommt wie bei der Herstellermarke.

Betriebsformen

Wichtige *Betriebsformen des Einzelhandels* sind in Abbildung 69 zusammengefaßt.

Betriebsform	Mindestverkaufsfläche	Bedienung	Sortiment	Beispiele
Fach-/Spezialgeschäft		Mit	Eine Warengruppe	Augenoptiker, Schuhgeschäft, Gemüsehändler
Kaufhaus		Mit	Wenige Warengruppen, meist Textil, Möbel, Elektro, oft auf mehreren Etagen	*Möbel Ostermann, Möbel Mutschler, Mediamarkt, Hennes & Mauritz*

Betriebs-form	**Mindest-verkaufs fläche**	**Bedienung**	**Sortiment**	**Beispiele**
Warenhaus		Über-wiegend mit	Viele Waren-gruppen, oft auf mehreren Etagen	*Karstadt, Kaufhof, Breuninger*
Versandhaus		Ohne (Angebot per Katalog und Versand über Postweg)	Viele Waren-gruppen (Voll-sortimenter) oder weniger Warengruppen (Spezialversender)	*Otto, Quelle, Schrader, Bicycle, Westfalia*
Supermarkt	400 qm	Ohne	Mehrere Waren-gruppen über-wiegend aus Lebensmittel-branche	Viele *Edeka-, Spar-, Rewe-Märkte*
Verbraucher-markt	1.000 qm	Ohne	Mehrere Waren-gruppen mit einem großen Anteil an Lebens-mitteln	*real, Marktkauf, Massa*
SB-Waren-haus	3.000 qm	Ohne	Mehrere Waren-gruppen	*Wertkauf*
Fachmarkt	1.000 qm	Ohne	Wenige Waren-gruppen (häufig Drogerie-, Garten-, Baumärkte)	*Dehner, Kölle, Obi, Bauhaus*
Einkaufs-zentrum		Unter-schiedlich	Geplante Einkaufszentren außerhalb der gewachsenen Geschäftszentren mit rechtlich selb-ständigen Einzel-händlern unter-schiedlichster Warengruppen	*CentrO* in Oberhausen, *Ruhrpark* in Bochum, *Leocenter* in Leonberg, *Ihme-Zentrum* in Hannover

SCHÄFFER POESCHEL

Abb. 69: Wichtige Betriebsformen des Einzelhandels
Quelle: *Weis* 1997, S. 336ff.

9.3.4 Indirekter Absatz über Versandhandel

9.3.4.1 Geschichte des Versandhandels

Den ersten Grundstein für einen heute noch existierenden Versender legte *Richard Warren Sears* in den USA 1887 mit dem Verkauf von Uhren per Post. 10 Jahre später gab es schon einen 750 Seiten starken Katalog mit 6.000 Artikeln. Der erste deutsche Versand wurde 1905 von *Joseph Spiegel* gegründet. Er gehört heute zum *Otto-Konzern*. Die ersten größeren Versender wurden in Deutschland in den zwanziger Jahren gegründet. Nach dem 2. Weltkrieg gab es die zweite Gründungswelle (siehe Abbildung 70). Als wichtige Versender gelten auch die Buchversender wie z.B. *Weltbild* und die Buchclubs wie *Bertelsmann* (vgl. *Holland* 1992, S. 1).

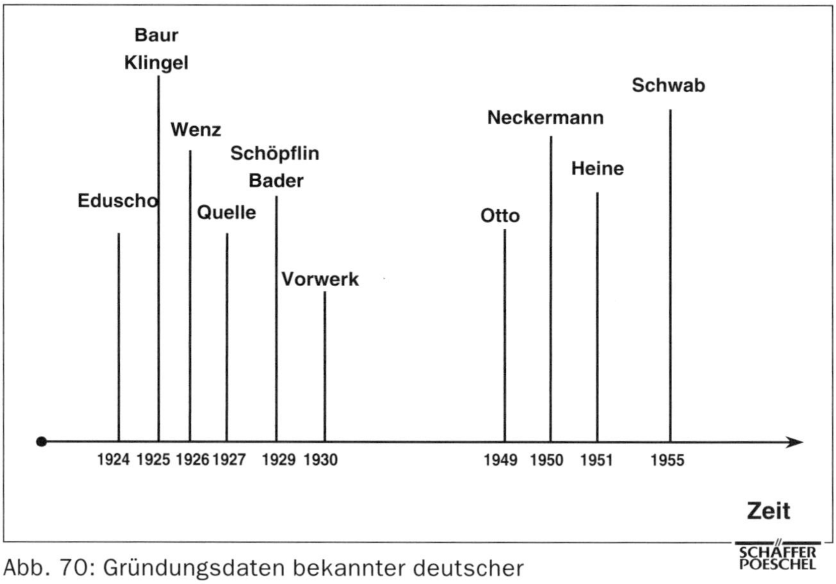

Abb. 70: Gründungsdaten bekannter deutscher Versandhandelsunternehmen
Quelle: *Holland* 1992, S. 1

9.3.4.2 Bedeutung des Vertriebswegs

Umsatz

Der Anteil des über den Versandhandel erzielten Einzelhandelsumsatzes beträgt seit Jahren etwa 5 Prozent und lag 1996 bei 35 Mrd. DM (vgl. *Holland* 1992, S. 38 i.V.m. *Institut der Deutschen Wirtschaft* 1999, S. 82). Dabei sind die Deutschen mit einem durchschnittlichen Bestellwert von fast 500 DM pro Jahr Weltmeister. Keine andere Nation hat einen solch hohen Pro-Kopf-Umsatz (vgl. *Holland* 1992, S. 206). Der Absatz über Versand eignet sich vor allem bei Produkten, die über eine bildliche Präsentation (z.B. in Katalogen) verkauft werden können und bei Produkten, die mit vertretbarem Aufwand über Post oder Kurierdienste verschickt werden können. Der Versand kommt auch dann in Frage, wenn die Nachfrager weit verstreut sind und/oder in strukturschwachen Gebieten wohnen, d.h. wenn es sich um sehr spezielle Produkte handelt, die im stationären Handel keine Absatzchancen hätten.

Wenn Nachfrager Wert auf bequeme Auswahl zu Hause legen, die ohne Zeit- und Verkäuferdruck erfolgt, bietet sich ebenfalls der Versand an.

9.3.4.3 Vor- und Nachteile des Versandhandels aus Unternehmens- und Kundensicht

In der folgenden Abbildung 71 ist zusammengestellt, welche Vor- und Nachteile der Versandhandel für den Anbieter bzw. Nachfrager hat.

Vorteile	**Nachteile**	**Vorteile**	**Nachteile**
aus Unternehmenssicht		aus Kundensicht	
• Zentrale Lagerhaltung und damit hohe Lieferbereitschaft bei großer Auswahl • Personalkosten nur für Kundenbetreuung und Lagerpersonal, nicht für Verkäufer • Standort kann in preiswerten Lagen gewählt werden • gute Erreichbarkeit auch in strukturschwachen Gebieten, insbesondere auch bei Special Interest-Produkten	• Verpackung aufwendig bei verderblichen Lebensmitteln, zerbrechlichen Waren • Versand teuer bei sperrigen Gütern kostenintensiv • Abhängigkeit von Transportdienstleistern (Post, Kurierdienste) bei Lieferzusagen	• Konsument erspart sich Fahrtzeit, Fahrtkosten, Warteschlangen und Parkplatzsuche • Spezialartikel teilweise im stationären Handel nicht (mehr) vorhanden bzw. für Unternehmen mit Spezialangebot nicht lohnend • Unabhängig von Ort des Verkaufs (ländlich strukturierte Gebiete). So erlebte der Versandhandel nach der Öffnung der Mauer einen starken Boom. • Unabhängigkeit von Öffnungszeiten • Angenehme Einkaufsatmosphäre (kein psychologischer Kaufzwang durch Verkäufer, keine Scham bei Erotikartikeln, keine Angst vor der Formulierung gegenüber einem Verkäufer, sich etwas nicht leisten zu können)	• Nur bildliche Warenpräsentation • Zum Teil lange Lieferzeiten • Zum Teil Portokosten durch Kunden zu tragen • Rücksendung zum Teil umständlich und teuer

Vorteile	Nachteile	Vorteile	Nachteile
aus Unternehmenssicht		aus Kundensicht	
		• Schnelle Lieferung (inzwischen begünstigt durch Auflösung des Postmonopols) • Zustellmöglichkeit an anderen Empfänger, z.B. Geschenke	

Abb. 71: Vor- und Nachteile des Versandhandels aus Unternehmens- und Kundensicht
Quelle: *Holland* 1992, S. 38f. und *Kotler/Bliemel* 1999, S. 1109

9.3.5 Indirekter Absatz über Verkaufsautomaten

Bedeutung Vertriebsweg

1995 gab es mehr als 1,3 Mio. Waren- und Leistungsautomaten in Deutschland. Diese dienen hauptsächlich der Distribution von Erzeugnissen und Dienstleistungen. Davon werden Musik-, Sport- und Unterhaltungsautomaten wie z. B. Geldspielgeräte, Musikboxen oder Videospiele abgegrenzt (vgl. *Vieweg* 1997, S. 1f.). Den größten Anteil an den Waren- und Leistungsautomaten haben die Zigarettenautomaten (58 Prozent), gefolgt von Süßwaren- (18 Prozent), Getränke- (15 Prozent Kalt- und 7 Prozent Heißgetränke) und Verpflegungsautomaten (2 Prozent) (vgl. *Schulik* 1998, S. 31f.). Für den Absatz von Zigaretten hat der Vertriebsweg über den Automaten eine herausragende Bedeutung. So wurden 1996 31 Prozent aller Fabrikzigaretten über Zigarettenautomaten abgesetzt (vgl. *von der Hude* 1998, S. 3). Bei Süßwaren ist der Anteil wesentlich geringer. So wurde 1998 ein Süßwarenumsatz von 725 Mio. DM über Automaten realisiert (vgl. *Rosbach* 1999, S. 70). Der Umsatz der deutschen Süßwarenindustrie einschließlich der Handelsumsätze beträgt 21,6 Mrd. DM (vgl. *Mehler* 1999, S. 14), was einem Automatenanteil von etwa drei Prozent entspricht.

Insbesondere bei Zigaretten, Kaltgetränken und Süßwaren vergeben die meist international agierenden Hersteller *Lizenzen* an regional tätige Unternehmen, die Aufgaben wie Befüllung, Wartung und Abrechnung übernehmen (vgl. *Schulik* 1998, S. 34).

Eignung

Der Vertriebsweg über Verkaufsautomaten kommt dann in Frage, wenn es sich um Produkte handelt, die gut transportiert und gelagert werden können. Je spezifischer die Anforderungen an die Behandlung des Produkts ist, wie z.B. Kühlung, desto höher sind die Anforderungen an die technische Leistungsfähigkeit der Automaten. Automaten werden von den Konsumenten als Convenienceangebot gesehen, so daß sie unabhängig von den Ladenöffnungszeiten einkaufen können. Wachstumschancen bestehen in der Automatenwirtschaft durch die Ausweitung der Angebots, wie z.B. das Catering oder das Betreiben von Firmenkantinen insbesondere in kleinen und mittleren Unternehmen (vgl. *Schulik* 1998, S. 35).

9.3.6 Indirekter Absatz über Internet (Electronic Commerce)

9.3.6.1 Begriff Electronic Commerce

D

Unter Electronic Commerce (E-Commerce) versteht man die Präsentation von Waren und Dienstleistungen über das Internet und die Annahme des Angebots über das Internet durch Bestellung oder Durchführung einer Transaktion (vgl. *Kotler/Bliemel* 1999, S. 1133ff. zum E-Commerce).

Kommunikations- und Distributionsfunktion

Ähnlich wie das Direktmarketing hat E-Commerce damit eine Kommunikations- und eine Distributionsfunktion. Im Rahmen der *Kommunikationsfunktion* wird das Unternehmen oder das Produkt vorgestellt, während die *Distributionsfunktion* die Aufgabe der Verteilung der Produkt an den Nachfrager wahrnimmt. Die Bezahlung kann dabei noch herkömmlich wie im Versand erfolgen durch Überweisung oder per Nachnahme. Ebenso kann aber auch hier eine elektronische Form gewählt werden. Dies geschieht entweder durch elektronische Übermittlung der Kreditkartennummer oder der Kontonummer, wenn der Rechnungsbetrag vom Girokonto abgebucht werden soll (Lastschrift oder Abbuchungsverfahren). Hierbei bestehen jedoch oft Vorbehalte bezüglich der Sicherheit. Daher sind Verfahren in der Entwicklung, die die Sicherheit der Bezahlung erhöhen. Dazu gehört z.B. ein Lesegerät, das an den Computer des Bestellers angeschlossen ist und eine Chipkarte liest. Diese Daten werden dann an den Anbieter übertragen (vgl. z.B. *Markert* 1998, »E-Commerce – Sicher bezahlen im Internet«, S. 12ff. zur Sicherheitsproblematik).

9.3.6.2 Entwicklung von Electronic Commerce

Voraussetzung: immer mehr Internetnutzer

Die wichtigste Voraussetzung für die weitere Verbreitung von Electronic Commerce ist die Steigerung der Zahl der Internetnutzer innerhalb der anvisierten Zielgruppe. Zunächst ist dies abhängig von der Entwicklung der Haushaltszahlen mit PC (vgl. *Kotler/Bliemel*

1999, S. 1110). Diese Zahl wächst allerdings ständig. Allein von 1993 bis 1997 hat sich der Anteil der Haushalte mit Personalcomputern nach Untersuchungen des *Deutschen Video-Instituts* in Zusammenarbeit mit diversen Unternehmen von 18 Prozent auf 35 Prozent erhöht (vgl. *ZAW* 1998, S. 249). 1997 hatten im alten Bundesgebiet (in den Neuen Ländern) 70 Prozent (61 Prozent) aller 4-Personen-Haushalte von Beamten und Angestellten mit höherem Einkommen einen Heimcomputer, bei Arbeitern und Angestellten mit mittlerem Einkommen 54 Prozent (46 Prozent) (vgl. *Statistisches Bundesamt* 1998, S. 544). Einen Zugang zum Internet hatten laut *GfK-Online-Monitor* im März 1999 bereits 8,4 Mio. Bundesbürger (vgl. *http://www.nua.ie/surveys/how_many_online/index.html).* Weltweit sind es ca. 179 Mio. (Stand Juni 1999). Dies entspricht 4,3 Prozent der Weltbevölkerung. Die irische Nua Ltd. berechnete dies nach Auswertungen verschiedener Sekundärstatistiken über die Zahl der Internetnutzer (vgl. *http://www.nua.ie/surveys/how_many_online/index.html*). Zwar liegen die Deutschen bezüglich des Anteils der Internetnutzer nicht gerade an erster Stelle, jedoch wird von einem weiteren kräftigen Wachstum ausgegangen (vgl. *Lütge* 1998, S. 16. Zu den einzelnen Werten vgl. auch die Ergebnisse der irischen Nua Ltd. *http://www.nua.ie/surveys/how_many_online/europe.html*). Auch die Kommunikationsbranche rüstet sich für die neuen Herausforderungen: Einer Befragung von Agenturen im Kommunikationsbereich zufolge wird der Anteil der Online-Kommunikation in den nächsten Jahren stark wachsen (vgl. *Munkelt/Wilberger* 1998, S. 88ff.).

Zunahme der Online-Kommunikation

Wichtig für die Betreiber von Electronic Commerce ist jedoch zu wissen, welche Zielgruppe sich hinter den Nutzern verbirgt. Insgesamt verändert sich die deutsche Internet-Zielgruppe langsam aber stetig. Waren es anfangs nur technikbegeisterte einkommensschwache Studenten, die über Internet erreichbar waren, wird die Zielgruppe langsam älter und reicher. Die folgende Abbildung 72 zeigt die Ergebnisse einer Untersuchung von W3B für einige demographische Merkmale der Internet-User in Deutschland (vgl. auch *o. V.* 1998, »Internet für den Alltag«, S. 118f.).

Motive für Internetnutzung

Noch bedeutender als demographische Merkmale ist jedoch das Motiv für das Surfen im Internet. Die *Gruner & Jahr Electronic Media Service GmbH* hat herausgefunden, daß von den 5 Millionen Nutzern 1,5 Mio. Profis sind, 1,2 Mio. News Junkies, 0,8 Mio. Gameboys und 1,5 Mio. Zapper. Je nachdem, welche Zielgruppe angesprochen werden soll, reduziert sich die Zahl der in Frage kommenden Empfänger von Werbebotschaften um einen mehr oder weniger großen Faktor.

Bei all diesen Zahlen ist jedoch zu beachten, daß die Dynamik sehr groß ist, und daß deswegen kaum wirklich vergleichbare Daten existieren. Ein Unternehmen sollte sich daher bei der Entschei-

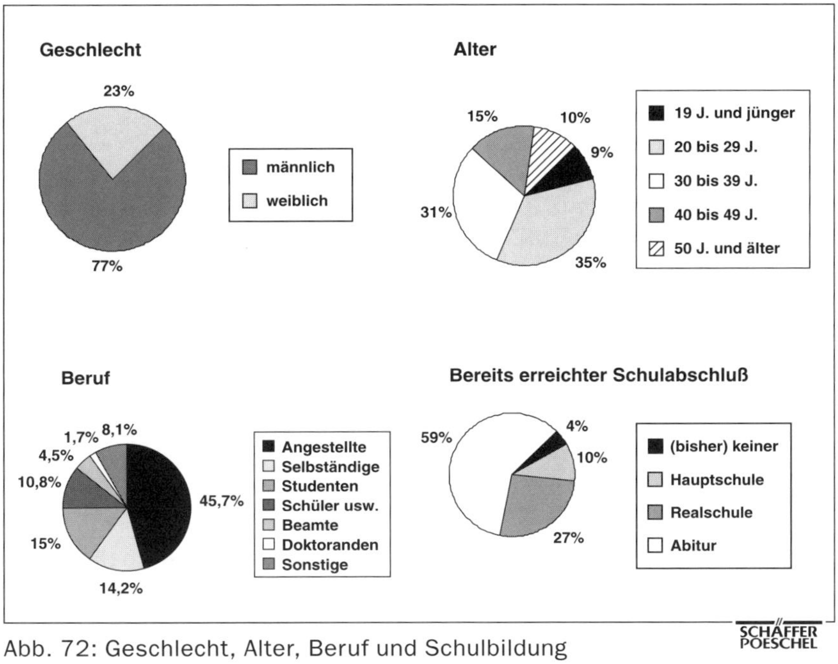

Abb. 72: Geschlecht, Alter, Beruf und Schulbildung von Internetnutzern in Deutschland
Quelle: *http://www.w3b.de/ergebnisse/w3b8/demographie.html* sowie *~demographie2.html*
Basis: Befragung von Online-Nutzern durch *Fittkau & Maaß*, 8. Welle 1999

dung für oder gegen einen Internet-Auftritt nicht allein von der großen Zahl der Nutzer leiten lassen, sondern davon, was zum Unternehmen und den jeweiligen Zielsetzungen paßt.

Angaben des Kreditkartenunternehmens Visa zufolge wurden 1998 weltweit 15 Mrd. Dollar über den Vertriebsweg E-Commerce ausgegeben. Dies war eine Steigerung gegenüber 1997 von 100 Prozent. Für Deutschland rechnet der Deutsche Multimedia Verband 1999 mit einem E-Commerce-Umsatz von 2,7 Mrd. DM. Im wesentlichen werden Software, Bücher und CDs aber auch Reisen und Computerhardware über das Internet verkauft (vgl. *Mai* 1999, S. 93, *Barth* 1999, S. 35ff., *o. V.* 1999, »E-Commerce: Welche Produkte haben Chancen?«, S. 22). Der bereits zitierten w3b-Studie zufolge haben 1999 bereits 60 Prozent aller Internetnutzer einmal etwas online bestellt (vgl. *http://www.w3b.de/ergebnisse/w3b8/shopping.html*). Einer Diebold-Studie zufolge wird für das Jahr 2000 ein Umsatz von 30 bis 50 Mrd. DM über das Internet prognostiziert (Deutschland). Zum Vergleich: Der gesamte Umsatz im Einzelhandel betrug 1997 700 Mrd. DM (vgl. *Lütge* 1998, S. 15, *o. V.* 1998,

»Electronic Commerce: Mehrwerte schaffen«, S. 23). Auch das Multimediabarometer von *GfK, MGM* und *Horizont* unterstreicht die hohen Erwartungen an Electronic Commerce (vgl. *o. V.* 1998, »Nicht nur Imagefaktor«, S. 116f.). Eine weltweite Studie über die Einschätzung von Managern in EDV-Abteilungen verschiedenster Branchen hat ergeben, daß Electronic Commerce sich in den nächsten zwei Jahren um den Faktor 4 erhöhen wird. Besonders positiv wird die Entwicklung für die Branche Finanzdienstleistungen und für die Region Nordamerika prognostiziert (vgl. *o. V.* 1998, »E-Commerce kommt!«, S. 32). Nur selten finden sich pessimistische Stimmen zum Thema E-Commerce. So wird auch vor einer zu euphorischen Stimmung gewarnt, da viele Online-Anbieter (noch) keinen Gewinn erwirtschaften (vgl. *Holzwart* 1999, S. 9f.).

Zur Zeit ist jedoch die Imageverbesserung noch Hauptziel bei der Realisierung des Internet-Auftritts (vgl. *o. V.* 1998, »Nicht nur Imagefaktor«, S. 116f.). So ist die *LBS Württemberg* schon seit 1996 mit einer Homepage im Internet vertreten und bietet auch die Möglichkeit, elektronisch einen Bausparvertrag abzuschließen. Die Zahl der so geschlossenen Verträge konnte man jedoch noch nach zwei Jahren an einer Hand abzählen. Die Investitionen in Electronic Commerce rechnen sich zur Zeit nur langfristig.

9.3.6.3 Realisierungsmöglichkeiten für Electronic Commerce

Individueller Online-Auftritt

Grundsätzlich bieten sich drei Möglichkeiten an, über das Internet Waren oder Dienstleistungen anzubieten. Zum einen ist es möglich, einen *individuellen Onlineauftritt* zu gestalten, wie es zum Beispiel *Otto (http://www.otto.de)* oder *Karstadt (http://.www.myworld.de)* tun. Dies ist jedoch großen Unternehmen vorbehalten, die über eine entsprechende Kapitalausstattung verfügen und mittelfristig hinreichend große Umsätze erwarten können. Ein Unternehmen, das ausschließlich über das Internet verkauft, ist der weltweit tätige Buchhändler *Amazon (http://www.amazon.com).* Außerdem müssen auch die Produkte »internetfähig« sein. Dies sind insbesondere Produkte, die auch ansonsten über den Versandhandel angeboten werden.

Standardlösungen der Serviceprovider

Für Unternehmen, die keine großen Summen in Electronic Commerce investieren möchten, gibt es Serviceprovider, die Standardlösungen anbieten (z.B. *http://www.intershop.de, http://www.microsoft.de, http://www.openmarket.com*). Diese sind weniger flexibel, dafür ist ein geringeres Budget erforderlich. Darüber hinaus ist es – insbesondere für kleinere Unternehmen – möglich, sich an bestehende *Marktplätze* anzuhängen (z.B. *http://www.netkauf.de, http://www.shop-direkt.de, http://www.telemall.de*). Auf die-

Virtuelle Marktplätze

sen virtuellen Marktplätzen werden Waren und Dienstleistungen verschiedenster Art angeboten, die Hinführung des Internet-Benutzers erfolgt über Banner mit Hinweisen auf die Marktplätze oder zusätzlich über Suchmaschinen, in die sich das Unternehmen eintragen lassen sollte (vgl. *Markert* 1998, »Online-Shops für jedes Budget«, S. 14). Neben dem Eintrag in Suchmaschinen empfiehlt sich auch die allerdings kostenpflichtige Aufnahme in die *Yellow Pages (http://www.yellowpages.com)* oder in die *Genios* Wirtschaftsdatenbanken *(http://www.genios.de)*.

Banner

Banner sind anklickbare, teilweise mit Musik, Sprache oder Film animierte Werbegrafiken auf einer fremden Webseite und in etwa vergleichbar mit Anzeigen. Ähnlich wie bei Anzeigen wird ein Entgelt für die Schaltung gezahlt. Zahlungsempfänger ist derjenige, der das Banner auf seiner Webseite einstellt. So hat *Amazon* ein Banner auf der Webseite von *Altavista*. Der Umworbene kann direkt auf die Webseite des Werbenden gelinkt werden. Die Plazierung sollte dort erfolgen, wo eine möglichst große Anzahl von Interessenten einer Zielgruppe zu finden sind.

Wie findet der Kunde den Anbieter?

In jedem Falle ist zu beachten, daß dem potentiellen Kunden der Einkauf so leicht wie möglich gemacht werden sollte. Das bedeutet, daß er den Anbieter erst einmal finden muß. Dies geschieht über Banner, einen (meist kostenlosen) Eintrag in Suchmaschinen, falls möglich über Links von Websites befreundeter Unternehmen und über Crossmarketing durch Nennung der Homepage in anderen Werbemitteln und in der Korrespondenz. So nennen bereits 86 Prozent der im Internet vertretenen Anbieter ihre Internet-Adresse in ihren Printmedien. Dies sind Ergebnisse einer Exklusivumfrage von *Gruner & Jahr Electronic Media Service GmbH* und dem Marktforschungsinstitut *Forsa* unter den 500 größten werbetreibenden Unternehmen in Deutschland im Oktober 1997 vgl. *ZAW* 1998, S. 248. Beim Eintrag in Suchmaschine müssen die Schlüsselwörter sorgfältig ausgewählt werden, damit ein Interessent eine Chance hat, auf die Webseite des werbenden Unternehmens zu gelangen.

Aktualität und Benutzerfreundlichkeit

Wichtig ist auch die Schnelligkeit des Bildaufbaus, da der Internetnutzer für seine Verweilzeit bezahlt. *Aktualität* und *Benutzerfreundlichkeit* sind in der Theorie selbstverständlich, in der Praxis jedoch leider nicht. Dies stellte sich nach einer Bewertung des Online-Auftritts von 120 Großunternehmen heraus (vgl. *Munkelt* 1999, S. 28ff.). Durch eine Verknüpfung mit dem Datenbestand des Unternehmens können auch Lieferauskünfte hinsichtlich Verfügbarkeit und Lieferzeit gegeben werden. In jedem Falle sollte eine Möglichkeit geschaffen werden, eine E-Mail abzusenden. Diese E-Mails sollten dann aber auch zügig beantwortet werden (können). Darauf hinzuweisen, ist aus zwei Gründen wichtig: zum einen erwartet ein Internet-Benutzer eine schnelle Antwort. Zum anderen müssen auf der Seite des Unternehmens organisatorische Vorkehrungen getroffen werden, wie und durch wen Anfragen über E-Mails überhaupt abgewickelt werden.

Da ein ins Internet gestelltes Angebot grundsätzlich global gilt, sollte vorab geklärt werden, ob dies erwünscht ist. So wird die Geschichte des kleinen Honighändlers aus Wales erzählt, der eines Tages auf die Idee kam, seinen Honig über das Internet anzubieten. Als besonders kundenfreundliche Geste versprach der Honighändler, die Versandkosten zu übernehmen. Als Anfragen aus Übersee eintrafen und der Händler sich an das Versprechen der versandkostenfreien Lieferung gebunden fühlte, war er kurz vor dem finanziellen Ruin. Ferner hatte er sich keine Gedanken über die unterschiedlichen Importrichtlinien für Lebensmittel gemacht (vgl. *o. V.* 1999, »Globale Anbieter in der lokalen Abseitsfalle«, S. 31).

Voraussetzungen für Angebote im globalen Netz

Folgende Fragen sollte ein Anbieter beantworten können, bevor er sein Angebot ins *globale Netz* stellt (vgl. *o. V.* 1999, »Globale Anbieter in der lokalen Abseitsfalle«, S. 32):

- Welche Zielgruppe soll wo erreicht werden?
- Wie müssen die Besonderheiten internationaler Zielgruppen berücksichtigt werden (Sprache, Kultur, Rechtssystem)?
- Kommen Absatzwege-Konflikte auf das Unternehmen zu (Vertrieb, Niederlassungen, Partner)?
- Wie läßt sich die Unternehmensmarke international durchgängig verbreiten (Branding) (vgl. *Brauer/Saborowski* 1998, S. 102ff. zur Positionierung von Marken im Internet).
- Ist das Unternehmen für eine weltweite Auslieferung gerüstet (Logistik)?
- Welche Zahlungswege in welchen Währungen sollen eingerichtet werden?
- Wie soll die internationale Preisgestaltung aussehen?
- Sind die wichtigsten regionalen Bestimmungen bedacht (Bezahlung, Garantie, Haftung, Im- und Exportregeln, Vertragsrecht, Werbung)?
- Sind die Mitarbeiter für die neuen Prozesse gerüstet?
- Ist eine Anbindung an vorhandene Organisationsstrukturen möglich?

9.4 Marktveranstaltungen

D

Marktveranstaltungen stellen institutionalisierte Gelegenheiten für die Gewinnung von Informationen über die Marktlage, für die Herstellung und Pflege von Kontakten und für die Anbahnung und den Abschluß von Geschäften dar. Daher stellen sie mehr als nur einen Absatzweg dar und werden hier gesondert behandelt. Marktveranstaltungen sind einfach ausgedrückt eine zeitliche und örtliche Konzentration von Angebot und Nachfrage.

Dazu gehören Messen und Ausstellungen, Auktionen, Börsen und Wochen- und Tagesmärkte (vgl. *Weis* 1997, S. 320ff. sowie *Nieschlag/Dichtl/Hörschgen* 1997, S. 462ff.).

Messen und Ausstellungen

Messen und *Ausstellungen* dienen der Anbahnung von Geschäften, aber auch dem Abschluß von Geschäften. Häufig werden hier Neuheiten vorgestellt. Wichtigste Messen in Deutschland sind *Hannover Messe, Cebit, Internationale Frankfurter Messe, Internationale Lederwarenmesse* in Offenbach, *IGEDO* (Internationale Modemesse) in Düsseldorf, *Internationale Spielwarenmesse* in Nürnberg und die *Frankfurter Buchmesse.*

Auktionen

Bei *Auktionen* handelt es sich um angekündigte Marktveranstaltungen, bei denen Waren im öffentlichen Bietverfahren an denjenigen verkauft werden, der am meisten bietet. Bekannte Auktionshäuser sind *Sotheby's* und *Christie's*, die u.a. wertvolle Bilder, Sammlergegenstände oder Schmuck versteigern. Aber auch die Verwertung von Immobilien oder Nachlässen (»unter den Hammer kommen«) ist über Auktionen üblich.

Börsen

Börsen sind regelmäßig stattfindende Marktveranstaltungen, an denen sogenannte vertretbare, d.h. durch international gültige Standards eindeutig beschreibbare Wirtschaftsgüter gehandelt werden (vgl. *Nieschlag/Dichtl/Hörschgen* 1997, S. 465). Dazu gehören Wertpapierbörsen, Warenbörsen und Warenterminbörsen (vgl. *Weis* 1997, S. 326f.).

Wochen- und Tagesmärkte

Wochen- und Tagesmärkte dienen heutzutage i.d.R. dem Verkauf von Agrarprodukten. Sie waren im Mittelalter hauptsächlicher Vertriebsweg für Konsumgüter. Sie finden meist unter freiem Himmel statt, in manchen Großstädten gibt es auch Markthallen mit festen Ständen. Zunehmender Beliebtheit erfreuen sich auch sogenannte Flohmärkte, auf denen Privatleute meist gebrauchte Artikel von Haushaltswaren über Kleidung bis zu Elektrogeräten verkaufen. Auch Gebrauchtwagen im unteren Preissegment wechseln so oft ihren Besitzer.

9.5 Absatzhelfer

D

Absatzhelfer sind wirtschaftlich und rechtlich selbständige Unternehmer, die in die Absatzkette eingegliedert sind, ohne Eigentümer der Produkte zu werden.

Ein Anbieter greift auf Absatzhelfer zurück, weil diese auf spezielle Distributionsaufgaben spezialisiert sind (z.B. Speditionsunternehmen) (vgl. *Nieschlag/Dichtl/Hörschgen* 1997, S. 459ff.). Es wird unterschieden in Absatzhelfer in der Logistik, in der Akquisition und leistungsergänzende Absatzhelfer.

Absatzhelfer in der Logistik

Absatzhelfer in der Logistik übernehmen Aufgaben des Transports und der Lagerhaltung. Transportaufgaben werden von Speditionsunternehmen durchgeführt und erfolgen mit den unterschiedlichsten Transportmitteln (Bahn, Schiff, Flugzeug, LKW, PKW, Fahrrad). Lagerhausunternehmen übernehmen oft spezialisierte Leistungen, wie z.B. Tiefkühlung oder Lagerung gefährlicher Güter.

Absatzhelfer in der Akquisition

Absatzhelfer in der Akquisition haben Vertragsabschluß- oder Vertragsvorbereitungsfunktion, d.h. sie bahnen Kontakte an, bieten Informationen über das angebotene Produkt und bereiten den Vertragsabschluß vor oder führen ihn durch. Unterschieden werden hier Handelsvertreter, Kommissionäre und Makler.

Handelsvertreter (§§ 84–92 HGB) sind selbständige Gewerbetreibende und im Gegensatz zu Reisenden (§§ 56–75 HGB) nicht an Weisungen des Unternehmens gebunden. Sie vermitteln und schließen Geschäfte für ein oder mehrere Unternehmen ab. Im Außendienst von Versicherungen und Bausparkassen (beispielsweise Bezirksdirektoren der *LBS*) sind vorwiegend Handelsvertreter beschäftigt. Die meisten Handelsvertreter jedoch vertreten Industrieunternehmen. Die Handelsvertreter erhalten Provisionen und in manchen Fällen zusätzlich ein Fixum.

Der *Kommissionär* (§ 383 HGB) ist ebenfalls selbständig und arbeitet in eigenem Namen und für Rechnung des Unternehmens, während der Handelsvertreter in fremdem Namen und auf fremde Rechnung tätig ist. Der Kommissionär kauft und verkauft Produkte für das auftraggebende Unternehmen und erhält dafür Kommissionen (umsatzabhängige Provisionen). Kommissionäre sind häufig anzutreffen im Wertpapiergeschäft, im Handel mit Agrarprodukten und im Außenhandel (vgl. *Nieschlag/Dichtl/Hörschgen* 1997, S. 461).

Der *Makler* (§§ 93–104 HGB) ist ebenfalls wirtschaftlich und rechtlich selbständig und weist Gelegenheiten zum Abschluß von Geschäften nach. Dafür erhält er eine Maklergebühr. Der Makler ist fast nur in der Immobilienbranche üblich. Er weist dort Gelegenheiten für Immobilienverkäufe und Vermietungen nach. Der Makler muß die Interessen beider Partner, zwischen denen er vermittelt, wahren.

Leistungsergänzende Absatzhelfer

Leistungsergänzende Absatzhelfer bieten spezialisierte Dienste an wie z.B. Werbeagenturen, Marktforschungsinstitute oder Banken.

9.6 Marketinglogistik

Marketinglogistik umfaßt die physische Distribution von Gütern.

D

Die Aufgabe besteht darin, die Produkte an die Nachfrager zu verteilen. Konkret muß im Rahmen der Marketinglogistik dafür gesorgt werden, daß

- das richtige Produkt
- zur gewünschten Zeit
- in der richtigen Menge
- an den gewünschten Ort

gelangt.

Lieferzeiten, Auslieferungspunkte und Transportmittel

Wichtige Größen in der Marketinglogistik sind Lieferzeiten, Auslieferungspunkte und Transportmittel. Bei den *Lieferzeiten* stellen Kostengesichtspunkte die Untergrenze (Welche Lieferzeiten sind unter Kostengesichtspunkten gerade noch tragbar?) und Nachfrageakzeptanz die Obergrenze (Welche Lieferzeiten werden von den Nachfragern gerade noch akzeptiert) dar. Die Entscheidung für die *Auslieferungspunkte* beziehen sich auf die Anzahl, auf die Standorte und die jeweilige Ausstattung. Bei der Wahl der *Transportmittel* geht es darum, welche die günstigsten sind und wie sie optimal genutzt werden können. Bei allen diesen Parametern muß eine Make-Or-Buy-Entscheidung getroffen werden, d.h. welche Distributionsleistungen selbst übernommen und welche in Auftrag gegeben werden. Das Ziel ist die Befriedigung der Nachfragebedürfnisse bei Berücksichtigung der Kostengesichtspunkte.

Aufgaben

1. Welche Aufgaben fallen der Distributionspolitik zu?
2. Nennen Sie die wichtigsten Entscheidungskriterien für die Standortwahl eines Einzelhandelsunternehmens.
3. Unter welchen Bedingungen bietet sich der direkte bzw. der indirekte Absatz an?
4. Erläutern Sie den Unterschied zwischen einstufigem und zweistufigem indirekten Absatz.
5. Erklären Sie das Prinzip des Franchising und stellen Sie die Vor- und Nachteile des Franchising aus Sicht des Franchisenehmers und -gebers dar.
6. Nennen Sie mögliche Formen eigener Vertriebssysteme eines Unternehmens und erklären Sie diese kurz.

7. Welche großen Änderungen im Einzelhandel haben sich in den letzten Jahrzehnten in Deutschland ergeben?
8. Was sind Marktveranstaltungen und welche Aufgabe obliegt ihnen? Nennen Sie Beispiele.
9. Was ist der Unterschied zwischen Absatzhelfern und Absatzmittlern?
10. Welche unterschiedlichen Typen von Absatzhelfern gibt es und was sind ihre Hauptaufgaben?
11. Was ist der Unterschied zwischen einem Reisenden und einem Handelsvertreter?
12. In welchen Situationen ist es empfehlenswert, Produkte über einen Mehrfirmenvertreter abzusetzen?
13. Was sind die Aufgaben eines Maklers?
14. Welche Entscheidungen sind bei der physischen Distribution zu treffen?
15. Dirk Süßlich, der Marketingleiter der *Speedy GmbH*, besucht ein Seminar über Direktmarketing. Ihm kommt die Idee, die *Speedy* Kleintransporter nicht über die Händler, sondern im Direktvertrieb zu verkaufen. Stellen Sie eine Liste der Vor- und Nachteile auf.

10 Kommunikationspolitik

Lernziele

Im zehnten Kapitel soll der Leser
- Die Aufgaben der Kommunikationspolitik kennenlernen
- Die Above the Line Aktivitäten Werbung, Verkaufsförderung, PR und persönlichen Verkauf kennenlernen
- Einen Überblick über die Below the Line Aktivitäten Direktwerbung, Sponsoring, Product Placement, Events und Merchandising erhalten
- Erfahren, wie Kommunikationseffizienz gemessen werden kann.

10.1 Grundlagen

10.1.1 Aufgaben der Kommunikationspolitik

Informations- und Motivationsfunktion

Neben der Produktgestaltung, der Preisfestsetzung und der Verteilung der Produkte kommt dem Marketing im Rahmen der Kommunikationspolitik die Aufgabe zu, über die Existenz und die Vorteile des Produktes zu *informieren* und zum Kauf zu *motivieren*. Im Rahmen der Informationsfunktion ist auch die Erinnerungsfunktion zu nennen. Dies ist ganz besonders wichtig bei Verbrauchsgütern, die einen kurzen Wiederkaufzyklus haben. Die Motivationsfunktion bezieht sich nicht nur darauf, den potentiellen Kunden zum Kauf zu bewegen, sondern auch darauf, ihn in seiner bereits getätigten Kaufentscheidung zu bestätigen. Die nach dem Kauf eventuell eingetretene *Kaufreue* soll mit kommunikativen Maßnahmen abgebaut werden (siehe auch Kapitel 7.2.2). Man spricht in diesem Zusammenhang auch von der *Reduktion kognitiver Dissonanzen*. Die Theorie der kognitiven Dissonanzen wurde von *Leon Festinger* begründet. Kognitive Dissonanzen entstehen dadurch, daß ein Konsument bei einer Kaufentscheidung zwischen verschiedenen Optionen wählen kann. Sobald er sich aber entschieden hat, sind die übrigen Alternativen als Optionen verloren gegangen. Das dadurch entstehende innere Ungleichgewicht versucht der Konsument wieder zu beheben, indem er Informationen über die nicht gewählten Alternativen meidet und Informationen sucht, die seine getroffene Entscheidung unterstützen (vgl. *Felser/Kaupp/Pepels* 1999, S. 98ff.).

Kognitive Dissonanz

Kommunikationsmodell von *Lasswell*

Dem Unternehmen fällt damit die Rolle des Kommunikators zu, der eine Botschaft an einen Empfänger übermittelt. Das Kommunikationsmodell von *Lasswell* zeigt, welche Elemente an einem Kommunikationsprozeß beteiligt sind (siehe Abbildung 73).

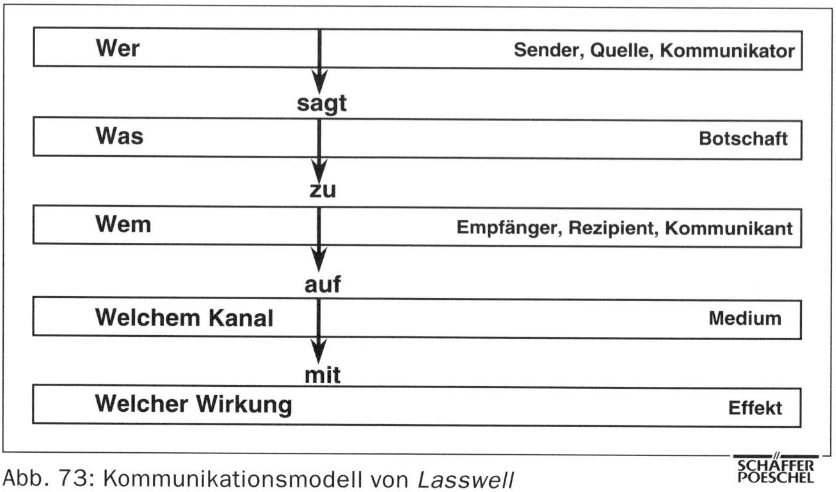

Abb. 73: Kommunikationsmodell von *Lasswell*
Quelle: *Lasswell* 1948, S. 37–51 zitiert in *Kotler/Bliemel* 1999, S. 971

10.1.2 Arten der Kommunikation

Persönliche Kommunikation

Man unterscheidet persönliche Kommunikation und Massenkommunikation. *Persönliche Kommunikation* ist die direkte, von Person an Person gerichtete Kommunikation. Hier sind Rückkopplungen (Feedback) zwischen den Kommunikationspartnern in Form von Rückfragen und abwechselndem Gespräch möglich. Die persönliche Kommunikation ist dadurch flexibler und gilt als glaubwürdiger. Sie hat besonders bei erklärungsbedürftigen und/oder hochpreisigen Produkten eine große Bedeutung (z.B. Investitionsgütermarketing). Auch die Direktwerbung wird zur persönlichen Kommunikation gezählt (vgl. *Schweiger, Schrattenecker* 1995, S. 2).

Massenkommunikation

Unter *Massenkommunikation* versteht man eine Kommunikationsart, deren Botschaften öffentlich durch technische Verbreitungsmittel bei räumlicher und/oder zeitlicher Distanz der Kommunikationspartner übermittelt werden. Massenkommunikation wendet sich an viele nicht bekannte Empfänger. Eine Rückkopplung ist nicht möglich.

10.1.3 Instrumente der Kommunikationspolitik

Klassische Instrumente der Kommunikationspolitik sind Werbung, Verkaufsförderung, Öffentlichkeitsarbeit und persönlicher Verkauf. Diesen sogenannten *Above the Line* Aktivitäten stehen die neueren Kommunikationsinstrumente Direktwerbung, Product Placement, Sponsoring, Events und Merchandising als Below the Line Aktivitäten gegenüber.

Below the Line heißt wörtlich übersetzt »unterm Strich«. Der Begriff *Above the line* bezog sich ursprünglich auf solche Aktivitäten, für die eine Mittlerprovision bezahlt wurde (vgl. *Pepels* 1997, »Einführung in die Kommunikationspolitik«, S. 150). Dies waren beispielsweise Anzeigen, TV- oder Radiospots. Übrige Aktivitäten waren demzufolge in der Kalkulation »unterm Strich«. Inzwischen wird der Begriff Below the Line sehr vielfältig und damit nicht einheitlich benutzt. Below the Line Aktivitäten erfreuen sich *zunehmender Beliebtheit*. Diese wird damit begründet, daß Below the Line Aktivitäten vergleichsweise günstig und in sich abgeschlossen sind und daß der Erfolg zum Teil direkt zurechenbar ist (vgl. *Plewe* 1997, S. 92). Der Hauptgrund liegt jedoch darin, daß die klassischen Instrumente – und hier vor allem die Werbung – im Hinblick auf die Erfüllung der Werbeziele (insbesondere Imageverbesserung und Erhöhung des Bekanntheitsgrades) nur noch befriedigende Ergebnisse leistet (vgl. *Pepels* 1997, »Einführung in die Kommunikationspolitik«, S. 150, *Marx* 1998, S. 2f.). Die Sensibilisierung gegenüber der werblichen Beeinflussung ist in den letzten Jahren gestiegen. Zwar bietet das Fernsehen durch seine »vielseitigen Darstellungsformen, seine hohe Beliebtheit und große Reichweite einzigartige kommunikative Möglichkeiten« (*Hormuth* 1993, S. 33), doch die Attraktivität und Originalität der Werbespots, sowie deren Glaubwürdigkeit, nehmen immer weiter ab (vgl. *Nüßler* 1986, S. 4). Fehlende Glaubwürdigkeit und eine negative Einstellung zur Werbung sind die entscheidenden Faktoren, die Werbewirkungen erschweren bzw. verhindern. So stehen immer mehr Zuschauer den TV-Spots kritisch gegenüber. 1992 waren es 46,3 Prozent, 1994 sind es schon 54,2 Prozent und 1997 sogar 58,1 Prozent der Zuschauer, die TV-Spots ablehnen (vgl. *o. V.* 1997, »Bedrohte Werbe-Welt«, S. 88f.). Formale und inhaltliche Austauschbarkeit der verschiedenen Werbemittel machen es dem Konsumenten schwer, Produkte voneinander zu unterscheiden. Die Zunahme des Wettbewerbs und die Informationsüberlastung der Verbraucher schaffen einen Wettbewerb um die Aufmerksamkeit der Konsumenten. Dieser kann gewonnen werden, wenn auch neue Wege der Kommunikation beschritten werden, wie eben z.B. Direktwerbung, Sponsoring, Eventmarketing oder Product Placement (vgl. *Hormuth* 1993, S. 34–37).

Above the line

Zunehmende Beliebtheit Below the line

10.2 Above the Line Instrumente

10.2.1 Klassische Werbung

10.2.1.1 Aufgaben der Werbung

Werbung ist zu einem wichtigen Wirtschaftsfaktor geworden. So wurden in Deutschland 1996 umgerechnet 21 Mrd. US-Dollar für Werbung ausgegeben. Deutschland ist damit nach USA und Japan Nr. 3 im Weltmarkt (vgl. NTC Publications Ltd. (1998) zitiert in ZAW (1998), S. 31).

Werbung als Kommunikationsinstrument dient der *Information* und *Motivation*. Werbung soll die (potentiellen) Nachfrager über die Existenz und die Merkmale eines Produktes informieren und Anregungen zum Kauf des Produktes bieten. Aufgabe der Werbung ist es daher, den Bekanntheitsgrad zu erhöhen und Einstellungen derart zu beeinflussen, daß eine Ware gekauft oder eine Dienstleistung in Anspruch genommen wird.

Während sich die klassische Werbung der Massenkommunikation (viele nicht bekannte Empfänger ohne Feedbackfunktion) bedient, wendet sich die Direktwerbung (siehe auch Below the Line Aktivitäten) an per Namen und Adresse bekannte Empfänger oder zielt darauf ab, die Namen und Adressen von Interessenten zu erhalten und ermöglicht so ein Feedback durch Bestellung, Terminvereinbarung, Besuch einer Filiale, Anforderung von Katalogen, etc. Hier geht es aber zunächst um die klassische Werbung.

10.2.1.2 Werbebotschaft

Kaufmotive

Die Werbebotschaft orientiert sich an den Kaufmotiven der potentiellen Nachfrager. *Kaufmotive* im Konsumgüterbereich sind insbesondere (vgl. *Raphel/Erdman* 1988, S. 217):

- Finanzielle Vorteile
  - Geld verdienen
  - Geld sparen
  - Besitz erhalten/bekommen
- persönliches Wohlbefinden
  - wohler fühlen
  - Schmerzen lindern
  - gesünder sein
  - mehr Vergnügen haben
  - mehr Sauberkeit
- Bequemlichkeit
  - Zeit sparen

  - Schwierigkeiten vermeiden
  - Mühe sparen
- Anerkennung durch andere
  - Lob erringen
  - Kritik vermeiden
  - individuell sein
  - Ansehen schützen
  - beliebt sein
  - anderes Geschlecht anziehen
  - »in« sein
  - es anderen gleich tun

Werbebotschaft

Als eine der ersten Schritte wird die *Werbebotschaft* festgelegt. Dabei ist die Faustregel zu beachten, daß nicht mehr als eine Nachricht pro Spot oder Anzeige formuliert werden sollte, um den Empfänger der Botschaft nicht mit Informationen zu überschütten. Innerhalb einer Werbekampagne können die Nachrichten durchaus variiert werden, sollten aber unter das Dach der Hauptbotschaft aus der Kampagne passen.

Eine Werbebotschaft sollte nicht massiert, sondern in zeitlich gleichmäßig verteilten Intervallen wiederholt werden, um länger in der Erinnerung des Empfängers zu bleiben (siehe Abbildung 74). Diese Erkenntnis ist insbesondere für die Werbung bei Verbrauchsgütern wichtig, die in kurzen Abständen nachgekauft werden. Hier sollte nicht massiert, sondern verteilt geworben werden (vgl. *Kroeber-Riel/Weinberg* 1996, S. 356f.).

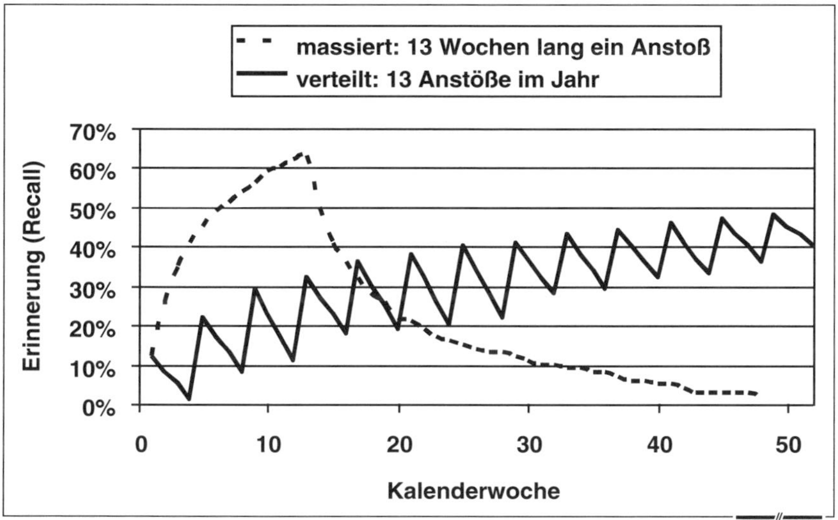

SCHÄFFER POESCHEL

Abb. 74: Wirkungen der massierten Werbung und der verteilten Werbung
Quelle: *Kroeber-Riel/Weinberg* 1996, S. 357

Die Werbebotschaft muß ferner klar und deutlich formuliert sein, um die Erinnerungsfähigkeit zu erhöhen. Dabei orientiert man sich an der Zielgruppe, die erreicht werden soll.

10.2.1.3 Gestaltung der Werbung

Die Gestaltung der Werbung umfaßt die Gesamtheit der kreativen und künstlerischen Umsetzungsprozesse der Werbebotschaften, die meist durch Werbeagenturen erfolgt. Gestaltungselemente der Werbebotschaft sind Text, Ton und Bild, die kombiniert werden, um die gewünschte Aufmerksamkeit des Konsumenten zu erreichen. Bei der Gestaltung kann man sich an der bereits 1898 von *Lewis* entwickelten AIDA-Formel orientieren (vgl. *Meffert* 1998, S. 676f.).

AIDA-Formel

1. Stufe	A	=	Attention	=	Aufmerksamkeit Konsument bemerkt die Werbung
2. Stufe	I	=	Interest	=	Interesse Sein Interesse wird geweckt
3. Stufe	D	=	Desire	=	Wunsch Er wünscht sich, das Produkt zu besitzen
4. Stufe	A	=	Action	=	Handeln Er kauft das Produkt

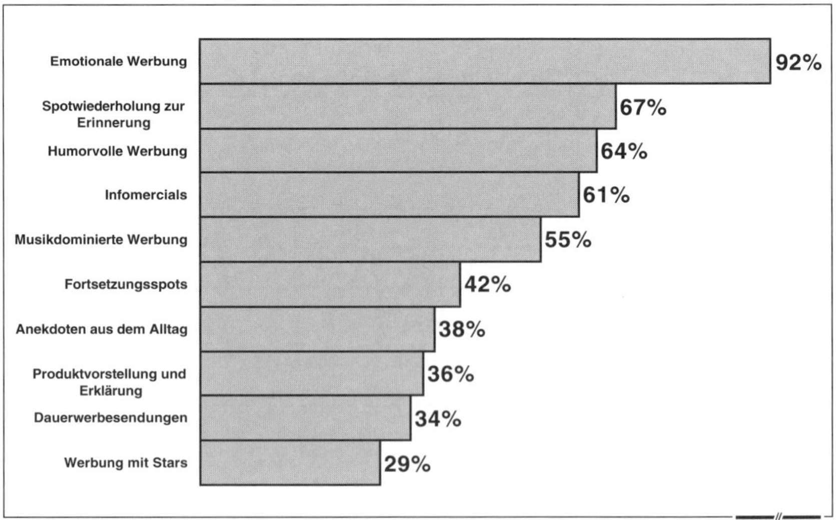

Abb. 75: Werbestile und -formen aus der Sicht von Werbeleitern (Mehrfachnennungen möglich)
Quelle: *GfK-Werbeklima*, zitiert in *Reischauer* 1998, S. 106

Welche Werbestile und -formen aus der Sicht von Werbeleitern wichtiger werden, hat eine *GfK-Studie* im Auftrag der *Wirtschaftswoche* ermittelt (vgl. *Reischauer* 1998, S. 106, *o. V.* 1998, »Werbeklima 1999: Stabil und heiter«, S. 36 und *http://www.gwp.de/medien/wiwo/index.html*). Demnach werden emotionale Werbung, Spotwiederholung zur Erinnerung und humorvolle Werbung wichtiger werden (siehe Abbildung 75).

10.2.1.4 Werbemittel

Eng mit der Gestaltung der Werbebotschaft ist die Auswahl der Werbemittel und Werbeträger verbunden. Wichtige Werbemittel sind Fernseh-, Kino- und Hörfunkspots, Anzeigen, Prospekte, Kataloge, Plakate oder Werbebanner und -buttons im Internet. Die aus den fünf Sinnen Sehen, Hören, Riechen, Schmecken und Tasten bestehenden Wahrnehmungsmöglichkeiten der Rezipienten sind maßgeblich für die Auswahl des geeigneten Werbemittels (siehe Abbildung 76).

Werbemittel	Sehen	Hören	Riechen	Schmecken	Tasten
Anzeige	Festbild, Text	–	–	–	–
Beilage, Prospekt	Festbild, Text	Melodie- oder Textprobe (wie bei Grußkarten)	Aufbringen von Düften	Geschmacksproben	Beilage von Musterexemplaren oder Aufbringen von Profilen
Fernseh-/Kinospot	Bewegtbild, Text	Stimme, Musik	–	–	–
Hörfunkspot	–	Stimme, Musik	–	–	–
Plakat	Festbild, Text	–	Aufbringen von Düften	–	Aufbringen von Profilen
Multimedialitfaßsäule	Bewegtbild, Text über Datenleitung	Stimme, Musik	Düfte	–	–
Werbebanner	Bewegtbild, Text	Stimme, Musik	–	–	–

Abb. 76: Darstellungsmöglichkeiten bei ausgewählten Werbemitteln

SCHÄFFER POESCHEL

Werbemittelforschung

Die *Werbemittelforschung* bezieht sich auf die Auswahl des Werbemittels, auf die Formulierung der Botschaft und auf die Wirkung der Gestaltung eines Werbemittels. Im Direktmarketing sind Werbemitteltests häufig. Dies geschieht z.B. beim Test unterschiedlicher Mailingversionen (vgl. *Pepels* 1996, S. 287). Man spricht auch

Inter- und Intramediavergleich

von *Intermediavergleichen.* Im Gegensatz dazu handelt es sich beim *Intramediavergleich* um die Gegenüberstellung verschiedener Werbeträger (vgl. *Pepels* 1997, »Einführung in die Kommunikationspolitik«, S. 346). Die Begriffe werden allerdings auch manchmal so verwendet, daß der Intermediavergleich den Vergleich unterschiedlicher Werbeträgergruppen und der Intramediavergleich den Vergleich einzelner Werbeträger innerhalb einer Werbeträgergruppe umschreibt (vgl. z.B. *Hanser* 1999, S. 503).

10.2.1.5 Werbeträger

Die Werbeträger dienen dazu, die in den Werbemitteln dargestellten Werbebotschaften an die Zielpersonen heranzutragen. Wichtige Werbeträger sind Print, TV, Hörfunk, Kino und Anschlagstellen in der Außenwerbung (z.B. Plakatwände, Litfaßsäulen). Das Internet zählt (noch) nicht zu den bedeutenden Werbeträgern, wird sich aber in Zukunft weiterentwickeln. Auch ein Schaufenster, ein Telefonbuch oder die Verpackung eines Produkts gelten als Werbeträger. Abbildung 77 zeigt die Verteilung der Werbeeinnahmen auf die wichtigsten Werbeträger.

Verbundwerbung

Manche Unternehmen sind auch schon dazu übergegangen, mit anderen zu kooperieren und gemeinsame Werbung zu machen (Verbundwerbung, Comarketing oder Cobranding). Hier werden andere Unternehmen sozusagen als Werbeträger genutzt.

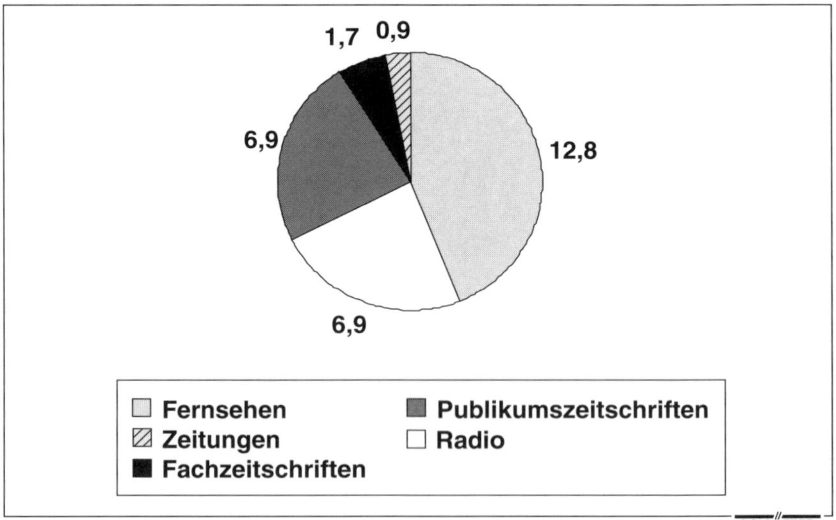

Abb. 77: Werbeeinnahmen 1998 nach Werbeträgern in der klassischen Werbung in Mrd. DM
Quelle: *Kress Report* zitiert in *Peters* 1999, S. 73

B

Nach dem erfolgreichen Werbespot von Ford mit dem Filmstar *Dennis Hopper* in der Doppelrolle als Easy Rider auf einer *Harley Davidson* und als Fahrer eines *Ford Cougar* stellen sowohl *Ford-* als auch *Harley Davidson-Händler* im Herbst 1999 ihre Produkte gemeinsam aus.

Im folgenden soll auf einige Werbeträger intensiver eingegangen werden (vgl. *Pepels* 1997, »Einführung in die Kommunikationspolitik«), S. 221ff., *Becker* 1998, S. 586).

10.2.1.5.1 Print

Es gibt in Deutschland über 400 verschiedene regionale und überregionale Tages- und Wochenzeitungen (vgl. *ZAW* 1998, S. 194), gut 1.300 Anzeigenblätter (vgl. *ZAW* 1998, S. 201) und fast 2.000 verschiedene Zeitschriften. Darunter sind über 1.000 Fachzeitschriften (vgl. *ZAW* 1998, S. 218) und fast 800 Publikumszeitschriften (vgl. *ZAW* 1998, S. 211), über 50 konfessionelle Zeitschriften (vgl. *ZAW* 1998, S. 213), 60 Kundenzeitschriften (vgl. *ZAW* 1998, S. 223) und fast 20 Offertenblätter (vgl. *ZAW* 1998, S. 225).

Tageszeitungen

Tageszeitungen zeichnen sich durch hohe Aktualität und hohe Reichweiten aus, da ca. 80 Prozent aller Deutschen über 14 Jahre täglich Zeitung lesen (vgl. *ZAW* 1998, S. 189. Zu einer differenzierten Analyse vgl. *o. V.* 1998, »Lokale Planungsgrößen«, S. 128. Tageszeitungen werden intensiv genutzt und besitzen im Vergleich zu anderen Werbeträgern eine hohe Glaubwürdigkeit, die sich auch auf die geschaltete Werbung positiv auswirkt (vgl. *ZAW* 1998, S. 192 sowie *o. V.* 1998, »Lokale Planungsgrößen«, S. 128). Zudem ergeben sich bei den regionalen Zeitungen lokal eingrenzbare Werbemöglichkeiten. Allerdings sind die Darstellungsmöglichkeiten beschränkt (häufig nur schwarz/weiß, ggf. mit einer Zusatzfarbe). Ein weiterer Nachteil ist, daß eine nationale Belegung vergleichsweise teuer ist. So kostet ein bundesweiter Durchgang 1/1 in schwarz/weiß 3 Mio. DM. Ferner wird von den Verlagen kein mikrogeographischer Split von Beilagen angeboten (vgl. *Faltin* 1999, S. 59). Zur Mediaplanung gibt es über den *IVW* eine Diskette mit Auflagen und Verbreitungsgebieten der Tageszeitungen, statistischen Daten der Gemeinden, Anzeigentarifen etc. (vgl. *ZAW* 1998, S. 198f.).

Die Tageszeitungen haben seit einigen Jahren mit Verkaufseinbußen zu kämpfen. Die seit 1993 von durchschnittlich 31 Mio. verkauften Exemplaren auf 29 Mio. in 1997 gesunkene Gesamtauflage ist im wesentlichen darauf zurückzuführen, daß einzelne Titel eingestellt wurden und daß die Abonnentenquote gesunken ist. Bei den Wochenzeitungen liegt die verkaufte Auflage konstant bei durchschnittlich ca. 2 Mio. (vgl. *ZAW* 1998, S. 194ff.).

Supplements

Supplements sind redaktionelle Beilagen, die den Tageszeitungen meist einmal wöchentlich beigelegt werden. Dort gibt es meinungsbildende Supplements und Programmsupplements. Sie kommen auf eine durchschnittliche Auflage von 16 Mio. Exemplaren. Ferner gibt es noch Supplements bei Fachzeitschriften und Publikumszeitschriften, die eine Auflage von 21 Mio. Exemplaren erreichen (vgl. *ZAW* 1998, S. 191f.).

Anzeigenblätter

Anzeigenblätter weisen insgesamt eine Auflage von 84 Mio. auf und erreichen im Schnitt 40 Mio. Leser in Deutschland (vgl. *ZAW* 1998, S. 201ff.). Lesegründe sind zumeist die Suche nach Sonderangeboten und nach Informationen über lokale Ereignisse, so daß sie sich sehr gut für lokale Werbeaktionen eignen (vgl. *ZAW* 1998, S. 206). Zur Mediaplanung in Anzeigenblättern gibt es das PC-Planungsprogramm BVDA-TOPline, das beim Bundesverband Deutscher Anzeigenblätter erhältlich ist (vgl. *ZAW* 1998, S. 205f.).

Zeitschriften

Der deutsche *Zeitschriften*markt ist durch eine immense Vielfalt gekennzeichnet. Bei den Publikumszeitschriften stagnieren die Auflagen der einzelnen Zeitschriften oder sie sinken sogar, während die Titelzahl steigt (vgl. *Fürstner* 1999, S. B7, siehe auch Abbildung 78).

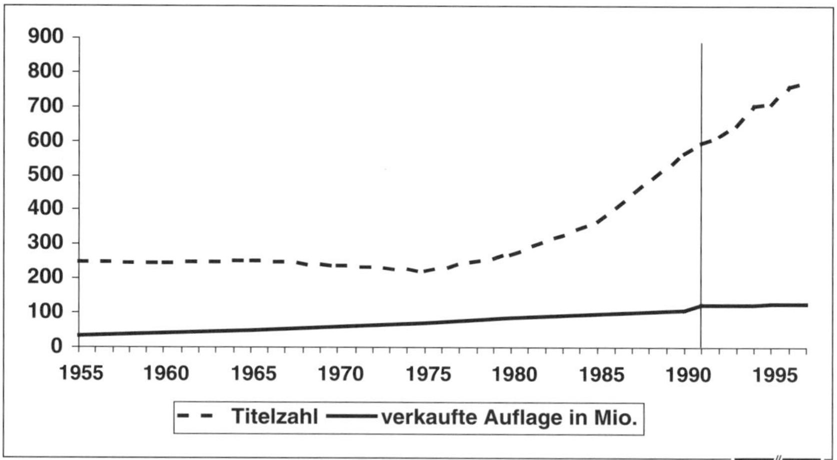

Abb. 78: Entwicklung von verkaufter Auflage und Titelzahl bei Publikumszeitschriften (ab 1991 Zahlen für Gesamtdeutschland)
Quelle: *ZAW* 1998, S. 212

Das bedeutet für die Werbetreibenden, daß die Reichweiten sinken, die Abstimmung auf die Zielgruppe aber besser wird. Stimmen Zielgruppe des Werbetreibenden und Leserschaft gut überein, spricht man von hoher Zielgruppenaffinität. Diese findet sich insbesondere bei den Special Interest Titeln. Dies sind Zeitschriften, die sich an ganz spezielle Leser wenden, wie z.B. solche für Segler,

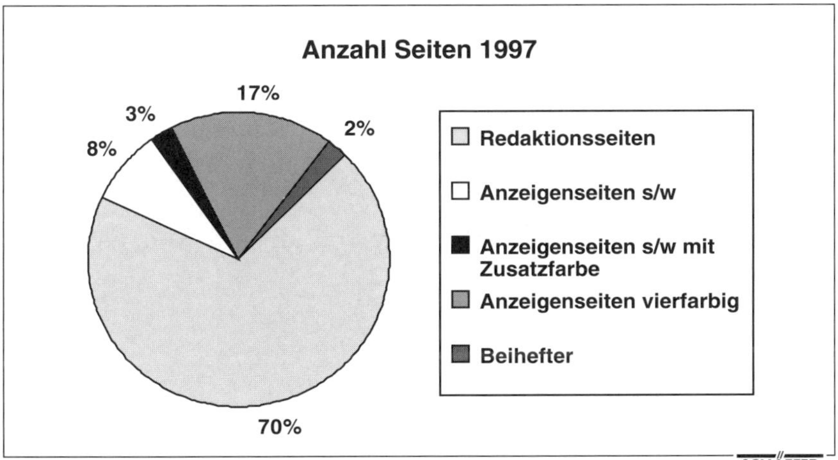

Abb. 79: Umfangsanalyse Publikumszeitschriften 1997
Quelle: VDZ-Anzeigenstatistik zitiert in *ZAW* 1998, S. 208

Reiter, Jäger, Katzenfreunde oder Uhrenliebhaber. Hier ist eine zielgruppengerechte Selektion in besonderem Maße möglich. Wichtig ist ferner die Art der Nutzung. Während beispielsweise Tageszeitungen meist nur einmal (intensiv) gelesen und dann weggeworfen werden, werden Publikumszeitschriften mehrfach genutzt. Insbesondere Programmzeitschriften werden aufgrund ihres Charakters öfter zur Hand genommen als Frauenzeitschriften oder Autozeitschriften. Manche Special Interest Zeitschrift wird sogar gesammelt. Eine umfangreiche Mediadatenbank für die Mediaplanung in Publikumszeitschriften findet sich im Internet unter *http://www.pz-online.de* (vgl. *ZAW* 1998, S. 210).

Die Gestaltungsmöglichkeiten in Zeitschriften sind durch den Farbdruck generell besser als bei Tageszeitungen. Die Qualität schwankt jedoch von Titel zu Titel. Insgesamt dominiert die vierfarbige Anzeige (siehe Abbildung 79). Eine regionale Splittung ist durch Teilbelegung (meist nach Nielsen-Gebieten und gegen Aufpreis) machbar.

Fachzeitschriften

Fachzeitschriften erfüllen im wesentlichen den Zweck der Kommunikation zwischen Unternehmen, sind also insbesondere für die Business-to-Business-Kommunikation von Bedeutung. Die über 1.000 Fachzeitschriften erreichten 1997 eine verkaufte Auflage von 17 Mio. Exemplaren mit leicht steigender Tendenz in den letzten Jahren. Der Fachzeitschriftenmarkt ist durch eine hohe Fluktuation bei den Titeln gekennzeichnet. Für die Mediaplanung werden vom IVW Daten im Internet bereitgestellt unter *http://www.ivw.de* (vgl. *ZAW* 1998, S. 220).

Kundenzeitschriften

Kundenzeitschriften mit einer verkauften Auflage von 23 Mio. in 1997 werden als Werbeträger eine größere Bedeutung gewinnen.

Unter den Kundenzeitschriften spielen die Apotheken-Kundenzeitschriften, die allein fast 15 Mio. Leser pro Ausgabe erreichen, die größte Rolle (vgl. ZAW (1998), S. 222ff.).

Offertenblätter

Bei *Offertenblättern* mit Titeln wie Flohmarkt oder Sperrmüll handelt es sich um periodisch erscheinende Druckerzeugnisse mit überwiegend kostenlos erscheinenden privaten Kleinanzeigen. Offertenblätter gibt es in Deutschland erst seit etwa fünfzehn Jahren. Sie erreichen eine verkaufte Auflage von knapp 1 Mio. (vgl. *ZAW* 1998, S. 225).

10.2.1.5.2 Fernsehen (TV)

TV-Verbreitung

Im Fernsehen ist eine akustische und optische Darstellung mit Bewegtbildern möglich. Die *TV-Verbreitung* in Deutschland ist hoch. So ist nahezu jeder Haushalt mit einem TV-Gerät ausgestattet (1997: 98 Prozent aller privaten Haushalte). ARD und ZDF sowie das regionale Dritte Programm sind von jedem Haushalt terrestrisch zu empfangen. Die Verbreitung der privaten Sender ist von der Verfügbarkeit von Satellitenschüssel (1997: 33 Prozent aller privaten Haushalte) oder Kabel (1997: 47 Prozent aller privaten Haushalte) abhängig. Ausgehend davon, daß entweder Satellitenschüssel oder Kabel ausreichend ist, um die meisten privaten Sender zu empfangen, erreichen diese ca. 80 Prozent der Haushalte in Deutschland. Die Daten entstammen alle einer Untersuchung des Deutschen Video Instituts und diverser Unternehmen (vgl. *ZAW* 1998, S. 249).

TV-Konsum

Fernsehen gehört zur Freizeitbeschäftigung. So beträgt der durchschnittliche tägliche *Fernsehkonsum* laut *GfK-Fernseh-Panel* etwa 3 Stunden täglich. Kinder zwischen 3 und 13 Jahren sehen etwa eineinhalb Stunden pro Tag fern (vgl. *ZAW* 1998, S. 231). Die meisten Fernsehzuschauer werden am Abend und am Wochenende erreicht (sogenannte Primetime).

Splitscreen

Diese auf den ersten Blick für den Einsatz des Werbeträgers Fernsehen sprechenden Zahlen werden jedoch durch Strategien der Werbevermeidung, mangelnde Erinnerungsfähigkeit und Reaktanz der Zuschauer wieder relativiert. Um diesem Verhalten vorzubeugen, wurde von RTL erstmals 1999 der sogenannte *Splitscreen* bei Sportsendungen eingeführt. Während des Werbeblocks konnte der Zuschauer in einem kleinen Kasten am oberen Bildrand (Redaktionsscreen) das Sportereignis weiter verfolgen und im verbleibenden größeren Ausschnitt (Werbescreen) die Werbespots ansehen (vgl. *http://www.horizont.de/newsline/index.html* sowie *Jaissle* 1999, S. 27).

Werbevermeidung

Bei der *Werbevermeidung* kommt es zu den Ausprägungsformen des »Zapping«, des »physischen Zapping« und des sogenannten

»Zipping« (vgl. *Niemeyer* 1994, S. 55f.). Der Ausdruck *Zapping* stammt aus dem Amerikanischen »to zap«, was so viel bedeutet wie: »abschießen, abknallen«. Hier ist unter Zapping der Programmwechsel zu verstehen, der dazu dient, jeglicher Form von Fernsehwerbung aus dem Weg zu gehen (vgl. *Niemeyer* 1994, S. 55). Dazu zählt auch das Herunterregeln von Ton oder Helligkeit. Beim physischen Zapping verläßt der Zuschauer für eine bestimmte Zeit den Einflußbereich des TV-Geräts (vgl. *Niemeyer* 1994, S. 66), sei es durch Reden, Essen, Handarbeiten oder Aufsuchen der Toilette. Das *Zipping* bezieht sich auf Formen der Werbevermeidung im Videobereich (vgl. *Niemeyer* 1994, S. 55ff. zur genauen Technik des Zipping). Im Zusammenhang mit der Einführung des interaktiven Fernsehens (ITV, Kabelfernsehen mit set-top-box) wird es auch möglich sein, Werbung auszuselektieren (vgl. *Kollmann* 1997, S. 118ff. sowie *Struve* 1999, S. B4). Die Zukunft des digitalen Fernsehens ist aber noch ungewiß (vgl. *ZAW* 1998, S. 236f.).

Zapping

Zipping

Dadurch wird deutlich, daß der Zuschauer Strategien entwickelt hat, der klassischen Fernsehwerbung zu entkommen. Das Problem der Werbevermeidung zwingt die Werbetreibenden, neue Werbeformen zu finden, die den Kontakt zum Konsumenten auch in Zukunft halten können (vgl. *Marx* 1998, S. 5ff.).

Mangelnde Erinnerungsfähigkeit

Aufgrund der wachsenden »*Werbeflut*« wird ferner die *Erinnerungsfähigkeit* und Zuordnungsfähigkeit des Zuschauers erheblich eingeschränkt. So werden pro Tag ca. 30.000 bis 40.000 Spots in allen Sendern gesendet (vgl. *o. V.* 1997, »TV-Preise steigen weiter«, S. 132). Dabei sind die Spots im Schnitt nur gut 20 Sekunden lang (vgl. *ZAW* 1998, S. 232f.; eigene Berechnungen). Die durchschnittliche Spotlänge ist in den letzten Jahren von 26,5 Sekunden in 1994 auf 20,6 Sekunden in 1999 zurückgegangen. Zum einen wird argumentiert, daß kürzere Spots eine vergleichsweise höhere Werbewirkung haben (vgl. *o. V.* 1999, »Disproportionale Preise – die Kunden sind sauer«, S. 10). Zum anderen gibt es immer mehr *Tandem- und Reminderspots*. In Reminderspots wird die Werbebotschaft lediglich wiederholt, während Tandemspots aus zwei aufeinander aufbauenden Spots bestehen (vgl. *o. V.* (1999, »Tandemspots wirken nur mit Pointe«), S. 42).

Reaktanz

Ein weiteres großes Problem für die Werbetreibenden ist die *Reaktanz* der Zuschauer. Nach *Kroeber-Riel* und *Weinberg* ist Reaktanz dadurch gekennzeichnet, daß man eine Bedrohung oder Einschränkung seiner Verhaltensfreiheit wahrnimmt und als Folge veranlaßt wird, sich gegen diese ungewollte Einengung zu widersetzen (vgl. *Kroeber-Riel, Weinberg* 1996, S. 206). Der Zuschauer unterliegt immer dann einer psychischen Reaktanz, sobald in ihm das Gefühl erwächst, er werde unterschwellig beeinflußt. Dieses Problem besteht bei jeder Art von Werbebotschaft und kann möglicherweise zu einer negativen Einstellung führen (vgl. *Müller, O.*

1997, S.142). Interessant bei dieser Diskussion ist, daß der Anteil der Werbung am gesamten Programm geringer ist als der Anzeigenanteil in Publikumszeitschriften. Dieser beträgt ca. 30 Prozent (siehe Kapitel 10.2.1.5.1). Werbeintensive Sender wie RTL oder SAT1 haben einen Anteil von 14 Prozent, das ZDF aufgrund der rechtlichen Beschränkungen nur 1 Prozent (vgl. *ZAW* 1998, S. 232f.; eigene Berechnungen). Die Anteile entstehen durch Division der Werbeminuten durch die Gesamtsendezeit. Hierbei muß allerdings berücksichtigt werden, daß inzwischen fast alle Sender rund um die Uhr ein Programm ausstrahlen – und seien es auch nur Wiederholungen von bereits gesendeten Beiträgen – um die Basis für die Berechnung des Werbeanteils zu vergrößern.

10.2.1.5.3 Hörfunk

Hörfunk = Nebenbei-Medium

In Deutschland gibt es mittlerweile 248 Funkwellen, die um die Gunst der Hörer werben (vgl. *o. V.* 1998, »Neue Radio Big-Packs«, S. 138). Beim Hörfunk ist die Darstellung der Werbebotschaft auf die Akustik beschränkt. Da das Radio meistens als Untermalung beim Autofahren, bei der Hausarbeit, bei den Hausaufgaben, etc. genutzt wird, wird der Hörfunk auch als *»Nebenbei-Medium«* bezeichnet (vgl. *o. V.* 1998, »Neue Radio Big-Packs«, S. 138). Die Werbebotschaft muß sich daher auf das Wesentliche konzentrieren.

Radionutzung

Der durchschnittliche Radiohörer hat das Radio der Media-Analyse 1997 zufolge am Tag drei Stunden lang eingeschaltet. Die durchschnittliche tägliche Nutzung liegt bei Männern bei 169 und bei Frauen bei 184 Minuten. 30- bis 49-Jährige gehören mit über 190 Minuten Nutzung zu den Intensivhörern. Die geringste Nutzung weisen die 14- bis 19-Jährigen mit 126 Minuten auf (vgl. ZAW 1998, S. 241). Eine regionale Begrenzung der Ausstrahlung ist durch die Regionalsender gegeben, wobei eine überregionale Verbreitung durch Satellitenschüsseln und Kabel immer weiter voranschreitet. Oft wird der Hörfunk unterstützend zu Print und TV eingesetzt, um den Empfänger der Werbebotschaft an einen aus der TV-Werbung bekannten Jingle oder Dialog bzw. an einen Slogan aus den Printmedien zu erinnern (vgl. *Hanser* 1999, S. 299).

Zielgruppen

Spezielle *Zielgruppen* lassen sich wie bei der TV-Werbung nur schwer ausmachen. Die Zielgruppe wird selektiert über den Sender und das ausgestrahlte Programm. Ferner sind noch Tageszeit (Frühaufsteher, Büroangestellte, Schüler, Hausfrauen, Rentner, etc.), Wochentag (Samstag nachmittag für den Sportinteressierten, Samstag abend für den Musikliebhaber, Sonntag für den Informationssucher) und Verbreitungsgebiet interessant.

10.2.1.5.4 Kino

Kino-Nutzung

Wie beim Fernsehen ist auch in Kino die Darstellung von Bewegtbild und Ton möglich. Die Reichweite ist absolut gesehen sehr gering und meist auf ein junges Publikum beschränkt. So gab es 1996 insgesamt 133 Mio. Kinobesucher. 66 Prozent der Kinobesucher sind zwischen 14 und 29 Jahre alt, 19 Prozent zwischen 30 und 39 Jahren (Quelle: FDW-Werbung im Kino/FFA Berlin, vgl. *ZAW* 1998, S. 255). Zielt die Werbebotschaft jedoch gerade auf diese Zielgruppe ab, ist das Kino ein sehr kostengünstiges Medium.

Durch die modernen Multiplexkinos ist die Attraktivität der Kinos allerdings wieder etwas gestiegen, auch bei den älteren Jahrgängen. Außerdem ist Deutschland weltweit gesehen nach den USA der wichtigste Kinomarkt. Dies ist wichtig für die Verwertungsstrategien der Filmproduktionsgesellschaften. Neben dem Verleih an Lichtspieltheater sind Lizenzgebühren für Pay-TV, Videoproduktionen, Fernsehrechte und für Merchandising (siehe auch Kapitel 10.3.5) ein wichtiger Einnahmebestandteil geworden (vgl. *Flebbe* 1999, S. B4).

10.2.1.5.5 Internet

Das Internet als Werbeträger ist ein noch neues Medium. Bezüglich der Darstellung der Werbebotschaft ist mehr oder weniger alles möglich (optisch, akustisch, auch Bewegtbilder). Je komplexer der Auftritt jedoch gestaltet wird (z.B. viele Bewegtbilder), desto länger ist die Ladezeit für den Internetsurfer. Dies führt oft zum Abbruch des Webseitenbesuchs. Internet-Werbung wird auf zwei Arten verwirklicht. Zum einen ist es die *Button- oder Bannerwerbung* in fremden Online-Auftritten (z.B. in Suchmaschinen oder Online-Zeitschriften) und zum anderen ist es die Gestaltung eines eigenen Online-Auftritts in Form einer *Homepage* (vgl. *ZAW* 1998, S. 248). Bannerwerbung betreibt z.B. der Online-Buchhändler *Amazon*, indem bei der Eingabe eines Suchwortes bei der Suchmaschine *Altavista* zum gesuchten Begriff ein passendes Buch angeboten wird. Homepages haben inzwischen fast alle größeren Unternehmen.

Button- oder Bannerwerbung

Homepage

Ein großer Vorteil des Internets ist die Feedbackmöglichkeit für den Nutzer. Allerdings nutzen dies noch nicht alle Unternehmen. Einer empirischen Untersuchung des Internet-Auftritts von 145 Buchverlagen zufolge ist nur die Hälfte überhaupt im Netz vertreten. Kaum ein Verlag bietet die Möglichkeit der Kommunikation (vgl. *Peters* u.a. 1998, S. 150).

Zielgruppen

Die *Zielgruppe*, die über den Werbeträger Internet erreicht werden kann, gilt als jung, gebildet und kritisch (siehe Kapitel 9.3.6.2). Die Akzeptanz des Werbeträgers ist hoch: so gaben in einer Befragung der *GfK* und der *Gruner & Jahr Electronic Media Service GmbH* 38 Prozent der Internetnutzer an, das Medium zur gezielten Suche nach Unternehmensdarstellungen zu nutzen (vgl. *ZAW* 1998, S. 249f.).

10.2.1.5.6 Außenwerbung

Formen

Zur Außenwerbung zählen Großflächen, Ganzsäulen (Litfaßsäulen), Plakate, City-Light-Poster, Cityposter, der allgemeine Anschlag sowie die Verkehrsmittelwerbung, wobei die größte Bedeutung den Großflächen zukommt (vgl. *ZAW* 1998, S. 278 i. V. m. 291). Für die Mediaplanung von Plakaten gibt es das PC-Programm *Plakat-Media-Analyse* (PMA 98), während für die Mediaplanung von Großflächen, Ganzsäulen, und City-Light-Postern das PC-Programm *PC-DAP-Plakat* zur Verfügung steht (vgl. *ZAW* 1998, S. 282). Zu den Sonderwerbeformen zählen Werbung auf Kanaldeckeln, in Golflöchern oder auf Heißluftballons. Auch die Bepflanzung von Äckern und Wiesen mit Werbebotschaften ist möglich (vgl. *Schleider* 1999, S. B9). Eine technische Neuerung ist die Multimedialitfaßsäule, auf der bewegte Bilder dargestellt werden können und die akustische Signale und Düfte von sich geben kann (vgl. *Lindenblatt* 1999, S. B9).

Marktführer in der Außenwerbung ist die *Deutsche Städte-Reklame GmbH* (vgl. *ZAW* 1998, S. 285). Die Belegung erfolgt i.d.R. dekadenweise.

Zielgruppen

Mit Außenwerbung werden eher mobile Personen angesprochen wie Autofahrer, Fußgänger und Nutzer von öffentlichen Verkehrsmitteln. Eine weitere Zielgruppendifferenzierung nach demographischen oder psychographischen Kriterien ist nicht möglich. Durch die feine lokale Aufgliederungsmöglichkeit kann jedoch eine mikrogeographische Segmentierung erfolgen. Die Darstellungsmöglichkeiten sind auf Festbilder und Texte beschränkt. Aufgrund des flüchtigen Eindrucks, der meist im Vorbeigehen entsteht, sollten nur Schlagworte und auf das wesentliche konzentrierte Bildelemente ausgewählt werden (vgl. *Pepels* 1997, »Einführung in die Kommunikationspolitik«, S. 208f.).

10.2.1.6 Mediaselektion

D

Unter Mediaselektion ist die Auswahl bestimmter Werbeträger durch ein Unternehmen zu verstehen. Um genau zu sein, müßte man hier von Intramediaselektion sprechen, da sich diese auf die Wahl der Werbeträger, die Intermediaselektion auf die Wahl der Werbemittel bezieht. In der Praxis wird aber meist nur der Begriff Mediaselektion verwendet.

Die Darstellungsmöglichkeiten der Werbung in Printmedien sind auf Texte und (nicht bewegte) Bilder beschränkt. Trotz dieser Einschränkungen im Vergleich zur TV-Werbung haben die Printmedien bezogen auf die Werbewirkung der Studie *WerbeWert* 97 zufolge »gewisse Vorteile« (*ZAW* 1998, S. 210). In dieser Studie wurde ebenfalls gezeigt, daß in verschiedenen Werbeträgern geschaltete Kampagnen besser abgeschnitten haben als Kampagnen, die sich auf einen Werbeträger beschränkt haben.

Bedeutung der Werbeträger

Abbildung 80 zeigt die *Bedeutung der unterschiedlichen Werbeträger* nach den in 1997 erzielten Werbeumsätzen. Dabei wird deutlich, daß der Printbereich mit einem Marktanteil von insgesamt über 50 Prozent in Deutschland dominiert.

Werbeträger	**Nettowerbeumsätze 1997 in Mio.**	**Marktanteil auf Basis Nettowerbeeinnahmen**
Tageszeitungen	10.870	28,0%
Wochenzeitungen	472	1,2%
Supplements	212	0,5%
Anzeigenblätter	3.279	8,4%
Publikumszeitschriften	3.509	9,0%
Konfessionelle Zeitschriften	200	0,5%
Fachzeitschriften	2.162	5,6%
Kundenzeitschriften	k. A.	k. A.
Offertenblätter	k. A.	k. A.
TV	7.438	19,1%
Hörfunk	1.176	3,0%
Internet	24	0,1%
Kino	30	0,8%
Außenwerbung	1.002	2,6%
Werbung per Post (Transportkosten)	5.926	15,2%
Adreßbücher	2.302	5,9%
SUMME	38.877	100,0%

SCHÄFFER POESCHEL

Abbildung 80: Nettowerbeeinnahmen verschiedener Werbeträger in 1997
Quelle: *ZAW* 1998, S. 189 bis 272
Anmerkung: Bei Tageszeitungen incl. Familienanzeigen, Stellenanzeigen und private Anzeigen bei Immobilien und Kfz

Auswahlkriterien für Werbeträger

Eine Entscheidung für bestimmte Werbeträger innerhalb eines gewählten Mediums erfolgt insbesondere anhand der Reichweite, der Kontaktintensität und der Zielgruppenaffinität. Die folgenden Größen werden von der Werbeträgerforschung bereitgestellt (vgl. *Pepels* 1997, »Einführung in die Kommunikationspolitik«, S. 228ff.):

- Reichweite:
  Anzahl der Zielpersonen, die mindestens einmal die Chance haben, das Werbemittel in dem jeweiligen Werbeträger zu sehen.
- Kontaktintensität:
  Summe der Kontakte eines Werbeträgers mit den Zielpersonen
- Zielgruppenaffinität:
  prozentualer Anteil der Zielpersonen an der gesamten Reichweite

Bei der Auswahl werden neben gestalterischen Grenzen noch weitere Aspekte berücksichtigt, wie z.B. Verfügbarkeit, Erscheinungstermin, Kosten und die Abstimmung zwischen Image des Produktes und des Werbeträgers (vgl. *o. V.* 1998, »Image und Ruhm«, S. 110ff.). Es wird allerdings auch kritisiert, daß die Werbeträgerauswahl nicht nur von Reichweite oder Zielgruppenaffinität, sondern auch von den Vorlieben der Marketingmanager für einen Werbeträger abhänge (vgl. *Pepels* 1997, »Einführung in die Kommunikationspolitik«), S. 241f.).

Datenquellen

Die Daten für die Werbeträgerforschung stammen häufig von den Verlagen, den Fernseh- und Hörfunksendern oder von Verbänden. Die Einschaltquoten der Fernsehsender werden durch das von der Arbeitsgemeinschaft Fernsehforschung in Auftrag gegebene *Fernsehpanel* täglich ermittelt (siehe Kapitel 2.4.2.2). Die *Allensbacher Werbeträger Analyse (AWA)* untersucht Zeitschriften auf Themen und Produktbereiche und fragt nach bevorzugten Medien. Außerdem erfolgt eine Untersuchung einzelner Zeitschriften nach Geschlecht, Alter, Status und Einkommen (vgl. *o. V.* 1997, »Stabile Print-Reichweiten«, S. 124). Die *LAE* (Leseranalyse Entscheidungsträger der *Handelsblattgruppe*) analysiert Reichweiten von Print und seit neuestem TV bei Entscheidungsträgern und qualifizierten Fachkräften (vgl. *o. V.* 1997, »Mehr Leser im Management«, S. 128). Daneben gibt es noch die *MarkenProfile* aus der *Stern Bibliothek* von *Gruner & Jahr*, die *Typologie der Wünsche* von *Burda*, die *FAME-Studie* und viele andere mehr.

Verfahren zur Optimierung des Werbebudgets

Zur Optimierung des Werbebudgets bezüglich der Werbeträger wurde eine Vielzahl von Verfahren entwickelt. Eines davon ist das Rangreihenverfahren nach dem Tausenderpreis (auch Tausenderkontaktpreis oder TKP), das traditionell im Printbereich Anwendung findet.

Tausenderpreis

Der *quantitative Tausenderpreis* (TKP_{quant}) gibt an, wie teuer es ist, 1.000 Personen mit einer Werbebotschaft zu erreichen. Er berechnet sich nach der Formel:

$$TKP_{quant} = \frac{\text{Seitenpreis} \cdot 1.000}{\text{Leserschaft je Ausgabe}}$$

Es gibt verschiedene Berechnungsmethoden für den TKP, die sich durch die Größen im Nenner unterscheiden. So werden die Druckauflage, verkaufte Auflage oder tatsächlich verbreitete Auflage unterschieden (vgl. *Pepels* 1997, »Einführung in die Kommunikationspolitik«, S. 253).

Der *qualitative Tausenderpreis* (TKP_{qual}) gibt an, wie teuer es ist, 1.000 Personen der Zielgruppe mit einer Werbebotschaft zu erreichen. Er berechnet sich nach der Formel:

$$TKP_{qual} = \frac{\text{Seitenpreis} \cdot 1.000}{\text{Leserschaft je Ausgabe} \cdot \text{qualitative Reichweite}}$$

Die *qualitative Reichweite* stellt dabei den Anteil der Zielgruppe an der Leserschaft dar. Ein Beispiel soll den Unterschied zwischen qualitativer und quantitativer Reichweite verdeutlichen.

Eine Direktversicherung will eine Anzeige in einer Publikumszeitschrift schalten und einen besonders günstigen Lady-Tarif anbieten. In die nähere Auswahl gelangen die Zeitschriften *Capital* und *Madame*. Die Auflage von *Capital* beträgt 310.000, der Frauenanteil unter den Lesern liegt bei 25 Prozent, die Anzeige kostet 34.000 DM. Die Auflage von *Madame* beträgt 87.000, der Frauenanteil unter den Lesern liegt bei 88 Prozent, die Anzeige kostet 28.000 DM.

Die TKP berechnen sich wie folgt

$$TKP_{(quant)}\ \text{Capital} = \frac{34.000\ \text{DM} \bullet 1.000}{310.000} = 110\ \text{DM}$$

$$TKP_{(quant)}\ \text{Madame} = \frac{28.000\ \text{DM} \bullet 1.000}{87.000} = 322\ \text{DM}$$

$$TKP_{(qual)}\ \text{Capital} = \frac{34.000\ \text{DM} \bullet 1.000}{310.000\ (\ 0{,}25} = 439\ \text{DM}$$

$$TKP_{(qual)}\ \text{Madame} = \frac{28.000\ \text{DM} \bullet 1.000}{87.000\ (\ 0{,}88} = 366\ \text{DM}$$

Obwohl der quantitative TKP bei *Capital* günstiger ist als bei *Madame*, wird die Versicherung die Zeitschrift *Madame* vorziehen, da dort eine bessere Zielgruppenansprache möglich ist.

Abbildung 81 gibt einen Überblick über Reichweiten und Schaltkosten einiger Publikumszeitschriften. Der quantitative TKP ist im wesentlichen abhängig von der Reichweite und der Eingrenzbarkeit der Zielgruppe. So hat zwar die *ADAC motorwelt* eine sehr große Leserzahl, die Zielgruppe der ADAC-Mitglieder ist jedoch nicht sehr spezifisch. Eine Zeitschrift wie *Madame* oder *Psychologie Heute* dagegen hat nur eine geringe Auflage, bietet dafür aber eine sehr spezielle Zielgruppe.

Zeitschrift	Verbreitete Auflage in Tsd.	Anzeigenpreis 1/1 Seite Vierfarbdruck	TKP
ADAC motorwelt	12.412	189.600	15 DM
Bild am Sonntag	2.545	119.897	47 DM
TV-Spielfilm	2.508	92.000	37 DM
Hörzu	2.319	80.500	35 DM
Bravo	1.109	77.250	70 DM
Stern	1.090	92.000	84 DM
Der Spiegel	949	87.137	92 DM
Brigitte	880	91.400	104 DM
Focus	771	73.000	95 DM
Schöner Wohnen	345	51.500	149 DM
Praline	317	16.367	52 DM
Capital	313	53.244	170 DM
Das goldene Blatt	261	11.857	45 DM
Wirtschaftswoche	190	33.990	179 DM
MADAME	87	28.250	325 DM
Psychologie Heute	67	11.307	169 DM

SCHÄFFER POESCHEL

Abb. 81: Verbreitete Auflage und Anzeigenkosten einiger Publikumszeitschriften
Quelle: *MA* 98 Pressemedien, *pz-online* und Verlage zitiert in *GWA* (1999), S. 16ff.
Anmerkung: Die verbreitete Auflage bezieht sich auf das Inland entsprechend dem MA-Befragungszeitraum (1. Quartal 1997 bis 1. Quartal 1998)

TKP bei TV-Spots

Auch bei TV-Spots können TKP berechnet werden. Statt des Seitenpreises wird der Preis für die Ausstrahlung des Spots verwendet und statt der Leserzahl wird die Anzahl der Zuschauer zugrunde gelegt. Der (quantitative) TV-TKP liegt bei ca. 30 DM (vgl. *o. V.* 1997, »TV-Preise steigen weiter«, S. 132). Dieser auf den ersten Blick günstige TKP relativiert sich wieder, wenn die meist recht hohen Produktionskosten für einen Werbefilm im Vergleich zur Produktion einer Anzeige und die i.d.R. höheren Streuverluste berücksichtigt werden. Die Ausstrahlung eines Spots von $^1/_2$ Minute kostet bei RTL in der Zeit zwischen 20 und 23 Uhr z.B. 75.000 DM. In dieser Zeit sehen ca. 750.000 Männer zwischen 14 und 49 Jahren fern. Dies ergibt einen TKP von 100 DM. Wendet sich der Spot jedoch nur an einen Teil dieser Zielgruppe wie beispielsweise Raucher oder Motorradfahrer, steigt der (qualitative) TKP noch weiter an.

Ausstrahlungspreise

Die Preise für die Ausstrahlung variieren von Sender zu Sender (siehe Abbildung 82) und unterscheiden sich nach der Uhrzeit (Primetime am teuersten), nach der Position im Werbeblock (zu Beginn und am Ende am teuersten), nach der Jahreszeit (im Winter am teuersten) und nach dem Programmumfeld (z.B. besonders teuer bei einigen Sportevents wie Championsleague oder Formel 1). Einige Sender wollten ab dem Buchungsjahr 2000 disproportionale Preise verlangen, so daß ein kurzer Spot relativ teurer ist als ein langer Spot (vgl. *o. V.* 1999, »Disproportionale Preise – die Kunden sind sauer«, S. 10). Diese Forderung wurde jedoch von den Werbetreibenden abgelehnt (vgl. *Plewe* 1999, S. 152).

Sender	6 bis 9 Uhr	9 bis 13 Uhr	13 bis 17 Uhr	17 bis 20 Uhr	20 bis 23 Uhr	23 bis 1 Uhr	1 bis 6 Uhr	Schnitt 3 bis 3 Uhr	Reichweite 3 bis 3 Uhr	TKP
ARD	–	–	13.161	38.313	–	–	–	35.154	2.180	15,97 DM
ZDF	–	–	8.657	35.122	–	–	–	31.343	2.917	11,13 DM
RTL	2.258	5.522	13.842	35.803	75.149	16.745	1.817	16.947	1.359	19,01 DM
SAT1	2.188	5.946	13.228	32.776	52.782	19.040	1.076	14.666	1.115	17,78 DM
PRO7	1.831	5.000	12.301	25.563	48.315	16.383	1.646	13.283	687	25,82 DM
KABEL 1	694	1.859	3.171	7.068	10.731	3.829	604	3.766	394	10,39 DM
VOX	139	695	2.467	5.162	9.268	3.348	500	2.667	234	14,14 DM
RTL 2	579	1.386	2.982	4.930	14.386	4.975	–	3.611	275	17,21 DM
SUPER RTL	527	919	2.487	7.273	4.975	806	–	2.847	199	14,55 DM

SCHÄFFER POESCHEL

Abb. 82: Ausstrahlungskosten (Preise 1999 in DM für 30-Sekunden-Spots) und Reichweiten 1998 (Erwachsene ab 14 Jahren in Tsd.) einiger TV-Sender
Quellen für Preise: Tarifunterlagen der TV-Sender, frequenzgewichtete Durchschnittspreise, *HMS Carat* und Berechnungen der *GWA*. Quellen für Reichweiten und TKP: *AGF/GfK PC#TV Easy*. Beides zitiert in GWA (1999), S. 35ff.
Anmerkung: Jahresdurchschnitt ohne Eventpreise, bei ARD von 17 bis 20 Uhr Preise für Regionalprogramme

Online-TKP

Im Internet werden *Online-TKP* aus der Relation der Kosten für Einstellung und Pflege des Banners bzw. der Website (statt Seitenpreis) und der Anzahl der Page Views (statt Leserzahl) berechnet. Dies geschieht seit Ende 1997 durch ein Softwarepaket der *IVW* (vgl. *ZAW* 1998, S. 252f.). Wie in den Anfängen des Privatfernsehens gibt es beim neuen Werbeträger Internet TKP-Garantien: erst bei Überschreiten eines vorher vereinbarten maximalen TKP wird gezahlt (vgl. *Plewe* 1998, S. 113).

TKP bei Außenwerbung

Bei der Außenwerbung kann neben dem TKP der sogenannte G-Wert aus Verkehrsfrequenz von Autofahrern, Radfahrern, Fußgängern, Benutzern öffentlicher Verkehrsmittel und Standortkriterien wie Einsehbarkeit, Höhe, Winkel, Kontaktchancendauer, Umfeld- und Situationskomplexität berechnet werden (vgl. *o. V.* 1997, »Person und Ort unter der Lupe«, S. 85). Der G-Wert wird von der *GfK* ermittelt und basiert auf der Erinnerungsleistung von Passanten (vgl. *ZAW* 1998, S. 282). Der G-Wert spiegelt die Anzahl der erinnerungswirksamen Kontakte an einem bestimmten Ort wider (vgl. *Riedmüller* 1999, S. 110), während für den TKP nur die Kontaktchancen maßgeblich sind.

10.2.1.7 Orientierung an der Zielgruppe

Unternehmen wollen mit ihren Werbebotschaften bestimmte Zielgruppen erreichen, um diesen in Preis, Produkt und Distributionsform auf sie zugeschnittene Angebote zu unterbreiten. Auch in der Werbung müssen sich die Art und die Gestaltung der Werbemittel, die Werbeträger und die Werbebotschaft an der Zielgruppe orientieren. Dabei gelten sowohl Jugendliche (vgl. *o. V.* 1997, »Hörfunk ist anders«, S. 130 sowie *o. V.* 1997, »Was kommt nach der Generation X?«, S. 26) als auch Senioren (vgl. *Jasny* 1997, S. 112ff.) als besonders schwierig anzusprechende Zielgruppen. Möchte man z.B. ältere Menschen mit Fernsehwerbung erreichen, ist das ZDF einer der besten Werbeträger (siehe Abbildung 83).

Seniorenzielgruppe

Bei der Gestaltung eines Spots für die *Seniorenzielgruppe* ist zu berücksichtigen, daß die meisten keine schnellen Szenenumschnitte

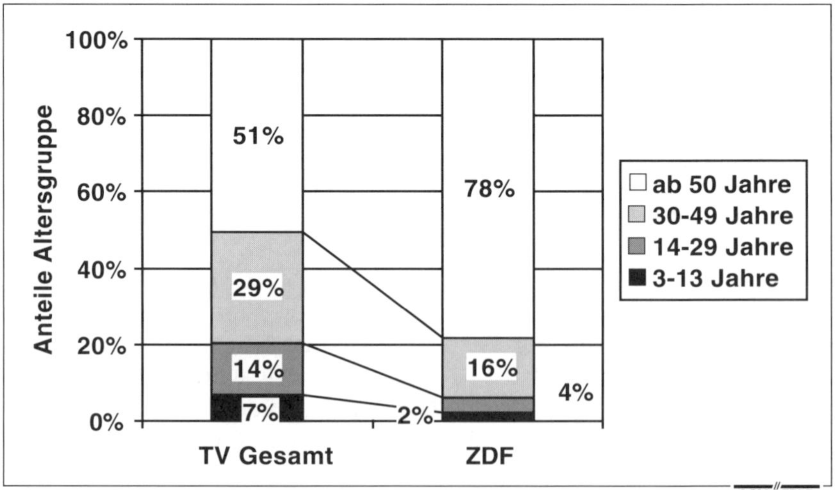

Abb. 83: Altersstruktur Werbezuschauer im TV
Quelle: *AGF/GfK Fernsehforschung* zitiert in *Wildhagen* 1999, S. 66
Stand: 2. Halbjahr 1998

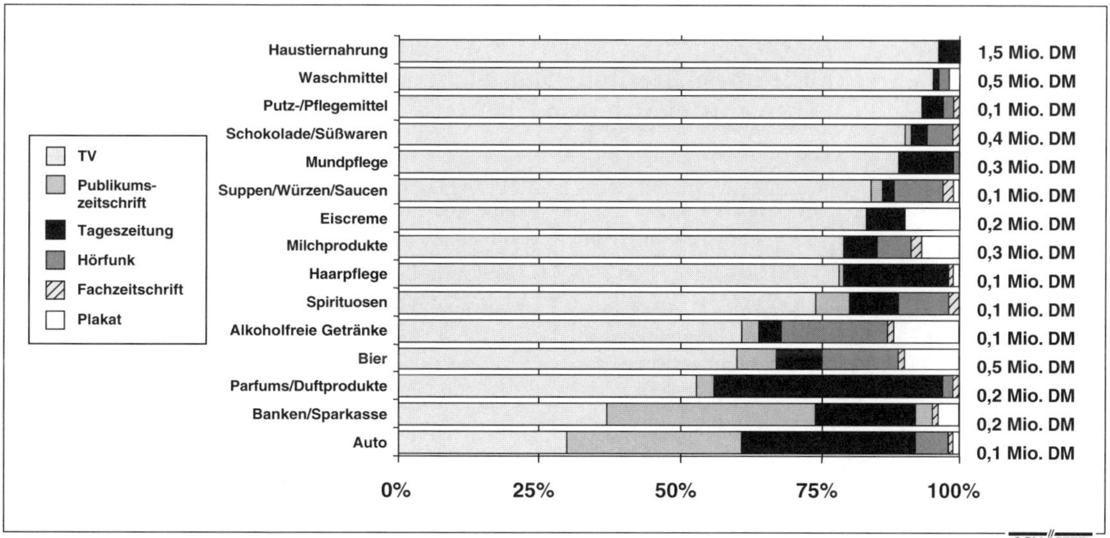

Abb. 84: Werbeaufwendungen nach Werbeträgern bei 15 ausgewählten Produktgruppen
Quelle: *A. C. Nielsen Werbeforschung S + P* zitiert in *Hanser* 1999, S. 156f.
Basis: Ausgaben in Mio. DM 1. Halbjahr 1998

mögen, daß sie gesprochenen Text vor dem Hintergrund von Musik nicht mehr so gut differenzieren können (sogenanntes Partysyndrom) und daß schrille Alte oder vertrottelte Opas als Leitfiguren wenig geeignet sind, um einer Marke Sympathie zu verschaffen (vgl. *Winko* 1999, S. 82 sowie *Böhmer/von Haacke* 1999, S. 32ff.).

Insgesamt betrachtet ist die Orientierung an der Zielgruppe das wichtigste Kriterium für den Erfolg einer Kommunikationsmaßnahme. Dies zeigt sich auch an der letztendlich getroffenen Wahl einzelner Anbieter für einen Werbeträger (siehe Abbildung 84). TV wird insbesondere für breite Zielgruppen gewählt. Dies gilt z.B. für Anbieter von Süßwaren, Wasch- und Reinigungsmitteln oder Haustiernahrung.

10.2.2 Verkaufsförderung

Verkaufsförderung (Sales Promotion) dient der Unterstützung, Information und Motivation der eigenen Absatzorgane (Außendienst und Verkäufer im Innendienst) und der Absatzmittler (Groß- und Einzelhandel) sowie der Beeinflussung der Verwender (vgl. *Weis* 1997, S. 436).

D

Dazu gehören die in Abbildung 85 dargestellten Aktivitäten (vgl. *Lingelbach/Kirschner* 1998, S. 120ff. zur Akzeptanz von Verkaufsförderungsmaßnahmen aus Sicht der Hersteller und der Händler im Lebensmitteleinzelhandel).

Zielgruppe		
Endabnehmer: = Verbraucherpromotions	eigene Absatzorgane: = Verkaufspromotions	Absatzmittler: = Händlerpromotions
• Preisausschreiben	• Wettbewerbe	• Verkaufswettbewerbe
• Proben z.B. als Huckepack zu einem bereits eingeführten Produkt eines Herstellers	• Verkäuferschulungen	• Händlerschulungen
• Gutscheine	• Informationsveranstaltungen	• Tagungen
• Zugaben	• Bereitstellung von Verkaufshilfen wie Informations- und Schulungsunterlagen für die Verkäufer oder PC-Beratungsprogramme	• Displays, Sonderplazierungen, Deckenhänger, Ladendurchsage
• Preisnachlässe, z.B. Sonderangebote, Einführungspreise, Treuerabatte		• Verkaufsaktionen wie z.B. Einführungsaktionen, Aktionsthemen, Aktionspreise, Gewinnspiele, Einsatz von Propagandisten
• Angebot der Warenrücknahme (Geld-zurück-Garantie)		• Gewährung von Preiszugeständnissen bei der Konditionenpolitik

SCHÄFFER POESCHEL

Abb. 85: Verkaufsförderungsaktivitäten differenziert nach Zielgruppen
Quelle: *Weis* 1997, S. 435ff. sowie *Nieschlag/Dichtl/Hörschgen* 1997, S. 535ff.

Push- und Pull-Effekt

Analog zur Wirkungsweise bei der klassischen Werbung wird bei *Verbraucherpromotions* ein sogenannter Pull-Effekt erzeugt. Durch die Nachfrage des Verbrauchers wird das Produkt abgesetzt. Im Gegensatz dazu setzen *Verkaufs-* und *Händlerpromotions* am Absatzmittler an. Dadurch entsteht ein Push-Effekt. Die Produkte werden in die Absatzkanäle »hineingedrückt« (vgl. *Kotler/Bliemel* 1999, S. 963f.).

Verkaufsförderung ist dann besonders wichtig, wenn der Kunde am *Point of Sale* (POS, auch POP für Point of Purchase) beeinflußt werden soll, da seine Entscheidung für ein bestimmtes Produkt nicht aufwendig geplant wird, sondern aus Gewohnheit oder einem Impuls heraus getroffen wird. Dies ist bei Gütern des täglichen Bedarfs wie etwa Lebensmitteln häufig der Fall. So sorgt *Bestfoods* dafür, daß die *Knorr-Spargelsauce* in den Monaten Mai und Juni eine Sonderplazierung erhält, um die Aufmerksamkeit des Verbrauchers auf sich zu ziehen.

10.2.3 Persönlicher Verkauf

Der persönliche Verkauf ist besonders für erklärungsbedürftige Produkte (z.B. Investitionsgüter) von Bedeutung (vgl. *Godefroid* 1995, S. 267ff. zum Thema persönlicher Verkauf im Business-to-Business-Bereich), da das Kaufverhalten stark von der Beratungs- und Überzeugungsleistung des Verkäufers abhängt. Ziel des persönlichen Verkaufs ist die Erzielung eines Verkaufsabschlusses durch Verkaufsgespräche. *Vorteile* des persönlichen Verkaufs liegen in der Möglichkeit des Kundenfeedbacks, der Gewinnung von Informationen über den Kunden und der positiven Imagebildung. *Nachteile* sind die mit dem persönlichen Verkauf verbundenen hohen Kosten, so daß ein Einsatz nur bei Produkten mit hohen Deckungsbeiträgen in Frage kommt. Zu den Kosten zählen die Fahrt- und Personalkosten sowie die Kosten für die Vor- und Nachbereitung von Terminen. Um Termine vorzubereiten, wird zunehmend Direktmarketing eingesetzt, so daß der Verkäufer sich auf das eigentliche Verkaufsgespräch konzentrieren kann.

Vor- und Nachteile

Ganz besonders wichtig ist die Fähigkeit des Verkäufers, die Verkaufsargumente dem Kunden herüberzubringen. Der Verkäufer muß dazu neben einem umfassenden Produktwissen auch psychologisch geschult sein, um die Signale seines Gegenübers richtig einschätzen zu können (vgl. *Winkelmann* 1999, S. 239ff. zur Planung und Durchführung von Kundenbesuchen).

Schnittstelle zum Kunden

Letztlich bezieht sich alles bisher Gesagte nicht nur auf den Verkäufer, der den Abschluß erzielt. Denn alle Mitarbeiter des Unternehmens stellen eine *Schnittstelle zum Kunden* dar. So hat eine von *Prof. Dr. Schwaiger* an der Universität München durchgeführte Befragung bei Marketing- und Vertriebsleitern ergeben, daß die Qualifikation der Mitarbeiter die wichtigste Bedeutung bei den kommunikationspolitischen Instrumenten hat (vgl. *o. V.* 1998, »Kommunikationspolitik: Größter USP ist der Faktor Mensch«, S. 32). Das heißt, daß der persönliche Verkauf als kommunikationspolitisches Instrument nicht auf Reisende und Handelsvertreter beschränkt bleibt. Vielmehr ist jeder Mitarbeiter mit Kundenkontakt ein Bindeglied zwischen Anbieter und Nachfrager und repräsentiert das Unternehmen in kommunikationspolitischer Hinsicht, um die Alleinstellung eines Unternehmens (USP = Unique Selling Proposition) zu erarbeiten bzw. beizubehalten.

10.2.4 Öffentlichkeitsarbeit

D

Öffentlichkeitsarbeit (Public Relations, PR) bezeichnet die systematische Gestaltung der Beziehung zwischen Unternehmen und einer nach Gruppen gegliederten Öffentlichkeit (Kunden, Aktionäre, Lieferanten, Arbeitnehmer, Institutionen, Staat, etc.) mit dem langfristigen Ziel, Vertrauen und Verständnis zu gewinnen (vgl. *Weis* 1997, S. 451).

Instrumente

Wichtigste Instrumente der Öffentlichkeitsarbeit sind (vgl. *Weis* 1997, S. 454f.):

- Informationen für Journalisten
- Pressekonferenzen
- PR-Anzeigen
- PR-Veranstaltungen (Tag der offenen Tür, Ausstellungen, Vorträge)
- PR-Zeitschriften wie Kundenzeitschriften, Werkszeitschriften, Geschäftsberichte (vgl. *Clemens* 1999, S. 70, *o. V.* 1999, »Konkurrenz für Hochglanzpostillen«, S. 74 zur zunehmenden Bedeutung von Kundenzeitschriften)
- Spenden oder Stiftungen (für Forschung, Wissenschaft, Kunst, Sport, mildtätige Zwecke)
- Redaktionelle Beiträge in Fachzeitschriften oder Zeitungen.

Mittlerfunktion für die Produktwerbung

Alle diese Instrumente werden eingesetzt, um bei den relevanten Zielgruppen einen Goodwill zu erzeugen, der dann sowohl den Verkauf als auch die Akquisition von Mitarbeitern erleichtert. Insofern hat die Öffentlichkeitsarbeit eine *Mittlerfunktion für die Produktwerbung*. Insbesondere wenn Produkt- und Firmenname identisch sind (z.B. bei Dachmarken), fällt es schwer, Öffentlichkeitsarbeit und Werbung voneinander abzugrenzen (vgl. *Pepels* 1997, »Einführung in die Kommunikationspolitik«, S. 133).

Besondere Bedeutung kommt der PR in Krisensituationen zu.

B

Beispiele sind: Bundesbahnunfall bei Eschede, umgekippte *A-Klasse* bei *Mercedes-Benz*, Strafanzeige gegen Vorstandsmitglied Lohr bei *SEL*, Schneider-Affäre bei der *Deutschen Bank* oder Unternehmensfusionen und Massenentlassungen.

10.3 Below the Line Instrumente

10.3.1 Direktwerbung

10.3.1.1 Zunehmende Bedeutung der Direktwerbung

»Direktwerbung umfaßt alle Werbemaßnahmen, die den Empfänger gezielt ansprechen, indem sie ihm die Werbebotschaft in Form eines selbständigen Werbemittels direkt und nicht mit Hilfe eines anderen Mediums übermitteln« (*Dallmer* 1989, S. 536).

Klassische Direktwerbemittel sind Mailings und Couponanzeigen, während beispielsweise DRTV (Direct Response TV) eine neuere Form ist. Direct-Response-Maßnahmen sind dagegen Werbemaßnahmen, die lediglich »der Herstellung eines direkten Kontakts dienen« (*Dallmer* 1989, S. 536).

Informationsfluß

Im Unterschied zur klassischen Werbung ist die Werbebotschaft an eine bekannte Zielperson gerichtet oder sie zielt darauf ab, eine individuelle Beziehung herzustellen (vgl. *Holland* 1992, S. 5). Der *Informationsfluß* ist bei Direktwerbung nicht einseitig, sondern kommt einem Dialog zwischen Sender und Empfänger der Werbebotschaft gleich (siehe Abbildung 86). Vögele bezeichnet Direktwerbung daher auch als schriftliches Verkaufsgespräch (vgl. *Vögele* 1997, »Das Verkaufsgespräch per Brief und Antwortkarte«, S. 25).

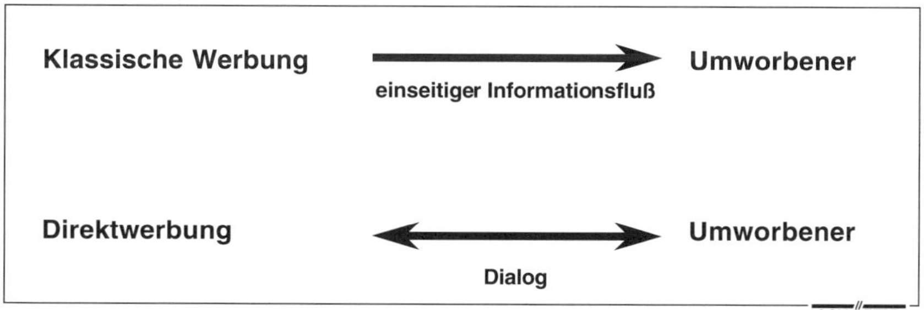

Abbildung 86: Informationsfluß bei klassischer Werbung und bei Direktwerbung
Quelle: *Holland* 1992, S. 5

Bedeutung

Direktwerbung hat in den letzten Jahren an *Bedeutung* zugenommen (vgl. *Dallmer* 1995, Sp. 480). So sind allein die Aufwendungen für einzelne Werbemedien (jeweils mit Responseelement) der Direktwerbung von 1988 bis 1998 nach Angaben des Deutschen Direktmarketing Verbands von 12,9 Mrd. DM auf 36,0 Mrd. DM gestiegen (siehe Abbildung 87). Auch die Umsätze der Direktmarke-

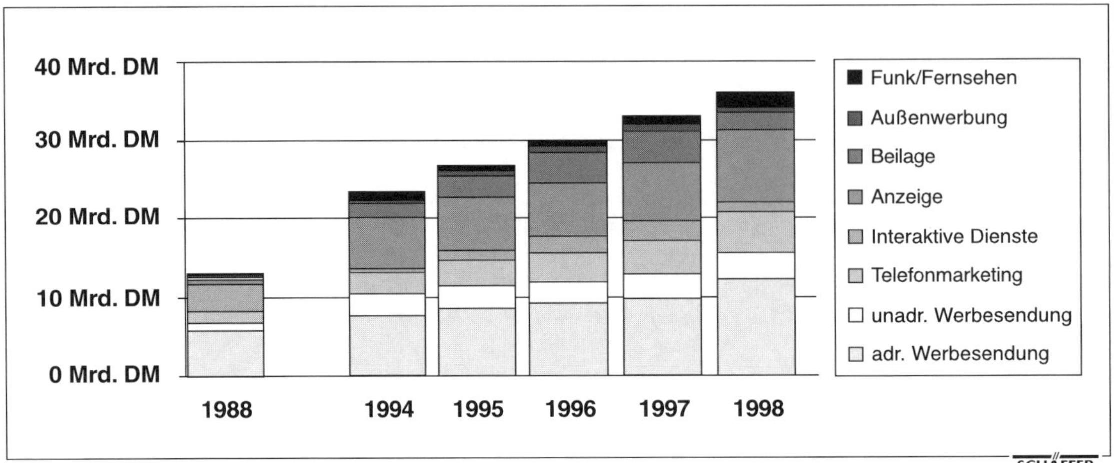

SCHÄFFER POESCHEL

Abbildung 87: Aufwendungen für einzelne Werbemedien (jeweils mit Responseelement) des Direktmarketing von 1988 bis 1998 Quelle: Deutscher Direktmarketing Verband

tingagenturen sind kräftig gewachsen, im wesentlichen aufgrund von Aufträgen aus der Finanzdienstleistungsbranche. Die größten Direktmarketingagenturen sind *BBDO, Wunderman Cato Johnson, Ogilvy & Mather Direkt, heller & Partner, Gremmer Direkt,* die allein 1996 einen Umsatz von 180 Mio. DM erzielten (vgl. *o. V.* 1997, »Direktmarketing: Wachstumsphase«, S. 25).

Den größten Anteil an den Werbeaufwendungen des Direktmarketing machen die Dienstleistungsunternehmen aus. Heavy User sind neben dem Versandhandel ferner Lotterien, Spendenmarketing-Organisationen, Zeitschriftenverlage, Parteien, Autovermietung, Fluggesellschaften, Automobilindustrie und Finanzdienstleister, insbesondere mit dem Ziel der Kundenbindung und des Cross-Selling (vgl. *Dallmer* 1995, Sp. 482ff.).

Gründe für wachsende Bedeutung

Die *Gründe* für die allgemein starke Steigerung sind zunächst im Wertewandel zu suchen. Die zunehmende Differenzierung und Individualisierung der Gesellschaft durch zunehmende Bildung und ein geändertes Informationsverhalten hat dazu geführt, daß undifferenzierte Massenkommunikation nicht mehr akzeptiert wird. Durch die zunehmende Produktdifferenzierung werden die meisten auch noch so ausgefallenen Bedürfnisse der Kunden gedeckt. Jedoch wird es immer schwieriger, diese Marktnischen durch klassisches Marketing zu entdecken. Die Kunden in dieser Nische zu finden, ist durch Direktmarketing eher möglich. Außerdem ist mit den Instrumenten des Direktmarketing eine kundenspezifische Ansprache möglich, um den stärker werdenden Forderungen nach mehr Kundenorientierung nachzukommen. Auch die gestiegenen Kosten im persönlichen Verkauf (siehe Kapitel 10.2.3) haben zu einer Zunahme der

Direktwerbung geführt, indem z.B. die Terminvereinbarung durch Telefonmarketing vorgenommen wird. Die gesunkene Medialeistung der klassischen Medien durch gestiegene Kosten und gleichzeitige Zunahme der Werbeträgerzahl hat zu einer vergleichsweise höheren Attraktivität der Direktwerbung geführt. Letztlich war es aber die EDV-Entwicklung, die professionelle Direktwerbung erst möglich gemacht hat. So wurde Databasemarketing als wichtige Grundlage für Direktmarketing durch die rasante EDV-Entwicklung erst möglich. Dazu kommen die neuen Möglichkeiten in der Drucktechnik, die z.B. die Personalisierung von Mailings oder Katalogen erst rentabel gemacht haben (vgl. *Holland* 1992, S. 7ff.).

Im Vergleich zur klassischen Werbung zielt Direktwerbung auf eine direkte Auftragsvergabe durch einen speziellen Kunden ab (vgl. *Pepels* 1996, S. 484). Bei klassischer Werbung kann ferner der *Zielmarkt* nicht so genau bestimmt werden. Zudem ist der Käufer häufig nicht bekannt. Reaktionen in der klassischen Werbung – so sie überhaupt auf die Werbung zurückzuführen sind – erfolgen zudem mit größerer Zeitverzögerung (vgl. *Kotler/Bliemel* 1999, S. 1112).

Ziele der Direktwerbung

Ziel des Direktmarketing ist generell der Verkauf von Waren oder Dienstleistungen. Dies ist entweder ein *Primärziel*, wie es z.B. in Versandhäusern geschieht oder ein *Sekundärziel*, wenn mit einer Anzeige vorerst Informationsmaterial angefordert werden soll und dann in einem nächsten Schritt das Verkaufsziel angesteuert wird (vgl. *Holland* 1992, S. 11ff. oder auch *Raphel/Erdman* 1988, S. 27). Aber auch die Aufgaben *Vertrauensbildung* und *Marktforschung* haben an Bedeutung gewonnen und sind Grundlage für ein effizientes Beziehungsmarketing (siehe Kapitel 1.4.3). Für eine umfangreiche Database werden in Marktforschungsuntersuchungen Informationen über den Kunden systematisch gesammelt, um mehr über den Kunden zu erfahren und (später) einen Auftrag zu erhalten (vgl. *Kotler/Bliemel* 1999, S. 1112f.).

Erfolgsfaktoren

Der *Erfolg* einer Direktmarketingaktion ist von mehreren Faktoren abhängig. Im Kern wird der Erfolg bestimmt durch die Auswahl der geeigneten Zielgruppe, die für das Produkt Interesse zeigen könnte. Ein Zitat von *Siegfried Vögele* mag dies verdeutlichen: »Ein schlecht gestaltetes Mailing an die besten Adressen geschickt, bringt mehr Response als das schönste Mailing an die falschen Adressen.« (*Vögele* 1997, »99 Erfolgregeln für Direktmarketing«, S. 88). Weiterhin ist es die Gestaltung der Kommunkationsaussage, die einen Einfluß auf den Erfolg ausübt. Auch das Produkt an sich muß sich für Direktmarketing eignen. So sind erklärungsbedürftige, hochpreisige Produkte, die bildlich nur schwer darzustellen sind, für die Direktwerbung weniger geeignet. Letztlich sind es noch Situation und Umfeld der Direktwerbemaßnahme, die Faktoren des Erfolgs sind (vgl. *Dallmer* 1995, Sp. 477). So sind Saisonartikel nur in der entsprechenden Saison gut verkäuflich.

10.3.1.2 Direktwerbeformen

Besonderheiten

Die Besonderheiten der Direktwerbung hinsichtlich der Werbemittel bestehen in der Angabe einer Kontaktmöglichkeit. Weitere Besonderheiten ergeben sich durch Werbemittel und -träger, die es in der klassischen Werbung nicht gibt. Das ist die Werbung per Brief und Telefon, die nur in der Direktwerbung zum Einsatz kommt. Die Direktwerbeformen sind in Abbildung 88 dargestellt.

lfd. Nr.	Direktwerbe-form	Werbebotschaft	Werbemittel	Werbeträger
1	Mailing	Was steht im Package?	Package(teile)	Verteiler, z.T. i.V.m. vorgegebener Adresse
2	Telefonmarketing	Was sagt Telefonist/-in?	Telefonskript	Telefon
3	Teleshopping	Was sagt TV-Präsentator?	Direktreaktions-werbespot oder Infomercial	TV-Sender
4	Radiowerbung	Was sagt Radiosprecher?	Direktreaktions-werbespot	Hörfunksender
5	Videotext	Was steht auf der Videotextseite?	Videotextseite mit mit Kontaktauf-forderung	Videotext-anbieter
6	Electronic Advertising	Was steht in der Website?	Website mit E-Mail-Angabe oder Bestellmenü oder Hinweis auf Website durch Banner	Internet
7	Printwerbung	Was steht in der Anzeige/ Beilage?	Anzeige mit Coupon oder Karte, Beilage	Zeitung, Zeitschrift
8	Kooperations-werbung	Was steht im Package?	Paketbeilage, Syndicated Mailing, Kupon-katalog, Katalog-service	Kooperations-partner

Abb. 88: Besonderheiten in der Direktwerbung hinsichtlich Werbemittel und Werbeträger

SCHÄFFER POESCHEL

10.3.1.2.1 Mailing

Das Mailing ist die klassische Form der Direktwerbung. Der Empfänger erhält ein Package, das aus einem Umschlag, einem Werbebrief, ggf. einem Prospekt oder einem Katalog mit der Präsentation des Angebots und einem Responsemedium besteht (vgl. *Pepels* 1996, S. 489, *Raphel/Erdman* 1988, S. 109).

Umschlag

Der *Umschlag* entspricht dem Schaufenster eines Geschäftes. Er soll die Aufmerksamkeit des Betrachters auf sich ziehen und ihn dazu veranlassen, den Umschlag zu öffnen (vgl. *Raphel/Erdman* 1988, S. 171ff. zu Gestaltungsmöglichkeiten). Dabei muß zielgruppenorientiert vorgegangen werden. Ein marktschreierischer Auftritt mit farbigem Umschlag und bedrucktem Innenumschlag kommt nicht bei jedem an.

Im *Werbebrief* kommt die Botschaft des gesamten Packages zum Ausdruck. Dabei sollte man auf die potentiellen Kaufmotive des Lesers eingehen und beschreiben, welche Vorteile er davon hat, wenn er auf das im Werbebrief formulierte Angebot eingeht. Es bietet sich an, den Werbebrief nach der AIDA-Formel zu gliedern, wie es in nachfolgender Abbildung 89 aufgeführt ist.

Funktion		Gliederung	Textinhalt	Reaktion
A	Aufmerksamkeit wecken	Schlagzeile	Versprechen eines Nutzens	der Leser wird gefesselt und liest weiter
I	Interesse wecken	Erster Abschnitt	Ausführung des Nutzens	der Leser stellt sich das Produkt vor
D	Wunsch wecken	Hauptteil	Liste der Produktvorteile und Beweise für den Nutzen des Produkts sowie Beschreibung der Auswirkungen, wenn der Leser das Produkt nicht kauft	der Leser wünscht sich, das Produkt zu besitzen der Leser
A	Handeln	Schluß	Handlungsaufforderung	bestellt das Produkt oder ruft an, schreibt, kommt vorbei, um das Produkt zu kaufen
A	Sofort handeln	P.S.	Wiederholung der Kernaussage, Betonung der Dringlichkeit	der Leser wird bestärkt, jetzt zu handeln, ggf. liest er nur Schlagzeile und P.S.

SCHÄFFER POESCHEL

Abb. 89: Schema für einen Werbebrief
Quelle: *Raphel/Erdman* 1988, S. 40f.

Personalisierter Werbebrief

Aufgrund des heutigen Stands der Technik sollte der Werbebrief personalisiert sein. Dies gilt für das Adreßfeld und die Anrede. Manchmal bietet es sich auch an, den Namen im Brief zu wiederholen oder auf persönliche Merkmale des Empfängers einzugehen. Dies kann das Geburtsdatum für die Bezugnahme auf ein Sternzeichen oder die Telefonnummer als Glücksnummer für ein Sweepstake sein (siehe dazu Kapitel 10.3.1.3). Hier besteht allerdings auch die Gefahr der Überpersonalisierung, weil eine zu häufige Wiederholung des Namens penetrant wirkt (vgl. *Raphel/Erdman* 1988, S. 199).

Formulierung und Layout

Für die Formulierung des Textes gibt es eine einfache Regel: KISS = **K**eep **I**t **S**hort and **S**imple. Auch beim Layout gibt es einige einfach zu befolgende Regeln:

- Der Werbebrief sollte 1 DIN A4 Seite nicht übersteigen
- Die Schriftart sollte nicht gewechselt werden
- Die Schriftgröße sollte nur selten gewechselt werden (maximal zwei, evtl. noch drei Schriftgrößen)
- Es sollte nur eine Hervorhebungstechnik verwendet werden
- Mit Farbe sollte sparsam umgegangen werden
- Layout muß mit dem Stil des Unternehmens harmonieren (Corporate Design)
- Das Layout muß letztlich zu Zielgruppe und Produkt passen.

Angebotsdarstellung

Das *Angebot* kann in Prospekten, Katalogen, Videocassetten, Hörcassetten, CD-Roms und Disketten dargestellt werden. Die Möglichkeiten der Prospektgestaltung reichen von einseitig bedruckten Einzelblättern in Schwarz-Weiß-Druck und bis hin zu mehrseitigen Prospekten im 4-Farb-Druck. Bei mehrseitigen Prospekten gibt es verschiedene Techniken des Falzens: Einbruch-, Parallel-, Wickel-, Kreuzfalz (vgl. *Pepels* 1996, S. 492). Die Prospektgestaltung beeinflußt die Kosten der Herstellung, die Portokosten und die Möglichkeit der maschinellen Kuvertierung. Der Leporellofalz eignet sich zum Beispiel nicht zum maschinellen Kuvertieren (vgl. *Kirchner/Sobeck* 1990, S. 199f.). In Katalogen ist meist das gesamte Angebot eines Anbieters vertreten. Er soll Information, Beratung, Kunden- und Imagepflege sowie Verkaufshilfe sein. Im *Katalog* wird die Ware beschrieben, die Kompetenz des Unternehmens dargestellt und die Qualität zugesichert (vgl. *Pepels* 1996, S. 498). Bei der Gestaltung des Katalogs ist zu beachten, daß zwischen der Darstellung einer hohen Artikelzahl einerseits und einer ansprechenden Gestaltung andererseits abzuwägen ist (vgl. *Pepels* 1996, S. 498). Als attraktivster Platz gilt das rechte obere Drittel einer Seite (vgl. *Pepels* 1996, S. 498).

In den USA gibt es auch sogenannte *Videologs*, d.h. Kataloge auf Videocassette (vgl. *Kotler/Bliemel* 1999, S. 1124). Beispiele sind Videos mit der Darstellung von Anwendungsmöglichkeiten und gesundheitlichen Vorteilen eines hochpreisigen Heimtrainers oder die Demonstration der Aufstellung einer Fertiggarage auf dem Video eines Fertiggaragenherstellers (vgl. *Kotler/Bliemel* 1995, S. 920). In Deutschland gibt es beispielsweise von BMW Videos über Motorräder, die so verkauft werden. Einige Anbieter stellen ihr Angebot elektronisch auf *Diskette* oder *CD-ROM* zur Verfügung. Geeignet ist dies bei detailreichen Produkten und auch im Business-to-Business-Geschäft. Seit Mitte der neunziger Jahre sind technische Möglichkeiten für optisch ansprechende Präsentation auf dem heimischen PC vorhanden. Ein Beispiel ist der *Otto-Versand*, der seinen Katalog auch auf CD-ROM anbietet.

Responsemedium

Dem potentiellen Kunden soll die Reaktion so leicht wie möglich gemacht werden (z.B. Verzicht auf Frankierung des Antwortbriefs). Daher ist die Gestaltung des *Responsemediums* von Bedeutung. Für den Besteller per Brief oder Karte muß genügend Platz zum deutlichen Schreiben vorhanden sein. Dem Besteller muß klar werden, welche Verpflichtung er mit seinem Response eingeht (vgl. *Pepels* 1996, S. 489), z.B. Mindestbestellwert, Versandkosten, Umtauschbedingungen. Aus Unternehmenssicht muß eine Bestellkarte so gestaltet sein, daß die Daten leicht erfaßbar sind. Will der Mailingempfänger lieber telefonisch reagieren, muß für ihn ersichtlich sein, wann er das Unternehmen erreichen kann und vor allem unter welcher Telefonnummer.

Stuffer

Der *Stuffer* ist ein Prospektblatt mit besonderen Angeboten, der dem Package beigefügt wird, wenn die Gewichtsgrenzen für die nächst höhere Portoklasse noch nicht erreicht ist (vgl. *Pepels* 1996, S. 489). Mit niedrigen Grenzkosten, nämlich den Kosten für Papier und Druck des Stuffers, können noch Umsatzchancen genutzt werden. Seit der Teilaufhebung des Postmonopols werden Stuffer auch eingesetzt, um das Gewicht des Packages auf knapp über 200 g zu erhöhen. Denn Briefe ab 200 g können seit 1.1.1998 auch von privaten Firmen verteilt werden, die zum Teil günstiger sind als die Post AG (vgl. *Lehr* 1998, S. 26ff).

Verteilung an Empfänger

Nach der Zusammenstellung des Packages geht es um die Frage der *Verteilung* des Packages an die Empfänger. Ist die Adresse in der Kundendatei erfaßt (zum Beispiel durch vorangegangene Aktionen zur Neukundengewinnung), kann man sich gleich mit dem Gedanken an den Versand beschäftigen. Dieser erfolgt über private Firmen wie *UPS, Hermes Versand, DPD, DHL Worldwide Express, German Parcel*, etc. oder über die *Deutsche Post AG*, die (noch) ein Monopol für die Beförderung adressierter Sendungen unter 200 g hat. Bei Mailings machen die Portokosten 30 bis 50 Prozent der Gesamtkosten aus, so daß Einsparungspotentiale genutzt werden sollten. Ein 20g-Mailing im Standardformat kann über die *Deutsche Post AG* als Infopost ab 0,47 DM verschickt werden. Infopost sind inhaltsgleiche Sendungen mit Freimachung durch Freimachungsvermerk, Freistempelung, DV-Freimachung oder Absenderstempelung, die am Postschalter eingeliefert werden und vorher nach PLZ sortiert wurde. Es muß sich um mindestens 4.000 Stück oder um mindestens 250 Stück für dieselbe Leitregion (erste 2 Stellen der

PLZ) oder um mindestens 50 Stück für den Leitbereich der Einlieferungsstelle handeln. Um eine für Infopost geeignete Sortierung zu erhalten, werden EDV-Programme eingesetzt. Die Sortierung wird als Portooptimierung bezeichnet.

Adressen

Ist die Adresse des zu Bewerbenden nicht bekannt, kann sie über *Adreßbroker* gemietet oder – in seltenen Fällen – gekauft werden. Bekannte Adreßbroker sind *AZ-Bertelsmann, Mercur, Panadress, Koop* oder *Schober*. In Deutschland sind einige 100 Millionen Adressen auf dem Markt. Dabei handelt es sich zum Teil um mehrfach erfaßte Adressen. Allerdings gibt es auch Personen, die in keiner Datei erfaßt sind (vgl. *Lehr* 1991, S. 499). Außerdem ist der Tausch mit anderen Unternehmen möglich. Dies kommt häufig bei Versandhäusern, Lotterien, und Zeitschriftenverlagen vor. Die verwendeten Adressen werden je nach Herkunft gekennzeichnet, so daß der Erfolg zwischen verschiedenen Adreßstämmen betrachtet werden kann. Bei der Vermietung von Adressen werden vom Adreßeigner Testadressen eingestreut, um zu kontrollieren, ob die Adresse ggf. vertragswidrig mehr als einmal eingesetzt wurde. Von Testadressen wird auch im Falle der Anmietung Gebrauch gemacht. Allerdings besteht dann das Ziel darin, zu verfolgen, wie schnell das Mailing beim Kunden ankommt.

Kosten der Adressen

Die Kosten beginnen bei 20 Pf pro Adresse. Dazu kommen Fixkosten für Abgleiche, Bereitstellung auf Datenträgern, Portooptimierung etc. Meistens gibt es eine Mindestabnahmemenge. Je aktueller und »besser« die Adresse ist, desto teurer ist sie. »Gute« Adressen für Versender sind Adressen von Personen mit hoher Postkaufaffinität. Dies sind Personen, die bereits bei einem oder mehreren Versendern Kunde sind (also Postkäufer). Diese kaufen mit einer höheren Wahrscheinlichkeit auch bei einem anderen Versender als Personen, die den Versandweg nicht nutzen. Weniger »gute« Adressen sind Kataloganforderer oder Teilnehmer an einem Preisausschreiben oder Adressen aus dem Telefonbuch, da sie keine qualifizierenden Merkmale besitzen.

Auswahl der Adressen

Über die Analyse des eigenen Datenbestandes können typische Käufer ermittelt werden. Stehen die Kriterien, die den typischen Käufer charakterisieren, für die Selektion von Fremdadreßbeständen zur Verfügung, sollten insbesondere solche Adressen angegangen werden (vgl. *Zehetbauer* 1997, S. 112).

Genauso wie ein Unternehmen Adressen anmietet, um neue Kunden zu gewinnen, werden die Adressen auch vermietet, um weitere Ertragspotentiale zu erschließen.

Eine neue Möglichkeit der Adreßbeschaffung sind die sogenannten *Verbraucherbefragungen*, die in Deutschland erstmals 1997 durchgeführt wurden (z.B. *Infas Lifestyle AG* als *Schober-Tochter, Multibus, Calyx*). Die Befragten geben neben persönlichen Merkmalen wie Alter und Geschlecht an, welche Produkte sie besitzen oder regelmäßig kaufen und welche sie demnächst anschaffen wollen. Den Probanden ist dabei bekannt, daß ihre Adresse zu Werbezwecken verwendet wird.

Postwurfsendungen

Außerdem besteht die Möglichkeit der Verteilung des Packages über *Postwurfsendungen*. »Postwurfsendung sind Sendungen ohne Aufschrift mit gleichem Inhalt. Sie dürfen sich aber durch vielfältige Ordnungsbezeichnungen voneinander unterscheiden« (*Deutsche Post AG* 1996, S. 4). Die Kosten betragen beispielsweise für ein 20g-Mailing an alle Haushalten mit Tagespost zwischen 7 und 10 Pf pro Stück (vgl. *http://www.deutschepost.de*).

Eine Zielgruppenselektion kann nach folgenden Kriterien erfolgen:

- alle Haushalte (d.h. flächendeckend)
- alle Haushalte mit Tagespost (i.d.R. eher »kommunikative« Menschen)
- Postfachinhaber (i.d.R. Business-Adressen).

Dabei können bestimmte PLZ-Gebiete bewußt selektiert bzw. ausselektiert werden. Dabei richtet man sich nach statistischen Merkmalen, die auf PLZ-Gebiet vorliegen. Dies kann die Altersverteilung, die durchschnittliche Kaufkraft, die vorherrschende Familiengröße oder das Wahlverhalten in der PLZ-Region sein.

Da die Postwurfsendung nicht personalisiert ist (»An alle Haushalte mit Tagespost«), erhalten Haushalte mit Aufklebern auf Briefkästen »Bitte keine Werbung« keine Postwurfsendungen (vgl. *Deutsche Post AG* 1996, S. 7).

Postwurf Spezial

Eine weitere Form der Verteilung stellt *Postwurf Spezial* dar. Postwurf Spezial ähnelt der Postwurfsendung, allerdings mit qualifizierenden und selektierbaren Merkmalen, die auf Hausebene in einer Datenbank gespeichert sind (vgl. *Deutsche Post AG* 1997, »Postwurf Spezial«, S. 3). Die Adressierung erfolgt teilpersonalisiert in Form von »An die Bewohner des Hauses Hauptstraße 4 in 12345 Musterstadt«. Will man beispielsweise ein Mailing mit Angeboten für Studienreisen an Singles mit hoher Kaufkraft schicken, können die Postwurfsendungen auf solche PLZ-Gebiete beschränkt werden, in der besonders viele Singles mit hoher Kaufkraft wohnen. Bei Postwurf Spezial dagegen können Häuser selektiert werden, in denen Singles mit hoher Kaufkraft wohnen.

Hauswurfsendung

Die Verteilungsform der *Hauswurfsendung* bietet sich bei regional eng begrenzten Aktionen an. Direktwerbetreibende arbeiten entweder mit einer privaten Verteilfirma zusammen oder beauftragen die verteilenden Personen selbst. Als Verteiler arbeiten häufig Schüler, Rentner oder Hausfrauen auf 630-DM-Basis. Meistens sind es ortsansässige Supermärkte, Baumärkte, Immobilienmakler oder Fachgeschäfte, die in ihren Bezirken Werbung verteilen lassen.

10.3.1.2.2 Telefonmarketing

D

Beim Telefonmarketing unterscheidet man zwischen aktivem und passivem Telefonmarketing. Beim aktiven Telefonmarketing (auch Outbound genannt) ruft das Unternehmen den (potentiellen) Kunden an, beim passiven Telefonmarketing (auch Inbound genannt) nimmt das Unternehmen die Anrufe des Kunden entgegen (vgl. *Töpfer/Greff* 1993, S. 73).

Aktives Telefonmarketing

Aktives Telefonmarketing ist in Deutschland nur begrenzt erlaubt (siehe Kapitel 12.4.1). Es wird insbesondere bei Bestandskunden im Business-to-Consumer-Bereich und ansonsten im Business-to-Business-Bereich eingesetzt.

Über Telefon wird entweder direkt verkauft oder es dient als Medium zur Terminvereinbarung für ein persönliches Gespräch. Auch im Telefonmarketing hat die technische Entwicklung zu hohen Steigerungsraten geführt. Insbesondere wird Telefonmarketing angewandt von den Medien und vom Handel, dicht gefolgt von Industrie, Finanz- und anderen Dienstleistern sowie von Werbeagenturen (vgl. *Löhmer* 1998, S. 82). Im aktiven Telefonmarketing werden zunehmend Wählcomputer eingesetzt, die die Verbindung automatisch herstellen und dann die entsprechenden Kundendaten auf dem Bildschirm anzeigen. Diese Technik wird auch häufig in der Marktforschung eingesetzt (CATI = Computer Assisted Telephone Interviewing, siehe Kapitel 2.3.1). In den USA wird auch ADRMP (= Automatic dialing and recorded message players) eingesetzt. Dort werden Telefonanschlüsse automatisch angewählt, dann eine vorher auf Band aufgenommene Nachricht abgespielt und danach ein evtl. Auftrag entgegengenommen (vgl. *Kotler/Bliemel* 1999, S. 1125f. sowie *Pepels* 1996, S. 485).

Callcenter

Wird Telefonmarketing nicht als ständige Einrichtung zur Kundenbetreuung genutzt, beauftragen viele Unternehmen sogenannte *externe Callcenter*, um eine Telefonaktion abwickeln zu lassen. Dies kann sowohl bei aktivem als auch bei passivem Telefonmarketing angebracht sein. Die technischen Möglichkeiten der Rufumleitung sind inzwischen so fortgeschritten, daß der Gesprächspartner nicht merkt, ob er mit dem Unternehmen direkt oder mit einem beauftragten Callcenter verbunden ist. Die Kosten für einen Auftrag an ein Callcenter betragen im Schnitt etwa 98 DM pro Stunde oder 14 DM pro Anruf zuzüglich 2.500 DM Fixkosten (vgl. *Löhmer* 1998, S. 83).

Telefonskript

Sowohl für aktive als auch für passive Aktionen ist eine umfangreiche Schulung der Telefonmitarbeiter angezeigt. Um Unsicherheiten zu beseitigen und die Werbebotschaft standardisiert zu übermitteln, werden als Werbemittel i.d.R. *Telefonskripte* verwendet.

In diesem Skript wird mehr oder weniger ausführlich vorgegeben, wie das Gespräch abzulaufen hat.

Der Werbeträger Telefon kann nur eingesetzt werden, wenn der Gesprächspartner über einen Telefonanschluß verfügt und die Telefonnummer bekannt ist. Handelt es sich um Bestandsaktionen, ist in vielen Unternehmen die Telefonnummer der Kunden in der Adreßdatei hinterlegt. Ansonsten können die Telefonnummern über Abgleiche mit elektronischen Telefonverzeichnissen (meist auf CD-ROM) oder über Adreßbroker vorgenommen werden. Basis der elektronischen Telefonverzeichnisse sind die Telefonbücher der Telekom, die nur Telefonnummern von Teilnehmern enthalten, die einer Eintragung nicht widersprochen haben. Die Anzahl der Widersprüche steigt jedoch kontinuierlich an.

10.3.1.2.3 Teleshopping

D

Eine Möglichkeit, über das Medium Fernsehen zu werben, bietet das Teleshopping, das in zwei Ausprägungen auftritt: Direktreaktionswerbespots und Infomercials (vgl. *Holland* 1992, S. 171). Statt Teleshopping werden auch die Begriffe Electronic Shopping, Televertrieb, Interactive Shopping oder Home-Shopping verwendet (vgl. *Kruse* 1993, S. 303).

Direktreaktionswerbespots

Bei *Direktreaktionswerbespots* (DRTV) handelt es sich um Spots, bei denen eine Telefonnummer mit Bestellmöglichkeit während des Spots eingeblendet wird (vgl. *Kotler/Bliemel* 1999, S. 1126f.). Den Anruf nimmt das werbetreibende Unternehmen selbst, die Fernsehanstalt oder ein beauftragtes Callcenter entgegen (vgl. *Holland* 1992, S. 171). Geeignet sind Direktreaktionswerbespots für wenig erklärungsbedürftige Produkte oder sehr bekannte Produkte. Meistens sind die Spots etwas länger als Werbespots der klassischen Werbung (statt 30 Sekunden 45 bis 90 Sekunden).

Infomercials

Der Begriff *Infomercial* wurde aus den Bestandteilen Information und Commercial (=Werbespot) zusammengesetzt. Infomercials sind wie Dokumentationssendungen aufgebaut, bei denen Telefonnummern oder Adressen für eine Reaktion des Zuschauers mehrfach eingeblendet werden (vgl. *Kotler/Bliemel* 1999, S. 1127). In Infomercials können auch erklärungsbedürftige Produkte vorgestellt werden, insbesondere technische Geräte, deren Funktionsweise demonstriert werden kann. Entstanden sind Infomercials in den USA. Dort gibt es sogar einen Sender, der sich auf Infomercials spezialisiert hat. Dieser Sender HSN (Home Shopping Network) ist 1982 als lokaler Sender entstanden, der Restposten verkauft hat (vgl. *Kotler/Bliemel* 1999, S. 1127 und *Holland* 1992, S. 173).

Diese Form der Direktwerbung wurde in Deutschland erst realisiert, seitdem es private Sender gibt. Denn die öffentlich-rechtlichen Sender verlangen für Infomercials die gleichen (hohen) Preise wie bei Werbespots (vgl. *Kruse* 1993, S. 311). Infomercials haben außerdem durch gebührenfreie Rufnummern und mehr Wettbewerb bei der Paketbeförderung an Bedeutung zugenommen. In Deutschland werden inzwischen täglich über drei Stunden Infomercials gesendet. Marktführer ist Dominion Vertriebs GmbH mit durchschnittlich acht Stunden Sendung pro Woche (vgl. *o. V.* 1997, »Teleshopping«, S. 29). Beschränkt wird diese Form dadurch, daß nur 20 Prozent Werbeanteil am Programm auch bei privaten Sendern erlaubt ist und Infomercials und erst recht Direktreaktionswerbespots als Werbung gelten (vgl. *Kotler/Bliemel* 1999, S. 1127, *Holland* 1992, S. 172, *Kruse* 1993, S. 306, siehe auch Kapitel 12.4.2).

Grundsätzlich gilt hier für den Werbeträger TV das in Kapitel 10.2.1.5 Gesagte. DRTV-Spots und Infomercials sollten daher nur dann eingesetzt werden, wenn Produktions- und Ausstrahlungskosten entsprechend gering sind und die Zielgruppe außerhalb der Primetime erreicht werden kann.

10.3.1.2.4 Radiowerbung

Wie bei DRTV-Spots im Fernsehen wird über den Hörfunk eine Rufnummer genannt, um eine Reaktion des Werbeempfängers zu erreichen (vgl. *Kotler/Bliemel* 1999, S. 1127). Die genannte Telefonnummer muß hinreichend einprägsam sein, da sie nur akustisch aufgenommen wird. Aufgrund der meist flüchtigen Nutzung des Radios können Direktwerbebotschaften hier nur unterstützend wirken. Im Gegensatz zu den öffentlichen Rundfunkanstalten ist im Privaten Hörfunk keine Beschränkung der Werbezeit und der Spotlänge vorhanden (vgl. *Dingler* 1993, S. 286f.).

10.3.1.2.5 Videotext

Eine weitere Möglichkeit des Einsatzes für Direktwerbung bietet Videotext. So sind im Videotext von SAT 1 Seiten mit Angeboten zu finden, die im Sinne einer Direct-Response-Anzeige arbeiten. Von dieser Möglichkeit machen aufgrund der begrenzten Darstellungsmöglichkeiten und Suchfunktionen nur wenige Unternehmen Gebrauch. Allerdings sind neue Techniken entwickelt worden. Neben neuen Decodern mit verbesserten Darstellungsmöglichkeiten werden bereits neue Fernseher mit direktem Internetzugang angeboten, so daß neue Wege in der Direktwerbung gegangen werden können.

10.3.1.2.6 Electronic Advertising

Hier handelt es sich um Werbung im Internet mit Responsemöglichkeiten in Form von Anforderungen weiterer Informationen oder von Bestellungen (vgl. *Werner* 1997, S. 100f.), wie dies z.B. *Amazon*, *Shopping 24* von *Otto* oder *MyWorld* von *Karstadt* tun (vgl. *o. V.* 1997, »Wir werden gigantisch loslegen«, S. 8). Zur Zeit wird das Internet meist noch in Form klassischer Werbung oder PR genutzt. Als Vertriebskanal ist das Internet noch unterentwickelt. Zu diesem Ergebnis kommen mehrere Untersuchungen, z.B. eine Untersuchung von Webseiten verschiedener Verlage durch *Prof. Dr. Kamenz*, eine *Diebold-Untersuchung* und auch eine *Kienbaum-Umfrage* unter den 100 umsatzstärksten Unternehmen in Deutschland (vgl. *Peters* u.a. 1998, S. 150, *o. V.* 1998, »Internet-Kommunikation: Wenig professionell«, S. 35, *o. V.* 1997, »Business per Online: Defizite«, S. 29).

Kriterien für die Zielgruppenselektion bestehen im Moment nur in der Ja-Nein-Entscheidung. Es können nur diejenigen erreicht werden, die das Internet nutzen.

10.3.1.2.7 Printwerbung

Anforderer- und Verkaufsanzeigen

Beilagen, Antwortcoupons und Antwortkarten in Zeitungen oder Zeitschriften gehören zu den frühen Medien der Direktwerbung (vgl. *Pepels* 1996, S. 485). Je nach Ziel der Direktwerbeaktion unterscheidet man reine Anfordereranzeigen (Direct-Response) von Verkaufsanzeigen (Direktwerbung). *Anfordereranzeigen* dienen der Anforderung von weiteren Informationen in Form von Broschüren oder Vertreterbesuchen. *Verkaufsanzeigen* bilden beworbene Produkte ab und fordern zur Direktbestellung auf.

Couponanzeigen

Bei *Couponanzeigen* ist ein Coupon zum Ausschneiden in die Zeitungs- oder Zeitschriftenanzeige integriert. Bei der Gestaltung sollten folgende Regeln beachtet werden (vgl. *Jaeckel* 1993, S. 156):

- Anschrift des Anbieters aufführen
- Benötigte Informationen detailliert abfragen und ausreichend Platz zum Ausfüllen vorsehen
- Leistung wiederholen
- Einfache Handhabung des Ausschneidens vorsehen (Trennlinien, Scherensymbol, wenige erforderliche Schnitte)
- Codes für die Messung des Rücklaufs anbringen.

Postkartenanzeigen

Postkartenanzeigen sind nur in Zeitschriften möglich. Hier gibt es zwei Varianten: entweder ist eine Postkarte zum Ablösen in die Anzeige integriert (sogenannte Tip-On-Card oder Beikleber) oder die

Postkarte ist in die Zeitschrift eingeheftet (vgl. *Jaeckel* 1993, S. 162f.). Die zweite Alternative ist nur möglich, wenn sich ein weiterer Inserent findet, der die »Spiegelseite« mit einer Anzeige und einer eingehefteten Postkarte belegt. Bei Tip-On-Cards fallen Portogebühren in Höhe von 6,7 Pf pro Zeitschriftenabonnent an, die von der *Deutschen Post AG* vereinnahmt werden (vgl. *Jaeckel* 1993, S. 162 in Verbindung mit Deutsche Post AG (1997, »Beilagen, Beihefter, Beikleber«), S. 15). Beigeklebte oder beigeheftete Postkarten haben den Vorteil, daß der Absender keine eigene Postkarte verwenden muß und daß er sie beim Aufdruck »frankieren, falls Marke zur Hand« nicht frankieren muß. Der Response wird ihm dadurch erleichtert.

Außer den genannten Möglichkeiten gibt es noch zahlreiche Varianten, eine Direktwerbeanzeige zu gestalten (vgl. *Deutsche Post AG* 1997, »Beilagen, Beihefter, Beikleber«).

Die anfallenden Kostenarten für die verschiedenen Anzeigetypen sind in der folgenden Abbildung 90 aufgelistet. Den höheren Kosten steht jeweils die Erleichterung der Reaktion für den Reagierer gegenüber.

Kostenart	**Couponanzeige**	**Anzeige mit eingehefteter Postkarte**	**Anzeige mit aufgeklebter Postkarte**
Seitenpreis der Anzeige	X	X	X
Druckkosten für Postkarte		X	X
Kosten für Einheftung/ Beiklebung		X	X
Versandkosten in Höhe von 6,7 Pf bei Abonnements			X
Portokosten von ggf. nicht frankierten Rückläufen		X	X
Strafporto für ggf. nicht frankierte Rückläufe	X		

Abbildung 90: Kosten für Coupon- und Postkartenanzeigen SCHÄFFER POESCHEL

Beilagen

Beilagen mit der Darstellung eines größeren Teils des Angebotes können sowohl für Tageszeitungen als auch für Zeitschriften in Frage kommen. Sie werden den Werbeträgern nach dem Druck beigelegt.

Die Kriterien für die Werbeträgerauswahl entsprechen den in Kapitel 10.2.1.5.1 genannten.

10.3.1.2.8 Kooperationswerbung

Bei der Kooperationswerbung greift man auf einen Kooperationspartner zurück. Dies können andere Unternehmen (sogenannte Verbundwerbung) oder die eigenen Kunden (sogenannte Freundschaftswerbung) sein.

Der Vorteil der Verbundwerbung besteht in den geringeren Kosten für das werbetreibende Unternehmen. Der Nachteil ist, daß der eigene Auftritt nur schwer herausgestellt werden kann (vgl. *Jaeckel* 1993, S. 160). Es gibt verschiedene Arten der Verbundwerbung. Bei *Syndicated Mailings*, die es in den USA häufig, in Deutschland eher selten gibt, schließen sich mehrere Unternehmen zusammen, die in einem einzigen Mailing den Empfängern ihre Angebote unterbreiten (vgl. *Vörckel/Prochazka* 1985, S. 24). *Gemeinschaftsanzeigen* dienen i.d.R. der Gewinnung von Kataloganforderern (= Katalog-Service in Zeitschriften) (vgl. *Vörckel/Prochazka* (1985), S. 24 sowie *Jaeckel* 1993, S. 160). Hier werden auf einer Anzeigenseite mehrere Kataloge verschiedener Anbieter abgebildet. In einem Coupon oder auf einer beigehefteten bzw. geklebten Postkarte kann der Interessent die von ihm gewünschten Kataloge anfordern. Dann gibt es noch *Kuponkataloge* mit Anforderungskarten diverser Unternehmen. Diese werden meist über Postwurfsendungen in verschiedenen Gebieten verteilt. Dann gibt es noch die Möglichkeit, dem ausgehenden Warenversand Prospekte anderer Unternehmen beizulegen (*Huckepack-Beilagen*). Zum Teil finden sich bis zu sechs Beilagen von fremden Unternehmen im Paket mit der bestellten Ware. Die Prospekte werden dann dem Paket zugefügt, wenn dadurch keine zusätzlichen Portokosten anfallen. Das »beilegende« Unternehmen erhält eine Aufwandsentschädigung in einer Höhe, die in etwa den Kosten der Anmietung einer Adresse entspricht (vgl. *Vörckel/Prochazka* 1985, S. 24). Häufig bestehen langfristige Kooperationen zwischen Unternehmen unterschiedlichster Branchen, die nicht miteinander konkurrieren. Welche Anbieter zusammenarbeiten sollten, werden oft dem Gefühl für die »Verwandtschaft« der Produkte bestimmt.

Syndicated Mailing

Gemeinschaftsanzeigen

Kuponkataloge

Huckepack-Beilagen

Die bisher aufgezeigten Formen der Verbundwerbung zeichnen sich dadurch aus, daß der Werbeträger von mehreren Unternehmen in Anspruch genommen wurde oder daß – wie im Falle der Paketbeilagen – ein anderer Anbieter als Werbeträger fungiert. Es gibt aber weiterhin die Möglichkeit, im Rahmen der Freundschaftswerbung die eigenen Kunden zu Werbeträgern zu machen. Die *Freundschaftswerbung* ist auch unter dem Namen »Kunden werben Kunden« bekannt. Ein Kunde erhält eine Prämie, wenn er einen weiteren Kunden vermittelt. In der Regel ist der Prämienerhalt von Bedingungen wie Mindestbestellwert oder Mindestbezugszeit bei Zeitschriften abhängig.

Freundschaftswerbung

10.3.1.3 Aktivierungstechniken

Um den Erfolg einer Direktwerbeaktion zu erhöhen, kann man sich verschiedener *Aktivierungstechniken* bedienen. Dies sind Werbegeschenke, Subskriptionspreise, Limitierung, Ware zur Ansicht, Preisausschreiben sowie negative und positive Option. Neben diesen Aktivierungstechniken ist ein Element vorab entscheidend und von grundsätzlicher Natur: der versprochene und später realisierte Kundennutzen.

Werbegeschenke

Die angloamerikanische Bezeichnung für *Werbegeschenke* lautet Free Gift oder auch Give Away (vgl. *Pepels* 1996, S. 488). In der folgenden Abbildung 91 sind einige Fachausdrücke näher erläutert.

Begriff	**Wert**	**Knüpfung an Bedingung?**	**Mit Logo des Unternehmens?**
Werbegeschenk	Gering	Nein	Ja
Zugabe	Maximal 1 DM (Zugabeverordnung)	Nein	Meist nein
Prämie	Hoch	Ja (z.B. bei Freundschaftswerbung oder als Treueprämie)	Nein
Preis	Hoch	In Verbindung mit Preisausschreiben oder Sweepstakes; Gewinnchance muß unabhängig von einem Kauf sein	Nein
Nonprofitartikel	Meist niedrig	Verkauf zum Einstandspreis (Strategie des preispolitischen Ausgleichs)	Nein

SCHÄFFER POESCHEL

Abb. 91: Begriffsabgrenzungen rund um das Werbegeschenk
Quellen: *Raphel/Erdman* 1988, S. 164, *Kirchner/Sobeck* 1990, S. 225f., 448f., 353f.

Subskriptionspreis

Die Aktivierungstechnik *Subskriptionspreis* ist auch unter der Bezeichnung Early Bird bekannt (vgl. *Pepels* 1996, S. 488). Hier handelt es sich um ein Angebot, das dem Kunden einen Vorteil verspricht, wenn er bis zu einem bestimmten Zeitpunkt bestellt, sei es, daß er ein Angebot nur dann erhält, sei es, daß er es zu einem niedrigeren Preis erhält. Ursprünglich kommt der Subskriptionspreis aus der Buchbranche, insbesondere bei Lexika. Dort sollte über den Subskriptionspreis in etwa die Nachfrage vorhergesagt werden, um die Auflage zu bestimmen, da bei der Buchherstellung ein großer Fixkostenblock entsteht.

Ware zur Ansicht

Ferner ist es in der Direktwerbung üblich, *Ware zur Ansicht* anzubieten. Diese Technik wird auch als Free Trial bezeichnet (vgl. *Pepels* 1996, S. 488). Da aber mehr oder weniger alle Versender eine Umtauschmöglichkeit anbieten, ist dies nur eine besondere Herausstellung eines speziellen Kundennutzens.

Limitierung

Die Technik der *Limitierung* wird angewendet, um den Empfänger zu einer frühzeitigen Bestellung zu bewegen. Die Limitierung des Angebots bezieht sich auf die zeitliche und/oder mengenmäßige Dimension (vgl. *Pepels* 1996), S. 488). Vielen Konsumenten ist allerdings bewußt, daß die frühzeitige Bestellung im Vordergrund steht und nicht die tatsächliche Knappheit der Ware. Ausnahmen davon sind Sonderangebote zu Saisonende, wie etwa bei Modeversendern.

Preisausschreiben und Sweepstake

Beim *Preisausschreiben* unterscheidet man, ob es sich um vorbestimmte Gewinner handelt oder nicht. Sind die Gewinner vor der Aussendung des Mailings über eine auf dem Mailing befindliche Losnummer vorbestimmt, spricht man von einem *Sweepstake* (vgl. *Pepels* 1996, S. 488). Durch diese Technik soll die Rücklaufquote erhöht werden, da der Empfänger neugierig ist und wissen will, ob er gewonnen hat. Meistens handelt es sich um wertvolle Preise wie beispielsweise Autos oder Fernreisen. Da durch die begrenzten Rücklaufquoten die Wahrscheinlichkeit, daß der Gewinner die Antwortkarte zurückschickt, gering ist, hat das Sweepstake den Vorteil, daß attraktive Preise ausgelobt werden können, sie aber aufgrund des fehlenden Response nicht immer ausgeben werden müssen. Grundsätzlich muß aus wettbewerbsrechtlichen Gründen die Gewinnchance unabhängig von einer Bestellung sein.

Negative und positive Option

Die *negative Option* wurde erstmals in den zwanziger Jahren vom amerikanischen Buchclub »Book-of-the-Month Club« verwendet (vgl. *Holland* 1992, S. 1). Diese inzwischen sehr umstrittene Technik bedeutet, daß der Interessent ausdrücklich widersprechen muß, wenn er die angebotene Ware *nicht* wünscht. Meistens ist der Artikel mit negativer Option auf dem Bestellformular mit Anzahl, Artikelnummer, Bezeichnung und Preis schon eingedruckt. Die Kritik z.B. von Verbraucherverbänden hat jedoch dazu geführt, daß diese Technik nur noch selten angewendet wird. Statt dessen sind die Direktmarketingunternehmen dazu übergegangen, die *positive Option* einzusetzen. Hier wird ebenfalls der Artikel auf dem Bestellschein vorab eingedruckt. Jedoch muß der Besteller ausdrücklich die Anzahl der gewünschten Artikel eintragen, so daß eine tatsächliche Bestellung vorliegt. Die negative Option findet bei Abonnentenwerbung noch Verwendung. Dort wird das Probeabonnement in ein reguläres Abonnement verwandelt, wenn der Kunde nicht widerspricht (vgl. *Dallmer* 1995, Sp. 485). Jedoch kann dies auch so interpretiert werden, daß es sich um zwei Verträge handelt, nämlich das Probeabonnement und das reguläre Abonnement. In diesem Fall würde es sich nicht um eine negative Option handeln.

10.3.1.4 Vor- und Nachteile von Direktwerbung aus Unternehmens- und Kundensicht

Abschließend sollen die Vor- und Nachteile der Direktwerbung übersichtsartig dargestellt werden (siehe Abbildung 92).

Vorteile	Nachteile
aus Unternehmenssicht	
• Zielmärkte können präzise festgelegt werden (Scharfschützenmethode statt Schrotflintenmethode) und damit geringere Streuverluste • Im Vergleich zur klassischen Werbung in Special-Interest-Printmedien meistens günstiger • Flexibler zeitlicher Einsatz bezüglich Zeitpunkt und Häufigkeit (im Vergleich zur Erscheinungsterminen von Printmedien) und kurzfristige Variationsmöglichkeit • Tests und Ergebnismessungen (Kosten und Erlöse) sind besser möglich als bei klassischer Werbung • Ansprache des Kunden ist individueller (Interessensgebiet des Kunden, zeitliche Streuung) • Ungeteilte Aufmerksamkeit des Empfängers: Beim Werbebrief beispielsweise ist der Kontakt unter dem zeitlichen Aspekt länger als beispielsweise bei einem Fernsehspot. • Unmittelbares und zeitnahes Feedback des Empfängers • Gerade im Industriegütermarketing preiswerter als der persönliche Verkauf • Der Wirkungsgrad einer gezielten und individuellen Kundenansprache ist höher • Direktmarketing lohnt sich auch bei kleinen Werbeetats und sehr speziellen Zielgruppen • Internationalisierung leichter möglich • Aktionen können besser vor Wettbewerber geheimgehalten werden	• Probleme bei Organisationen mit provisionsabhängigen Außendienstmitarbeitern (z.B. Versicherungen, Bausparkassen): Außendienstmitarbeiter hat Angst, daß ihm Kunden weggenommen werden und daß er die Kontrolle über den Verkaufsprozeß verliert. Es besteht die Gefahr, daß Kunde direkt abschließt und Beratung beim Außendienstmitarbeiter abfordert (Service-Klau). • Ungeeignet für Low-Interest-Produkte, da nicht genügend Aufmerksamkeit erreicht wird • Bei großer/breiter Zielgruppe hohe Portokosten • Begrenzungen durch Vorschriften der Post und technische Möglichkeiten, die aber im Zeitablauf immer geringer geworden sind • Erfolgswahrscheinlichkeit immer schwieriger zu prognostizieren, da inzwischen häufiger Einsatz von Direktwerbung auch von anderen Unternehmen • Adreßauswahl hinsichtlich intendierter Zielgruppe und Qualität bedarf großer Erfahrung
aus Kundensicht	
• Kunde fühlt sich individueller angesprochen (Kunde ist wer) • Kunde ist immer gut informiert (schneller Wandel bei Produkten) • Kein Zeitdruck	• Negatives Image der Direktmarketingbranche durch unseriöse Anbieter, die Produkte von zweifelhaftem Nutzen anbieten und durch Anbieter, die schlechte oder auch reißerische Mailings versenden

Abb. 92: Vor- und Nachteile der Direktwerbung im Vergleich zur klassischen Werbung aus Unternehmens- und aus Kundensicht
Quellen: *Dallmer* 1995, Sp. 480, *Holland* 1992, S. 9f. und 39, *Pepels* 1996, S. 495f., *Kotler/Bliemel* 1999, S. 1109ff.

10.3.2 Product Placement

10.3.2.1 Placement und Schleichwerbung

D

Unter Product Placement wird die geplante Plazierung von Marketingobjekten in einem zum Objekt passenden Umfeld verstanden, sofern diese im nichtwerblichen Teil der Medien erscheinen und die Plazierung gegen eine geldwerte Leistung erfolgt (vgl. *Behrens* 1996, S. 210, ausführlich vgl. *Marx* 1998, S. 9ff.).

Placement wird von Befürwortern meist stark von *Schleichwerbung* abgegrenzt und von Gegnern begrifflich und inhaltlich gleichgesetzt (vgl. *Auer/Kalweit/Nüßler* 1988, S. 53 sowie *Greffenius/Fikentscher* (1993), S. 52f.), da Schleichwerbung rundfunkrechtlich verboten ist (§ 7 Abs. 5 RfStV vom 31. Januar 1991 in der Fassung des Dritten Rundfunkänderungsstaatsvertrages vom 26. August bis 11. September 1996). Schleichwerbung wird als unbezahlte, sogenannte »erschlichene« Medialeistung definiert, da den betroffenen Werbeträgern eine Einnahmequelle verloren geht (vgl. *Bente* 1990, S. 38).

Schleichwerbung

Placement-Befürworter dagegen weisen den Vorwurf der Schleichwerbung entschieden zurück und argumentieren, daß Markenartikel zum Alltag gehören und somit auch in eine realistische Filmproduktion. Außerdem könne von Schleichwerbung nur gesprochen werden, wenn eine Plazierung dramaturgisch nicht notwendig sei und nur aus kommerziellem Interesse, ohne Rücksicht auf die Handlung vorgenommen wird (vgl. *Bente* 1990, S. 40).

10.3.2.2 Art des Placementobjekts

Die bei weitem größte Bedeutung im Rahmen von Placement kommt zweifellos den Markenprodukten zu, jedoch können nicht nur diese z.B. in einer Filmhandlung plaziert werden, sondern alle marktfähigen Produkte. Fächert man Placement im weiteren Sinne je nach Art des plazierten Objekts weiter auf, so kann man Placement im engeren Sinne, Image- oder Corporate Placement, Generic Placement und Replacement unterscheiden.

Placement im engeren Sinne

Product *Placement im engeren Sinne* umfaßt die Kommunikation für eine Marke, ein Produkt oder eine Dienstleistung (vgl. *Dinkel/Waldner* 1996, S. 2), wie z.B. die Plazierung eines BMW 750 im *James Bond-Film* »Der Morgen stirbt nie« (vgl. *Erdtmann* 1997, S. 1). Daneben gibt es noch Sonderformen des Product Placements im engeren Sinne. Service Placement (vgl. *Hormuth* 1993, S. 72) bedeutet die Darstellung eines ganzen Dienstleistungsangebots, so z.B.

die Präsentation des Schriftzuges *Marriott Hotel New York* im Film »Die Akte« (vgl. *Gill* 1997, S. 7). Beim Historic Placement werden Produkte oder Marken eines Herstellers aus der Zeit, in der die Spielfilmhandlung stattfindet, präsentiert (vgl. *Asche* 1996, S. 33, *Dörfler* 1993, S. 18). Spielt ein Film beispielsweise in den Dreißiger Jahren, wie der Film »Radio Days« von *Woody Allen*, so können z.B. alte Automodelle, die historischen Schriftzüge auf *Coca Cola-Dosen* oder damalige Getränkeautomaten dargestellt werden (vgl. *Gill* 1997, S. 9). Medien Placement bedeutet, daß Stars für selbst verfaßte Bücher, eigene Schallplatten oder neue Kinofilme werben (vgl. *Rühl* 1991, »Schleichwerbung hart an der Schmerzgrenze«, S. 24).

Wenn der Werbetreibende selbst als Filmproduzent auftritt und seine Produkte in der Handlung eine wichtige Rolle spielen, nennt man das Drama Placement (vgl. *Auer/Kalweit/Nüßler* 1988, S. 102f, *Meyerhoff* 1995, »Product Placement findet mehr Anklang«, S. 76f.). Eine etwas neuere Form des Product Placements ist das Music Placement, wobei neue Musikgruppen oder neue Lieder in ein Programmformat integriert werden. So spielten z.B. Mitglieder der Musikgruppe »just friends« in der RTL-Serie »Gute Zeiten, Schlechte Zeiten« mit und sangen ihr neuestes Lied innerhalb einer Folge (vgl. *Müller, O.* 1997, S. 118). Daneben gibt es auch noch die Möglichkeit, daß bestimmte Persönlichkeiten in einem Programmformat plaziert werden. So kann *Gerhard Schröders* Auftritt in »Der große Bellheim« als Personality Placement bezeichnet werden (vgl. *Diekhof* 1996, S. 96).

Image oder Corporate Placement

Image oder *Corporate Placement* bedeutet, daß das Gesamtthema und/oder der Inhalt eines Films auf ein Produkt, eine Marke oder ein Unternehmen zugeschnitten ist (vgl. *Auer/Kalweit/Nüßler* 1988, S. 98). Im Actionfilm »Top Gun« etwa wird die Ausbildung von US-Marinepiloten überaus positiv dargestellt (vgl. *Behrens* 1996, S. 211). Diese Form ist eher selten anzutreffen, da oftmals die Darstellung zu offenkundig erfolgt und somit der beabsichtigten Wirkungsweise des Product Placements widerspricht (vgl. *Müller, O.* 1997, S. 114). Eine Sonderform hiervon ist das Themen-Placement. Das heißt, daß sich die Handlung eines Films um ein bestimmtes Thema dreht. Diese Thema kann eine Region sein (siehe Country oder Location Placement, wie z.B. die Serie »Traumschiff« oder die »Schwarzwaldklinik« (vgl. *Meyerhoff* 1995, »Product Placement findet mehr Anklang«, S. 77) oder aber auch eine bestimmte Meinung (siehe Idea Placement) (vgl. *Wilde/Mehring* 1992, S. 1ff.).

Generic Placement

Beim *Generic Placement* im eigentlichen Sinn erfolgt die Kommunikation für eine Warengruppe oder Warengattung wie Sportschuhe oder Zigaretten. Dies wird auch als namenlose Plazierung eines Markenartikels bezeichnet (vgl. *Auer/Kalweit/Nüßler* 1988, S. 97). In diesem Sinn hat z.B. der Bayerische Rundfunk zum 500. Jahrestag der Entdeckung Amerikas einen Beitrag über die Geschichte des Tabaks gesendet, in dem Zigaretten und das Rauchen als ein Kulturgut dargestellt wurden. 90 Prozent der Produktionskosten für diesen Beitrag soll die Zigarettenindustrie übernommen haben (vgl. *Behrens* 1996, S. 210).

Das Generic Placement im weiteren Sinne plaziert Markenprodukte, die ohne Namensnennung allein aufgrund ihrer außergewöhnlichen Farbgestaltung oder Form von den Zuschauern erkannt werden (vgl. *Bosselmann* 1994, S. 38). Trotz fehlender Marken- oder Produktnamen bietet das Generic Placement Wettbewerbsvorteile, die sich insbesondere für den Marktführer positiv bemerkbar machen. So stieg der Absatz beim Marktführer *Dr. Oetker* durch die Plazierung von Götterspeise in der TV-Serie »Liebling Kreuzberg« (vgl. *Bente* 1990, S. 32).

Sonderformen des Generic Placements sind z.B. das Gemeinschaftsplacement in Form einer nicht markenbezogenen Plazierung oder Vermarktung einer Produktgruppe durch die Kooperation von Herstellern einer Branche (vgl. *Auer/Kalweit/Nüßler* 1988, S. 101, *Müller, O.* 1997, S. 109). Country oder Location Placement setzt Länder, Regionen oder Städte absatzwirksam in Szene und wird vor allem von der Tourismusbranche mit Erfolg betrieben (vgl. *Römer* 1997, S. 259ff.). Beim Idea Placement (Ideen Placement) werden Ideen, Meinungen und/oder Botschaften dem Zuschauer näher gebracht. Es wird versucht, die Einstellungen der Zuschauer zu bestimmten Themenbereichen zu beeinflussen (vgl. *Müller, O.* 1997, S. 110). Z.B. trat die Kirche bei der Serie »Schwarz greift ein« als Koproduzent auf, um dem Zuschauer die Idee »Kirche = christliche Nächstenliebe« nahezubringen (vgl. *Meyerhoff* 1995, »Werben mit dem Charme eines Geheimagenten«, S. 77).

Einige Sonderformen des Placements lassen sich nicht direkt den einzelnen Grundformen zuordnen. So könnte man das Country oder Location Placement, das Idea Placement und das Personality Placement ebenso dem Image oder Corporate Placement zuordnen wie dem Product Placement im engeren Sinne. Genauso gut läßt sich das Themen Placement dem Generic Placement unterordnen. Manchmal sind also die Grenzen fließend und so kommt es zu unterschiedlichen Einteilungen der Placementformen.

Replacement

Als eine Art Nebenform des Placements ist das sogenannte *Replacement* (auch Product Replacement genannt) sehr wichtig (vgl. *Müller, O.* 1997, S. 119). Hierbei wird von Herstellerseite versucht, Produkte von bestimmten Filmen fernzuhalten oder dafür zu sorgen, daß einzelne Szenen vor der öffentlichen Aufführung herausgeschnitten werden. Somit soll verhindert werden, daß die Produkte im ungewollten Umfeld (z.B. Sex- & Crime-Filme) dargestellt werden und so ein schlechtes Image erhalten. Das kann soweit gehen, daß für ein Replacement sogar gezahlt wird. Als einzig wirksames Mittel gegen eine ungewollte Plazierung hat sich jedoch nach Ansicht von Praktikern eine aktive Placementpolitik der Unternehmen erwiesen.

10.3.2.3 Art des Entgelts

Man unterscheidet zwischen monetären Zuwendungen, kostenlosem Überlassen der Produkte oder Bereitstellen von Dienstleistungen. So hat *BMW* der Produktionsgesellschaft für den *James Bond-Films* »Der Morgen stirbt nie« 17 Autos und einige Motorräder zur Verfügung gestellt (vgl. *Gill* 1997, S. 12). Ergebnissen des Product-Placement-Monitors 1998 zufolge sind Sachmittel die häufigste Form der Zuwendung (vgl. *Ramme/Waldner/Marx* 1998, S. 11f.). Oft werden aber nicht nur die zu plazierenden Produkte zur Verfügung gestellt, sondern auch weitere Leistungen erbracht. Zum Beispiel werden neben den Autos für die Filmproduktionen auch solche für Transporte während der Dreharbeiten bereit gehalten.

Allerdings unterbinden die auftraggebenden Sender sogar die Plazierungen mit finanziellen Zuzahlungen, wenn es sich nicht um Großkunden aus der TV-Werbung handelt. So hatte *Diebels* sein unübersehbares Placement in »Gute Zeiten – schlechte Zeiten« im Paket mit anderen Werbeformen bei RTL erkauft (vgl. *Ramme* 1999, S. B16). Aufgrund der rechtlichen Problematik (siehe Kapitel 12.4.3) werden die Verträge zwischen den Produktionsgesellschaften und den Unternehmen in der Praxis meist so gestaltet, daß von einer Kooperation die Rede ist, nicht aber von Placement gegen Entgelt.

10.3.3 Sponsoring

Sponsoring entwickelte sich erst in den achtziger Jahren zu einem wichtigen Kommunikationsinstrument (vgl. *Nieschlag/Dichtl/Hörschgen* (1997), S. 538).

D

Im Falle des Sponsoring stellt der Sponsor dem Gesponserten Geld oder Sachmittel zur Verfügung. Dafür erhält er Gegenleistungen, die zur Erreichung der Marketingziele beitragen sollen.

Diese liegen i.d.R. im Bereich der Kommunikation wie Erhöhung des Bekanntheitsgrades, Verbesserung des Images, Erhöhung der Kundenbindung und Demonstration gesellschaftlicher Verantwortung (vgl. *Bruhn* 1997, S. 241). So wird der Sponsor meistens gezeigt oder explizit genannt. Im Gegensatz dazu stützt sich das *Mäzenatentum* (Mäzen = Gönner oder Förderer von Künstlern) auf eine rein ideelle Basis (vgl. *Nieschlag/Dichtl/Hörschgen* (1997), S. 538).

Sponsoringarten

Sponsoringarten sind Sportsponsoring, Kultursponsoring, Sozialsponsoring, Umwelt- bzw. Ökosponsoring (vgl. *Weis* 1997, S. 425f.) und Wissenschaftssponsoring. Beispiele für Kultursponsoring sind die von *VW* gesponserten Rockkonzerte von *Genesis, Rolling Stones* oder *Pink Floyd*. Die deutsche *Nissan*-Tochter engagiert sich im Sozialsponsoring und unterstützt das Deutsche Kinderhilfswerk (vgl. *o. V.* 1999, »Sponsoring: Erst der Spot, dann der Sport«, S. 8). Eine relativ neue Form ist das Programmsponsoring (vgl. *o. V.* 1997, »Programmsponsoring: Boom«, S. 29). Dort gab es in den letzten Jahren einen Boom (Beispiele: *Kulmbacher Filmnacht, Dresdner Bank* zum Wetterbericht), der sich in einer Steigerung des Umsatzvolumens mit Programmsponsoring bei den deutschen Fernsehsendern von 67 Mio. DM in 1995 auf 152 Mio. DM in 1998 äußert (vgl. *o. V.* 1998, »Programmsponsoring: Weiter im Aufwind«, S. 28, Basis: Berechnungen von IP Deutschland).

Aufwendungen für Sponsoring

Die *Aufwendungen für Sponsoring* beliefen sich der *Internationalen Sportrechte GmbH* zufolge in Deutschland insgesamt auf rund 4 Mrd. DM im Jahr 1998. Davon flossen je 0,5 Mrd. DM ins Programm- und Kultursponsoring und je 0,2 Mrd. DM ins Sozial- und Ökosponsoring.

Der größte Anteil am Sponsoring entfällt auf den Sportbereich mit etwa 2,5 Mrd. DM (vgl. *o. V.* 1999, »Sponsoring: Erst der Spot, dann der Sport«, S. 8). Fußball, Tennis und Motorsport sind dabei zur Zeit die wichtigsten Sportarten. Dies sind Ergebnisse der Studie »Sponsoring-Klima 1999« von *Emnid* und *ISPR (Internationale Sportrechte Gesellschaft)*, die auf einer Befragung von Werbetreibenden und Agenturen basiert (vgl. *o. V.* 1999, »Sponsoring: Welche Sportarten gewinnen? «, S. 24). Für die Trikotwerbung werden z.B. mehr als 100 Mio. DM an die Fußball-Bundesligavereine gezahlt, davon erhält allein *Bayern München* 15 Mio. DM von *Opel* (vgl. *o. V.* 1999, »Sponsorenliga«, S. 106). In Zukunft besonders interessante Sportarten für Sponsoren sind Fun- und Trendsportarten, Motorsport/Formel 1, Fußball, Radsport, Skisport, Golf und Basketball (vgl. *o. V.* 1999, »Sponsoring: Welche Sportarten gewinnen?«, S. 24). Die Vorteile des Sportsponsoring liegen darin, daß der Nutzen schneller ablesbar ist als etwa beim Sozial- oder Kultursponsoring (vgl. o. V. (1998, »Sozialsponsoring soll Rettungsanker sein«), S. 43). Gerade die »telegenen« Sportarten wie etwas Fußball, Tennis oder Radsport ziehen viele Fernsehzuschauer an, so daß durch das Sponsoring viele Kontakte erzielt werden. Außerdem zeigen die Zuschauer – anders als bei der klassischen Werbung in den Werbeblöcken – weniger Reaktanz. Sie fühlen sich durch Sponsoreneinblendungen kaum gestört. Schließlich steht Sport für Dynamik, Teamgeist, Leistung, Kraft und Fair-

Vorteile des Sportsponsoring

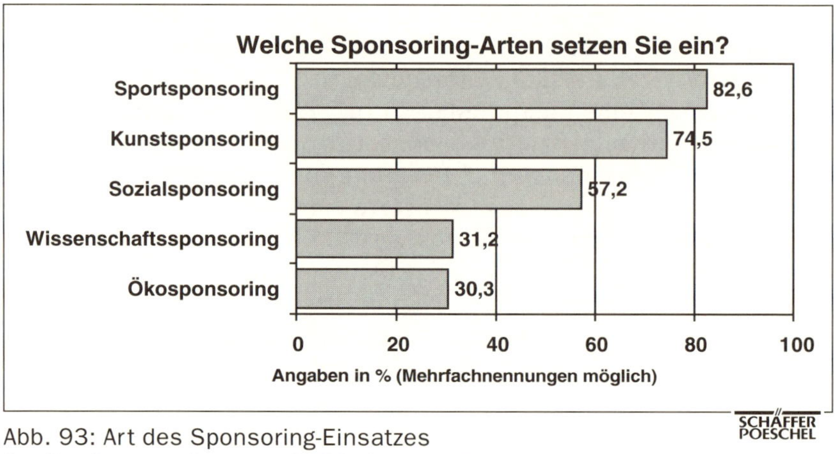

Abb. 93: Art des Sponsoring-Einsatzes
Quelle: *Sponsor-Partners* 1998 zitiert in *Bundesarbeitsgemeinschaft Sozialmarketing* 1998, o. S. Basis: Befragung in 1998 bei Entscheidern der 2.500 umsatzstärksten Unternehmen in Deutschland, n = 832

neß. Diese positiven Assoziationen des Sports sollen sich auf das Image der Sponsorenprodukte übertragen (vgl. *o. V.* 1999, »Sponsoring: Erst der Spot, dann der Sport«, S. 8).
Einer Unternehmensbefragung des Instituts für Marketing an der Bundeswehrhochschule in München zufolge werden die Sponsorengelder auf die einzelnen Sponsoringarten wie in der Abbildung 93 dargestellt, verteilt.

Wichtig ist die Integration des Sponsoring in die gesamte Kommunikationspolitik eines Unternehmens. So sind erhebliche Anstrengungen in die Verwertung und die Rahmenbedingungen zu investieren, wenn beispielsweise ein berühmter Sportler gesponsert werden soll. Hier ist insbesondere an die Öffentlichkeitsarbeit zu denken (vgl. *Pepels* 1997, »Einführung in die Kommunikationspolitik«, S. 144f. sowie Kapitel 10.2.4).

10.3.4 Events

D

Events sind besondere Ereignisse, die zur erlebnisorientierten Darstellung eines Produktes oder eines Unternehmens dienen (vgl. *Nickel* 1998 zum Thema Eventmarketing).

Häufig werden so neue Produkte vorgestellt (z.B. Einführung eines neuen Epiliergeräts bei *Philips* durch die konzeptionelle Einbindung in eine Agentenstory für die Produktmanager), Mitarbeiter motiviert (z. B. jährliche Außendienstkonferenzen bei *Knorr*) oder Jubiläen veranstaltet (z.B. die Einrichtung des größten Kochstudios der Welt zum 100-jährigen Bestehen von *Maggi*) (vgl. *Meffert* 1998, S. 717 und *Schütz* 1999, S. 58 zu den Beispielen). Ein Beispiel für ein solches Jubiläumsevent war die bundesweite *Tempo-Kinonacht* am 14. April 1999, in der der 70. Geburtstag von *Tempo* gefeiert wurde. In einer Kooperation mit *Cinemaxx* wurde ein Kinoabend in 19 deutschen Städten unter das Motto »Deutschland – zu Tränen gerührt« gestellt. Hintergrund war, daß Tempo schon früh mit seiner Werbung im Kino zu finden war und daß Kinogänger heute wie gestern bei herzzerreißenden Filmen verstohlen nach dem *(Tempo)*-Taschentuch greifen (vgl. *http://www.procterundgamble.de*).

Die Ziele des Eventmarketing sind vor allem qualitativer Art wie z.B. die Erhöhung des Bekanntheitsgrades, eine Verbesserung des Images oder die Schaffung von Sympathie. Ein zentraler Aspekt ist die Möglichkeit des Dialogs mit den Teilnehmern. Über den Dialog soll eine emotionale Spannung bei den Eventteilnehmern bewirkt werden. Gleichzeitig soll damit der allgemeinen Medienmüdigkeit der Konsumenten begegnet werden (vgl. *Meffert* 1997, S. 110ff. sowie *Meffert* 1998, S. 714f.).

10.3.5 Merchandising

D

Merchandising umfaßt den Verkauf von Produkten mit einem Symbol des werbetreibenden Unternehmens (vgl. *Böll* 1999 zum Thema Merchandising). Dabei handelt es sich aber nicht um die Kernprodukte des Unternehmens.

B

So ist der Feuersalamander *Lurchi* aus dem Markenzeichen der Kornwestheimer Schuhfabrik *Salamander* entstanden und fungiert damals wie heute als Sympathieträger, insbesondere für die Zielgruppe der Kinder. Der Schuhhersteller *Salamander* gibt schon seit 1937 die *Lurchi-Abenteuerhefte* heraus. Inzwischen gibt es Shirts mit der aufgedruckten schwarz-gelben Haut des Salamanders, Hörcassetten mit den *Lurchi-Abenteuern* und sogar ein schwarz-gelb geflecktes *Lurchi-Handy* (vgl. *Saverscheck* 1999, S. B9).

Die größte Bedeutung hat Merchandising im Zusammenhang mit dem Verkauf filmbezogener Waren wie CDs, Spielzeug oder Textilien. Vor dem Hintergrund bekannter Namen, die Produkten oder Dienstleistungen einen Mehrwert verschaffen, werden beispielsweise CDs mit der Filmmusik von *Titanic* gut verkauft. Sinnvoll ist ein integriertes Vermarktungskonzept. Bei Filmen ist der Erfolg im

Kino oft die erste Kette im Glied der Verwertung, die eine weltweit erfolgreiche Zusatzvermarktung garantiert (vgl. *Flebbe* 1999, S. B4).

Zeitgleich mit dem Kinostart des neuen *Werner-Film* werden *Werner-Figuren* in vielen Handelsunternehmen angeboten. Die Plastikfiguren werden von *Revell* in Lizenz hergestellt. Wichtig dabei ist ein Schutz der Exklusivrechte, um der Markenpiraterie zu begegnen. Ferner werden Bücher, Kalender, Schreibutensilien, Tassen, Kleidung, Feuerzeuge, Videos und CDs von *Werner* angeboten (vgl. *http://www.werner.de* mit den Angeboten des *Werner-Shops*).

Auch bei Musicals und bei Fußballvereinen gibt es Merchandising. So werden z.B. Tassen oder Handtücher mit einem Motiv von »*Die Schöne und das Biest*« verkauft. Bekannte Fußballvereine verbessern ihre Einnahmesituation durch Merchandising teilweise erheblich, indem Handtücher, Körperpflegeprodukte, Feuerzeuge, T-Shirts etc. als Fanartikel verkauft werden.

10.4 Messung der Kommunikationseffizienz

Ökonomischer und außerökonomischer Erfolg

Um den Kommunikationserfolg zu messen, unterscheidet man den ökonomischen Erfolg, der in Werteinheiten meßbar ist (Umsatz, Gewinn), und den kommunikativen oder außerökonomischen Erfolg, der z.B. über Werbeerinnerung, Wiedererkennungsrate, Bekanntheitsgrad oder Image gemessen wird (vgl. *Hüttner* 1997, S. 403). Das Problem der klassischen Werbung besteht darin, daß sich der

		Meßinhalt	
		Werbewirkung	**Werbeerfolg**
Meßzeitpunkt	Ex-Ante = Prognose	Werbewirkungsprognose: Vorhersage der Zielerreichung in Form von Images -> Einstellungen	Werbeerfolgsprognose: Vorhersage der Zielerreichung inForm von Form von Kaufakten -> Verhalten
Meßzeitpunkt	Ex-Post = Kontrolle	Werbewirkungskontrolle: Überprüfung der Zielerreichung in Form von Images -> Einstellungen	Werbeerfolgskontrolle: Überprüfung der Zielerreichung inForm von Form von Kaufakten -> Verhalten

Abb. 94: Werbewirkung und Werbeerfolg
Quelle: *Pepels* 1997, »Einführung in die Kommunikationspolitik«, S. 275

Beitrag der Werbung zum Umsatz oder Gewinn nicht isolieren läßt. *Henry Ford* hat dies einmal sehr plakativ ausgedrückt: »Die Hälfte der Werbeaussagen ist rausgeworfenes Geld – wir wissen leider nur nicht welche Hälfte.«

Ferner wird zwischen *Werbewirkung* und *Werbeerfolg* differenziert (vgl. *Pepels* 1997, »Einführung in die Kommunikationspolitik«, S. 275). Dabei wird laut *Huth* und *Pflaum* unter Werbewirkung der außerökonomische Erfolg verstanden (vgl. *Hüttner* 1997, S. 402). Unterscheidet man noch in eine ex ante- und in eine ex post-Betrachtung, so ergibt sich die in Abbildung 94 dargestellte Matrix der Werbeeffizienzmessung (vgl. *Hüttner* 1997, S. 403).

10.4.1 Werbewirkungsprognose

Bei Werbewirkungsprognosen werden Verfahren der Einstellungsmessung eingesetzt (vgl. *Pepels* 1997, »Einführung in die Kommunikationspolitik«, S. 275ff.). Das Objekt der Einstellung ist ein Werbemittel, z.B. eine bestimmte Anzeige, ein Plakat oder ein TV-Spot. In Frage kommen z.B. Tiefeninterviews oder Gruppendiskussionen (vgl. *Schramm, K.* 1999 zu Verfahren der Werbewirkungsforschung).

10.4.2 Werbeerfolgsprognose

Bei der Werbeerfolgsprognose geht es um die Vorhersage des Kaufverhaltens (vgl. *Pepels* 1997, »Einführung in die Kommunikationspolitik«, S. 283ff.). Dies kann durch Befragungsexperiment erfolgen, bei denen Probanden der Experimentalgruppe (mit Werbemittel) und der Kontrollgruppe (ohne Werbemittel) gefragt werden, ob sie eine Produkt kaufen würden. Weitere Verfahren sind Storetests, Testmarktsimulationen oder Tests in Direktwerbeaktionen.

Tests

Einer der Vorteile der Direktwerbung ist, daß mit Hilfe von *Tests* detaillierte Aussagen über den Erfolg gemacht werden können. Tests sind ein Experiment: Eine unabhängige Variable wird bei Konstanthaltung der übrigen unabhängigen Variablen variiert. Dann wird der Einfluß auf die abhängige Variable geprüft. Dabei ist die abhängige Variable der vom Unternehmen festgelegte Erfolgsparameter (z.B. Nettoresponsequote). Es darf immer nur *eine* unabhängige Variable variiert werden, da das Ergebnis sonst nicht zugerechnet werden kann (vgl. *Raphel/Erdman* 1988, S. 212ff., *Dallmer* 1989, S. 545).

Arten von Tests sind Erfolgstests von Werbemitteln oder Bestelltests für die Disposition. Bei Vorab-Aussendung eines Katalogs an beispielsweise 10 Prozent der Katalogempfänger, können schon

Tendenzen abgeleitet werden, welche Artikel »gut laufen« und welche weniger.

Voraussetzung für die Durchführung von Tests ist, daß die Testgruppen sauber gekennzeichnet werden (vgl. *Raphel/Erdman* 1988, S. 212ff.). Dies geschieht z.B. durch einen Code auf der Antwortkarte bei personalisierten Mailings oder auf Anzeigencoupons.

10.4.3 Werbewirkungskontrolle

Recall- und Recognitiontests

Im Zusammenhang mit der Werbewirkungskontrolle sind *Recall- und Recognitiontests* die häufigsten Verfahren (vgl. *Pepels* 1997, »Einführung in die Kommunikationspolitik«, S. 286ff.). Unter Recall versteht man die Erinnerung an beworbene Produkte und an Kommunikationsinhalte. Recognition ist die Wiedererkennung von Werbemitteln. Recognitiontests schließen die Erforschung der richtigen Zuordnung zum werbetreibenden Unternehmen mit ein. Auch dies ist ein wichtiger Bestandteil der Werbewirkungsforschung. So wird der Fuchs der Bausparkasse Schwäbisch Hall oft der Werbung von Wüstenrot zugeordnet.

10.4.4 Werbeerfolgskontrolle

Die Werbeerfolgskontrolle überprüft Kaufakte, Umsatz, Absatz, Kundenzahl, Kundentreue etc. (vgl. *Pepels* 1997, »Einführung in die Kommunikationspolitik«, S. 290ff.). Eine sehr gute Möglichkeit der Werbeerfolgskontrolle bieten Direktwerbeaktionen. Dazu werden folgende Kriterien verwendet (vgl. *Lehr* 1991, S. 516ff.):

Werbeerfolgs-kriterien

- Akquisitionserfolg
- Umwandlungserfolg
- Aufbauerfolg.

Bei der Planung einer Direktwerbekampagne sind diese Erfolgskriterien zu berücksichtigen. Um die Erfahrungen der Vergangenheit für die Kampagnen in der Zukunft zu nutzen, ist ein ausführliches Databasemanagement erforderlich (siehe Kapitel 4 über Databasemarketing). Denn die Auswertung dieser Erfolgskriterien stellt hohe Anforderungen an das Konzept der Database, da die Verfolgung eines Kunden über mehrere Perioden impliziert, daß alle Änderungen dieser Person (Umzug, Namensänderung, Aufsplittung in mehrere Haushalte bei erwachsen gewordenen Kindern oder bei Scheidung, oder Zusammenlegung von Haushalten) mit berücksichtigt werden müssen (vgl. *Lehr* 1991, S. 517).

Akquisitionserfolg

Unter *Akquisitionserfolg* versteht man den Erfolg in der Phase der Neukundengewinnung. Er wird in der Regel durch den Response gemessen. Betrachtet wird meistens die Nettoresponsequote. Bei Mailings sind dies die Anzahl der Reagierer bezogen auf die ausgesendeten Mailings abzüglich der Werbemittelretouren. Im Telefonmarketing spricht man von Nettokontakten. Das sind die Reagierer bezogen auf die erreichten Zielpersonen.

Beim Akquisitionserfolg geht es vorerst nur um die Zahl der Interessenten, unabhängig davon, ob ein Kauf getätigt wird oder nicht. Bei Betrachtung der Kostenseite spricht man von CPI (Costs per Interest).

Umwandlungserfolg

Beim *Umwandlungserfolg* geht es um die Anzahl der Interessenten, die in Käufer umgewandelt werden konnten. Dabei wird nicht nur die Anzahl der umgewandelten Interessenten berechnet sondern auch der Deckungsbeitrag aus dem Erstkauf (meistens Rohertrag). Bei Betrachtung der Kostenseite spricht man von CPO (Costs per Order).

Aufbauerfolg

Der *Aufbauerfolg* hat einen längerfristigen Charakter. Der Erfolg schlägt sich nieder in

- Folgekaufrate:
  Anzahl der Erstbesteller, die (mindestens) einen weiteren Kauf tätigen
- Haltbarkeit:
  Anzahl Perioden, in denen eine Kundenbeziehung besteht
- Investitionskennziffer:
  Break-Even-Point auf der Zeitachse, bei dem Werbekosten von den Deckungsbeiträgen überholt werden
- Kundenwert (vgl. *Wiedemann* 1997, S. 26):
  Wert eines Kunden, der in kumulierten Deckungsbeiträgen über die gesamte Kundenhistorie gemessen wird.

Ein hoher Aufbauerfolg spiegelt sich in einer hohen Anzahl Kunden auf der höchsten Stufe der Loyalitätsleiter wider. Schon der berühmte amerikanische Marketingprofessor *Theodore Levitt* hat gesagt »Aufgabe des Unternehmens ist es, Kunden aufzubauen, keine Produkte und keine Dienstleistungen« (zitiert in *Wiedemann* 1997, S. 26).

Aufgaben

1. Was sind die Hauptaufgaben der Kommunikationspolitik?
2. Was ist der Unterschied zwischen persönlicher Kommunikation und Massenkommunikation?
3. Wie werden Below the Line Aktivitäten von Above the Line Aktivitäten abgegrenzt?

4. Was versteht man unter der AIDA-Formel?
5. Erläutern Sie den Unterschied zwischen einem Werbemittel und einem Werbeträger.
6. Was ist ein Tausenderpreis? Was soll damit beurteilt werden?
7. Sie sind Werbeleiter(in) bei *Yamaha* und möchten eine Anzeige für ihren Chopper 125 ccm schalten. Zielgruppe sind (potentielle) Motorradfahrer. Aus einer Marktforschungsstudie wissen Sie, daß sich 30 % der Männer aber nur 5 % der Frauen für Motorräder interessieren. Berechnen Sie den qualitativen Tausenderpreis für folgende drei Alternativen:
   a) Anzeige in »Motorrad« (Auflage: 210.000 Anzeigenpreis: 28.000 DM
   b) Anzeige in »Für Sie« (Auflage: 660.000, Anzeigenpreis: 48.000 DM
   c) Anzeige in »Bunte« (Auflage: 740.000 Anzeigenpreis: 52.000 DM.

   Berücksichtigen Sie dabei, daß der Anteil der Leserinnen bei »Motorrad« 10 % beträgt, bei »Für Sie« 90 % und bei »Bunte« 60 %. Hinweis: Sie müssen eine Annahme treffen. Bitte formulieren Sie diese explizit.
8. Welche Probleme gibt es bei der TV-Werbung aus Sicht der Werbetreibenden?
9. Was sind die Aufgaben der Verkaufsförderung?
10. Was versteht man unter Händler-, Verkaufs- und Verbraucherpromotions?
11. In welchen Fällen eignet sich der persönliche Verkauf? Wann ist er eher ungeeignet?
12. Nennen Sie die Instrumente der Öffentlichkeitsarbeit.
13. Was versteht man unter Product Placement und unter welchen Bedingungen würden Sie es einsetzen?
14. Was versteht man unter Sponsoring und welche Arten werden unterschieden?
15. Dirk Süßlich, der Leiter der Abteilung Marketing bei der *Speedy GmbH* hält an seiner Idee fest, den Absatz des Kleintransporter mit Direktmarketing zu forcieren. Zielgruppe sind insbesondere kleine Handwerksbetriebe.
   a) Welche Möglichkeiten der Neukundengewinnung hat Süßlich im Rahmen des Direktmarketing?
   b) In der letzten Abteilungsbesprechung wurde ein Jahresbudget von 1 Mio. DM für Couponanzeigen in Fachzeitschriften eingeplant, das nicht überschritten werden sollte. Süßlichs neu eingestellter Marketingassistent hat folgende Werte zusammengestellt:

Zeitschrift	Auflage	Erscheinungsweise	Kosten Anzeige 4-farbig 1/1
Der Installateur	10.000	quartalsweise	7.500
Gas und Wasser	25.000	monatlich	10.000
Die Schreinerei	35.000	zweimonatlich	12.000
Der Bäcker	90.000	wöchentlich	20.000
Garten- und Landschaftsbau	65.000	monatlich	15.000
Landwirtschaft heute	85.000	monatlich	17.000
Fassadengestaltung	25.000	zweimonatlich	10.000
Das moderne Dach	12.000	quartalsweise	5.000

Stellen Sie einen Mediaplan auf. Berücksichtigen Sie dabei nur Titel mit einem TKP von maximal 500 DM.

c) Nennen Sie Möglichkeiten, wie die Werbeeffizienz der von Süßlich initiierten Neukundengewinnungsmaßnahmen gemessen werden kann.

11 Marketingkonzeption

Lernziele

Im elften Kapitel soll der Leser

- Den Unterschied zwischen Zielen, Strategien und Instrumenten kennenlernen
- Analyseinstrumente der strategischen Planung kennenlernen
- Einen Überblick über diverse Marketingstrategien erhalten
- Lernen, wie eine Marketingkonzeption, ein Marketingplan und ein Marketingbudget erstellt werden
- Die Bedeutung des Controlling kennenlernen.

11.1 Ebenen der Marketingkonzeption

D

Unter einer Marketingkonzeption versteht man einen schlüssigen, ganzheitlichen Handlungsplan (»Fahrplan«), der sich an angestrebten Zielen (»Wunschorte«) orientiert, die für ihre Realisierung geeignete Strategie (»Route«) wählt und auf ihrer Grundlage die adäquaten Marketinginstrumente (»Beförderungsmittel«) festlegt (vgl. *Becker* 1998, S. 5 und siehe Abbildung 95).

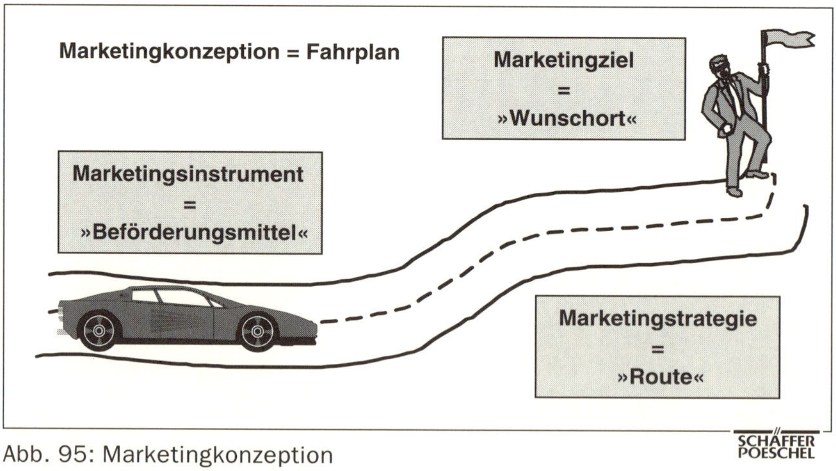

Abb. 95: Marketingkonzeption
Quelle: *Becker* 1998, S. 5

Konzeptionsebene

Der aufzustellende Fahrplan besteht aus drei Konzeptionsebenen, die hinsichtlich des Konkretisierungsgrades von Ebene zu Ebene

Abb. 96: Ebenen der Marketingkonzeption
Quelle: *Becker* 1998, S. 4

zunehmen. Auf der ersten Ebene werden die Marketingziele festgelegt. In der zweiten Ebene erfolgt die Auswahl der Strategien, während in der dritten Ebene die Marketinginstrumente bestimmt werden (siehe Abbildung 96).

11.2 Marketingziele

Marketingziele werden aus den Unternehmenszielen abgeleitet (siehe auch Kap. 1.4). Besonderes Gewicht muß auf die Operationalisierung der Ziele gelegt werden, da nur dann eine sinnvolle Basis für Controllingaufgaben geschaffen werden kann. Ähnlich einem Regelkreislauf werden die Ziele ständig neu überdacht und ggf. an eine neue Situation angepaßt. In vielen Unternehmen geschieht dies durch eine jährliche Erarbeitung eines Marketingplans mit anschließender Budgetplanung.

11.3 Marketingstrategien

11.3.1 Grundsätzliches

Marketingstrategien entsprechen den Routen, die zu den gesetzten Zielen hinführen. Sie beschreiben das »Wie« innerhalb einer Marketingkonzeption. Um diese Frage zu beantworten, ist es notwendig, die Ist-Situation zu beschreiben. Dies geschieht mit den im folgenden beschriebenen Analyseinstrumenten.

11.3.2 Analyseinstrumente der strategischen Marketingplanung

11.3.2.1 SWOT-Analyse

Die SWOT-Analyse untersucht die Stärken, Schwächen, Chancen und Risiken eines Unternehmens (vgl. *Kotler/Bliemel* 1999, S. 121). In manchen Büchern werden die Stärken-Schwächen-Analyse und die Chancen-Risiken-Analyse auch als zwei getrennte Analyseinstrumente dargestellt. Im Rahmen der SWOT-Analyse beziehen sich die Stärken und Schwächen (Strengths und Weaknesses) auf das Unternehmen, während die Chancen und Risiken (Opportunities und Threats) das gesamte Marketingumfeld betreffen (siehe Abbildung 97). Eine SWOT-Analyse ist insbesondere dann hilfreich, wenn sich ein Unternehmen neu ausrichten möchte oder muß und wenn es sich auf Auslandsmärkten engagieren will.

	+	-
Unternehmen	**S** Strengths = Stärken	**W** Weaknesses = Schwächen
Markt	**O** Opportunities = Chancen	**T** Threats = Risiken

Abb. 97: SWOT-Analyse

11.3.2.2 Gap-Analyse

Die Gap-Analyse (gap = englisch für Lücke) zielt darauf ab, die Lücke zwischen tatsächlicher bzw. prognostizierter realistischer Zielerreichung und dem ursprünglichem Plan zu schließen. Wichtig dabei ist die Suche nach Gründen für die Entstehung der Lücke, um daraus Maßnahmen zur Schließung der Lücke zu entwickeln.

11.3.2.3 Produktlebenszyklus-Analyse

Das Modell des Produktlebenszyklus ist ein Instrument, mit dessen Hilfe Programm- oder Sortimentsstrukturanalysen durchge-

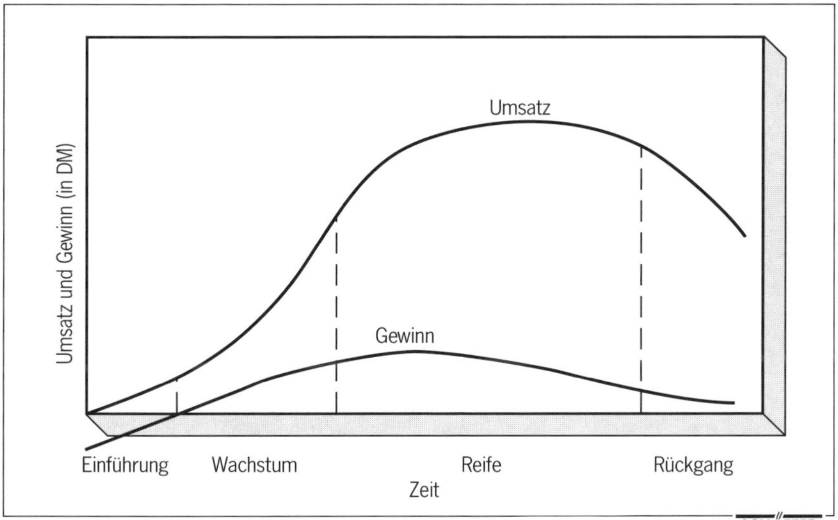

Abb. 98: Produktlebenszyklus
Quelle: *Kotler/Bliemel* 1999, S. 566

führt werden können. Es ist ein Modell, bei dem Marktreaktionen (gemessen in Gewinn- und Umsatzeinheiten) auf der Ordinate (Y-Achse) und die Zeit auf der Abszisse (X-Achse) abgetragen werden (siehe Abbildung 98).

Modell

Das *Modell* geht davon aus, daß jedes Produkt zunächst steigende, dann sinkende Grenzumsätze aufweist und daß jedes Produkt bestimmte Phasen durchläuft, unabhängig davon, ob ein Produkt nur wenige Monate oder Jahrzehnte »lebt«, d.h. auf dem Markt ist. Die Phasen des Produktlebenszyklus werden in Abbildung 99 beschrieben.

Die Lebenszyklus-Analyse im Rahmen der strategischen Marketingplanung beruht darauf, einzelne Produkte oder Produktgruppen den Phasen des Produktlebenszyklus zuzuordnen. Ziel ist es, eine ausgewogene Mischung hinsichtlich momentaner Gewinnmaximierung und zukünftiger Marktorientierung (Innovationen) zu haben.

Kritik

Nicht zu vernachlässigen ist jedoch die *Kritik* am Produktlebenszyklus-Modell. Zum einen gibt es keinen empirischen Nachweis für die »Richtigkeit« des Modells. Zum anderen gibt es keine eindeutigen Kriterien zur Abgrenzung der einzelnen Phasen. Zum Beispiel ist es schwierig, bei einem Umsatzrückgang bereits vom Beginn der Degenerationsphase zu sprechen, da es sich um einen vorübergehenden Umsatzrückgang handeln könnte. Der wichtigste Kritikpunkt jedoch besteht darin, daß die Ausprägung der Marktreaktion in Form von Umsatz oder Gewinn im wesentlichen von Marketingaktivitäten des Unternehmens beeinflußt wird und nicht vom Zeitablauf.

Kriterium	Einführungsphase	Wachstumsphase	Reifephase	Marktsättigungsphase	Degenerationsphase
Umsatz	Langsamer Anstieg	Erst überproportionaler Zuwachs, dann Stabilisierung	Wächst, aber Zuwachsraten sinken	Erreicht sein Maximum	Sinkt in Richtung Null (Substitutionsprodukte, technischer Fortschritt)
Ziel	Marktdurchbruch	Marktdurchdringung ggf. sogar schon Ersatzbeschaffungen	Weitere Marktausdehnung	Stabilisierung des erreichten Niveaus	Keine weiteren Investitionen in das Produkt (Produkt verbessern oder vom Markt nehmen)
Kosten	Hohe Kosten für Forschung und Entwicklung und Einführungswerbung	Proportionale Kosten durch Produktion, Werbebudget geringer als in Einführung	Bleiben auf Niveau	Steigen etwas durch gestiegenes Werbebudget zur Verlängerung der Sättigungsphase	Gehen wieder etwas zurück durch geringeres Werbebudget; gehen zurück, sobald Produkt vom Markt genommen ist
Gewinn	Erst zum Ende Break-Even-Point	Erreicht hier seine maximalen Zuwachsraten	Steigt, allerdings mit geringeren Zuwachsraten	Erreicht hier sein Maximum	Sinkt auf Null, geht über in Verlust, wenn das Produkt nicht rechtzeitig vom Markt genommen wird

Abb. 99: Charakterisierung der Phasen des Produktlebenszyklus SCHÄFFER POESCHEL

Dennoch ist das Modell geeignet, wichtige Entscheidungshilfen im Marketing zu geben, indem z.B. im Rahmen der Sortimentsplanung und -steuerung eine ungefähre Positionsbestimmung erfolgen kann, um Entscheidungen im Rahmen der Marketinginstrumente vorzubereiten.

11.3.2.4 Portfolio-Analyse

Die Portfolio-Analyse versucht, die strategische Position eines Unternehmens auf hochaggregierter Ebene zu veranschaulichen. Ziel der Portfolio-Analyse ist die Planung eines ausgewogenen Produktprogramms, das die Marketingziele berücksichtigt. Die Portfolio-Analyse wurde ursprünglich von der US-amerikanischen Unterneh-

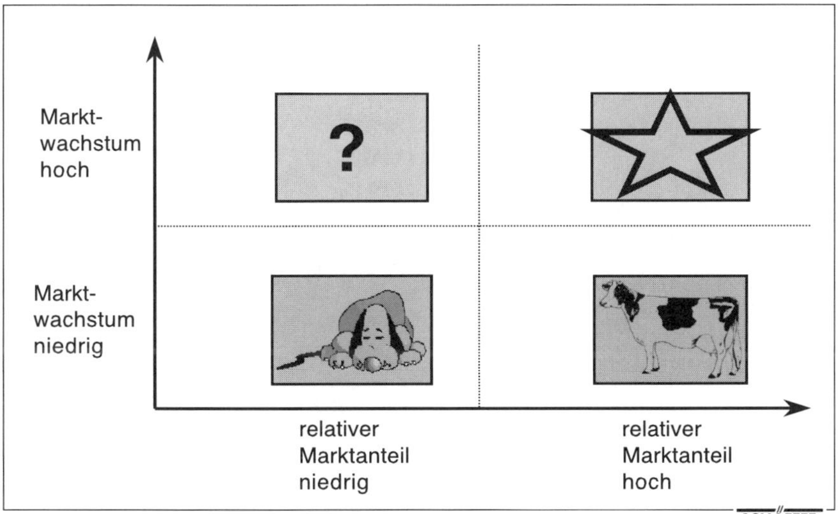

Abb. 100: Portfolio-Analyse nach *Boston Consulting Group*
Quelle: *Kotler/Bliemel* 1999, S. 102ff.

mensberatungsgesellschaft *Boston Consulting Group* entwickelt. Es handelt sich um eine *4-Felder-Matrix* mit den Achsen relativer Marktanteil (Absatzvolumen des eigenen Unternehmen im Verhältnis zu Absatzvolumen des größten Konkurrenten) und dem Marktwachstum.

4-Felder-Matrix

Questionmarks, Stars, Cash Cows, Dogs

Die vier Felder werden mit Questionmarks, Stars, Cash Cows und Dogs bezeichnet. *Questionmarks* sind Produkte, die sich meist in der Einführungsphase befinden. Sie versprechen ein hohes Wachstum, haben aber noch keinen nennenswerten Marktanteil. Die *Stars* sind in der Wachstumsphase und bringen Gewinne hervor, die aber zur Sicherung der Marktposition reinvestiert werden sollten. Produkte in der Kategorie *Cash Cows* haben die Reifephase im Lebenszyklus erreicht. Sie erzielen hohe Gewinne. Von einem weiteren Marktwachstum wird nicht mehr ausgegangen. Die *Dogs* sind Produkte in der Sättigungs- oder Degenerationsphase. Sie sollten vom Markt genommen werden.

Der Theorie zufolge sollte ein Unternehmen eine ausgewogene Mischung aus Stars, Cash Cows und Questionmarks aufweisen. Problematisch ist hier jedoch die Beschaffung der Daten. So muß für jedes Produkt im Produktportfolio der Umsatz des Wettbewerbsprodukts ermittelt und das Marktwachstum prognostiziert werden.

SmithKline Beecham haben eine Neubewertung ihres Produktportfolios vorgenommen und eine Portfolio-Analyse für ihre Produkte durchgeführt. Abbildung 101 stellt die Portfolios für die Jahre 1985 und 1997 im Vergleich dar.

B

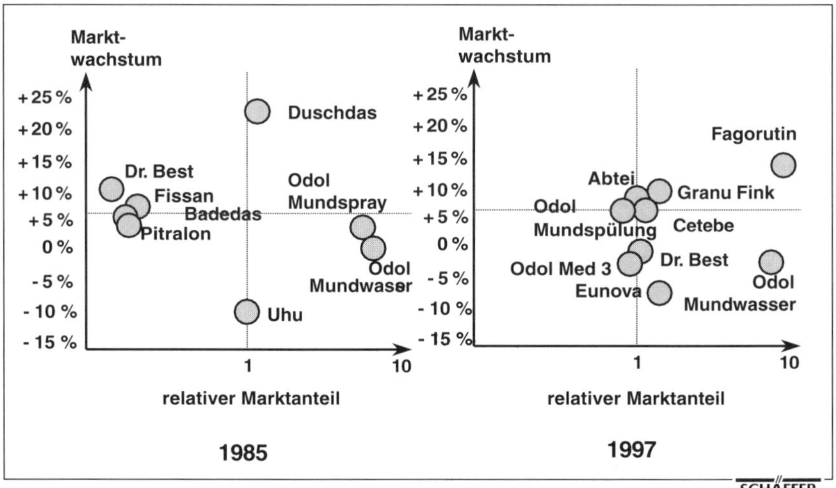

Abb. 101: Produktportfolios für *SmithKline Beecham* in den Jahren 1985 und 1997
Quelle: *Scheske/McPherson/Hansen* 1998, S. 100

11.3.3 Ausgewählte Marketingstrategien

Ausgehend von der Definition des Begriffs Marketing (siehe Abbildung 1) stellt Marketing durch die konsequente Ausrichtung an den Bedürfnissen der Nachfrager und den Zielen des Unternehmens eine Führungskonzeption des Unternehmens dar. Strategien stellen Grundsatzregelungen von Unternehmen dar, die mittel- bis

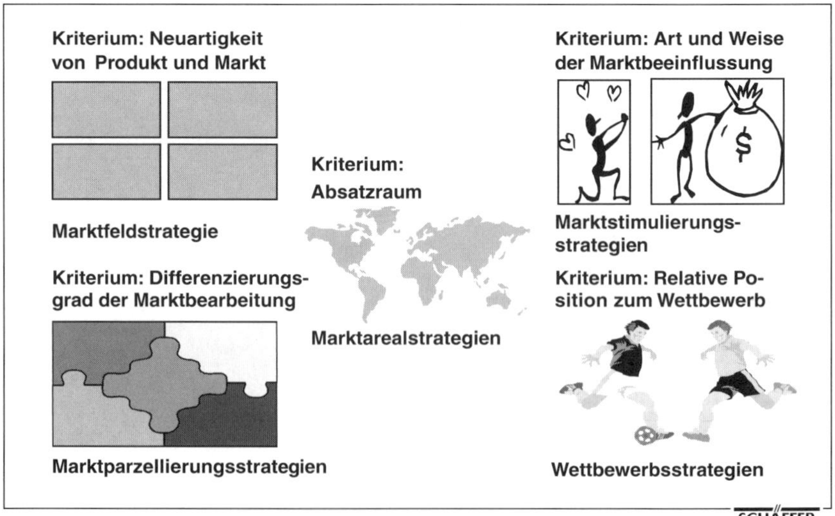

Abb. 102: Marketingstrategien – Gliederung
Quelle: *Becker* 1998, S. 104ff.

langfristig angelegt sind, auf ein Ziel ausgerichtet sind und den Charakter einer Leitlinie haben. Strategisches Marketing ist dadurch gekennzeichnet, daß aus einem vorgegebenen Marketingzielsystem (»Zielort«) eine »Route« entwickelt wird, in der sich die Nutzung der marketingpolitischen Instrumente (»Beförderungsmittel«) im Zeitablauf bis zur endgültigen Zielerreichung Schritt für Schritt vollziehen muß (siehe Abbildung 95). Es gibt eine Vielzahl von Beschreibungen von *Marketingstrategien*, die nach verschiedensten Aspekten differenziert werden. Hier erfolgt in Anlehnung an *Becker* eine Gliederung nach den in der Abbildung 102 gezeigten Kriterien.

Differenzierung Marketingstrategien

11.3.3.1 Marktfeldstrategien

Die vier Marktfelder nach *Ansoff* werden nach der Neuartigkeit von Produkt und Markt aus Anbietersicht unterteilt (siehe Abbildung 103).

Marktdurchdringungsstrategie

Bei der *Marktdurchdringungsstrategie* wird das bisherige Produkt auf dem angestammten Markt verkauft. Hier möchte ein Unternehmen bisher ungenutzte Potentiale ausschöpfen, indem bisherige Nichtkäufer oder Wettbewerbskunden gewonnen werden und indem die Verwendungsintensität der bisherigen Käufer erhöht wird (vgl. *Becker* 1998, S. 149ff.).

Marktentwicklungsstrategie

Die *Marktentwicklungsstrategie* zielt auf die Erschließung von neuen Märkten unter Beibehaltung des bisherigen Produktes ab. Generell sollen zusätzliche Markträume durch die Beseitigung weißer Flecken auf der »Potentialkarte« geschaffen werden. Ferner ist es beabsichtigt, in Zusatzmärkte einzudringen (z.B. über neuen Verwendungszweck) oder neue Teilmärkte zu erschließen (z.B. über Produktdifferenzierung) (vgl. *Becker* 1998, S. 152ff.). Beispielsweise könnte ein Pralinenhersteller versuchen, seine Pralinen nicht nur als Geschenk zu positionieren, sondern auch zum eigenen Verzehr.

Marktfelder nach Ansoff:	Gegenwärtiger Markt	Neuer Markt
Gegenwärtiges Produkt	Marktdurchdringung	Marktentwicklung
Neues Produkt	Produktentwicklung	Diversifikation

Abb. 103: Marktfelder nach Ansoff
Quelle: *Becker* 1998, S. 104

Produktentwicklungsstrategie

Bei der *Produktentwicklungsstrategie* (auch Innovationsstrategie) werden permanent Verbesserungen des Produktes realisiert oder sogar neue Produkte entwickelt, um den Abnehmern auf angestammten Märkten etwas Neues zu bieten (vgl. *Becker* 1998, S. 156ff.). Diese Entwicklung kann man auf dem Markt für Publikumszeitschriften beobachten. Insgesamt werden kaum mehr Zeitschriften verkauft als vor zehn Jahren. Die gestiegene Titelzahl jedoch zeigt, daß die Verlage sich bemühen, dem Leser immer neue Angebote zu unterbreiten. Dies führt zu stark verkürzten Produktlebenszyklen (vgl. *Fürstner* 1999, S. B7). Typisch für diese Strategie ist auch der Markt für modische Kleidung. In hochindustrialisierten Ländern wird Kleidung nur selten aufgetragen. Oft werden Kleidungsstücke ersetzt, nur weil sie nicht mehr »in« sind.

Diversifikationsstrategie

Mit der *Diversifikationsstrategie* werden neue Marktsegmente mit neuen Produkten erschlossen. Ziel ist die Gewinnung neuer Kundengruppen bei gestreutem Risiko. Dabei sollten Synergien sinnvoll genutzt werden (vgl. *Becker* 1998, S. 164ff.). Ein Tiefkühlkostheimservice wie *Eismann* etwa könnte neue Marktsegmente ansprechen, indem Fertigmenüs nach Hause geliefert werden. Zielgruppen könnten Behinderte, Kranke oder Senioren sein, die – evtl. auch nur vorübergehend – ihren Haushalt nicht selbst führen können. Synergien könnten insofern ausgenutzt werden, als daß das erforderliche Logistik-Know-how für den Transport von Lebensmitteln bereits vorhanden ist (vgl. *Drosten* 1999, S. 22).

11.3.3.2 Marktstimulierungsstrategien

Der Markt soll entweder durch Qualitätsprodukte (Präferenzstrategie) oder durch niedrige Preise (Preis-Mengen-Strategie) stimuliert werden. Bei der *Präferenzstrategie* (auch Hochpreis- oder Markenartikelkonzept) will ein Anbieter über gute Qualität Abnehmer finden, die bereit sind, dafür einen hohen Preis zu zahlen (vgl. *Becker* 1998, S. 182ff.). Ein Unternehmen, das die *Preis-Mengen-Strategie* (auch Niedrigpreis- oder Discountkonzept) verfolgt, versucht über niedrige Preise, eine große Zahl von Nachfragern zu gewinnen (vgl. *Becker* 1998, S. 214ff.).

Präferenzstrategie

11.3.3.3 Marktparzellierungsstrategien

Massenmarktstrategie

Marktparzellierungsstrategien stellen auf eine Einteilung des Marktes ab. Entweder wird ein Massenmarkt mit einem undifferenzierten Marketingmix bedient *(Massenmarktstrategie)*, oder es erfolgt

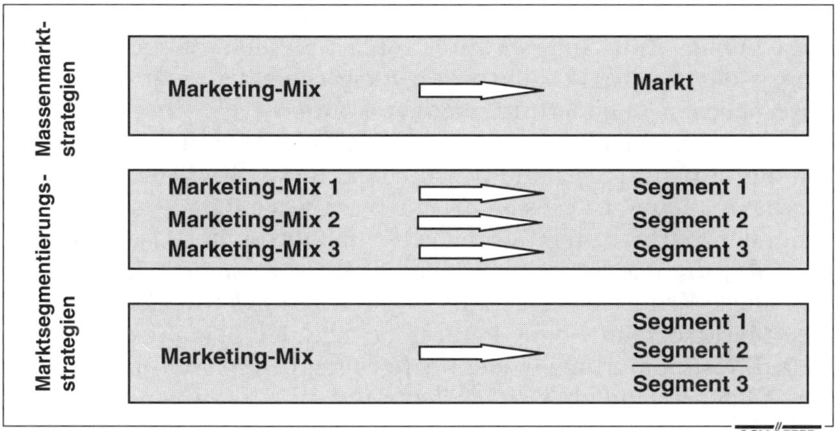

Abb. 104: Marktparzellierungsstrategien

Marktsegmentierungsstrategie

eine Segmentierung des Marktes *(Marktsegmentierungsstrategie)* mit Abstimmung der Marketinginstrumente auf die einzelnen Segmente (vgl. *Becker* 1998, S. 237ff. und siehe Abbildung 104). Je differenzierter die Präferenzen der Abnehmer sind, desto höher ist der Streuverlust der Massenmarktstrategie. Aufgrund der zunehmenden Zersplitterung der Zielmärkte gehen immer mehr Unternehmen gehen dazu über, den Markt zu segmentieren.

Unter *Marktsegmentierung* versteht man die Aufteilung eines Marktes in klar abgegrenzte Kundengruppen, die als Zielgruppen mit einem bestimmten Marketingmix erreicht werden können. Ziel ist es, Marktsegmente zu erhalten, die in sich homogen und untereinander heterogen sind.

Statt den gesamten Markt wie mit einer Gießkanne zu bearbeiten, werden die Marketinginstrumente auf die einzelnen Marktsegmente ausgerichtet. In der strategischen Überlegung geht es um die Auswahl des Zielmarktes und die Anpassung des Produkts, der Preise, der Distributionskanäle und der Art der Kommunikation an die Präferenzen dieses Zielmarktes. Um die Wünsche der jeweiligen Nachfragesegmente zu ermitteln, ist intensive Marktforschung erforderlich.

Im Rahmen der Marktsegmentierungsstrategie kann sich ein Anbieter entweder auf ein Segment beschränken oder mehrere Segmente auswählen und diese mit einem passenden Marketingmix bedienen. Bei der Auswahl ist zu berücksichtigen, welche Ressourcen ein Unternehmen hat. Zum einen ist es wichtig, ob es sich ein Unternehmen leisten kann, »auf mehreren Hochzeiten zu tanzen«, also mehrere Kundengruppen mit einem passenden Marketingmix zu bedienen. Zum anderen muß geklärt werden, ob die Anforderungen des aus Marktsicht erfolgversprechenden Segments vom Unternehmen auch erfüllt werden können (vgl. *Kotler/Bliemel* 1999, S. 457f.). Möchte ein Pauschalreiseanbieter mit Erfahrung im Massentourismusgeschäft etwa auch exklusive Studienreisen nach Mexiko anbieten, ist dies nicht ohne weiteres möglich.

Segmentierungskriterien

Bei der Marktsegmentierung geht man davon aus, daß es Kriterien gibt, die das Kaufverhalten beeinflussen (siehe auch Kapitel 6.2). Diese Kriterien werden als Segmentierungskriterien benutzt. Eine Marktsegmentierung kann über soziodemographische Merkmale, Lifestylemerkmale oder über geographische Merkmale erfolgen.

soziodemographisch

Zu den *soziodemographischen Merkmalen* gehören Alter, Geschlecht, Familienstand, Familienlebenszyklus, Haushaltsgröße, Kinderzahl, Beruf, Ausbildung, Religion, ethnische Gruppe, Einkommen und ähnliche Kriterien (vgl. *Dallmer* 1995, Sp. 489). Diese Kriterien sind nicht nur einfach zu erheben, Informationen über die Verteilung dieser Variablen sind auch in ausreichendem Maße vorhanden. Allerdings sind die soziodemographischen Daten immer weniger in der Lage, Zielgruppen zu differenzieren, da sich das Kaufverhalten von Alter, Beruf, Geschlecht oder Einkommen immer mehr abgekoppelt hat (vgl. *Dallmer* 1989, S. 554).

psychographisch

Außer den soziodemographischen Merkmalen sind noch Lifestyle-Daten von Interesse, auch *psychographische Kriterien* genannt, die Hobbys, Motive, Präferenzen, Einstellungen oder Einkaufsverhalten umfassen. Diese Segmentierungskriterien werden insbesondere in der klassischen Werbung genutzt, um die Kommunikation auf die entsprechenden Zielgruppe auszurichten. Allerdings erfordert die empirische Erhebung einen hohen Aufwand. Meist liegen auch kaum Daten vor, die für die jeweilige Fragestellung erforderlich wären.

Geographische Informationen umfassen z.B. Bundesländer, *Nielsen-Gebiete* oder PLZ-Gebiete (vgl. Dallmer 1989, S. 554). Die *Nielsen-Aufteilung* ist eine häufig verwendete Aufteilung in Deutschland, die durch das Marktforschungsinstitut *Nielsen* vorgenommen wurde. Abbildung 105 zeigt einige Abweichungen im Konsumverhalten nach *Nielsen-Gebieten.*

Dem Vorteil, daß geographische Informationen in großem Ausmaß vorhanden sind und leicht zu beschaffen sind, steht der Nachteil gegenüber, daß die Einteilung außer bei den o. a. Beispielen meist zu grob ist, um auf das Kaufverhalten schließen zu können (vgl. *Dallmer* 1989, S. 554). Speziell für Segmentierungen im Direktmarketing ist der *mikrogeographische Segmentierungsansatz* entwickelt worden (vgl. *Dallmer* 1989, S. 554 und ausführlich *Martin* 1991, S. 461ff.).

mikrogeographisch

Bei der mikrogeographischen Segmentierung werden soziodemographische und psychographische Daten auf kleinster

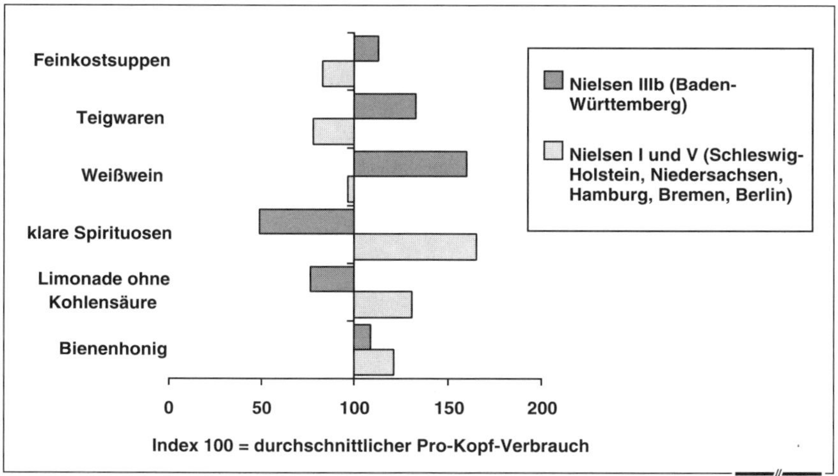

Abb. 105: Geographische Unterschiede des Konsumverhaltens
Quelle: Sonderauswertung der *A. C. Nielsen* Marketing Research 1992 zitiert in *Kroeber-Riel/Weinberg* 1996, S. 552

räumlicher Ebene erhoben. Dazu gehören Ortsgröße, Bevölkerungsdichte, Haushaltsgröße, Einkommensklassen, Ausstattung mit technischen Geräten, Kaufkraft, Bildungsniveau, Wahlverhalten, Wohnverhältnisse etc. Über Clusteranalysen kann eine Zuordnung zu »Konsumnachbarschaften« erfolgen (vgl. *Dallmer* 1995, Sp. 489f.). Der mikrogeographische Segmentierungsansatz hat bei Selektionen für Mailings oder Telefonmarketingaktionen eine große Bedeutung, da hier unterschiedlichste Segmentierungskriterien kombiniert werden können, die auf viele weit verstreute Adressen zutreffen. Wenn ein Weinversender beispielsweise weiß, daß ein typischer Weintrinker, der Wein im Versand bestellt, i.d.R. ein Haus mit Garten hat, verheiratet ist, ein leicht überdurchschnittliches Haushaltsnettoeinkommen hat und CDU wählt, kann er solche Adressen selektieren, bei denen diese Kriterien mit großer Wahrscheinlichkeit zutreffen. Würde dieser Weinversender nur das Land Baden-Württemberg selektieren, da er aufgrund der o.a. Auswertung nach *Nielsen-Gebieten* weiß, daß dort besonders viel Wein getrunken wird, wäre seine Responsequote wahrscheinlich geringer.

Die Marktsegmente müssen in sich homogene aber untereinander heterogene Teilmärkte sein, die sich hinsichtlich des Konsumverhaltens oder ihrer Reaktionsbereitschaft auf Marketinginstrumente unterscheiden (vgl. *Kroeber-Riel/Weinberg* 1996, S. 213).

So wurden in einer Befragung von Werner aus dem Jahr 1982 bei 400 Frauen Segmente für den Apfelmarkt gebildet (vgl. *Kroeber-Riel/Weinberg* 1996, S. 215f.). Als Segmentierungsvariablen wurden fünf Variablen, die die Einstellungen gegenüber

B

Äpfeln widerspiegeln, sechs soziodemographische Merkmale, fünf verschiedenen Lebensstilformen und sieben Variablen der Einkaufs- und Konsumgewohnheiten ausgewählt. Daraus ergaben sich insgesamt fünf Segmente. Ein Segment, zu dem 28 Prozent der Befragten gehörten, war die unkritische Spontankäuferin. Sie ist unkritisch gegenüber Spritzen gegen Schädlingsbefall, ihr ist ein bequemer Einkauf wichtig, sie ist meist alleinstehend, stark genußorientiert, hat keine Lust auf Kochen und Backen und ißt insgesamt wenig Äpfel. Für dieses Segment ist ein spezielles Marketingmix erforderlich.

11.3.3.4 Marktarealstrategien

Nationale und übernationale Strategien

Im Rahmen der Marktarealstrategien werden *nationale und übernationale Strategien* unterschieden. Befindet sich der Absatzmarkt im Inland, kann der Markt entweder lokal (Gemeinde, Dorf, Stadt), regional (Bundesland, *Nielsen-Gebiet*) oder überregional (mehrere Bundesländer, *Nielsen-Gebiete*) abgedeckt werden (vgl. *Becker* 1998, S. 241ff. und Kapitel 6.5.1).

Bei den übernationalen Strategien liegt der Absatzmarkt (auch) im Ausland. Es werden entweder einige wenige (multinationale Strategie), viele (internationale Strategie) oder alle Auslandsmärkte (Weltmarktstrategie) bearbeitet (vgl. *Becker* 1998, S. 301ff. und Kapitel 6.5.2).

11.3.3.5 Wettbewerbsstrategien

Wettbewerbsstrategien sind relevant, wenn eine Unternehmen den Fokus auf die relative Position zum Wettbewerber legt (vgl. *Kotler/Bliemel* 1999, S. 605ff.). Wenn sich ein Unternehmen auf dem Markt eine bestimmte Position geschaffen hat, ziehen Wettbewerber möglicherweise nach, insbesondere wenn die Markteintrittsbarrieren niedrig sind. Damit fehlt das *Profilierungskriterium* oder die Unique Selling Proposition. Das Unternehmen muß ein anderes Profilierungskriterium finden, das es nun vom Wettbewerber abhebt. Hier besteht die Gefahr, daß sich diese Spirale immer weiter dreht, bis einem Unternehmen »die Luft ausgeht« (vgl. *Kotler/Bliemel* 1999, S. 40f., die dies am Beispiel der Banken zeigen). Daher ist es grundsätzlich wichtig, eine Strategie zu verfolgen, die vom Wettbewerber nicht so leicht nachgeahmt werden kann.

Marktführerstrategie

Herausforderer-strategie

Die hier vorgestellten Wettbewerbsstrategien heben auf die Stellung eines Anbieters im Vergleich zu seinen Wettbewerbern ab. Der Marktführer wird seine Position mindestens verteidigen, wenn nicht sogar ausbauen wollen *(Marktführerstrategie)* (vgl. *Kotler/Bliemel* 1999, S. 605ff. zu den Wettbewerbstrategien). Die *Herausfordererstrategie* wird von Unternehmen verfolgt, die um den ersten Platz im Markt kämpfen und den Marktführer angreifen. Die *Mitläuferstrategie* dagegen ahmt den Marktführer nach, ohne ihm den ersten Platz streitig zu machen. Der Mitläufer lebt z.B. davon, daß er auf Produktinnovationen verzichtet und mit geringer Zeitverzögerung die Innovationen des Marktführers mehr oder weniger kopiert. Er profitiert von der Nachfrage nach dem neuen Produkt, ohne den F&E-Aufwand und die Kommunikationskosten für die Markteinführung des Produkts tragen zu müssen. Die *Nischenbesetzerstrategie* verfolgen insbesondere kleinere Unternehmen, die sich auf eine Marktnische spezialisiert haben, die von anderen Anbietern (bisher) vernachlässigt wurde.

Mitläuferstrategie

Nischenbesetzerstrategie

11.4 Marketinginstrumente

11.4.1 Einsatz der Marketinginstrumente

Nachdem innerhalb der Marketingkonzeption die erste Ebene der Zielformulierung und die zweite Ebene der Strategieentscheidung behandelt wurden, geht es nun in der dritten Konzeptionsebene um den Einsatz der einzelnen Marketinginstrumente. Jedes marktorientiert geführte Unternehmen steht vor der Aufgabe, die einzelnen Instrumente des Marketingmix optimal zu kombinieren. Dabei treten folgende *Fragestellungen* auf:

Fragestellungen

1. Welche Instrumente stehen dem Unternehmen überhaupt zu Verfügung?
2. Welche der zur Verfügung stehenden Instrumente sollen genutzt werden?
3. Wie sollen die Instrumente eingesetzt werden?
4. In welchem Umfang sollen die Instrumente eingesetzt werden?
5. In welcher zeitlichen Reihenfolge sollen die Instrumente eingesetzt werden?
6. In welcher Kombination zueinander sollen die einzelnen Instrumente wirksam werden?

Nun soll anhand eines Beispiels aus der Bausparkassenbranche die Gestaltung des Marketingmix näher erläutert werden.

B

1. Eine Bausparkasse kann ihre Distributionspolitik (Auf- oder Abbau von Vertriebskapazitäten), Preispolitik und Produktpolitik (Zustimmung des Bundesaufsichtsamt für das Kreditwesen) nur sehr eingeschränkt oder nur mittel- bis langfristig ändern. Es steht somit kurzfristig nur die Kommunikationspolitik und die Produktpolitik, sofern sie nicht die Tarifstruktur betrifft, zur Verfügung.
2. Die Bausparkasse will den Verkauf von Bausparverträgen erhöhen, nachdem Ende 1998 das Vermögensbildungsgesetz zum Vorteil der Bausparer geändert wurde. Dafür setzt sie im Rahmen der Kommunikationspolitik klassische Werbung, PR-Maßnahmen, Events und Direktwerbung ein. Im Rahmen der Produktpolitik

wird ein neues Produkt aus Bausparen und Aktienfondssparen auf den Markt gebracht, das die durch das neue Gesetz ermöglichte gleichzeitige Förderung der beiden Sparformen ermöglicht. Möchte ein Arbeitnehmer seine vermögenswirksamen Leistungen anlegen und liegt er unter den per Gesetz festgeschriebenen Einkommensgrenzen, kann er eine zehnprozentige Arbeitnehmersparzulage für seine Einzahlungen auf ein Bausparkonto und eine Arbeitnehmersparzulage von zwanzig Prozent auf seine Einzahlungen in einen Aktionsfonds bekommen. Zusätzlich erhält er noch eine zehnprozentige Wohnungsbauprämie.

3. Die Bausparkasse schaltet Anzeigen in Publikumszeitschriften mit großer Breitenwirkung und TV-Spots in den Sendern mit der größten Reichweite. Ferner veranstaltet sie eine Pressekonferenz, lädt alle Außendienstmitarbeiter zu einer Kick-Off-Party in ein Firstclass-Hotel ein und verschickt Mailings an alle Kunden, die Arbeitnehmerstatus haben. Für die Produktentwicklung werden die erforderlichen Gespräche mit dem kooperierenden Aktienfondsanbieter geführt, die EDV-technischen Voraussetzungen für die Abwicklung erfüllt, die Verkäufer geschult, Antragsformulare und Prospekte gedruckt.
4. Im Rahmen der klassischen Werbung werden doppelseitige Farbanzeigen in fünf großen Zeitschriften in jeder Ausgabe über einen Zeitraum von einem Quartal geschaltet. Gleichzeitig werden 30-Sekunden TV-Spots in vier Sendern zweimal wöchentlich zur Primetime über den Zeitraum von einem Quartal gebucht. Die Pressekonferenz findet mit 50 Vertretern der wichtigsten Zeitungen statt. Für die Kick-Off-Party werden 2.000 Teilnehmer eingeladen. 500.000 Mailings werden an Bestandskunden verschickt.
5. Voraussetzung ist das Vorhandensein des Produkts. Danach wird die Pressekonferenz veranstaltet und die Werbung geschaltet. Dann werden Mailings verschickt und anschließend die Party gefeiert.
6. Da das Produkt als Voraussetzung gilt, wird erst danach mit der intensiven Werbung und der Pressekonferenz begonnen. Werbung und Pressekonferenz dienen dazu, die Öffentlichkeit vorzubereiten und zu sensibilisieren. Die Mailings sollen die Kunden informieren. Die Party dient der Motivation des Außendienstes, damit Kunden schnell kontaktiert werden und gut beraten werden.

11.4.2 Aufstellen eines Aktionsplanes

Die bisherige eher grobe Bündelung der Aktivitäten konkretisiert sich im Aktionsplan. Ein Aktionsplan umfaßt die Aktivitäten, Ziele, Zeitpunkte, Verantwortlichen und die Kosten (siehe Abbildung 106).

	Was wollen wir tun?				
	Aktion 1	Aktion 2	Aktion 3	Aktion 4	Aktion 5
Was wollen wir damit erreichen?					
Wann wollen wir es tun?					
Wer soll es tun?					
Wieviel wird es kosten?					

Abb. 106: Aufbau eines Aktionsplans

Ein Aktionsplan wird nach der Planung des Instrumenteneinsatzes erstellt und dient den Verantwortlichen als Checkliste. Darüber hinaus kann der Aktionsplan als Kommunikationsmittel im Unternehmen verwendet werden, um die nur mittelbar betroffenen Mitarbeitern in Abteilungen außerhalb des Marketing über die geplanten Aktivitäten zu informieren.

11.4.3 Budgetierung

Basierend auf dem Aktionsplan werden nun die Kosten für alle im betreffenden Planungsjahr laufenden Aktionen zusammengefaßt. Die Budgetierung wird damit zur Basis für das Controlling. Wichtig ist die Einteilung in Zwischenergebnisse und Zwischenziele, so daß auch während des laufenden Jahres eine Steuerung erfolgen kann. Probleme zwischen Controllern und Marketingmitarbeitern entstehen oft dadurch, daß Controller oft nur die (hohen) Kosten sehen, aber nicht den dahinterstehenden Nutzen. Umgekehrt müssen sich die Marketingfachleute den Vorwurf gefallen lassen, daß sie den Nutzen nicht hinreichend operationalisieren.

11.5 Präsentation der Marketingkonzeption

Die Erarbeitung einer Marketingkonzeption erfolgt im allgemeinen in Zeiten größerer Umorientierung. Dies kann eine Ausweitung auf neue Regionen oder Gebiete, die Ansprache völlig neuer Zielgruppen, die Fusion mit anderen Unternehmen oder die Hinzunahme neuer Geschäftsfelder sein. Außerdem kann es sich um die erstmalige Aufstellung einer Marketingkonzeption handeln, wenn ein Unternehmen sich bisher noch nicht systematisch mit dem Marketinggedanken befaßt hat. Entsprechend aufwendig ist eine solche Konzeption. Es empfiehlt sich, in folgenden Schritten vorzugehen (vgl. *Kotler/Bliemel* 1999, S. 955f.):

Konzeptionsinhalte

1 Gegenstand der Analyse
1.1 Beschreibung des Unternehmens mit wichtigen Kennzahlen
1.2 Beschreibung der Organisationsstruktur
1.3 PEST-Analysis
2 SWOT-Analyse
3 Zielformulierung und Operationalisierung
3.1 Beschreibung der Unternehmensziele
3.2 Ableitung der Marketingziele
3.3 Ordnung nach Priorität

3.4 Angabe des Zeithorizont
3.5 Angabe Zielerreichungswahrscheinlichkeit
3.6 Darlegung der Beziehungen zwischen den Zielen
3.7 Angabe der Controllingmöglichkeiten
4 Erarbeitung der Strategie
5 Aufstellen des Aktionsplans
6 Budgetierung

Handelt es sich um eine periodisch wiederkehrende Aufgabenstellung, spricht man weniger von Marketingkonzeptionen als vielmehr von Marketingplänen. Der Unterschied zur oben beschriebenen Struktur der Marketingkonzeption besteht darin, daß die ersten vier Punkte, nämlich Gegenstand der Analyse, SWOT-Analysis, Zielformulierung und Strategiebeschreibung nur oberflächlich behandelt werden, da sich die Aussagen im allgemeinen nur mittel- oder langfristig ändern werden. Bei der turnusmäßigen Planung wird das Augenmerk auf die Aktionsplanung und Budgetierung gelegt.

Die Ergebnisse der Marketingkonzeption bzw. -planung werden i.d.R. der Geschäftsleitung präsentiert und dann diskutiert. Daneben sollten aber auch alle anderen Mitarbeiter die Gelegenheit haben, Einsicht in die Marketingkonzeption zu erhalten.

11.6 Marketingcontrolling

Überprüfung des Zielerreichungsgrades

Im Rahmen der Marketingkonzeption wurden zuerst Ziele, dann Strategien und dann Aktionen auf der Marketinginstrumentenebene erarbeitet. Jetzt geht es darum, den Zielerreichungsgrad zu überprüfen und ggf. nach Gründen zu suchen, warum die Ziele nicht erreicht wurden. Darauf aufbauend sollte eine kritische Betrachtung der zuvor gesetzten Ziele erfolgen. Möglicherweise müssen Ziele angepaßt, Strategien geändert oder Aktionen anders durchgeführt werden. Diese Aufgaben gehören zum operativen Marketingcontrolling. Im Rahmen des strategischen Marketingcontrolling wird bereits bei der Planung der Marketingziele und der Erarbeitung der Strategien versucht, mögliche Zielabweichungen und deren Ursachen zu antizipieren, um mit entsprechenden Gegenmaßnahmen darauf reagieren zu können (vgl. *Becker* 1998, S. 864. Ausführlich zum Marketingcontrolling vgl. z.B. *Ehrmann* 1995).

Den Zielerreichungsgrad zu bestimmen oder Soll-Ist-Abweichungen festzustellen, gelingt jedoch nur, wenn die Ziele auch operational formuliert wurden. Dies wurde bereits in Kapitel 1.4 deutlich gemacht. In Kapitel 10.4 finden sich beispielhaft einige Verfahren zur Messung der Kommunikationseffizienz, die ebenso auf die Effizienz der übrigen drei Marketinginstrumente übertragbar sind.

Aufgaben

1. Welche Ebenen der Marketingkonzeption werden unterschieden?
2. Beschreiben Sie das Modell des Produktlebenszyklus. Welche Kritik wird am Modell des Produktlebenszyklus geübt?
3. Erläutern Sie, was die Cash Cows, Stars, Questionmarks und Dogs im Rahmen der Portfolio-Analyse sind.
4. Wo liegen die praktischen Probleme bei der Durchführung einer Portfolio-Analyse?
5. Welche Optionen ergeben sich bei den Marktparzellierungsstrategien?
6. Was versteht man unter Marktsegmentierung?
7. Erläutern Sie kurz das Prinzip der Clusteranalyse und stellen Sie dar, welche Bedeutung diese Methode für die Marktsegmentierung hat.
8. Welche Vor- und Nachteile ergeben sich bei der Marktsegmentierung nach Lifestylekriterien bzw. nach soziodemographischen Kriterien?
9. Was versteht man unter mikrogeographischer Marktsegmentierung? Was ist der Hintergrund mikrogeographischer Marktsegmentierung?
10. Erläutern Sie verschiedene Marktarealstrategien.
11. Welche Fragestellungen ergeben sich für ein Unternehmen bei der Gestaltung des Marketingmix? Beantworten Sie diese Frage anhand eines Beispiels Ihrer Wahl.
12. Erläutern Sie den Zusammenhang zwischen Aktions-, Budget- und Marketingplänen sowie einer Marketingkonzeption.
13. Welche Punkte sind Bestandteile einer Marketingkonzeption?
14. Was sind die Aufgaben des Marketingcontrolling?
15. Zeigen Sie auf, wie die *Speedy GmbH* gemäß der Marktfeldstrategie nach Ansoff weiter wachsen kann.

12 Rechtliche Aspekte im Marketing

Lernziele

Im zwölften Kapitel soll der Leser
- Die gesetzlichen Grundlagen insbesondere des Wettbewerbsrechts erlernen
- Einige Besonderheiten im Hinblick auf die Werbung für bestimmte Produkte kennenlernen
- Rechtliche Vorschriften im Direktmarketing erfahren
- Rechtliche Regelungen im Bereich der Rundfunkwerbung kennenlernen
- Die Grenzen der vergleichenden Werbung kennen.

12.1 Die gesetzlichen Grundlagen

12.1.1 Gesetz gegen Wettbewerbsbeschränkungen

GWG

Das *Gesetz gegen Wettbewerbsbeschränkungen* (GWB, auch Kartellgesetz genannt) sichert den freien Leistungswettbewerb durch Mittel des öffentlichen Rechts, d.h. z.B. durch behördliche Verfügungen. Das GWB ist gültig für alle privatwirtschaftlich handelnden natürlichen und juristischen Personen sowie für die öffentliche Hand, sobald sie sich wirtschaftlich betätigt.

Ziel GWG

Es verbietet Beschränkungen des Wettbewerbs durch Absprachen einzelner Wettbewerber oder durch die Entstehung einer Marktmacht. *Ziel des GWB* ist es, die Funktionsfähigkeit des Wettbewerbs zu erhalten. Es schreitet ein, wenn Wettbewerber zu stark miteinander arbeiten (vgl. *Kotler/Bliemel* 1999, S. 292f.). Das Gesetz enthält vorwiegend detaillierte Verbote von Vereinbarungen und Verhaltensweisen, die darauf abzielen, den freien Wettbewerb zu behindern. Dazu gehören (vgl. *Zerres* 1999, S. 246ff.):

- Verbot horizontaler wettbewerbsbeschränkender Verständigungen: So ist in § 1 GWB das Kartellverbot geregelt. § 25 Abs. 1 GWB verbietet abgestimmtes Verhalten. Dies betrifft zum Beispiel die Preisabsprache mehrerer Baufirmen bei der Vergabe öffentlicher Bauvorhaben.
- Verbot vertikaler wettbewerbsbeschränkender Vereinbarungen: § 15 GWB erklärt die Bindung von Preisen und Geschäftsbedingungen für unzulässig. So darf ein Autohersteller von seinen Lie-

feranten keine feste Preisbindung für auf mehrere Jahre hinaus verlangen. Von besonderer Bedeutung im Marketing sind Abreden über die Preise zwischen Hersteller und Handel, die durch diese Rechtsvorschrift unzulässig sind. Ausgenommen sind Verlagserzeugnisse (Preisbindung bei Büchern und Zeitschriften). Erlaubt ist dagegen die unverbindliche Preisempfehlung bei Markenartikeln (vgl. *Kotler/Bliemel* 1999, S. 292f.).

- Verbot wettbewerbsbeschränkender einseitiger Maßnahmen: Hierzu gehören das Verbot der Ausübung wirtschaftlichen Drucks nach § 25 Abs. 2 und 3 GWB, das Verbot der Diskriminierung und Behinderung für Unternehmen mit »überlegener Marktmacht« und das Verbot der Nichtaufnahme in Berufs- oder Wirtschaftsverbände laut § 27 Abs. 1. So darf der einzig existierende Lieferant von Autotürschlössern keine Zulieferung verweigern, um höhere Preise zu erreichen

Das GWB behält sich außerdem vor, bei Mißbrauch einer marktbeherrschenden Stellung einzuschreiten. Die nach § 24b GWB gebildete Monopolkommission beobachtet die Unternehmenskonzentration in Deutschland. Dem Bundeskartellamt ist der Zusammenschluß von Unternehmen anzuzeigen, wenn die in § 23 GWB beschriebenen Voraussetzungen erfüllt sind. Das Kartellamt prüft somit auf der Grundlage des GWB und entscheidet, ob eine Fusion gesetzlich erlaubt ist. Sondergenehmigung durch die sogenannte Ministererlaubnis (Bundeswirtschaftsminister) sind möglich.

12.1.2 Gesetz gegen den unlauteren Wettbewerb

Das *Gesetz gegen den unlauteren Wettbewerb* (UWG) fordert die Lauterkeit des Wettbewerbs (vgl. *Kotler/Bliemel* 1999, S. 293 oder *Zerres* 1999, S. 253ff.). Es sichert den fairen Leistungswettbewerb in erster Linie durch Mittel des Privatrechts (wie z.B. Unterlassungsanspruch eines Mitbewerbers oder Schadenersatzanspruch). Es ist ein sogenanntes »Case-Law«, wodurch gerichtliche Entscheidungen als Vergleichsbasis für neu auftretende Sachverhalte dienen. *Ziel des UWG* ist es, die Funktionsfähigkeit des Wettbewerbs zu erhalten und einzuschreiten ein, wenn Wettbewerber zu stark gegeneinander arbeiten. **UWG** **Ziel UWG**

Inhaltlich können drei wesentliche Fallgruppen unterschieden werden (vgl. *Nordemann/Nordemann/Nordemann* 1996, S. 37): **Fallgruppen**

- Unlautere Beeinflussung des Kunden
- Behinderung bestimmter Mitbewerber
- Vorsprung durch Rechtsbruch.

12.1.2.1 Unlautere Beeinflussung des Kunden

Unlautere Beeinflussung des Kunden dient dem Gesetzgeber als Mittel des Verbraucherschutzes. Hierbei soll der Kunde vor Irreführung, Ausübung von Zwängen und Ausnutzung von menschlicher Schwäche geschützt werden.

Irreführung

Eine *Irreführung* des Kunden (§§ 3, 5–6c UWG) bezieht sich auf das Verschweigen wesentlicher Eigenschaften, auf irreführende Angaben über den Hersteller, über seine Waren und Leistungen, über den Preis und über den Anlaß bzw. Zweck seines Verkaufs und schließlich auf unterschwellige Werbung.

Ausübung von Zwang

Unlauterer mittelbarer *Zwang* kann durch Autoritätsmißbrauch oder durch Belästigung herbeigeführt werden, da man davon ausgeht, daß dieser den freien Entschluß des Kunden zum Vertragsschluß ersetzt.

Ausnutzung menschlicher Schwächen

Wettbewerbswidrig ist ferner die *Ausnutzung menschlicher* Vorzüge und *Schwächen*, wenn z.B. mit Geschenken geworben wird und dies als Werbung zu selbstlosen Zwecken erscheint. Außerdem gilt Werbung in diesem Sinne als wettbewerbswidrig, wenn auf die Angst oder auf die Spielleidenschaft der Verbraucher gezielt wird.

12.1.2.2 Behinderung bestimmter Mitbewerber

Hier sollen Mitbewerber vor einem Vernichtungswettbewerb, vor bezugnehmender Werbung und vor unlauterer Ausnutzung geschützt werden.

Unlauterer Vernichtungswettbewerb

Unlauterer Vernichtungswettbewerb kann erfolgen durch Preiskampf (sogenannte Vernichtungsunterbietung oder Dumping), Ausspannen von Kunden und Mitarbeitern, Betriebs- und Absatzbehinderungen und Vereitelung fremder Werbung. So kann es vorkommen, daß Produkte unter Selbstkosten verkauft werden, um Mitbewerbern finanziell zu schaden. Weitere Beispiele sind auch das Überkleben von Plakaten bestimmter Mitbewerber oder die Abwerbung von Führungspersonal des Mitbewerbers durch Headhunter.

Bezugnehmende Werbung

Bezugnehmende Werbung (zum Themenbereich vergleichende Werbung siehe Abschnitt 12.4.4) ist unzulässig, wenn unwahre Behauptungen aufgestellt werden (»Werbung soll klar und wahr sein«) und wenn sie sich auf persönliche Verhältnisse des Wettbewerbers bezieht und nicht auf die Leistung beschränkt ist.

Ausnutzung fremder Leistung

Unlautere *Ausnutzung fremder Leistung* liegt vor bei Ausnutzung fremder Erzeugnisse durch einfache Kopie (z.B. Turnschuhe mit zwei Streifen oder Schnellimbiß »McChinese«), bei Ausnutzung fremder Werbung und bei Verwendung geschäftlicher Kennzeichen. Geschäftliche Kennzeichen sind besonders durch das Markengesetz geschützt. Die Ausbeutung fremder Geschäftsgeheimnisse fällt ebenso in diesen Bereich.

12.1.2.3 Vorsprung durch Rechtsbruch

Vorsprung durch Rechtsbruch beinhaltet absichtliche Gesetzesverstöße zur Erlangung von Wettbewerbsvorteilen. Somit gilt jeglicher Rechtsbruch, der im geschäftlichen Verkehr zu Wettbewerbszwecken begangen wird und dadurch den Wettbewerb verzerrt oder behindert, nach § 1 UWG als unzulässig. Beispiele sind Verstöße gegen das Rabattgesetz, gegen die Preisangabeverordnung oder Überschreitung der gesetzlichen Ladenschlußzeiten.

12.1.3 Rabattgesetz

Das *Rabattgesetz* (RabattG) regelt die Gewährung von Preisnachlässen an den privaten Endverbraucher (vgl. *Kotler/Bliemel* 1999, S. 293, *Zerres* 1999, S. 266). Grundsätzlich gilt laut § 1 RabattG ein Verbot von Preisnachlässen auf »Waren des täglichen Bedarfs«, auf den »Normalpreis«, bei »Leistung an den Letztverbraucher«. Das Rabattgesetz regelt auch einige Ausnahmen zum § 1, wie z.B. den Mengenrabatt laut §§ 7 und 8 und den Barzahlungsrabatt gemäß § 2. Letzterer wird auch Skonto genannt und darf drei Prozent des Preises der Ware oder Leistung nicht überschreiten.

12.2 Werbung für bestimmte Produkte

12.2.1 Tabakwerbung

Gesetzliche Werbebeschränkung

Die *gesetzlichen Werbebeschränkungen* für Tabakwaren sind hauptsächlich im § 22 LMBG (Lebensmittel- und Bedarfsgegenständegesetz) geregelt. Danach gilt ein Verbot von Radio- und Fernsehwerbung, ein Verbot jeglicher Werbung, die das Rauchen als nicht gesundheitsgefährdend darstellt, und ein Verbot von Werbung, die Jugendliche und Heranwachsende zum Rauchen verführt. Verstöße gegen diese Bestimmungen werden mit einem Bußgeld von bis zu 50.000 DM geahndet.

Zukünftig vollständiges Werbeverbot

Anfang Dezember 1997 haben sich nun die EU-Gesundheitsminister auf ein *vollständiges Werbe- und Sponsoringverbot* für

Tabakwaren geeinigt. Diese Richtlinie soll nach den Übergangszeiten bis zum Jahre 2006 Werbung für Tabakwaren nur noch in den Auslagen von Tabakverkaufsstellen erlauben. Das Tabakwerbeverbot vollzieht sich in mehreren Schritten. Ab 2002 sollen neben dem seit 1989 europaweit geltenden Verbot von Radio- und Fernsehwerbung Plakate mit Tabakwerbung verschwinden und Werbegeschenke für Tabak verboten sein. Ein Jahr später müssen Zeitungen und Zeitschriften auf Tabakwerbung verzichten, und wieder ein Jahr später soll das Sponsoring der Tabakwarenhersteller eingestellt werden und indirekte Werbung (wie z.B. für *Camel-Boots*) verschwinden. Für die Formel 1 gilt dagegen noch eine längere Schonfrist von drei weiteren Jahren.

Neben diesen gesetzlichen Regelungen hat die Zigarettenindustrie seit 1966 *Vereinbarungen zur Selbstbeschränkung* beschlossen, die seitdem ständig weiterentwickelt wurden. Darin enthalten sind quantitative Beschränkungen (wie die Begrenzung der Anzeigengröße und -häufigkeit in Magazinen und Zeitschriften) und qualitative Beschränkungen (beispielsweise der Verzicht auf Werbung mit Prominenten und Leistungssportlern). Bei Verstoß gegen diese Selbstbeschränkungen kann das zur Überwachung eingesetzte Gremium aus Berufsrichtern ein Bußgeld von bis zu 300.000 DM verhängen.

Selbstbeschränkung

Außerdem gibt es Absprachen zwischen dem Bundesverband Deutscher Tabakwarengroßhändler und Automatenhersteller und dem Bundesministerium für Gesundheit. Danach wurde z.B. vereinbart, daß Zigarettenautomaten an Schulgebäuden und in Jugendzentren abgebaut werden.

12.2.2 Heilmittelwerbung

Beschränkungen und Verbote

Beschränkungen für die Heilmittelwerbung resultieren aus dem Arzneimittelgesetz und dem Heilmittelwerbegesetz. Eine an den Endverbraucher gerichtete Werbung für verschreibungspflichtige Arzneimittel ist grundsätzlich nicht zulässig. Bei rezeptfreien Medikamenten muß im Hörfunk und Fernsehen der Hinweis »Zu Nebenwirkungen und Risiken fragen Sie Ihren Arzt oder Apotheker« genannt werden. Im Printbereich sind noch detailliertere Angaben vonnöten. Außerdem gibt es ein generelles Werbeverbot für Arzneimittel, die die Stimmungslage beeinflussen (vgl. *ZAW* 1998, S. 131f. und die dort zitierte Spezialliteratur sowie *http://www.pharmig.or.at/scripts/depot/pharmig/amg/30.txt*).

12.2.3 Werbung für alkoholische Getränke

In der Werbung für alkoholische Getränke (vgl. *ZAW* 1998, S. 56ff.) soll allgemein alles das vermieden werden, was den Mißbrauch von Alkohol fördern könnte. Insbesondere Jugendliche sollen in der Werbung nicht so dargestellt werden, daß sie zum Trinken auffordern (vgl. *ZAW* 1998, S. 61).

12.2.4 Automobilwerbung

Die Briten haben 1998 einen Vorstoß in der EU unternommen, die Werbung für Automobile einzuschränken. Sie unterstellen dabei einen Zusammenhang zwischen Werbung für Automobile und der Verkehrssicherheit. Schnelles Fahren in der Werbung etwa verführe den Verbraucher zu einem ebensolchen Verhalten und konterkariere damit die Bemühungen der Politik um die Verkehrssicherheit. Bisher gibt es in den meisten EU-Ländern Systeme der Werbeselbstkontrolle sowie auf EU-Ebene die Europäische Allianz der Werbeselbstkontrolle (EASA), die seit 1992 sich u.a. mit der Automobilwerbung beschäftigt (vgl. *ZAW* 1998, S. 62ff.).

Werbung und Verkehrssicherheit

12.3 Werbung der freien Berufe

Standesrechtliche Werbeeinschränkungen

Für bestimmte freie Berufe wie Rechtsanwälte, Notare, Steuerberater, Wirtschaftsprüfer, Ärzte und Apotheker bestehen in Deutschland besondere Regelungen (vgl. *ZAW* 1998, S. 119ff.). Diese Regelungen beziehen sich auf standesrechtliche Werbeeinschränkungen, die in jüngster Zeit z.T. etwas gelockert wurden.

Rechtsanwälte dürfen seit 1997 zwar ihre Interessens- und Tätigkeitsschwerpunkte angeben. Weiterhin rechtswidrig bleibt aber Werbung, die auf Erlangung eines Auftrags im Einzelfall abzielt. Ähnlich sieht es bei Steuerberatern aus, die seit 1997 grundsätzlich und ohne einen bestimmten Anlaß über ihre Dienstleistung oder ihre Person sachlich informieren dürfen. Wirtschaftsprüfern sind werbliche Aktivitäten seit 1996 grundsätzlich gestattet. Dieser Grundsatz wird aber dadurch wieder eingegrenzt, daß eine bezahlte Darstellung des Dienstleistungsangebots nicht zulässig ist, egal in welchem Medium dies erfolgt.

Notare und Ärzte unterliegen weiterhin einem umfassenden Werbeverbot. Apotheker dagegen dürfen seit 1996 für denjenigen Teil ihres Sortiments werben, der nicht apothekenpflichtig ist. Sie müssen aber die besonderen öffentlichen Aufgaben ihres Berufsstandes dabei berücksichtigen.

12.4 Ausgewählte Aspekte in der Praxis

12.4.1 Direktwerbung

12.4.1.1 Telefon- und Telefaxwerbung

Im Zusammenhang mit Direktmarketing sind wichtige Urteile im Zusammenhang mit *Telefonmarketing* zu berücksichtigen (vgl. *Pepels* 1996, S. 499ff. sowie *Zerres* 1999, S. 263f.). Direktmarketing wendet sich an den (potentiellen) Kunden direkt. Damit dringt der Anwender von Direktmarketing in die Privatsphäre ein – die aufgrund der Rechtsprechung in Deutschland ein schützenswertes Gut ist (vgl. *Kridlo* 1993, S. 119). So ist aktiver Telefonverkauf in Deutschland bei *gewerblichen Kunden* nur erlaubt, wenn der Angerufene damit einverstanden ist oder das Einverständnis angenommen werden kann. Dies wird vermutet, wenn das Angebot dem Gewerbezweck dient (vgl. *Pepels* 1996, S. 499). So darf ein Büromaterialanbieter einen Automobilhersteller nicht anrufen, um ihm Büromaterial zu verkaufen, da der eigentliche Gewerbezweck in der Herstellung von Autos liegt, es sei denn der Büromaterialanbieter weiß, daß der Umworbene ein Interesse an seinen Produkten hat (vgl. *Zerres* 1999, S. 262). Die gleichen Grundsätze gelten für Werbung über das Medium Telefax (vgl. *Pepels* 1996, S. 500). Wird bei Nichtvorliegen der Voraussetzungen trotzdem angerufen, geht man davon aus, daß der ordnungsgemäße Geschäftsbetrieb gestört wird (vgl. *Pepels* 1996, S. 500).

Gewerbliche Kunden

Privatkunden

Bei *Privatkunden* ist Telefonmarketing nur erlaubt, wenn eine Geschäftsbeziehung besteht oder wenn eine ausdrückliche Genehmigung des Anrufempfängers vorliegt. Eine ausdrückliche Genehmigung liegt z.B. vor, wenn ein Interessent eine Antwortkarte mit dem Vermerk »Bitte rufen Sie mich an« zurückschickt. Sogenannte Kaltanrufe sind wettbewerbswidrig, weil sie die Privatsphäre des Angerufenen verletzen. Um einen Kaltanruf handelt es sich auch, wenn sich ein Kunde durch eine Klausel in den AGB mit Anrufen einverstanden erklärt hat und von einem Kooperationsunternehmen einen Anruf erhält. Auf diesen Kooperationspartner wird die Einverständniserklärung einem Urteil des Bundesgerichtshofs vom 16.3.1999 Aktenzeichen XI ZR 76/98 zufolge nicht ausgedehnt (vgl. *o. V.* 1999, »Formularmäßiges Einverständnis mit Telefonwerbung unwirksam«).

Die gleichen Einschränkungen gibt es für das Medium *Telefax*. Hierbei ist noch zusätzlich zu berücksichtigen, daß beim Telefax eine Belästigung dahingehend zu vermuten ist, daß der Empfänger die Kosten für Papier und Druck selber tragen muß und daß das Faxgerät während der Übertragung von Werbung blockiert ist für andere evtl. wichtigere Nachrichten (vgl. *Kridlo* 1993, S. 122).

12.4.1.2 Briefwerbung

Grundsätzlich erlaubt

Briefwerbung ist *grundsätzlich erlaubt*, da sofort erkennbar ist, ob es sich um Werbung handelt und der Empfänger die Sendung entsorgen kann. Berücksichtigt werden müssen Widersprüche, die beim Absender hinterlegt sind, bei nicht personalisierten Sendungen die Aufkleber auf Briefkästen »Bitte keine Werbung« und die Robinson-Liste. Bei der Robinson-Liste handelt es sich um eine Liste mit Personen, die keine adressierte Werbung wünschen und sich beim Deutschen Direktmarketing Verband haben eintragen lassen (vgl. *Pepels* 1996, S. 501 sowie *Kridlo* 1993, S. 123f.).

12.4.1.3 Werbung im Internet

Grundsätzlich erlaubt

Werbung im Internet ist *grundsätzlich erlaubt*, da jedermann Zugang zum Internet hat und somit jeder auf seiner Homepage Werbebotschaften formulieren kann. Auch die Bannerwerbung verstößt gegen keine Rechtsnorm. Hier handelt es sich um eine Vereinbarung zwischen mindestens zwei im Internet präsenten Parteien über die Einstellung von Werbebannern. Ein Internetuser unterzieht sich beim Aufsuchen einer Homepage somit freiwillig einer Werbebotschaft.

Unverlangte E-Mails nicht erlaubt

Anders verhält es sich beim Empfang von *E-Mails*. Einem Gerichtsbeschluß des LG Traunstein vom 14.10.1997 zufolge verstößt die *unverlangte Zusendung einer E-Mail-Werbebotschaft* an eine Privatperson wie ein unverlangter Telefonanruf gegen das UWG (vgl. *ZAW* 1998, S. 125 sowie *Zerres* 1999, S. 266). Inzwischen gibt es auch schon eine Robinson-Liste für Internet-Adressen unter www.eRobinson.com (vgl. *Siegele* 1997, S. 82).

Die unverlangte Zusendung von (Massen-)E-Mails (Junkmail oder Spamming) wird i.d.R. schon allein dadurch unterbunden, daß sich viele Internet-User durch eine Bombardierung des Absenders mit E-Mails gegen solche Absender wehren.

(Direkt-)Werbung im Internet steht und fällt daher vorerst mit der Disziplin der Direktwerber: solange es Plagegeister gibt, die die Internetnutzer wahllos und ohne Respektierung der Robinson-Liste mit Werbung bombardieren, wird Werbung als lästig empfunden und damit werden auch seriöse Anbieter ein negatives Image haben (vgl. *Schotthöfer/Scharrer* 1998 zum Thema Werberecht im Internet.).

12.4.1.4 Beilagen in Zeitschriften

Grundsätzlich erlaubt

Beilagen in Zeitschriften sind *erlaubt*, da sie im Lieferumfang des Zeitschriftenabonnements enthalten sind (vgl. *Pepels* 1996, S. 501). Anzeigenblätter können nur abgewehrt werden mit ausdrücklichem Einwurfverbot. Der Aufkleber auf dem Briefkasten »Bitte keine Werbung« reicht nicht aus (vgl. *Pepels* 1996, S. 501 sowie *Kridlo* 1993, S. 123f.).

12.4.1.5 Persönlicher Verkauf

Grundsätzlich erlaubt

Bestellte *Vertreterbesuche* sind uneingeschränkt zulässig. Unbestellte Vertreterbesuche, sogenannte Kaltakquise, sind nach der herrschenden Rechtsprechung erlaubt, obwohl viele einen Besuch aufdringlicher empfinden als einen Telefonanruf (vgl. *Kridlo* 1993, S. 126). Ein ausdrücklich unerbetener Vertreterbesuch gilt jedoch als wettbewerbswidrig (z.B. durch den Hinweis »Vertreterbesuche unerwünscht«).

Ausnahmen

Im Privatkundenbereich gibt es noch weitere *Ausnahmen*. So dürfen Fortbildungsinstitute keine Fernlehrgänge im Rahmen von unbestellten Vertreterbesuchen anbieten. Als unlauter gelten auch Vertreterbesuche, wenn ein Interessent einen Katalog anfordert und statt dessen von einem Vertreter besucht wird.

Wichtig ist hier auch, daß sogenannte Haustürgeschäfte innerhalb einer Frist von einer Woche storniert werden können (geregelt im Gesetz über den Widerruf von Haustürgeschäften und ähnlichen Geschäften). Dies bezieht sich auch auf Kaffeefahrten und ähnliche Veranstaltungen (vgl. *Zerres* 1999, S. 260 zur Rechtsprechung im persönlichen Verkauf).

12.4.1.6 Datenschutz

Zweckbezogene Nutzung von Daten

Das Datenschutzgesetz soll den Schutz der Bürger vor Beeinträchtigung des Persönlichkeitsrechtes durch den Umgang mit personenbezogenen Daten gewährleisten. Ein Empfänger von personenbezogenen Daten darf die Daten nur zu dem *Zweck* nutzen und verarbeiten, zu dem sie ihm übermittelt worden sind. Sollen die Daten zu Werbezwecken oder Marktforschungszwecken verwendet werden, muß der Empfänger der Daten darauf hinweisen. Die Nutzung der Daten kann durch die speichernde Stelle oder durch Dritte (z.B. Adreßvermietung) erfolgen. Darauf muß der Empfänger der Daten ausdrücklich hinweisen. Falls ein Widerspruch vorliegt, muß er beachtet werden, sonst droht Strafe (vgl. *Kridlo* 1993, S. 124f.).

12.4.1.7 Ehrenkodex des Deutschen Direktmarketing Verbands

Die im DDV zusammengeschlossenen Firmen haben sich 1988 einen Ehrenkodex gegeben. Die Beteiligten haben sich verpflichtet, diese Regeln einzuhalten. Diese umfassen (vgl. *Holland* 1992, S. 76):

- Einhaltung des Datenschutzgesetzes
- Respektierung des Wunsches einzelner Verbraucher, keine adressierte Werbung zu erhalten und Meldung dieser Wünsche an die Robinson-Liste
- Vertrauliche Behandlung von Informationen der Auftraggeber
- Sorgfältige Erfüllung der Aufträge
- Lediglich einmalige Nutzung von Adressen
- Erstellung von getrennten Rechnungen für Porto. Verlangen der Vorauszahlung von Porto
- Seriöse Werbung.

Unabhängig von Rechtsbrüchen, die über Straf- und Zivilrecht geahndet werden, schließt der Verband Mitgliedsunternehmen, die gegen den Ehrenkodex verstoßen, aus dem Verband aus.

12.4.2 Rundfunkwerbung

12.4.2.1 Öffentlich-rechtliche und private Rundfunkanstalten

Der Rundfunkstaatsvertrag dient zur Koordinierung des dezentral strukturierten Rundfunks in Deutschland und bezieht sich auf den Hörfunk und das Fernsehen. Der Rundfunk soll eine flächendeckende Grundversorgung der Bevölkerung sicherstellen. »Grundversorgung« meint i.S.d. Bundesverfassungsgerichts, daß der Gesamtheit der Bevölkerung Programme angeboten werden, welche umfassend und in der vollen Breite des klassischen Rundfunks informieren und somit die Meinungsvielfalt in der gebotenen Weise garantieren. Für das vereinte Deutschland gibt es einen Staatsvertrag über den Rundfunk, der am 31. August 1991 geschlossen wurde. Die Fassung des Dritten Rundfunkänderungsstaatsvertrages vom 26. August bis 11. September 1996 ist die aktuell gültige (vgl. *http://www.lfk.de/rfstv*, S. 1ff.). Sein Ziel ist es, verbindliche Grundsatzregelungen für den öffentlich-rechtlichen und privaten Rundfunk zu schaffen (vgl. *Dörfler* 1993, S. 66). Für den privaten Rundfunk gelten die gemeinsamen Richtlinien der Landesmedienanstalten.

12.4.2.2 Werbevorschriften für öffentlich-rechtliche Rundfunkanstalten

Trennungsgebot

Die Trennung von Werbung und Programm ist laut Rundfunkstaatsvertrag § 7 Abs. 3 vorgeschrieben. Aus dem *Trennungsgebot* leiten sich im einzelnen die Kennzeichnungspflicht, das Beeinflussungsverbot, das Blockwerbegebot, die Unterbrecherwerbung und das Verbot der Schleichwerbung (siehe dazu Kapitel 12.4.3 zum Product Placement) ab (vgl. *Müller, O.* 1997, S. 184ff.).

12.4.2.2.1 Die Kennzeichnungspflicht

Kennzeichnung von Werbung

Nach § 7 Abs. 3 RfStV ist *Werbung als solche zu kennzeichnen*. Die Kennzeichnung muß überall dort vorgenommen werden, wo der Konsument nicht unbedingt erkennt, ob es sich um ein intendiertes Werbeprogramm oder eine redaktionell gestaltete Sendung handelt (vgl. *Dörfler* 1993, S. 94f.).

»Die Werbung muß optisch und/oder akustisch (Jingle, Logo) erkennbar beginnen, genauso auch wieder erkennbar enden« (*Müller, O.* 1997, S. 184). Die Kennzeichnungspflicht als wichtige Voraussetzung des Trennungsgebots dient dem Schutz des Zuschauers, dem deutlich gemacht werden soll, daß die Werbebotschaften nicht den zu Neutralität verpflichteten Redaktionen zuzurechnen ist. Das hat dazu geführt, daß Werbung im redaktionellen Programm – wie beispielsweise die Spielshow »Glücksrad« mit ausgelobten Preisen – mit einem entsprechenden Kennzeichen zu versehen ist. Dies kann z.B. die Kennzeichnung als sogenannte »Dauerwerbesendung« gemäß § 7 Abs. 4 RfStV sein.

12.4.2.2.2 Das Beeinflussungsverbot

Keine inhaltliche Beeinflussung des Programms

Laut Art. 7 Abs. 2 RfStV darf Werbung auf keine Weise das übrige Programm *inhaltlich beeinflussen*. Damit soll der Schutz der Redaktionen vor personellen und finanziellen Verflechtungen erreicht werden. So wird eine objektive und ausgewogene Berichterstattung ermöglicht, vor allem im Informations- und Nachrichtenbereich (vgl. *Scherer* 1990, S. 125). Das Beeinflussungsgebot wurde notwendig, da der Rundfunk stets massiven Beeinflussungsversuchen von seiten der Wirtschaft, Politik und verschiedensten gesellschaftlichen Gruppen (z.B. den Kirchen) unterzogen war (vgl. *Müller, O.* 1997, S. 185).

12.4.2.2.3 Blockwerbung

Werbung nur in Blöcken

§ 14 Abs. 2 Satz 1 RfStV läßt Fernseh- und Radiowerbung nur in Form von *Werbeblöcken* zu. »Ein solcher Block besteht mindestens aus zwei Spots, die jeweils in sich eine eigenständige abgeschlossene Werbeaussage enthalten müssen.« (*Müller, O.* 1997, S. 186). Das Blockwerbegebot verhindert, daß Werbebotschaften an jeder Stelle eingesetzt werden können und so aktiv ggf. Einfluß auf die Programmgestaltung nehmen (vgl. *Müller, O.* 1997, S. 186).

12.4.2.2.4 Zeitliche Werbebeschränkung

Keine Werbung nachts, sonn- und feiertags und sonst nur 20 Minuten täglich

Die öffentlich-rechtlichen Sendeanstalten unterliegen gemäß § 15 Abs. 1 RfStV einem generellen Nachtwerbeverbot nach 20 Uhr und einem Verbot der Werbung an Sonn- und Feiertagen. Außerdem dürfen die öffentlich-rechtlichen Anstalten maximal 20 Minuten pro Tag im Jahresdurchschnitt Werbung senden, wobei nicht ausgenutzte Werbezeit an einem Tag mit maximal fünf Minuten am nächsten Tag nachgeholt werden kann. Des weiteren gilt für die Dritten Fernsehprogramme ein generelles Werbeverbot.

12.4.2.2.5 Unterbrecherwerbung

Werbung darf nicht beliebig oft unterbrechen

Die in § 14 Abs. 3 RfStV festgehaltenen Regelungen für die Unterbrecherwerbung stehen in enger Beziehung zum Gebot der Blockwerbung. Es wird dort genau festgelegt, wie oft eine Sendung mit bestimmter Länge unterbrochen werden darf (vgl. *Müller, O.* 1997, S. 188).

12.4.2.3 Werbevorschriften für die privaten Rundfunkanbieter

Kein Werbeverbot nachts und an Sonn-- und Feiertagen

Die privaten Sendeanstalten finanzieren sich fast ausschließlich aus Werbeeinnahmen (nur zum Teil aus Spenden und Entgelten), und sind daher gezwungen, ihr Programm nach den Einschaltquoten zu gestalten (Vgl. *Scherer* 1990, S. 82). Im Gegensatz zu den öffentlich-rechtlichen unterliegen die privaten Sender weder einem Nachtwerbeverbot noch einem Verbot der Werbung an Sonn- und Feiertagen.

Allerdings gilt für sie auch das *Blockwerbegebot* gemäß Art. 14 Abs. 2 RfStV, weshalb die Ausstrahlung von Werbespots durch Unterbrecherwerbung stattfinden muß. Ferner darf nach Art. 15 Abs.

Maximal 20 Prozent Werbung

1 RfStV der Anteil der Werbung am Gesamtprogramm *20 Prozent* nicht übersteigen. Des weiteren gilt der *Trennungsgrundsatz* von Werbung und Programm.

12.4.3 Product Placement

Die rechtlichen Vorschriften für Product Placement betreffen insbesondere medienrechtliche Bestimmungen im Rundfunk, das Wettbewerbsgesetz und das Gesetz gegen Wettbewerbsbeschränkungen (vgl. *Marx* 1998, S. 53ff.).

12.4.3.1 Medienrechtliche Bestimmungen im Bereich des Rundfunks

Trennungsgebot

Das Trennungsgebot bezieht sich wie in Kapitel 12.4.2 bereits erwähnt auf die Kennzeichnungspflicht, das Beeinflussungsverbot, das Blockwerbegebot, die Unterbrecherwerbung und das explizit genannte Verbot der Schleichwerbung. Mit dem Trennungsgebot von Werbung und Programm ist aber nicht gemeint, daß jedes ins Bild gerückte Markenprodukt automatisch gegen das Trennungsgebot verstößt (vgl. *Dörfler* 1993, S. 94).

Wird Placement im Sinne eines dramaturgischen Stilmittels zur Abbildung der Realität in Eigen- oder Auftragsproduktionen eingesetzt, fällt es nicht unter den Werbebegriff des Rundfunkstaatsvertrags und muß folglich auch nicht als Werbung gekennzeichnet werden. Erscheint Product Placement hingegen als Marketinginstrument, so gilt es zwar als Werbung. Es wird jedoch in Kauf genommen, um den Programmauftrag zu erfüllen. Andernfalls wären die Sender gezwungen, ganz auf die Ausstrahlung zu verzichten (vgl. *Dörfler* 1993, S. 96).

Im Einzelfall kann es bei Eigenproduktionen durch Product Placement zu einer Beeinflussung der Redaktionen kommen. Hierbei sprechen Entgelte für eine unerlaubte Einflußnahme, da zumeist Gegenleistungen erwartet werden. Somit durchbricht Placement das *Beeinflussungsverbot* (vgl. *Dörfler* 1993, S. 99f.). Unproblematisch ist hingegen die Plazierung vom BMW Z3 in »Verbotene Liebe« oder *Ikea* in allen Daily Soaps. Hierbei handelt es sich um Ausstattungs-Placements ohne finanzielle Zuzahlungen, die spätestens seit dem BGH-Urteil von 1990 höchstrichterlich erlaubt sind (vgl. *Ramme* 1999, S. B16).

Da Placement als Werbung das Programm unterbricht, ist es somit in der Regel als Verstoß gegen das Blockwerbegebot und den

Placement = Schleichwerbung

Grundsatz der Unterbrecherwerbung anzusehen (vgl. *Dörfler* 1993, S. 101).

In Zusammenhang mit dem Trennungsgrundsatz steht des weiteren das Verbot der Schleichwerbung gemäß § 7 Abs. 5 RfStV. Der Begriff Schleichwerbung ist dadurch entstanden, daß sich ein Werbetreibender eine Medialeistung »erschleicht«. Im RfStV wird Schleichwerbung mit Product Placement gleichgesetzt (vgl. *Müller, O.* 1997, S. 192). Das Verbot von Schleichwerbung wird im RfStV an der Werbeabsicht und der Entgeltlichkeit der Plazierung festgemacht. Das Verwaltungsgericht Hannover hat dazu mit seinem Urteil vom 13. Juni 1996 entschieden, daß zur Bestimmung der Werbeabsicht auf Beweisanzeichen zurückgegriffen werden kann. Ein solches Anzeichen wäre z.B. durch die Alleinstellung eines Wettbewerbers im Markt gegeben (vgl. *Herkströter* 1998, S. 109). Weitere Anhaltspunkte für unzulässige Produktpräsentationen im Fernsehen sind z.B. werbewirksame Kameraführung, mündliche Hinweise auf Unternehmen und zusätzlich aufs Bild montierte Einblendungen von Firmenschriftzügen. Zulässig sind dagegen sogenannte »unvermeidbare« Werbewirkungen, die mit der Ausstrahlung eines aktuellen und realistischen Programms einher gehen (wie beispielsweise Bandenwerbung bei der Übertragung eines Fußballspiels), sowie Darstellungen, die aus redaktionellen und künstlerischen Gründen notwendig sind (vgl. *Greffenius/Fikentscher* 1993, S. 52f.).

Placement würde auch bei den privaten Sendern gegen das Trennungsgebot und das Blockwerbegebot verstoßen, ansonsten aber gibt es keine spezielle Regelungen für das Product Placement (vgl. *Dörfler* 1993, S. 103, *Müller, O.* 1997, S. 194f.).

Placement verstößt außerdem gegen das für die öffentlich-rechtlichen Programme geltende Werbeverbot nach 20 Uhr und an Sonn- und Feiertagen, sowie gegen die zeitliche Werbegrenze von maximal 20 Werbeminuten täglich. Schließlich verstößt es gegen das generelle Werbeverbot für die Dritten Fernsehprogramme (vgl. *Dörfler* 1993, S. 102, *Müller, O.* 1997, S. 187).

12.4.3.2 Wettbewerbsrechtliche Beurteilung

Die Regelungen des Gesetzes gegen den unlauteren Wettbewerb (UWG) dienen der Sicherung des fairen Leistungswettbewerbs. Aufgrund der zivilrechtlichen Sanktionsmöglichkeiten ist das UWG, im Gegensatz zum RfStV, für die Placement-Praxis wesentlich bedeutender.

12.4.3.2.1 Verstoß gegen die guten Sitten

Gemäß § 1 UWG kann auf Unterlassung und Schadenersatz in Anspruch genommen werden, wer im geschäftlichen Verkehr zu Zwecken des Wettbewerbs Handlungen vornimmt, die gegen die guten Sitten verstoßen. Product Placement, das in Kauf- oder Eigenproduktionen stattfindet und außerdem als Werbeform angesehen werden kann, gilt damit eindeutig als »Handeln im geschäftlichen Verkehr« (*Dörfler* 1993, S. 76). Zur Konkretisierung des unbestimmten Rechtsbegriffs »die guten Sitten« kommen mehrere Beurteilungskriterien in Betracht. Für die Beurteilung von Product Placement sind insbesondere folgende Aspekte von Bedeutung:

- Verletzung produktspezifischer Werberegelungen, und – selbstkontrollabkommen
- die Beeinträchtigung der freien Entschließung der Zuschauer durch Irreführung bzw. durch eine sonstige übermäßig unsachliche Beeinflussung« (*Henning-Bodewig* 1988, S. 264).

Da Placement denselben lauterkeitsrechtlichen Schranken wie jede andere Werbeform unterliegt, ist es daher stets sittenwidrig im Sinne des § 1 UWG, wenn es gegen medienrechtliche Normen (z.B. den RfStV sowie die Werberichtlinien von ARD und ZDF) oder andere Gesetze verstößt (vgl. *Scherer* 1990, S. 97f.). Hierzu gehören auch Verstöße gegen das Lebensmittel- und Bedarfsgegenständegesetz (LMBG) sowie gegen das Heilmittelwerbegesetz (HWG). Dazu gehört auch das generelle Werbeverbot für Tabakprodukte und für verschreibungspflichtige Arzneimittel (vgl. *Müller, O.* 1997, S. 203). Unter diesen Umständen ist es selbstverständlich, daß Placement für diese Produkte unzulässig ist (vgl. *Henning-Bodewig* 1988, S. 264, *Dörfler* 1993, S. 106).

Neben den bisher aufgezeigten Fällen, kommt eine Verletzung standesrechtlich normierter Bestimmungen durch Placement in Betracht. Die Werbewirtschaft, die werbetreibenden Medien, die Werbeagenturen und die Werbeberufe selbst haben sich schon frühzeitig unter dem Dach des Zentralausschusses der Werbewirtschaft (ZAW) gemeinsame Werberichtlinien gegeben. Product Placement wird in aller Regel diese Standesvorschriften beeinträchtigen und auch aus diesem Grund als sittenwidrig und unzulässig anzusehen sein.

12.4.3.2.2 Wahrheitsgrundsatz

Der Wahrheitsgrundsatz des UWG besagt, daß Werbemaßnahmen klar und eindeutig als solche erkennbar sein müssen (vgl. *Dörfler* 1993, S. 111, *Scherer* 1990, S. 134). Product Placement erfolgt in aller Regel unter Verschleierung des Werbecharakters, worin der aus Marketingsicht bestehende Vorteil liegt. Der Zuschauer wird über den Urheber der Botschaft im Dunkeln gelassen.

Placement gilt deshalb als unlauter, da der Konsument seinem objektiven Urteilsvermögen beraubt ist sowie keine Wahlmöglichkeit hat, sich der Werbung zu unterziehen oder zu entziehen (vgl. *Dörfler* 1993, S. 112ff., *Asche* 1996, S. 55ff.). Weiterhin beeinflußt Placement den Konsumenten durch die Möglichkeit der Identifikation des Verbrauchers mit Leitbildern oder Testimonials (vgl. *Henning-Bodewig* 1988, S. 271).

12.4.3.2.3 Verbot der irreführenden Werbung

Product Placement ist gemäß § 3 UWG unzulässig, da es den Verbraucher über die Werbemaßnahme als solche täuscht (vgl. *Asche* 1996, S. 87ff.). Redaktionelle Werbung in den Printmedien und im Fernsehen beinhaltet irreführende Angaben über die Herkunft bzw. Urheberschaft des Beitrages und ist dadurch irreführend für den Konsumenten (vgl. *Scherer* 1990, S. 147f.).

12.4.3.2.4 Rechtsfolgen

Ein Verstoß gegen § 1 und § 3 UWG gewährt den Betroffenen den Anspruch auf Unterlassung und Schadenersatz. Die Anspruchsberechtigten haben beim Unterlassungsanspruch die Möglichkeit, jegliche Form von Placement zu unterbinden. Konsequenterweise könnte man die Ausstrahlung aller Programme, die Product Placement enthalten untersagen. Folglich müßte sich das deutsche Fernsehen aus der internationalen Medienlandschaft verabschieden (vgl. *Müller, O.* 1997, S. 201). Nur geringe Bedeutung hat der Anspruch auf Schadenersatz, da die Berechnung eines entstandenen Schadens nur schwer zu ermitteln sein dürfte. Es müßte konkret nachgewiesen werden, daß Konkurrent A aufgrund eines Placements des Konkurrenten B seine Produkte schlechter absetzen konnte (vgl. *Dörfler* 1993, S. 125).

12.4.3.3 Weitere Gesetzesverstöße

Verträge, die auf ein sittenwidriges Verhalten im Wettbewerb gerichtet sind, gelten nach § 138 BGB als nichtig. Wird also ein Placement vertraglich festgehalten, ist der Vertrag nichtig, da das Rechtsgeschäft gegen § 1 UWG verstößt. Somit entfallen auch die gegenseitigen vertraglichen Ansprüche. In der Praxis wird bei der Vertragsgestaltung deshalb nicht von Product Placement, sondern von »Kooperation« gesprochen. Ein Verstoß gegen gesetzliche Verbote wie medienrechtliche und produktspezifische Werbevorschriften führt nicht nur wegen § 1 UWG in Verbindung mit § 138 BGB zur Nichtigkeit, sondern auch gemäß § 134 BGB (vgl. *Dörfler* 1993, S. 126f.). Verstöße gegen das LMBG und das HWG wurden schon erläutert. Placement gilt demnach als unzulässig im Sinne des UWG, weil es zur Schaffung von Wettbewerbsvorteilen der Beteiligten gegen geltendes Recht verstößt. Gesetzesverstöße gegen die Werbebeschränkungen des LMBG und des HWG durch Placement werden jedoch auch ohne Beeinflussung des Wettbewerbs geahndet (vgl. *Müller, O.* 1997, S. 203).

Werden des weiteren Drehbücher ohne Rücksprache mit dem Autor verändert, um ein Placement erst zu ermöglichen, so liegt nach § 22 und § 39 Urhebergesetz eine unzulässige Bearbeitung vor (vgl. *Müller, O.* 1997, S. 204).

12.4.3.4 Spezielle Regelungen für Placement im Kino

Placement im Kino ist »nicht explizit durch gesetzliche Regelungen verboten« (*Asche* 1996, S. 92). Es besteht auch kein Anlaß für eine Ausweitung des rundfunkrechtlichen und presserechtlichen Trennungsgrundsatzes auf den Werbeträger Kino (vgl. *Asche* 1996, S. 92 und S. 55). Im Bereich der Mediengesetzgebung gibt es also für Placement im Kinofilm bislang keine Regelungen. Im Rahmen des Wettbewerbsrechts jedoch war Placement durch seine irreführende Wirkung Gegenstand von zwei BGH-Urteilen. Aufgrund eines BGH-Urteils vom 6. Juli 1995 muß das Kinopublikum vor der Vorführung eines Films, der bezahlte Werbung enthält, darauf hingewiesen werden. Es sei wettbewerbswidrig nach § 1 UWG, wenn die in einem Spielfilm enthaltene Werbung nicht als solche erkennbar sei (vgl. *Diekhof* 1995, S. 82). Die Vorführung und der Verleih eines Kinofilms, der Schleichwerbung enthält, kann aber nicht untersagt werden. Das bestätigte der BGH in einem zweiten Urteil (vgl. *ZAW* 1996, S. 244f.).

12.4.4 Vergleichende Werbung

Vergleichende Werbung war in der Bundesrepublik *bislang verboten*. Die EU-Richtlinie 97/55/EG vom 6.10.1997 erlaubt vergleichende Werbung in den Staaten der europäischen Union ausdrücklich. Diese Richtlinie ist bis 23.4.2000 in nationales Recht umzusetzen (vgl. *ZAW* 1998, S. 92). Urteilen des BGH vom 5.2.1998 und vom 23.4.1998 zufolge verstößt die EU-Richtlinie nicht gegen § 1 des UWG, so daß vergleichende Werbung damit grundsätzlich zulässig ist.

Voraussetzungen für Zulässigkeit

Voraussetzungen für eine zulässige vergleichende Werbung sind, daß der Vergleich nicht irreführen darf, daß nachprüfbare und typische Eigenschaften miteinander verglichen werden und daß der Mitbewerber nicht herabgesetzt werden darf. Ferner muß sich der Vergleich auf Produkte beziehen, die den gleichen Bedarf befriedigen. Bei Waren mit Ursprungsbezeichnung ist vergleichende Werbung nur zulässig, wenn sie sich auf Waren mit der gleichen Bezeichnung bezieht. Vergleichende Werbung darf keine Verwechslungsgefahr nach sich ziehen und sie darf keine Imitation einer Marke darstellen (vgl. *ZAW* 1998, S. 93 sowie *Ruppert* 1998, S. 124).

Ausblick

Die Einschätzungen von Werbeexperten gehen jedoch dahin, daß sich in Zukunft wenig ändern wird, da weiterhin nur in beschränktem Umfang vergleichende Werbung betrieben werden darf (vgl. *o. V.* 1998, »Vergleichende Werbung bekommt grünes Licht«, S. 1). Vielmehr geht man davon aus, daß die Unsicherheit wächst (vgl. *ZAW* 1998, S. 93f. sowie *o. V.* 1998, »Neues Kommunikationsinstrument: Vergleichende Werbung«, S. 12f. mit Beispielen für vergleichende Werbung).

B

Eines der ersten Unternehmen in Deutschland, die vergleichende Werbung gegen ihren größten Mitwettbewerber durchgeführt haben, war *Burger King*. Auf Plakaten und in Werbespots wurde dargestellt, daß sowohl die Pommes Frites als auch die Burger von *Burger King* besser schmecken als die von *McDonald's* (vgl. *o. V.* 1998, »Burger King: »Freiheit. Gleichheit. Mahlzeit«, S. 12). Das Kölner Landgericht hat jedoch eine einstweilige Verfügung erwirkt, daß diese Werbeaussage nicht mehr getroffen werden darf (Aktenzeichen 81 O 185/98) (vgl. *o. V.* 1999, »Burger-Werbung gestoppt«).

12.5 Der Werberat des Zentralausschusses der deutschen Werbewirtschaft

Der deutsche Werberat ist ein selbstdisziplinäres Organ, das 1972 vom Zentralausschuß der deutschen Werbewirtschaft (ZAW) gegründet wurde. Das Arbeitsgremium bilden zwölf Mitglieder der im ZAW vertretenen vier Gruppen.

Der Werberat arbeitet wie ein Schiedsrichter. Beschwerden über bestimmte Werbemaßnahmen werden vom Gremium an das betroffene Unternehmen mit der Absicht übermittelt, daß die Werbemaßnahme verändert oder ganz eingestellt wird. Bei ungerechtfertigter Kritik an bestimmten Werbemaßnahmen stellt sich der Werberat schützend vor das angegriffene Unternehmen. Grundlage für die Entscheidung, ob es sich um gerechtfertigte oder ungerechtfertigte Kritik handelt, sind die allgemeinen Gesetze, werberechtliche Vorschriften, Verhaltensregeln des deutschen Werberats zu Spezialthemen und der allgemeine Zeitgeist bezüglich Sitte, Anstand und Moral.

Zur Vorbeugung informiert das Gremium werbetreibende Unternehmen und Agenturen über Urteile deutscher Gerichte und über seine eigene Spruchpraxis (vgl. *ZAW* 1998, S. 46. Zur Spruchpraxis gibt es eine Publikation des *ZAW*).

Aufgaben

1. Was ist die Zielsetzung des GWB?
2. Was ist die Zielsetzung des UWG?
3. Diskutieren Sie die Werbeverbote für bestimmte Produkte.
4. Nehmen Sie Stellung zu der These »Telefonmarketing ist in Deutschland verboten«.
5. Wie können sich Internetuser gegen Werbung im Internet wehren?
6. Was ist die Zielsetzung des Datenschutzgesetzes?
7. Welche Vorschriften leiten sich aus dem Trennungsgrundsatz von Werbung und Programm ab?
8. Was ist unter dem Blockwerbegebot zu verstehen?
9. Was versteht man unter der Kennzeichnungspflicht im Zusammenhang mit der Rundfunkwerbung?
10. Nennen Sie die Unterschiede bei den Werbevorschriften für den öffentlichen und privaten Rundfunk.
11. Woher kommt der Begriff Schleichwerbung?
12. Nehmen Sie Stellung zur rechtlichen Problematik von Product Placement im Rundfunk.
13. Welche Besonderheiten gibt es für das Product Placement im Kino?
14. Unter welchen Bedingungen ist vergleichende Werbung erlaubt?
15. Bei einer Kundenzufriedenheitsanalyse von Neuwagenkäufern hat sich herausgestellt, daß der Zufriedenheitsgrad bei den *Speedy-Kunden* erheblich über dem Durchschnitt liegt. Insbesondere der fernöstliche Wettbewerber *Slogo* schneidet sehr schlecht ab. Dirk Süßlich, der Marketingleiter der *Speedy GmbH*, will dieses tolle Ergebnis nutzen. Da vergleichende Werbung seit kurzem erlaubt ist, will er die die unterschiedli-

chen Resultate aus der Studie für die Neukundengewinnung einsetzen. Süßlich hat eine große Zahl von Adressen von potentiellen Neuwagenkäufern gemietet und will diese von seinem Telefonmarketingteam anrufen lassen. Das Telefonskript hat Süßlich schon erstellt. Der Angerufene soll über die Ergebnisse der Studie informiert werden. Dabei sollen insbesondere die Unterschiede zwischen den Marken *Speedy* und *Slogo* herausgestellt werden. Der Justitiar des Hauses *Speedy* trägt jedoch seine Bedenken vor. Würden Sie die Telefonaktion wie beschrieben durchführen?

Lösungshinweise

Lösungshinweise zu Kapitel 1

Aufgabe 1: Kapitel 1.1
Aufgabe 2: Kapitel 1.2
Aufgabe 3: Kapitel 1.2
Aufgabe 4: Kapitel 1.3
Aufgabe 5: Kapitel 1.3
Aufgabe 6: Kapitel 1.3
Aufgabe 7: Kapitel 1.4.1

	Beispiele für quantitative Ziele	Beispiele für qualitative Ziele
Marktforschungs-institut	Steigerung des Auftragsvolumens um 5 Prozent	Ausbau der Kompetenz in Richtung qualitativer Marktforschung (Erweiterung des Angebots)
Tourismuszentrale	Erhöhung der Einnahmen aus Prospektverkauf und 10 Prozent	Attraktivität des Urlaubslandes steigern
Hersteller von Fertigpudding	Erhöhung des Marktanteils bei Desserts von 20 auf 25 Prozent	Assoziation mit Schnellküche und Fast Food beim Verbraucher vermeiden
Anbieter von Stanzmaschinen	Stabilisierung des Umsatzes im Kerngeschäft auf Vorjahresniveau	Verbesserung der Produktqualität

Aufgabe 8: Kapitel 1.4.1
Aufgabe 9: Kapitel 1.4.2
Aufgabe 10: Kapitel 1.4.2
Aufgabe 11: Kapitel 1.4.3
Aufgabe 12: Kapitel 1.4.3
Aufgabe 13: Kapitel 1.4.4
Aufgabe 14: Kapitel 1.4.4
Aufgabe 15:

1. *Schritt: Durchführung einer Kundenzufriedenheitsanalyse*
   Süßlich sollte nach der Produktzufriedenheit fragen (Zuverlässigkeit, Bequemlichkeit, Eignung für die Familie, etc.) aber auch nach anderen Aspekten wie Service bei der Reparatur, Beurtei-

lung der Kulanz bei Garantiefällen, Zufriedenheit bei der Behandlung von Problemfällen. Ferner sollte er prüfen, wie lange ein *Speedster Family* gefahren wird und was ggf. der Grund für die Wahl einer anderen Marke war. Möglicherweise ist der *Speedster* nur für einen kurzen Familienzyklus geeignet – etwa wenn die Kinder klein sind.

2. *Schritt: Veranlassung von Maßnahmen*
   Je nach Ergebnis der Kundenzufriedenheitsanalyse sollte er entsprechende Maßnahmen einleiten. Diese könnten in einer besseren Betreuung nach dem Kauf, in einer kulanteren Abwicklung von Beschwerden, in der Verbesserung des Produkts oder vielleicht auch in einer Änderung des Images bestehen.

Lösungshinweise zu Kapitel 2

Aufgabe 1: Kapitel 2.2
Aufgabe 2: Kapitel 2.3.2
Aufgabe 3: Kapitel 2.3.2
Aufgabe 4: Kapitel 2.3.2
Aufgabe 5: Kapitel 2.3.2
Aufgabe 6: Kapitel 2.3.2
Aufgabe 7: Kapitel 2.4.1
Aufgabe 8: Kapitel 2.4.1
Aufgabe 9: Kapitel 2.4.1
Aufgabe 10: Kapitel 2.4.1
Aufgabe 11: Kapitel 2.4.2
Aufgabe 12: Kapitel 2.4.2
Aufgabe 13: Kapitel 2.4.2
Aufgabe 14: Kapitel 2.4.3
Aufgabe 15:

Rolle des Mystery-Shoppers:
Der Mystery-Shopper bekommt einen *Speedster Family* gestellt und vereinbart telefonisch einen Termin bei ausgewählten Werkstätten. Ggf. muß das Fahrzeug in der Region angemeldet werden, um einer Enttarnung des Testkäufers im Vorfeld zu begegnen. Der Mystery-Shopper beschreibt den Defekt am Fahrzeug eher laienhaft. Dann bringt er das Fahrzeug zum vereinbarten Termin in die Werkstätte und fragt nach einem Ersatzfahrzeug. Bei Abholung des Fahrzeugs muß der Testkäufer das Fahrzeug auf Verschmutzungen prüfen.

Erinnerungsprotokoll:
- Name der Werkstatt
- Telefonat zur Terminvereinbarung:
  - Beurteilung der Freundlichkeit am Telefon
  - Art der Gesprächsführung bei der Fehlerbeschreibung
  - Anzahl Tage oder Stunden, bis Auto gebracht werden kann
- Werkstattbesuch zur Entgegennahme des Fahrzeugs
  - Wartezeit in der Werkstatt, bis Bedienung erfolgt
  - Vermerk, ob Ersatzfahrzeug von selbst oder erst auf Nachfrage hin angeboten wurde
  - Ggf. Begründung für Ablehnung des Ersatzfahrzeugs
  - Werkstattbesuch zur Abholung des Fahrzeugs
  - Vermerk über Einhaltung der vereinbarten Frist bis Abholung
  - Vermerk, ob Art der Reparatur erklärt wurde
  - Ggf. Ausführlichkeit der Erklärung
  - Ggf. Freundlichkeit bei der Erklärung
  - Beurteilung der Verschmutzung am Fahrzeug.

Lösungshinweise zu Kapitel 3

Aufgabe 1: Kapitel 3.1
Aufgabe 2: Kapitel 3.2
Aufgabe 3: Kapitel 3.3
Aufgabe 4: Kapitel 3.3
Aufgabe 5: Kapitel 3.3
Aufgabe 6: Kapitel 3.3
Aufgabe 7: Kapitel 3.3
Aufgabe 8: Kapitel 3.3
Aufgabe 9: Kapitel 3.4
Aufgabe 10: Kapitel 3.4
Aufgabe 11: Kapitel 3.4
Aufgabe 12: Kapitel 3.4
Aufgabe 13: Kapitel 3.5
Aufgabe 14: Kapitel 3.5
Aufgabe 15:
Der Marktanteil ist der Anteil des eigenen Absatzvolumens am Marktvolumen. Dr. Scharrenbacher betrachtet lediglich die horizontale Konkurrenz. Er läßt sich Zulassungs- und Bestandszahlen aller relevanten Fahrzeugtypen vom Kraftfahrtbundesamt in Flensburg geben, um den Neugeschäfts- und Bestandsmarktanteil zu berechnen. Diese Analyse führt er für alle vergangenen Jahre seit Produktionsbeginn des *Speedster Family* durch. Als nächstes betrachtet er vor allem die südostasiatischen Anbieter in dieser Fahrzeugklasse, um die Marktanteilsentwicklungen zu untersuchen.

Für das Benchmarking wählt er diejenigen Anbieter aus, die besonders erfreuliche Entwicklungen zu verzeichnen hatten. Er bittet seine Abteilungsleiter Einkauf (Bernd Glattmann), Finanzen (Manfred Kolb), Vertrieb/Marketing (Dirk Süßlich), Personal (Pascal Frohgemuth), Produktion (Hermann Röthi) und F&E (Sabine Falckenstein-Comenius), mit den jeweiligen Abteilungsleitern der drei größten südostasiatischen Mitwettbewerber Kontakt aufzunehmen. In Form eines Gedankenaustausches auf fachlicher Ebene soll über die Probleme der Automobilindustrie diskutiert werden. Erklärtes Ziel ist dabei, jeweils von den anderen zu lernen, so daß alle Beteiligten von dem Gedankenaustausch profitieren können. Dr. Scharrenbacher hat einen langen Atem. Er weiß, daß das Projekt erst von Erfolg gekrönt sein wird, wenn die Beteiligten Vertrauen zueinander haben und wenn außerdem jeder Vorteile in dem Zusammentreffen sieht.

Lösungshinweise zu Kapitel 4

Aufgabe 1: Kapitel 4.1
Aufgabe 2: Kapitel 4.1
Aufgabe 3: Kapitel 4.3
Aufgabe 4: Kapitel 4.3
Aufgabe 5: Kapitel 4.3
Aufgabe 6: Kapitel 4.4
Aufgabe 7: Kapitel 4.4
Aufgabe 8: Kapitel 4.4
Aufgabe 9: Kapitel 4.5.1
Aufgabe 10: Kapitel 4.5.1
Aufgabe 11: Kapitel 4.5.2
Aufgabe 12: Kapitel 4.5.4
Aufgabe 13: Kapitel 4.5.5
Aufgabe 14: Kapitel 4.6
Aufgabe 15:
Für die Database sollte Süßlich Adreß-, Profil-, Bonitäts-, Aktions- und Reaktionsdaten sammeln. Für die Adreßdaten muß er zunächst die Daten von den Kaufverträgen EDV-technisch erfassen. Allerdings stellt Süßlich fest, daß die Händler oft keine Telefonnummer vermerken.

Bei den Profildaten kann Süßlich aus den Kaufverträgen Geschlecht und Geburtsdatum entnehmen. Bei einigen Vornamen kann er keine Zuordnung des Geschlechts vornehmen. Er veranlaßt daher, daß in Zukunft ein Anredefeld auf dem Kaufvertragsformular vorgesehen werden soll. Zwar gibt es auf dem Formular ein Feld für den Beruf. Jedoch waren die Angaben oft unleserlich oder gar nicht vorhanden. Außerdem waren teilweise sehr genaue Berufsbezeichnungen angegeben und manchmal nur sehr globale Angaben. Daher wird auch hier eine Formularänderung vorgenommen: der Händler bzw. Käufer braucht nur noch eine von sechs Berufsgruppen anzukreuzen.

Bonitätsdaten liegen in einigen Fällen ebenfalls vor. Wenn ein Kunde über die *Speedy-Bank* einen Leasing- oder Finanzierungsvertrag abgeschlossen hat, sind die Daten zur Beurteilung der Bonität wie Einkommen, Vermögen, sonstige Verpflichtungen, etc. auf dem Kreditvertrag vermerkt. Allerdings stehen diese nicht in elektronischer Form zur Verfügung und sie müssen mit den Kaufvertragsdaten verknüpft werden. Ferner handelt es sich nur um Daten von Personen, deren Bonität positiv beurteilt wurde, da ansonsten kein Kreditvertrag zustande gekommen wäre.

Aktions- und Reaktionsdaten liegen noch nicht vor. Jedoch sollten auch hier Vorkehrungen getroffen werden, um Aktionen und die darauf folgenden Reaktionen zu erfassen. Insbesondere sollte Süßlich in regelmäßigen Abständen Befragungen durchführen und die so gewonnen Daten abspeichern. Als Anreiz zur Beantwortung der Fragen könnten evtl. Gutscheine für die nächste Inspektion oder kleine Geschenke rund um das Auto ausgelobt werden. Jede Befragung wird auch hier als Aktion abgespeichert.

Lösungshinweise zu Kapitel 5

Aufgabe 1: Kapitel 5.1
Aufgabe 2: Kapitel 5.2.1
Aufgabe 3: Kapitel 5.2.1
Aufgabe 4: Kapitel 5.2.2
Aufgabe 5: Kapitel 5.2.2
Aufgabe 6: Kapitel 5.2.2
Aufgabe 7: Kapitel 5.2.2
Aufgabe 8: Kapitel 5.2.2
Aufgabe 9: Kapitel 5.2.2
Aufgabe 10: Kapitel 5.3.1
Aufgabe 11: Kapitel 5.3.1
Aufgabe 12: Kapitel 5.3.2
Aufgabe 13: Kapitel 5.4
Aufgabe 14: Kapitel 5.4.1
Aufgabe 15: Kapitel 5.3.1
Aufgaben des Produktmanagers *Speedster Fun*:

- Beobachtung des Marktes für Geländefahrzeuge incl. Prognose zukünftiger Entwicklungen
- Laufende Absatz- und Umsatzanalysen für den *Speedster Fun*

- Kundenzufriedenheitsuntersuchungen bei Käufern des *Speedster Fun*
- Absatz- und Umsatzprognose für den *Speedster Fun*
- Planung und Ausarbeitung zukünftiger Marketingstrategien für den *Speedster Fun*
- Analyse und Planung des Marketingmixes bezogen auf den *Speedster Fun*, incl. Mediaplanung
- Aufstellen des Marketingplans und des Budgets für den *Speedster Fun*
- Verwaltung und Überwachung des Budgets für den *Speedster Fun.*

Lösungshinweise zu Kapitel 6

Aufgabe 1: Kapitel 6.2.1.2
Aufgabe 2: Kapitel 6.2.1.3
Aufgabe 3: Kapitel 6.2.1.3
Aufgabe 4: Kapitel 6.2.1.4
Aufgabe 5: Kapitel 6.2.2.1
Aufgabe 6: Kapitel 6.2.2.1
Aufgabe 7: Kapitel 6.2.2.3
Aufgabe 8: Kapitel 6.2.3
Aufgabe 9: Kapitel 6.3.2
Aufgabe 10: Kapitel 6.3.2
Aufgabe 11: Kapitel 6.3.3
Aufgabe 12: Kapitel 6.4.2
Aufgabe 13: Kapitel 6.4.2
Aufgabe 14: Kapitel 6.5.2
Aufgabe 15:

- Die Autovermieter haben nur einen abgeleiteten Bedarf
- Es gibt nur eine begrenzte Zahl von Autovermietern, die in Frage kommen (die international tätigen Vermieter wie *Sixt*, *Avis*, *Europcar*, etc.) und lokale Agenturen
- Die Wettbewerber entsprechen den Wettbewerbern im B-to-C-Markt, ggf. herrschen andere Wettbewerbsverhältnisse vor
- Die Beziehung zwischen Automobilhersteller und Autovermieter sind enger, ggf. gibt es langfristige Kooperationen mit Wettbewerbern, so daß die *Speedy GmbH* nur geringe Chancen hat, insbesondere bei den größeren Vermietern einzusteigen.
- Die Zahl der Entscheider ist größer als im B-to-C-Markt
- Die Entscheidungsprozesse sind formaler, meist länger (selten impulsiv)
- Die Entscheidungskriterien sind zwar de facto nicht unbedingt rationaler, jedoch sollten mehr Argumentationshilfen gegeben werden, um eine rationale Entscheidung zu erleichtern

- Die Entscheidung wird meist kollektiv getroffen, so daß die Struktur des Buyingcenters bekannt sein sollte.

Lösungshinweise zu Kapitel 7

Aufgabe 1: Kapitel 7.1
Aufgabe 2: Kapitel 7.2.1
Aufgabe 3: Kapitel 7.2.2
Aufgabe 4: Kapitel 7.2.3
Aufgabe 5: Kapitel 7.2.3
Aufgabe 6: Kapitel 7.2.3
Aufgabe 7: Kapitel 7.2.3
Aufgabe 8: Kapitel 7.2.3
Aufgabe 9: Kapitel 7.3.1
Aufgabe 10: Kapitel 7.3.1
Aufgabe 11: Kapitel 7.3.2
Aufgabe 12: Kapitel 7.3
Aufgabe 13: Kapitel 7.3.4
Aufgabe 14: Kapitel 7.3.5
Aufgabe 15:
Die Sortimentsbreite sollte verringert werden, da die Produktgruppen Zubehör und Ersatzteile nur einen kleinen Beitrag zum Umsatz leisten. Hier sollte versucht werden, über Kooperationen mit Zubehör- und Ersatzteilanbietern ein entsprechendes Angebot bereitzustellen und dann nur noch als Absatzmittler zu fungieren. Liegt der Grund für den niedrigen Absatz allerdings in der mangelnden Produktqualität oder darin, daß die Händler die werkseigenen Produkte nur unzureichend anbieten, sollten in dieser Richtung Maßnahmen ergriffen werden.

Die Sortimentstiefe sollte ggf. beim Hauptumsatzträger *Speedster Family* erweitert werden. Speedster *Mini-Van* und *Speedster Fun* bringen noch keine nennenswerten Umsätze hervor. Diese Produkte sind allerdings noch zu neu auf dem Markt, um hier endgültige Aussagen zu treffen.

Lösungshinweise zu Kapitel 8

Aufgabe 1: Kapitel 8.1
Aufgabe 2: Kapitel 8.2
Aufgabe 3: Kapitel 8.2.3
Aufgabe 4: Kapitel 8.2.5 und 8.2.6
Aufgabe 5: Kapitel 8.3

Aufgabe 6: Kapitel 8.3
Aufgabe 7: Kapitel 8.3
Aufgabe 8: Kapitel 8.4
Aufgabe 9: Kapitel 8.5
Aufgabe 10: Kapitel 8.7
Aufgabe 11: Kapitel 8.7
Aufgabe 12: Kapitel 8.7
Aufgabe 13: Kapitel 8.7
Aufgabe 14: Kapitel 8.7
Aufgabe 15:
Eine Preiserhöhung um 10 Prozent hätte bei einer Preiselastizität von $\eta = |1{,}5|$ einen Nachfragerückgang in Höhe von 15 Prozent zur Folge. Der Umsatz würde von 24.950 DM multipliziert mit X Einheiten zurückgehen auf 24.950 DM zzgl. 10 % multipliziert mit X Einheiten abzgl. 15 %. Dies entspricht einem Rückgang von 6,5 %. Bei gestiegenen Kosten in Höhe von 10 % kommt es zu einem Gewinnrückgang. Süßlich sollte dem Vorschlag von Röthi also nicht folgen.

Die Umstellung auf den Euro ändert an der Preiselastizität grundsätzlich nichts, da nur die relativen Änderungen ins Verhältnis gesetzt werden. Jedoch ergeben sich andere Schwellenpreise durch die Euroumstellung. War die Preiselastizität bei einer Preisänderung von 24.950 DM auf 25.000 DM sehr hoch, wird sie bei der wertmäßig gleichen Erhöhung von 12.757 Euro auf 12.782 Euro geringer ausfallen, da es sich hier nicht um einen Schwellenpreis handelt.

Lösungshinweise zu Kapitel 9

Aufgabe 1: Kapitel 9.1
Aufgabe 2: Kapitel 9.2
Aufgabe 3: Kapitel 9.3
Aufgabe 4: Kapitel 9.3
Aufgabe 5: Kapitel 9.3
Aufgabe 6: Kapitel 9.3.2
Aufgabe 7: Kapitel 9.3.3
Aufgabe 8: Kapitel 9.4
Aufgabe 9: Kapitel 9.5
Aufgabe 10: Kapitel 9.5
Aufgabe 11: Kapitel 9.5
Aufgabe 12: Kapitel 9.5
Aufgabe 13: Kapitel 9.5
Aufgabe 14: Kapitel 9.6

Aufgabe 15:
Vorteile:
- Nur zentrale Lagerhaltung erforderlich (relevant, wenn Ware nicht sofort bei Lieferung Eigentum des Händlers wird)
- Provision für die Händler entfällt
- Kein Koordinationsaufwand mit Händlern/ leichtere Durchsetzbarkeit von eigenen Vorstellungen
- Direkter Kundenkontakt und damit intensivere Beziehung zum Kunden
- Mehr (eigene) Informationen über den Kunden
- Zentrale Neukundengewinnungsaktionen möglich
- Zentrale Bestandskundenbetreuung leichter zu koordinieren.

Nachteile:
- Beratungs- und Verkaufspersonal muß vorhanden sein und geschult werden
- Probefahrt nicht oder nur mit Aufwand möglich
- Konkurrierende Vertriebsschienen (Händler und Direktvertrieb, insbesondere wenn Leistungen wie Beratung, Probefahrt und Kundendienst vom Händler in Anspruch genommen werden sollen).

Lösungshinweise zu Kapitel 10

Aufgabe 1: Kapitel 10.1.1
Aufgabe 2: Kapitel 10.1.2
Aufgabe 3: Kapitel 10.1.3
Aufgabe 4: Kapitel 10.2.1
Aufgabe 5: Kapitel 10.2.1
Aufgabe 6: Kapitel 10.2.1
Aufgabe 7: Kapitel 10.2.1; zu setzende Annahme: Das Interesse an Motorrädern verteilt sich bei Lesern der Zeitschriften *Für Sie* und Bunte wie in der Grundgesamtheit. Leser der Zeitschrift *Motorrad* interessieren sich alle für das Thema Motorradfahren.
Aufgabe 8: Kapitel 10.2.1
Aufgabe 9: Kapitel 10.2.2
Aufgabe 10: Kapitel 10.2.2
Aufgabe 11: Kapitel 10.2.3
Aufgabe 12: Kapitel 10.2.4
Aufgabe 13: Kapitel 10.3.2
Aufgabe 14: Kapitel 10.2.2
Aufgabe 15:
a) Süßlich kann Adressen anmieten bzw. mit anderen Unternehmen tauschen und Mailings versenden, er kann Anzeigen mit

Responseelement schalten, er kann eine Aktion »Kunden werben Kunden« bei bisherigen Kleintransporterbesitzern starten oder er kann mit anderen Unternehmen kooperieren, die die gleiche Zielgruppe ansprechen, aber keine direkten Mitwettbewerber sind. Wichtig ist, die anvisierte Zielgruppe zu erreichen.

b) Der Marketingassistent berechnet zuerst die quantitativen TKP und sortiert die Zeitschriften abfallend nach den berechneten TKP. Er meint, die Zielgruppe der Handwerker sei mit allen aufgelisteten Titeln gut getroffen, so daß er auf eine Berechnung des qualitativen TKP verzichtet. Dann eliminiert er Titel, die den maximalen TKP von 500 DM überschreiten. Er trifft nun folgende Entscheidung: um präsent zu sein, schaltet er in den Zeitschriften mit hohem TKP nur selten eine Anzeige. In den Zeitschriften mit niedrigem TKP will er öfter vertreten sein. Sein Budget verteilt er dann wie folgt:

Zeitschrift	TKP	Anzahl Anzeigen in DM	Kosten pro Jahr
Der Installateur	750	0	–
Das moderne Dach	417	1	5.000
Gas und Wasser	400	1	10.000
Fassadengestaltung	400	1	10.000
Die Schreinerei	343	3	36.000
Garten- und Landschaftsbau	231	12	180.000
Der Bäcker	222	26	520.000
Landwirtschaft heute	200	12	204.000
Summe			965.000

c) Süßlich möchte zum einen die Werbewirkung und zum anderen den Werbeerfolg bei seinen durchgeführten Maßnahmen messen (ex post). Bei der Werbewirkung läßt er Recall- und Recognitiontests durchführen. Dazu werden den Mailingempfängern Mailings vorgelegt. Bei den Zeitschriftenanzeigen läßt Süßlich Abonnenten der entsprechenden Fachzeitschriften befragen. Im Zusammenhang mit dem Werbeerfolg berechnet Süßlich den Akquisitionserfolg, den Umwandlungserfolg und den Aufbauerfolg. Folgende Kennzahlen sind für ihn maßgeblich:

- Akquisitionserfolg: die Anzahl der Prospektanforderer bezogen auf die Aussendemenge bzw. die Auflage bei Mailings und Anzeigen
- Umwandlungserfolg: wieviel Prozent der Anforderer haben einen *Speedster* Kleintransporter gekauft?
- Aufbauerfolg: wie hoch ist die Markentreue?

Lösungshinweise zu Kapitel 11

Aufgabe 1: Kapitel 11.1
Aufgabe 2: Kapitel 11.3.2
Aufgabe 3: Kapitel 11.3.2
Aufgabe 4: Kapitel 11.3.2
Aufgabe 5: Kapitel 11.3.3.3
Aufgabe 6: Kapitel 11.3.3.3
Aufgabe 7: Kapitel 11.3.3.3
Aufgabe 8: Kapitel 11.3.3.3
Aufgabe 9: Kapitel 11.3.3.3
Aufgabe 10: Kapitel 11.3.3.4
Aufgabe 11: Kapitel 11.4.1
Aufgabe 12: Kapitel 11.4
Aufgabe 13: Kapitel 11.5
Aufgabe 14: Kapitel 11.6
Aufgabe 15:
Die Strategien für die einzelnen Marktfelder nach *Ansoff* lauten: Durchdringungsstrategie, Marktentwicklungsstrategie, Produktentwicklungsstrategie und Diversifikationsstrategie.

Die *Speedy GmbH* muß im Rahmen der Durchdringungsstrategie dafür sorgen, daß bisherige Kunden die Verwendungsintensität erhöhen. Dies bedeutet, daß sie öfter einen Neuwagen kaufen und der Marke *Speedy* in stärkerem Maße treu bleiben sollen. Bei der auf dem Automobilmarkt herrschenden Sättigung wird es schwierig sein, bisherige Nichtautobesitzer zum Autokauf zu bewegen. Auch die starke Konkurrenz wird es kaum möglich machen, Wettbewerbskunden von der Marke *Speedy* zu überzeugen.

Die Marktentwicklungsstrategie zielt darauf ab, den Absatzraum zu vergrößern. Dazu muß die *Speedy GmbH* ihre Autos nicht nur in Deutschland, sondern auch in anderen Ländern in stärkerem Maße verkaufen. Über Produktdifferenzierung können neue Teilmärkte erschlossen werden. Dies hat die *Speedy GmbH* mit dem preiswerten Geländefahrzeug *Speedster Fun* und dem *Speedster Mini-Van* bereits gemacht. Das Eindringen in Zusatzmärkte über einen neuen Verwendungszweck bietet sich bei den Kleintransportern an, die als Fahrzeuge für die Großfamilie oder als Wohnmobile genutzt werden könnten. Allerdings werden die Marktentwicklungsstrategien nicht einfach zu realisieren sein, da die Märkte auch von den Mitwettbewerbern bereits bearbeitet werden.

Die Produktentwicklungsstrategie geht davon aus, daß dem Automobilkäufer ständig etwas Neues geboten werden muß. Hier hat die *Speedy GmbH* die Chance, auch weiterhin durch ihre innovative Technik eine Spitzenstellung zu behalten.

Bei der Diversifikationsstrategie werden neue Märkte mit neuen Produkten erobert. Dies sollten Produkte sein, bei deren Produktion und/oder Vermarktung die *Speedy GmbH* Synergien nutzen kann, wie etwa Fahrräder (Mobilität), Motorräder (Kraftfahrzeug) oder Motorenbau.

Lösungshinweise zu Kapitel 12

Aufgabe 1: Kapitel 11.1
Aufgabe 1: Kapitel 12.1.1
Aufgabe 2: Kapitel 12.1.2
Aufgabe 3: Kapitel 12.2
Aufgabe 4: Kapitel 12.4.1.1
Aufgabe 5: Kapitel 12.4.1.3
Aufgabe 6: Kapitel 12.4.1.6
Aufgabe 7: Kapitel 12.4.2
Aufgabe 8: Kapitel 12.4.2
Aufgabe 9: Kapitel 12.4.2
Aufgabe 10: Kapitel 12.4.2
Aufgabe 11: Kapitel 12.4.3.1 und 10.3.2.1
Aufgabe 12: Kapitel 12.4.3
Aufgabe 13: Kapitel 12.4.3.4
Aufgabe 14: Kapitel 12.4.4
Aufgabe 15:
Die Telefonaktion kann nicht durchgeführt werden, da es sich um Telefonate mit Privatpersonen handelt, die keine Kundenbeziehung zur *Speedy GmbH* unterhalten. In Bezug auf die vergleichende Werbung muß gesagt werden, daß sie nicht zulässig ist, wenn es sich um Irreführung des Verbrauchers oder eine Herabsetzung des Wettbewerbers handelt. Eine Herabsetzung des Wettbewerbers *Slogo* ist dann anzunehmen, wenn die Ergebnisse der Studie lediglich genutzt werden, um z.B. die schlechte Qualität von *Slogo* aufzuzeigen. Ferner muß ein objektiver Vergleich zwischen typischen und nachprüfbaren Eigenschaften möglich sein. Dies ist bei der Zufriedenheitserhebung eher nicht der Fall.

Literaturverzeichnis

Monographien, Beiträge aus Sammelwerken und Zeitschriften

A. C. Nielsen GmbH: Universen '98. Frankfurt am Main , 1998.

Aaker, D. A.: Managing Brand Equity. New York, 1991.

Aaker, D. A.; Kumar, V.; Day, G. S.: Marketing Research. New York et al., 6th ed., 1998.

Altschul, K.: Eine profitable Marke braucht Leadership. In: Absatzwirtschaft, 41. Jg., 5/1998, S. 26–30.

Altschul, K.: Marken im Tanz der Elefanten. In: Absatzwirtschaft, 41. Jg., 7/1998, S. 28–32.

Anheier, H. K.; Priller, E.: Der Non-Profit-Sektor in Deutschland: Eine sozial-ökonomische Strukturbeschreibung. Baltimore, Berlin, 1995.

Arius, C.: Mineralwasser. München, 1996.

Asche, F.: Product Placement im Kinospielfilm. Frankfurt am Main u.a., 1996.

Auer, M.; Kalweit, U.; Nüßler, P.: Product Placement – Die geheime Kunst der Verführung,. Düsseldorf, Wien, New York , 1988.

Auerbach, S.; Bednarczuk, P.; Büttgen, M.: Ausnahmesituationen beherrschen. In: Absatzwirtschaft, 40. Jg., 12/1997, S. 78–85.

Backhaus, K.: Industriegütermarketing. München, 5. Aufl., 1997.

Bauer, H.; Dichtl, E.; Herrmann, A.: Automobilmarktforschung, Nutzenorientierung von Pkw-Herstellern. München, 1996.

Baumann, M.: Weniger Irritation. In: Wirtschaftswoche, 19/1998, S. 66.

Baumann, M.; Hohensee, M.: Dienstleistungen: Tiefer in die Tasche. In: Wirtschaftswoche, 8/1999, S. 54–55.

Becker, J.: Marketing-Konzeption. München, 6. Aufl., 1998.

Behrens, G.: Werbung: Entscheidung – Erklärung – Gestaltung. München, 1996.

Bennet, P. D. (ed.): Dictionary of Marketing Terms. Chicago 1995.

Bente, K.: Product Placement: entscheidungsrelevante Aspekte in der Werbepolitik. Wiesbaden , 1990.

Berekoven, L.; Eckert, W.; Ellenrieder, P.: Marktforschung. Wiesbaden, 7. Aufl., 1996.

Berndt, R.: Marketing 3. Marketing-Management. Berlin u.a., 2. Aufl., 1995.

Berthold, K. (Hrsg.): Von der braunen Schokolade zur lila Versuchung. Bremen, 1996.

Bliemel, W. F.; Eggert, A.: Kundenbindung – die neue Sollstrategie?. In: Marketing ZFP, 20. Jg., 1/1998, S. 37–46.

Böhler, H.: Marktsegmentierung als Basis eines Direct-Marketing-Konzepts. In: Dallmer, H. (Hrsg.): Handbuch des Direct-Marketing. Wiesbaden, 6. Aufl., 1991, S. 447–459.

Böhmer, R.; Haacke, B. von: Seniorenmarkt: Sonnenblume am Revers. In: Wirtschaftswoche, 2/1999, S. 32–36.

Böll, K.: Merchandising und Licensing. München, 1999.

Bosselmann, E.: Product Placement in der Sportartikelindustrie. Frankfurt am Main , 1994.

Brauer, W.; Saborowski, J.: Internet Branding. In: Absatzwirtschaft, 41. Jg., 11/1998, S. 102–108.

Braunschweig, S.: Empirische Forschung mit goldenem Boden. In: media & marketing, 3. Jg., 3/1999, S. 30–33.

Bruhn, M.: Begriffsabgrenzungen und Erscheinungsformen von Marken. In: Bruhn, M. (Hrsg.): Handbuch Markenartikel, Band 1, Stuttgart, 1994.

Bruhn, M.: Marketing. Wiesbaden, 3. Aufl., 1997.

Bruhn, M.: Schweizer Kundenbarometer: Hohes Zufriedenheitsniveau. In: Absatzwirtschaft, 41. Jg., 11/1998, S. 94–100.

Bruhn, M.: Messung von Kundenzufriedenheit im Rahmen Nationaler Kundenbarometer: Konzeptionen und Nutzungspotential unterschiedlicher Customer Satisfaction Indizes. In: Töpfer, A. (Hrsg.): Kundenzufriedenheit – messen und steigern. Neuwied, 2. Aufl., 1999, S. 385–407.

Bundesarbeitsgemeinschaft Sozialmarketing: Zahlen zum deutschen Spendenwesen. http://www.sozialmarketing.de, 17.11.1998.

Bundesministerium des Innern: Modellrechnungen zur Bevölkerungsentwicklung in der Bundesrepublik Deutschland bis zum Jahr 2040. Bonn, 1996.

Bundesverband Deutscher Markt- und Sozialforscher: BVM Handbuch der Marktforschungsunternehmen. Frankfurt, 1999.

Burke, R.: Der virtuelle Laden. In: Harvard Business Manager, 18. Jg., 4/1996, S. 107–117.

Clemens, B.: Weit mehr als platte Werbebotschaften. In: Lebensmittelzeitung, 37/1999, S. 70.

Dallmer, H.: Direct-Marketing. In: Bruhn, M. (Hrsg.): Handbuch des Marketing, München, 1989, S. 535–562.

Dallmer, H.: Direct Marketing. In: Köhler, R.; Tietz, B.; Zentes, J. (Hrsg.): Handwörterbuch des Marketing. Stuttgart, 2. Aufl., 1995, S. 477–492.

Dammler, A.; Melza-Lena, B.: Internationalität ist kein Benefit. In: Absatzwirtschaft, 42. Jg., 4/1999, S. 28–30.

Deutsche Post AG: Postwurfsendung Stand 1.1.1996. Bonn, 1996.

Deutsche Post AG: Beilage, Beihefter, Beikleber. Bonn, 2. Aufl., 1997.

Deutsche Post AG: Postwurf Spezial Stand 1.8.1997. Bonn, 1997.

Diekhof, R.: Feuer und Eis von den Bundesrichtern. In: Werben & Verkaufen, 32. Jg. , 49/1995, S. 82–84.

Diekhof, R.: Bezahlte Botschaften. In: Werben & Verkaufen, 33. Jg., 41/1996, S. 95–96.

Diekhof, R.; Waschek, J.: Wir arbeiten an unseren Schwächen. In: Werben & Verkaufen, 34. Jg., 33/1997, S. 56–57.

Diez, W.: Schwacke-Studie 2005: Szenarien der Pkw-Besitzumschreibungen. Maintal (EurotaxSchwacke GmbH), 1997.
Diller, H.: Preispolitik. Stuttgart, 2. Aufl., 1991.
Diller, H.: Kundenbindung als Marketingziel. In: Marketing ZFP, 18. Jg., 2/1996, S. 81–94.
Dingler, G.: Neue Wege im Privatrundfunk. In: Greff, G.; Töpfer, A. (Hrsg.): Direktmarketing mit neuen Medien. Landsberg, 3. Aufl., 1993, S. 279–290.
Dinkel, N.; Waldner, A.: Product Placement – Product Placement in Deutschland – Ergebnisse einer Unternehmensbefragung. Brockes, H.-W. (Hrsg.): Leitfaden Sponsoring & Event-Marketing, St. Gallen, 1996.
Dorbritz, J.; Gärtner, K.: Bericht 1998 über die demographische Lage in Deutschland mit dem Teil B »Ehescheidungen – Trends in Deutschland und im internationalen Vergleich«. In: Zeitschrift für Bevölkerungswissenschaft, 4/1998, S. 373–458.
Dörfler, G.: Product Placement im Fernsehen – unlautere Werbung oder denkbare Finanzierungsquelle im Dualen Rundfunksystem. Frankfurt am Main u.a., 1993.
Drosten, M.: Wieviel Biß hat Eismann?. In: Absatzwirtschaft, 42. Jg., 9/1999, S. 20–23.

Ehrmann, H.: Marketing-Controlling. Ludwigshafen, 2. Aufl., 1995.
Erdtmann, B.: Bond contra Product Placement. In: DIE WELT, 18.12.1997, in: http://www.welt.de/archiv/1997//12/18/1218tv03.html, S. 1.

Faltin, C.: Den Zeitungsverlagen mangelt es an marktorientiertem Denken. In: media & marketing, 3. Jg., 7/1999, S. 58–59.
Felser, G.; Kaupp, P.; Pepels, W.: Käuferverhalten. Köln, 1999.
Fitzner, J.: Die Berichterstattung über den Flughafen Stuttgart in der lokalen Tagespresse – eine Medienresonanzanalyse als Basis der Medienarbeit. Unveröffentlichte Diplomarbeit an der Fachhochschule Nürtingen, 1998.
Flebbe, H.-J.: Lichtspiel – Kinowelt im Wandel. In: Frankfurter Allgemeine Zeitung, 24.08.99, S. B 4.
Focus: Der Markt für Herrenkosmetik. Studie des Burda-Verlags, 1998.
Freese, G.: adidas: Sprung in den Schnee. In: DIE ZEIT, 52. Jg., 19.09.1997, S. 26.
Friese, U.: Aufräumen im Reich der Kekse. In: Capital, o. Jg., 8/1997, S. 47–51.
Fürstner, W.: Print im Umbruch – Die großen Trends im Zeitschriften-Markt. In: Frankfurter Allgemeine Zeitung, 24.08.99, S. B 7.

Gill, O.: Product Placement als Marketinginstrument. http://www.student-online.de, o. S.
Godefroid, P.: Investitionsgüter-Marketing. Ludwigshafen, 1995.
Greffenius, G.; Fikentscher, A.: Die Gefahr von Schleichwerbung lauert. In: Horizont, 40/1993, S. 52–53.
Groothuis, U.: Kundenbindung: Unbekanntes Wesen. In: Wirtschaftswoche, 41/1998, S. 162.

Gesellschaft Werbeagenturen-Service GmbH: Mediaplanner 1999. Zahlen und Daten für die Werbung. Frankfurt, 1999.

Hansen, U.; Bode, M.: Marketing und Konsum: Theorie und Praxis von der Industrialisierung bis ins 21. Jahrhundert. München, 1999.

Hanser, P.: Deutscher Werbekalender 1999. Taschenbuch für Marketing und Werbung. Düsseldorf, 36. Ausgabe, 1999.

Hauch, R.: Junges Publikum. In: Wirtschaftswoche, 45/1998, S. 108–111.

Henning-Bodewig, F.: Product Placement im Kino. In: ZUM, 6/1988, S. 263–273.

Hentschel, B.: Die Messung wahrgenommener Dienstleistungsqualität mit SERVQUAL. In: Marketing ZFP, 12. Jg., 4/1990, S. 230–240.

Herkströter, D.: Neue elektronische Werbeformen: Glaubwürdigkeit des Programms gefährdet ?. In: Media Perspektiven , 3/1998, S. 106–110.

Hessler, A.: Ein David gegen drei Goliaths. In: Absatzwirtschaft, 40. Jg., 10/1997, S. 52–56.

Hofstede, G.: Cultures and Organizations: Software of the Mind. Intercultural Cooperation and its Importance for Survival. New York et al., 1997.

Holland, H.: Direktmarketing. München, 1992.

Holzwart, G.: E-Commerce: Fataler Wettlauf um Trends und neue Kunden. In: Computerwoche, 26. Jg., 20/1999, S. 9–10.

Homburg, C.; Daum, D.: Auf der Suche nach den entgangenen Erlösen. In: Absatzwirtschaft, 40. Jg., 10/1997, S. 96–101.

Hormuth, S.: Placement – eine innovative Kommunikationsstrategie. München , 1993.

Hüttel, K.: Produktpolitik. Ludwigshafen, 3. Aufl., 1997.

Hüttner, M.: Grundzüge der Marktforschung. München, Wien 5. Aufl., 1997.

Institut der Deutschen Wirtschaft: Zahlen zur wirtschaftlichen Entwicklung der Bundesrepublik Deutschland. Köln, 1999.

Irmscher, M.: Markenwertbegriffe. In: Markenartikel, 2/1996, S. 58–61.

Isenbart, J.: Die Macht der Quote – Entwicklung der Marktanteile der Fernsehsender. In: Frankfurter Allgemeine Zeitung, 24.08.99, S. B 4.

Jaeckel, R.: Coupon-Anzeigen. In: Greff, G.; Töpfer, A. (Hrsg.): Direktmarketing mit neuen Medien. Landsberg, 3. Aufl., 1993, S. 149–165.

Jaissle, J.: Das Internet als innovatives Kommunikationsmedium im Marketing Mix. Eine kritische Analyse der Einsatzmöglichkeiten. Unveröffentlichte Diplomarbeit an der Fachhochschule Nürtingen, 1999.

Jasny, R.: Die Zielgruppe im Seniorenmarkt. In: Absatzwirtschaft, 40. Jg., 8/1997, S. 112–115.

Kamenz, U.: Marktforschung. Stuttgart, 1997.

Kirchner, G.: Direktmarketing-Kommunikation. Wiesbaden, 1992.

Kirchner, G.; Sobeck, S. (Hrsg.): Lexikon Direktmarketing. Landsberg, 2. Aufl., 1990.
Klophaus, R.: Revenue Management. In: Absatzwirtschaft, 41. Jg., Sondernummer 10/1998, S. 146–155.
Kollmann, T.: Interaktives Fernsehen. In: Marketing Journal, 30. Jg., 2/1997, S. 118–121.
Korte, C.: Customer Satisfaction Measurement. Frankfurt am Main , 1995.
Kotler, P.: Marketing Management. Upper Saddle River (New Jersey), 9th international edition, 1997.
Kotler, P.; Armstrong, G.: Principles of Marketing. Englewood Cliffs (New Jersey), 9th international edition, 1996.
Kotler, P.; Bliemel, F.: Marketing Management. Stuttgart, 8. Aufl., 1995.
Kotler, P.; Bliemel, F.: Marketing Management. Stuttgart, 9. Aufl., 1999.
Kreutzer, R. T.: Database-Marketing: Erfolgsstrategie für die neunziger Jahre. In: Dallmer, H. (Hrsg.): Handbuch des Direct-Marketing. Wiesbaden, 6. Aufl., 1991, S. 623–642.
Kreutzer, R. T.: Zielgruppen-Management mit Kunden-Datenbanken. In: DBW, 52. Jg., 1992, S. 325–340.
Kridlo, S.: Rechtliche Aspekte beim Einsatz des Direktmarketing. In: Greff, G.; Töpfer, A. (Hrsg.): Direktmarketing mit neuen Medien. Landsberg, 3. Aufl., 1993, S. 117–127.
Kristensen, T.: Selektive Distribution: Als Preisführer wachsen. In: Absatzwirtschaft, 41. Jg., 6/1998, S. 68–70.
Kroeber-Riel, W.; Weinberg, P.: Konsumentenverhalten. München, 6. Aufl., 1996.
Kruse, A. H.: Teleshopping in Deutschland: Eine neue mediale Vertriebs- und Einkaufsform. In: Greff, G.; Töpfer, A. (Hrsg.): Direktmarketing mit neuen Medien. Landsberg, 3. Aufl., 1993, S. 301–320.
Kuhnert, B.; Ramme, I.: So managen Sie Ihre Servicequalität. Frankfurt am Main, 1998.
KVA 98: KidsVerbraucheranalyse 98. Hrsg. v. Bastei Verlag in Kooperation mit der Axel Springer Verlag AG und der Verlagsgruppe Bauer, Bergisch-Gladbach, Hamburg, 1998.

Lamparter, D. H.: Unternehmen »langer Marsch«. Wie der Lebensmittelmulti Nestlé den chinesischen Markt erobert. In: DIE ZEIT, 53. Jg., 16.07.1998, S. 26.
Lasogga, F.: Business-to-Business-Marketing: Mit Emotionen profilieren. In: Absatzwirtschaft, 41. Jg., 6/1998, S. 84–89.
Lasswell, H. D.: Power and Personality. New York, 1948.
Lehr, G.: Entscheidungsprozesse bei der Anmietung von Adressen im Consumer-Bereich. In: Dallmer, H. (Hrsg.): Handbuch des Direct-Marketing. Wiesbaden, 6. Aufl., 1991, S. 495–522.
Lehr, G.: Was bringt das neue Postgesetz? Teil 1. In: Direkt Marketing, 33. Jg., 2/1998, S. 26–28.
Lindenblatt, K.: Dinosäule – Die Litfaßsäule: der Dinosaurier unter den

Werbemedien. In: Frankfurter Allgemeine Zeitung, 24.08.99, S. B 9.
Lingelbach, G.; Kirschner, M.: Was geht wo im LEH?. In: Absatzwirtschaft, 41. Jg., 5/1998, S. 120–123.
Link, J.; Hildebrand, V.: Database Marketing und Computer Aided Selling. In: Marketing ZFP, 16. Jg., 2/1994, S. 107–120.
Löhmer, M.: Mehr Transparenz bei Telemarketing. In: Absatzwirtschaft, 41. Jg., 1/1998, S. 82–83.
Lütge, G.: Klick & Kauf. Das Internet braucht Regeln – sonst bleiben Geschäfte im Netz riskant. In: DIE ZEIT, 53. Jg., 30.07.1998, S. 15–16.

Mai, J.: Generation X. In: Wirtschaftswoche, 4/1999, S. 90-97.
Markert, A.: E-Commerce – Sicher bezahlen im Internet. In: Direkt Marketing, 33. Jg., 9/1998, S. 12–16.
Markert, A.: Online-Shops für jedes Budget. In: Direkt Marketing, 33. Jg., 7/1998, S. 12–18.
Martin, M.: Mikrogeographische Segmentierung im Direct Marketing. In: Dallmer, H. (Hrsg.): Handbuch des Direct-Marketing. Wiesbaden, 6. Aufl., 1991, S. 461–478.
Marx, R.: Placement in Deutschland – Theoretische Grundlagen, rechtliche Rahmenbedingungen und relevante Entscheidungsaspekte für die Unternehmenspraxis. Unveröffentlichte Diplomarbeit an der Fachhochschule Nürtingen, 1998.
Matic, R.: Direktmarketing im Textilsektor dargestellt am Beispiel Kundenclub und Kundenkarte. Unveröffentlichte Diplomarbeit an der Fachhochschule Nürtingen, 1999.
Meffert, H.: Marketing. Wiesbaden, 7. Aufl., 1986.
Meffert, H.: Marketingforschung und Käuferverhalten. Wiesbaden, 2. Aufl., 1992.
Meffert, H.: Lexikon der aktuellen Marketing-Begriffe. Frankfurt am Main, 1997.
Meffert, H.: Marketing. Grundlagen marktorientierter Unternehmensführung. Wiesbaden, 8. Aufl., 1998.
Meffert, H.; Bolz, J.: Internationales Marketing Management. Stuttgart u.a., 3. Aufl., 1998.
Meffert, H.; Bruhn, M.: Dienstleistungsmarketing. Grundlagen – Konzepte – Methoden. Mit Fallbeispielen. Wiesbaden, 2. Aufl., 1997.
Mehler, K.: Süße Diskrepanz. In: Lebensmittelzeitung Spezial, 2/1999, S. 12–14.
Meier, F.: Jüngere Schwester. In: Wirtschaftswoche, 48/1998, S. 93.
Meissner, H. G.: Internationales strategisches Marketing. München, Wien, 2. Aufl., 1995.
Meyer, A.; Dornach, F.: Das Deutsche Kundenbarometer 1996. Qualität und Zufriedenheit. DMV/ Deutsche Bundespost Postdienst (Hrsg.), Düsseldorf, Bonn, 1996.
Meyer, A.; Dornach, F.: Das Deutsche Kundenbarometer – Qualität und Zufriedenheit. In: Simon, H.; Homburg, C. (Hrsg.): Kundenzufrieden-

heit: Konzepte – Methoden – Erfahrungen. Wiesbaden, 2. Aufl., 1997, S. 163–184.

Meyer, A.; Oevermann, D.: Kundenbindung. In: Köhler, R.; Tietz, B.; Zentes, J. (Hrsg.): Handwörterbuch des Marketing. Stuttgart, 2. Aufl., 1995, S. 1340–1351.

Meyerhoff, J.: Product Placement findet mehr Anklang. In: Horizont, 43/1995, S. 76–77.

Meyerhoff, J.: Werben mit dem Charme eines Geheimagenten. In: Horizont, 43/1995, S. 76–77.

Müller, G.-M.: Dachmarkenstrategien. In: Markenartikel, 4/1994, S. 142–148.

Müller, O.: Product Placement im öffentlich-rechtlichen Fernsehen. Frankfurt am Main u.a., 1997.

Müller, W.: Verlust von Werbewirkung durch Standardisierung. In: Absatzwirtschaft, 41. Jg., 9/1998, S. 80–88.

Müller, S.; Kesselmann, P.: Akzeptanz von computergestützten Erhebungsverfahren. In: Marketing ZFP, 18. Jg., 3/1996, S. 191–202.

Munkelt, I.: Was leisten die Global Player im Internet?. In: Absatzwirtschaft, 42. Jg., 7/1999, S. 28–31.

Munkelt, I.; Wildberger, N.: Digital werben – Wie weit sind die Agenturen? Test der Top 50. In: Absatzwirtschaft, 41. Jg., 4/1998, S. 88–100.

Musiol, G.: Kundenselektion bei Mail-Order-Aktionen mittels kategorieller Regression. In: Marketing ZFP, 19. Jg., 3/1997, S. 153–162.

Nickel, O.: Event-Marketing. München, 1998.

Niemeyer, H.-G.: Zapper, Sticker und andere Medientypen: eine marktpsychologische Studie zum selektiven TV-Verhalten. Stuttgart, 1994.

Nieschlag, R.; Dichtl, E.; Hörschgen, H.: Marketing. Berlin, 18. Aufl., 1997.

Nordemann, W.; Nordemann, A.; Nordemann, J. B. : Wettbewerbs- und Markenrecht. Baden-Baden, 8. Aufl., 1996.

NTC Publications Ltd.: World Advertising Trends 1998. Oxfordshire, 1998.

Nüßler, P.: Darstellung und Analyse des Product Placement als Werbeinstrument. Radolfzell, 1986.

o. V.: Bedrohte Werbe-Welt. In: Impulse, 10/1997, S. 88–89.

o. V.: Business per Online: Defizite. In: Absatzwirtschaft, 40. Jg., 5/1997, S. 29.

o. V.: Denken und arbeiten für eine neue Dimension der Adreßqualität. In: Response, Sonderdruck DIMA 1997, S. 3–7.

o. V.: Direktmarketing: Wachstumsphase. In: Absatzwirtschaft, 40. Jg., 7/1997, S. 25.

o. V.: Hörfunk ist anders. In: Absatzwirtschaft, 40. Jg., 9/1997, S. 130.

o. V.: Mehr Leser im Management. In: Absatzwirtschaft, 40. Jg., 9/1997, S. 128.

o. V.: Person und Ort unter der Lupe. In: Absatzwirtschaft, 40. Jg., 7/1997, S. 85.

o. V.: Preis-Leistungen aus Kundensicht. In: Absatzwirtschaft, 40. Jg., 7/1997, S. 77.

o. V.: Programmsponsoring: Boom. In: Absatzwirtschaft, 40. Jg., 5/1997, S. 29.

o. V.: Stabile Print-Reichweiten. In: Absatzwirtschaft, 40. Jg., 9/1997, S. 124.

o. V.: Teleshopping kommt. In: Absatzwirtschaft, 40. Jg., 5/1997, S. 29.

o. V.: TV-Preise steigen weiter. In: Absatzwirtschaft, 40. Jg., 9/1997, S. 132.

o. V.: Währungsumstellung: Arbeit für Preisstrategen. In: Absatzwirtschaft, 40. Jg., 9/1997, S. 26.

o. V.: Was kommt nach der Generation X?. In: Absatzwirtschaft, 40. Jg., 9/1997, S. 26.

o. V.: Wir werden gigantisch loslegen. In: Absatzwirtschaft, 40. Jg., 12/1997, S. 8–9.

o. V.: Burger King: »Freiheit. Gleichheit. Mahlzeit.«. In: Absatzwirtschaft, 41. Jg., 9/1998, S. 12.

o. V.: E-Commerce kommt!. In: Direkt Marketing, 33. Jg., 7/1998, S. 32.

o. V.: Electronic Commerce: Mehrwerte schaffen. In: Absatzwirtschaft, 41. Jg., 6/1998, S. 23.

o. V.: Image und Ruhm. In: Absatzwirtschaft, 41. Jg., 2/1998, S. 110–114.

o. V.: Internet für den Alltag. In: Absatzwirtschaft, 41. Jg., 4/1998, S. 118–119.

o. V.: Internet-Kommunikation: Wenig professionell. In: Absatzwirtschaft, 41. Jg., 11/1998, S. 35.

o. V.: Kommunikationspolitik: Größter USP ist der Faktor Mensch. In: Absatzwirtschaft, 41. Jg., 11/1998, S. 32.

o. V.: Lokale Planungsgrößen. In: Absatzwirtschaft, 41. Jg., 11/1998, S. 128–130.

o. V.: Neue Radio Big-Packs. In: Absatzwirtschaft, 41. Jg., 11/1998, S. 138–144.

o. V.: Neues Kommunikationsinstrument: Vergleichende Werbung. In: Absatzwirtschaft, 41. Jg., 11/1998, S. 12–13.

o. V.: Nicht nur Imagefaktor. In: Absatzwirtschaft, 41. Jg., 4/1998, S. 116–117.

o. V.: Programmsponsoring: Weiter im Aufwind. In: Absatzwirtschaft, 41. Jg., 9/1998, S. 28.

o. V.: Sozialsponsoring soll Rettungsanker sein. In: Handelsblatt, 7./8.8.1998, S. 43.

o. V.: Vergleichende Werbung: Was Konsumenten darüber denken. In: Absatzwirtschaft, 41. Jg., 12/1998, S. 22.

o. V.: Vergleichende Werbung bekommt grünes Licht. In: Horizont, 21/1998, S. 1.

o. V.: Werbeklima 1999: Stabil und heiter. In: Absatzwirtschaft, 41. Jg., 11/1998, S. 36.

o. V.: Burger-Werbung gestoppt. Vergleichende Kampagne gegen McDonald's untersagt. In: Suttgarter Zeitung, 30.01.1999.

o. V.: Die Seele von Harley Davidson und Persil. In: Frankfurter Allgemeine Zeitung, 24.08.1999.

o. V.: Disproportionale Preise – die Kunden sind sauer. In: media & marketing, 3. Jg., 7/1999, S. 10–11.
o. V.: E-Commerce: Welche Produkte haben Chancen?. In: Absatzwirtschaft, 42. Jg., 8/1999, S. 22.
o. V.: Formularmäßiges Einverständnis mit Telefonwerbung unwirksam. In: http://www.vrp.de/archiv/rechtspr/r9900061.htm, 4.8.99.
o. V.: Globale Anbieter in der lokalen Abseitsfalle. In: Computerwoche, 26. Jg., 20/1999, S. 31–32.
o. V.: Innovationen im Lebensmitteleinzelhandel: Marketing entscheidet über den Erfolg. In: Absatzwirtschaft, 42. Jg., 8/1999, S. 25.
o. V.: Konkurrenz für Hochglanzpostillen. In: Lebensmittelzeitung, 37/1999, S. 74.
o. V.: Lebensmittelhandel: 96 Prozent Marktanteil für die Top 30. In: Absatzwirtschaft, 42. Jg., 4/1999, S. 25.
o. V.: Sponsorenliga. In: Absatzwirtschaft, 42. Jg., 7/1999, S. 106.
o. V.: Sponsoring: Erst der Spot, dann der Sport. In: iwd, 27/1999, S. 8.
o. V.: Sponsoring: Welche Sportarten gewinnen?. In: Absatzwirtschaft, 42. Jg., 7/1999, S. 24.
o. V.: Tandemspots wirken nur mit Pointe. In: media & marketing, 3. Jg., 7/1999, S. 42.

Pepels, W.: Kommunikationsmanagement. Stuttgart, 2. Aufl., 1996.
Pepels, W.: Einführung in die Kommunikationspolitik. Stuttgart, 1997.
Pepels, W.: Lexikon der Marktforschung. München, 1997.
Peters, R. H.: Werbung: Medienklassiker weiter im Aufwind. In: Wirtschaftswoche, 8/1999, S. 73.
Peters, R.-H.; Pritzel, T.; Baumann, M.; Hoffritz, J.: Jede Chance nehmen. In: Wirtschaftswoche, 41/1998, S. 148–150.
Pfalz, A. F.: Symbole auf Zeit. In: Wirtschaftswoche, 45/1998, S. 117–119.
Pfeiffer, H.: Kunden in der Klemme. Immer mehr Bundesbürger können ihre Bankschulden nicht zurückzahlen. In: DIE ZEIT, 53. Jg., 30.07.1998, S. 20.
Pietschman, B. P.; Vahs, D.: Einführung in die Betriebswirtschaftslehre. Stuttgart, 1997.
Piller, F.: Kundenindividuelle Massenproduktion: Handelsnetzwerke für Mass Customization. In: Absatzwirtschaft, 42. Jg., 4/1999, S. 82–89.
Plewe, H.: Das Sahnehäubchen in der Werbung. In: Absatzwirtschaft, 40. Jg., 5/1997, S. 92.
Plewe, H.: Briefing für Internet- und Intranet-User. In: Absatzwirtschaft, 41. Jg., 4/1998, S. 113.
Plewe, H.: Briefing für Media-Planung. In: Absatzwirtschaft, 42. Jg., 9/1999, S. 143–156.
Plinke, W.: Ausprägungen der Marktorientierung im Investitionsgütermarketing. In: Zeitschrift für betriebswirtschaftliche Forschung, 44. Jg, 9/1992, S. 830–846.
Post Direkt: Newsletter: Innovationen im Adreßmanagement. Bonn, 10/1997.

Raffée, H.; Wiedmann, K.-P.: Nonprofit-Marketing. In: Köhler, R.; Tietz, B.; Zentes, J. (Hrsg.): Handwörterbuch des Marketing. Stuttgart, 2. Aufl., 1995, S. 1929–1942.

Rafferty, T.: Harley-Davidson total. Die vollständige Modellgeschichte einer legendären Marke. Stutgart, 1997.

Ramme, I.: Was ist angesagt? Lifestyle made in »Daily Soap«. In: Frankfurter Allgemeine Zeitung, 24.08.99, S. B 16.

Ramme, I.: Kundendienstpolitik. In: Pepels, W. (Hrsg.): Marketing-Management für Ingenieure und Informatiker, Köln, erscheint Anfang 2000, o.S.

Ramme, I.; Waldner, A.; Marx, R.: Product Placement Monitor. In: Brockes, H.-W.: (Hrsg.): Leitfaden Sponsoring & Event-Marketing, Düsseldorf, 14. Ergänzungslieferung, 1998, S. G5.3, S. 1–15.

Raphel, M.; Erdman, K.: Das Do-It-Yourself-Handbuch der Direktwerbung. Bonn, 2. Aufl., 1988.

Reichheld, F.; Sasser, W. E.: Zero-Migration: Dienstleister im Sog der Qualitätsrevolution. In: Harvardmanager 13. Jg., 4/1991, S. 108–116.

Reischauer, C.: Schmaler Weg- Die Werbeklimastudie der Wirtschaftswoche. In: Wirtschaftswoche, 45/1998, S. 104–106.

Riedmüller, F.: Erlebtes Werben: Was bringt der Point of Fun?. In: Absatzwirtschaft, 42. Jg., 9/1999, S. 110–113.

Rogers, E. M.: Diffusion of Innovations. New York, 1962.

Römer, D.: Sittenwidrig und sehr modern. In: Focus , 18/1997, S. 259–261 .

Rosbach, B.: Süße Schätze. In: Lebensmittelzeitung Spezial, 2/1999, S. 70–73.

Rudolph, B.: Kundenzufriedeheit im Industriegüterbereich. Wiesbaden, 1998.

Rühl, R.: Schleichwerbung hart an der Schmerzgrenze. In: Werben & Verkaufen, 28. Jg. , 28/1991, S. 24–25.

Ruhr, P.-A.: Schnittstelle – IFA gut gerüstet fürs neue Jahrtausend. In: Frankfurter Allgemeine Zeitung, 24.08.99, S. B 1 – B 2.

Ruppert, T.: Auszureizen: Die neuen Spielräume. In: Absatzwirtschaft, 41. Jg., 9/1998, S. 122–124.

Sabel, H.: Die Geschichte des Marketing in Deutschland. In: Wirtschaftswissenschaftliches Studium, 27. Jg., 3/1998, S. 106–110.

Sander, M.: Die Bestimmung und Steuerung des Wertes von Marken. Heidelberg, 1994.

Sattler, H.: Markenbewertung. In: Zeitschrift für Betriebswirtschaft, 65. Jg., 1995, S. 663–682.

Saverscheck, E.: Lurchi und seine Freunde – Neue Wege für Maskottchen, Markenzeichen und Comic-Figur. In: Frankfurter Allgemeine Zeitung, 24.08.99, S. B 9.

Schefer, D.: Moderne Verfahren zur Qualifizierung von Adreßbeständen. In: Dallmer, H. (Hrsg.): Handbuch des Direct-Marketing. Wiesbaden, 6. Aufl., 1991, S. 643–657.

Scherer, B.: Product Placement im Fernsehprogramm: Die werbewirksame Einblendung von Markenartikeln als wettbewerbswidriges Handeln der Rundfunkanstalten. Baden-Baden, 1990.

Scheske, M.; McPherson, I.; Hansen, M.: Der Champion mit den Powerbrands. In: Absatzwirtschaft, 41. Jg., Sondernummer 10/1998, S. 98–107.
Scheuch, F.: Dienstleistungsmarketing. München, 1982.
Schleider, S.: Werbung am Boden – Sonderwerbeformen erschließen immer mehr Werbeflächen. In: Frankfurter Allgemeine Zeitung, 24.08.99, S. B 9.
Schlotterbeck, M.: Porsche AG. Unveröffentlichter Praktikumsbericht Praxisssemeter Sommer 1998. FH Nürtingen, 1998.
Schnell, R.; Hill, P. B.; Esser, E.: Methoden der empirischen Sozialforschung. München, 5. Aufl., 1995.
Schotthöfer, P.; Scharrer, U.: Werberecht im Internet. Ettlingen, 2. Aufl., 1998.
Schramm, A.: Zusammenhang zwischen Lebensstil und Wohnungseinrichtung . Unveröffentlichte Diplomarbeit an der Fachhochschule Nürtingen, 1999.
Schramm, K.: Methoden und Verfahren zur Messung der Werbewirkung unter Berücksichtigung psychologischer Aspekte. Unveröffentlichte Diplomarbeit an der Fachhochschule Nürtingen, 1999.
Schröther, E.: Der Technologiefortschritt fordert Marketing. In: Absatzwirtschaft, 41. Jg., 2/1998, S. 38–41.
Schubert, W.: Zwecksparen: Bonus für Beetle. In: Wirtschaftswoche, 1/1999, S. 117.
Schulik, J.: Die Einführung des Euro als Entscheidungskriterium für den Einsatz der GeldKarte als elektronisches Zahlungsinstrument an Automaten anhand einer empirischen Analyse des Zigarettenautomatenmarktes. Unveröffentlichte Diplomarbeit an der Fachhochschule Nürtingen, 1998.
Schürle, C.: Servicequalität im Investitionsgüterbereich am Beispiel der Borries Markier-Systeme GmbH. Unveröffentlichte Diplomarbeit an der Fachhochschule Nürtingen, 1999.
Schütz, P.: Datawarehouse. In: Absatzwirtschaft, 40. Jg., 5/1997, S. 29.
Schütz, P.: Neue Berufe in Marketing und Vertrieb Teil 1. In: Absatzwirtschaft, 41. Jg., 11/1998, S. 60–76.
Schütz, P.: Event-Manager. In: Absatzwirtschaft, 42. Jg., 9/1999, S. 58.
Schweiger, G.; Schrattenecker, G.: Werbung. Stuttgart, 4. Aufl., 1995.
Sellien, R.; Sellien, H. (Hrsg.): Gabler's Wirtschaftslexikon. Wiesbaden, 1980.
Siegele, L.: Wettrüsten im Werbekrieg. In: DIE ZEIT, 52. Jg., 12.09.1997, S. 82.
Simmet-Blomberg, H.: Interkulturelle Marktforschung im europäischen Transformationsprozeß. Stuttgart, 1998.
Statistisches Bundesamt: Statistisches Jahrbuch für die Bundesrepublik Deutschland. Wiesbaden, 1998.
Stauss, B.: Regaining Service Customers – Costs and Benefits of Regain Management. Diskussionsbeiträge der Wirtschaftswissenschaftlichen Fakultät Ingolstadt Nr. 86, 1997.
Stern Bibliothek: MarkenProfile 7: Mode und Kosmetik. Hamburg, 1998.
Stippel, P.: Win with Wal-Mart. In: Absatzwirtschaft, 41. Jg., 6/1998, S. 14–16.

Struve, G.: Jeder macht Programm – Digital: Was bringt die neue Technik? In: Frankfurter Allgemeine Zeitung, 24.08.99, S. B 14.
Stüdeli, W.: 1:1-Marketing. In: Marketing Journal, 30. Jg., 4/1997, S. 240–241.

Thelen, F.: Sozialhilfe: Zuschuß für Pay-TV. In: Wirtschaftswoche, 26/1997, S. 46.
Tödtmann, C.: Marken: Kehraus bei Procter. In: Wirtschaftswoche, 50/1997, S. 186.
Tominaga, M.: Service-Wüste Deutschland – Kundenorientierung als Qualitätskriterium. Vortrag am 22.2.1999 im Hotel am Schloßberg in Nürtingen, 1999.
Töpfer, A.; Greff, G.: Servicequalität durch Corporate Identity am Telefon (CIT). In: Greff, G.; Töpfer, A. (Hrsg.): Direktmarketing mit neuen Medien. Landsberg, 3. Aufl., 1993, S. 71–91.
Trommsdorff, V.: Konsumentenverhalten. Stuttgart, 2. Aufl., 1993.

Vahs, D.: Organisation. Stuttgart, 2. Aufl., 1999.
Vieweg, H.: Die deutsche Automatenwirtschaft. Branchenbericht. Hrsg. v. der VDAI Verlags- und Messegesellschaft mbH, Garching, 1997.
Villwock, B.: Die Antriebskräfte junger Erwachsener. In: Absatzwirtschaft, 41. Jg., 2/1998, S. 34–36.
Vögele, S.: 99 Erfolgsregeln für Direktmarketing. Landsberg, 3. Aufl., 1997.
Vögele, S.: Das Verkaufsgespräch per Brief und Antwortkarte. Landsberg, 10. Aufl., 1997.
Hude, G. von der: Tabakjahrbuch 1998. Hrsg. v. »Die Tabakzeitung«, Mainz, o.J..
Matt, D. von: Markenpolitik in der schweizerischen Markenartikelindustrie. Bern, Stuttgart, 1988.
Vörckel, U.; Prochazka, K.: Direktwerbe-Erfolge – leicht gemacht. Freiburg, 5. Aufl., 1985.

Wäscher, D.: Ertragswertorientiertes Management der Kundenzufriedenheit. In: Blick durch die Wirtschaft, 29.11.1996, S. 11.
Weis, H. C.: Marketing. Ludwigshafen, 10. Aufl., 1997.
Werner, A.: Bannergestaltung, Bannerpositionen und der Online-TKP. In: Absatzwirtschaft, 40. Jg., 6/1997, S. 100–103.
Wiedemann, G.: Achten Sie auf Michael Dell. In: Absatzwirtschaft, 40. Jg., 8/1997, S. 26–27.
Wilde, Ch.; Mehring, Ch.: Placement als Kommunikationsinstrument. In: Weidner, L. E. (Hrsg.): Kommunikationspraxis, Landsberg/ Lech, 1992, S. 1–9.
Wildhagen, A.: Werbung: Nur die Jugend zählt noch. In: Wirtschaftswoche, 8/1999, S. 66.
Winkelmann, P.: Marketing und Vertrieb. München, Wien, 1999.
Winko, N.: Seniorenmarketing. Unveröffentlichte Diplomarbeit an der Fachhochschule Nürtingen, 1999.

Zentralausschuß der Deutschen Werbewirtschaft: Werbung in Deutschland 1996. Bonn, 1996.
Zentralausschuß der Deutschen Werbewirtschaft: Werbung in Deutschland 1998. Bonn, 1998.
Zehetbauer, R.: Kunden, Modelle und Dialoge. In: Absatzwirtschaft, 40. Jg., 10/1997, S. 112–115.
Zentes, J.: Grundbegriffe des Marketing. Stuttgart, 4. Aufl., 1996.
Zerres, M. P.: Marketingstrategie und Rechtsrahmen. Köln, 1999.

Internetquellen

http://www.deutschepost.de
http://www.gwp.de/medien/wiwo/index.html
http://www.horizont.de/newsline/index.html
http://www.indiaprofile.com/policy/index.html
http://www.levi.com/originalspin/how.asp
http://www.lfk.de/rfstv
http://www.mmm.com/product/opunits.html
http://www.nua.ie/surveys/how_many_online/europe.html
http://www.nua.ie/surveys/how_many_online/index.html
http://www.pg.com/cgi-bin/cgiAbout/history.cgi?about
http://www.pharmig.or.at/scripts/depot/pharmig/amg/30.txt
http://www.procterundgamble.de
http://www.valensina.de/geschich.htm
http://www.w3b.de/ergebnisse/w3b8/demographie.html
http://www.w3b.de/ergebnisse/w3b8/demographie2.html
http://www.w3b.de/ergebnisse/w3b8/shopping.html
http://www.werner.de

Stichwortverzeichnis